国家社科基金特别委托重大项目“中国南方地区侵华日军细菌战研究”（14@ZH025）成果

湖南省洞庭湖生态经济区建设与发展协同创新中心资助项目（湘教通［2015］351号）

"十三五"国家重点出版物出版规划项目

中国南方侵华日军细菌战研究丛书　　陈致远◎主编

Important English and Japanese Files of Japanese Army's Germ War in China: Edition and Translation

侵华日军
细菌战重要外文资料译介

李海军 等　编译

中国社会科学出版社

图书在版编目（CIP）数据

侵华日军细菌战重要外文资料译介/李海军等编译．—北京：中国社会科学出版社，2018.11

（中国南方侵华日军细菌战研究丛书/陈致远主编）

ISBN 978－7－5203－1410－7

Ⅰ.①侵…　Ⅱ.①李…　Ⅲ.①生物战—侵华事件—史料—日本
Ⅳ.①K265.606

中国版本图书馆CIP数据核字（2017）第273454号

出 版 人　赵剑英
责任编辑　侯苗苗
责任校对　周晓东
责任印制　王　超

出　　版　中国社会科学出版社
社　　址　北京鼓楼西大街甲158号
邮　　编　100720
网　　址　http：//www.csspw.cn
发 行 部　010－84083685
门 市 部　010－84029450
经　　销　新华书店及其他书店

印　　刷　北京明恒达印务有限公司
装　　订　廊坊市广阳区广增装订厂
版　　次　2018年11月第1版
印　　次　2018年11月第1次印刷

开　　本　710×1000　1/16
印　　张　22.25
插　　页　2
字　　数　354千字
定　　价　89.00元

目　录

三　日本历史工具书《日本陸海軍総合事典》对731部队二百余名主要干部的记载

四　日军“细菌战理论”历史资料两种

五　战后（1946—1947年）美国对日本细菌战情报秘密调查的三份报告

编译说明

本书译介了以下日文和英文的侵华日军细菌战重要历史资料：

一、《井本日记》和《金原摘录》《大塚备忘录》《真田日记》等原日本陆军中央将校记录日军在华实施细菌战的工作日志。这些日志1993年在日本防卫厅防卫研究所图书馆发现，由于不允许复制，发现者吉见义明和伊香俊哉只能通过摘抄，然后进行整理研究，将其在题为《日本軍の細菌戦》的论文中发表。《井本日记》等是日本防卫厅（现称防卫省）保存的官方历史资料，① 对于证实日军在中国实施细菌战，并且这一系列的细菌战行为是依据"大陆指"由日本陆军中央策划指挥而进行的历史事实，具有无可辩驳的实证意义。这样具有重要价值的历史资料，却迄未在国内被译介，许多研究者无处参阅和引用。故本书首次在国内给予译介。译介方式是：将日文文献翻译成中文，并作必要的背景说明或相关注解，再将被翻译的日文文献影印附于译文之后，以使读者在阅读中译文之余，还能查对日文原文，或者直接阅读日文原文，从而保证历史资料的原始参阅性。（以下本书译介的所有历史资料，均附外文资料影印原文）

二、731部队秘密论文《金子顺一论文集》中关于在中国实施细菌战的记录。2011年7月，日本学者奈须重雄在日本国立国会图书馆查阅到《金子顺一论文集》，金子顺一是731部队研究细菌武器的重要成员，他的论文集中有一篇《PX ノ效果略算法》，其中记录了731部队1940—1942年曾在吉林农安、大赉，浙江衢州、宁波，湖南常德，江西广信（上饶）、广丰、玉山等地实施了细菌战，造成中国民众大量死亡。与

① 1993年年末，吉见义明、伊香俊哉将《井本日记》相关细菌战的内容在论文《日本軍の細菌戦》中发表后，日本防卫厅防卫研究所图书馆随即以"私人日记"为由，停止该日志的对外公开。

《井本日记》等相印证成为确证日军在华细菌战的又一铁证。本书将《PXノ效果略算法》全文影印附于奈须重雄撰文之后，这在国内亦属首次。

三、日本历史工具书《日本陸海軍総合事典》对731部队二百余名“主要干部”的记载。该工具书记载了731部队及与之相关联的1855部队、1644部队、8604部队、9420部队等日军细菌战“主要干部”共276人，其中博士41人。工具书是历史可信度很高的文献资料，况且又为日本国内之历史工具书，因此对于研究日本细菌战史有重要史料价值。

四、日军“细菌战理论”历史资料两种。我国史学界以往对731部队的“细菌战理论”关注和研究不够，而对其进行考察实则于认识日本侵略军罪恶的细菌战历史具有重要意义，因为日军细菌战理论实际很大程度是其对华细菌战实践的总结。

五、战后（1946—1947年）美国对日本细菌战情报秘密调查的三份报告。20世纪80年代美国解密了它战后占领日本期间，通过对石井四郎等二三十名细菌战要人的审讯调查而写成的关于日本细菌战情报的报告。本书选取了其中三份有代表性价值的报告给予译介，对于了解和研究日本细菌战史有重要参考意义。

本书译介的上述日本细菌战重要资料，大多数是首次以中文翻译到国内，尤其本书以中译文和外文原文影印相对照的方式进行编译，对于学术界准确参考引用这些重要资料，推进对日本侵华细菌战史的研究将起到积极作用。

本书不仅仅是研究日本细菌战历史的资料，它同时更是一种证实日本军国主义侵华细菌战罪行的罪证。

本书的中文翻译难免存在瑕疵乃至错误，读者对某些翻译的准确性可自行依据外文原文给予把握。

本书由陈致远教授规划编译内容，由李海军教授主持编译。

湖南文理学院原日语教师罗玲翻译了《日本軍の細菌戦》，我们通过日本“NPO法人731部队细菌战资料中心”延请东京女子大学聂莉莉教授对该文的翻译进行了译审和校正，并由原作者吉见义明、伊香俊哉对译文作了某些新的注解，以保证该文的中译文之准确性。

常德市人民政府旅游外侨局日文翻译罗建忠同志翻译了本书其他日文文献。

本书所有英文文献的翻译，由湖南文理学院外国语学院李海军教授完成。

编译者

2017 年 6 月 18 日

一

《井本日记》等原日本陆军中央将校记录细菌战的工作日志

《日本军的细菌战》之中文翻译

日本军的细菌战

——陆军集结力量作战的真相

吉见义明（中央大学教授） 伊香俊哉（立教大学讲师）著

罗玲 译/聂莉莉 译审校正

编译者按：本文作者吉见义明和伊香俊哉，于1993年在日本防卫厅防卫研究所图书馆发现了1940年5月至1945年7月间，日本陆军中央将校井本雄男等记载了当时陆军中央支持和策划731部队在中国多地实施细菌战的“业务日志”：《井本日记》《金原摘录》《大塚备忘录》《真田日记》。这批日志以《井本日记》记载内容最为丰富和详细，它们无可疑义地证实了1949年在苏联哈巴罗夫斯克举行“伯力审判”时揭露的日本细菌战罪恶行径的确实性，成为今天日本侵华细菌战史研究领域最为重要的史料之一。当时由于不允许复制，吉见义明和伊香俊哉摘抄了相关内容，然后写成论文《日本軍の細菌戦》，发表于“日本战争责任资料中心”主办的刊物《季刊·战争责任研究》1993年第2集（冬季号）上，这成为学术界了解和引用这些史料最早和最权威的来源。但本文迄未被中文译介，此为首次。本文译者罗玲，原湖南文理学院外语系日语教师。为求本文翻译准确，我们延请了东京女子大学聂莉莉教授对译文进行译审校正，聂教授在审校过程中听取了原作者吉见义明和伊香俊哉之意见，他们均对本译文做了某些注释，将在文中一一标明。本文日文原文影印于后，以便读者查阅。

序

为了调查“随军慰安妇”问题，从今年（1993）6月开始，日本的战争责任资料中心对防卫厅防卫研究所图书馆的资料进行了调查整理。在此过程中，偶然发现了详细记载日军发动细菌战实际状况的第一手资料，即陆军中央干部写的业务日志。迄今为止发现的资料有：（1）自1940年9月至1942年12月任参谋本部作战科员的井本雄男中佐的业务日志（包括支那派遣军参谋时代共23册）；（2）自1937年8月起任陆军省医务局医事科员、自1941年11月起任医事科长的金原节三军医大佐的《陆军省业务日志摘录》（共35册，秦郁彦氏在《追寻昭和史之谜》上卷，1993年，文艺春秋出版，引用了此日志的一部分）；（3）金原大佐的继任、1943年9月上任医事科长的大塚文郎大佐撰写的《备忘录》（共13册）；（4）参谋本部第一部长真田穰一郎少将的业务日志（包括作战科长时代等在内共40册）（以下将这四部业务日志简称为《井本日记》《金原摘录》《大塚备忘录》《真田日记》）。

迄今为止，关于日本军方计划实施细菌战以及相关的人体实验等的相关文件记录，只发现了极小一部分。此前对于日军的细菌战，主要靠美军的审问记录、调查资料，苏联哈巴罗夫斯克战犯审判资料以及中国方面的记录和研究者的访谈等，来了解事实的真相。此次发现的是陆军中央军官的记录，是第一手资料，而且更重要的是，这是日本政府所保存的资料，使之成为绝对不可否认的证据。

本文以这些业务日志中所记载的“保号”相关的叙述内容为中心，解析日军细菌战的真实情况。所谓“保号”，是指细菌战攻击作战的匿名代号，在日志中以“ホ号”“㊭”“ほ号”“保号”等形式出现[①]。另外，本文还将涉及用毒气进行人体试验的相关内容（本文在引用日志时，适当地添加了标点符号，改变了一些段落的区分。此外，由于引用者能力有限，还存在一些不能辨识的部分，用方框□标示了。[ ] 表示引用者所做的注解）。

---

① 译审者注：日志中以“ホ号”“㊭”“ほ号”“保号”等形式出现的细菌战代号，为尊重史料原貌，译文中均以日语原文形式出现。作者注：保字是表示假名ホ的借用字。陆军之所以称细菌战攻击作战为“ホ号”，推测是与海牙陆战法规有关，其第二十三条“特殊条约所规定禁止的以外，特别要禁止的如下”中“ホ项：禁止使用给予不必要之痛苦的兵器、投射物以及其他物质”。

一 一九四〇年的细菌战

1. 细菌战准备阶段

首先，从井本中佐的日记入手，探讨1940年日军在浙江省实施的细菌战的准备阶段动向。这个时期，井本是支那派遣军的参谋（以下将井本所著《作战日志记述的支那事变》，芙蓉书房1978年版简称为《井本书》）。

在1940年5月31日的《井本日记》中“ホ”号标记的左侧，列举了参谋本部、陆军省、支那派遣军以及关东军的高层领导成员。

参谋本部的成员有：参谋次长泽田茂、参谋本部第一部长富永恭次、作战科长冈田重一作、作战科作战班长高月保、作战科员荒尾兴功、航空班长谷川一男、作战科员松前未曾雄、编成动员科长那须义雄、编成动员科编成班长美山要藏。陆军省成员有：陆军次官阿南惟几、军务局长武藤章、军务局军事科长岩畔豪雄、军事科高级科员西浦进、军事科编成班长松谷诚、军事科预算班长松下勇三等。支那派遣军的成员有：军司令官西尾寿造、总参谋长板垣征四郎、总参谋副长本多政材、高级参谋公平匡武、作战主任参谋井本雄男。最后，关东军成员有：军司令官梅津美治郎、参谋长饭村穰、参谋副长秦彦三郎、高级参谋有末次、作战主任参谋中山源夫等（《井本日记》第七卷）。

从《井本书》（第432页）的记述来判断，并不能断言5月31日上述成员举行了会议。但是，日记的记述表明，为了“ホ”号作战即细菌战的实施，井本有必要与参谋本部、陆军省高层等进行联络。理所当然地，参谋本部的作战科和编成动员科、陆军省的军务局军事科，对于实施作战是非常重要的。

此后，6月5日井本与增田（应是指增田知贞中佐）、作战科员荒尾兴功等人进行了“‘保’之商议”，将细菌战的实施时间暂时定为“七月”，将攻击目标定为“浙赣沿线城市”。“实施部队的指挥”直属支那派遣军总司令部，“由石井大佐负责”，并将具体的进攻方法定为从“高度为四千以上”的地方，“雨下[①]，跳蚤”。“跳蚤”应是指“鼠疫跳蚤”。将作战时使用的飞行场定为“句阳［应为句容］”。

6月28日，井本“为了与中央联络‘ホ’等事宜，紧急决定返京”，从南京出发返回东京。7月2日，井本“在军医学校，与石井大佐就以下决定事项进行了确认及进一步的协商”。7月10日，与参谋本部作战科员荒尾兴功就“保号事宜”进行了联络（《井本日记》第七卷，《井本书》，第463页）。

在7月21日，“上午在石井部队协商‘ホ’之事宜”之后，接到了“收到东京来电，说为了传达命令，作战航空参谋马上来京”的通知，“下决心彻底地侦察杭州”。7月22日，井本“上午飞往杭州侦察该要件”，“决定使用旧中央航空学校”，并决定让“加茂部队人员”“滞留”（《井本日记》第七卷）。在《井本书》（第466页）虽然写着井本去东京是为了听取将南支那方面军从支那派遣军的战斗序列中剔除的命令，但是，杭州的旧中央航空学校与驻杭州的加茂部队（石井部队的别名）的关联是很明显的，在东京接受的命令，很有可能就是用飞机实施细菌战的命令。

也就是说，可能是在7月中旬支那派遣军策划了秋天实施细菌战，并于7月25日接受了相关命令。

7月25日关东军下达了一项很重要的命令，即《关东军作战命令丙第六五九号》。这是输送奈良部队（可以认为是细菌战的实施部队）的人员、武器、器材的相关命令［该命令影印件为《因准备并使用细菌战武器而被起诉的原日本人事件的相关公审判决文件》（以下简称为《公判文件》，1950年，外国语图书出版社，莫斯科）所收］。

从事器材搬运的陆军军属[②]石桥直方在日志中写道，根据该命令，装载了“700枚空投炸弹和20辆汽车”的列车8月4日到达了南京对岸的浦口，器材用船运入南京之后，8月6日就被运到目的地杭州市笕桥国民党军中央航空学校旧址。该航空学校在中日战争开始后由于遭到日军轰炸而毁坏（高杉晋吾《追寻七三一部队细菌战的医师》，1982年，德间

① 译审者注：因“雨下”一词较为暧昧，仅凭日记短文无法确切判断其意，所以，译文中采用了日语原文。

② 译审者注：“军属”意为军人以外的雇员。

书店，第 20—21 页）。

根据以上事实，井本在 7 月 21 日和 22 日的行动，无疑是为细菌战而进行的准备活动。由此，得以证实杭州市笕桥及原中央航空学校等地是 1940 年细菌战的据点之一。

在 8 月 16 日的井本日记中关于“在杭州联络”有如下记述：

1、命令的传达
6、经费从哪里出（或哈尔滨或南京，由总司令部讨论）
12、目标的空中照片
13、索要消毒药
15、兵要地志（至攻击目标的地况）
17、○弹 15H（以上《井本日记》第八卷）

可以推测，“1、命令”是指对驻扎杭州的加茂部队（石井部队）下达的关于细菌战的具体命令。“17、15H”应该是指 15 发吧。

归纳上述要点，5 月参谋本部和陆军省上层首先讨论开始细菌战，6 月以后支那派遣军参谋井本推进了中央和石井部队之间的联络，7 月大致决定了最终的作战方案，7 月下旬开始运送为进行细菌战准备的器材，并同时对杭州的加茂部队（石井部队）下达了陆军中央的作战命令。

2. 细菌战开始

1940 年 8 月末，开始进入细菌战的实施阶段。

8 月 28 日，井本与参谋本部的第一部长富永、作战科作战班员荒尾、编成动员科编成班长美山、作战科员松前会面，并就“ホ”号进行了联络（《井本日记》第八卷）。

8 月 30 日，井本与中支那防疫给水部的增田知贞中佐就“奈良部队经费”“奈良部队编成表呈出件”进行了联络（《井本日记》第八卷），这是为了 9 月奈良部队的出动而进行的。

9 月 10 日，井本与奈良部队之间就进攻目标与细菌的输送进行了联络。目标定为宁波（鄞县）和衢县，金华为候补。第一次的细菌输送由“C”（霍乱菌）变更为“T”（伤寒菌）。

10/9［9 月 10 日］

一、与奈良部队太田中佐、增田大尉联络

1、9月10日搜索目标，宁波和衢县作为目标是否适当（金华如何?）

航空照片（城市）

2、9月10日第一次弹药运送推迟，预计数日以内到达，第一次C改为T

（以上《井本日记》第八卷）

计划因为某些原因延迟了，但是，正如以下所引用的，9月18日显示了进攻目标的细菌使用量，并规定了使用“稀释后的弹药”与“浓度较大的弹药”的两种播撒方法。进攻目标又新增了玉山、温州、台州等地。另外，细菌的生产量“C”（霍乱菌）为1天10公斤，“T”（伤寒菌）估计比这要多。

18/9［9月18日］星期三

一、［省略］

二、与奈良部队的联络

1、作战延迟的理由

2、弹药除航空运送外，还采用陆地运送并行的方式

3、福岛雇员战死情况

4、生产量一天40公斤（C）　（T）产量更高

5、目标可设为宁波（附近村庄　1平方公里1.5）

金华、玉山1公里×2K（附近村庄　1平方公里0.7—0.8）

据山本参谋［应为关东军参谋山本源一］

1、有将稀释弹药大范围投掷、或将大浓度弹药较少次数投掷的两种做法，将后者的目标选定为温州（台州、温州、丽水?）

2、为决定使用雨下法[1]，而使用降落伞一事

3、借用航空照相机一台

4、使用笕桥机场的相关事宜

---

[1] 作者注：“雨下”，一般是指如雨点下落，细菌战使用此词，其意应为将细菌的培养液如雨状或雾状地喷洒。

应避免其他部队使用，其他的联络事宜

5、交付地图

6、谋略相关事项

关于此法

(以上《井本日记》第九卷)

10月7日，井本记录了奈良部队实施细菌战的报告。

一、听取奈良部队的情况（山本参谋、福森少佐、太田中佐、金子大尉、增田大尉)

1、运输　目前为止6次（其中船运两次)

空运当日到达，船运大约需要6天，将来可用飞机。

2、目前为止攻击次数为6次（依表做了说明)。跳蚤1克约1700□

3、期待效果的评定

密探

4、气象测定于杭州将之移至现场，不可使用降落伞（仅针对宁波，或为对宁波使用跳蚤)

5、温州作为雨下的目标，台州等不适合，但是进攻温州时，根据气象诸条件①如果不使用伞会很困难

6、(据山本参谋)

目标与攻击法之间的关系

(决定)

重复攻击法有利

7、关于人事

8、兵要地志

9、“ホ”作战前景（对持续下去的估计)

(以上《井本日记》第九卷)

① 作者注：原文为“气象诸原”，日语中有“气象诸元”一词，意为气象诸要素，如晴雨、气温、湿度、风向风力等，“气象诸原”有可能是“气象诸元”的笔误。

这一部分最引人注目的是，“目前为止攻击次数为6次”。虽然没有明确记录日期和目标，亦可知从1940年9月18日到10月7日之间，日军在浙江省进行了6次细菌战。不过，日军此时还未能确认细菌战的效果。

井本在得到奈良部队提交的报告的翌日，即10月8日，与增田知贞中佐、井本的后任支那派遣军参谋吉桥戒三就以后的方针进行了商谈，“实验终结的时间不能明确。有必要考虑12月以后怎么办（姑且12月先撤明年再派）”。另外，关于实施中的细菌战，“我想C不会发生，P也许会成功”，可见霍乱菌（C）没有效果，而在期待着鼠疫菌（P）的效果。这个时期，石井部队的内部管理出了很大的问题。并且以日军南进为前提，在台湾设置细菌研究设施的方针逐渐浮出水面。

> 5、加茂部队的内部管理
>
> （1）任命能够管制○○的人为指导官，或可以没有指导官
>
> （2）可频繁地进行人事交流
>
> （3）为推进○○战，有必要充分考虑
>
> 6、为了在南方实施，应设置适应热带气候场所的恒久性的设施，可在台湾设置。
>
> [中略]
>
> 10、加茂部队内部管理不好
>
> （以上《井本日记》第九卷）

（1）中的○○应该是指“石井”。（3）中的“○○战”应该指“细菌战”。

井本于10月8日调至原来工作过的参谋本部第二科（作战科）任职，所以离开南京，翌日（9日）回到了东京。

3. 细菌战的终结

井本回到参谋本部之后，立即中止细菌战的方针以大陆指令690号的

方式决定下来①。10 月 12 日荒尾中佐在通知中写道，“在大陆指令 690 号的附页上盖章”（《井本日记》第九卷）。这个方针于 11 月 20 日左右被传达到下面。11 月 25 日的日记中记载，“医校的北条中佐关于ホ的报告”，“根据大陆指令 690 号，发出了于本月末中止试验的指示”。（《井本日记》第九卷）

30 日晚上，支那派遣军参谋吉桥戒三提出的关于“ホ”号的报告如下。

1、11 月 20 日左右停止的方针（总司令官）

2、对于此方针土井大佐［或为土居明夫作战科长］提出到至 12 月为止如何的建议

3、鉴于以上，向□□提示 680 号

突如其来，石井大佐无论如何都要阻止攻击（派遣军也有就此打住的考虑）

此时石井大佐来宁，如上所示突然提出撤退，石井大佐答曰对 11 月末终止作战没有异议（□击部队□□北条中佐在场）

对 22 日的工作抱有希望

如果实施的成果明了，可在杭州、上海之间持同一方案（建议在我军讨伐的地点，并拍摄空中照片）

该案遭反驳，诚服接受，又提出绍兴、诸暨等地

土井大佐书简表示下次进攻金华，协议达成。以上（21 日）

22 日空中观察

（以上《井本日记》第十卷）

11 月 20 日左右，石井四郎大佐同意了于 11 月末终止作战，但同时

① 作者注：关于 1940 年细菌战如何结束，本稿发表后据其他资料搞清楚了。因大陆指令 690 号而开始的细菌战，是 11 月 25 日由参谋总长杉山元名义向支那派遣军总司令西尾寿造和关东军司令梅津美治郎发出了大陆指令 781 号而中止的。第 781 号的内容为，“一，支那派遣军总司令命令，根据大陆指令 690 号目前正在进行的特殊毒气的实验于 11 月末结束”；“二，实验结束后所有的人员器材需尽快返回原来所属处”；“三，特别需要严重地注意保守机密”。这里所说的“毒气”是细菌武器的隐语（森松俊夫主编《“大本营陆军部”大陆命令・大陆指令总集成》第五卷，エムティ出版，1994 年第 108 页）。另外，大陆指令 690 号是 1940 年 5 月 15 日至 7 月 23 日期间发出的，原文已被毁无存。

又提出了在杭州和上海之间作战的方案。在吉桥参谋的反对下，石井虽然放弃了该方案，但又提出了攻击绍兴、诸暨等地，其结果是达成了攻击金华的协议。

以下就《井本日记》中描写的关于1940年在浙江省实施细菌战的动向，与以往的证言和研究等进行简略的对比分析。

4. 使用的细菌种类

战败后，曾在关东军防疫给水部作为雇员参加过大批量生产细菌的田村义雄，作为战犯在中国被审判，根据其1954年9月8日的供述书，田村从1940年7月上旬至11月上旬期间在该生产部门参与了霍乱菌、副伤寒菌、伤寒菌的生产。而且，1940年9月初将“大约10公斤的伤寒菌”装载在飞往南京的飞机上。这期间“用大量生产的细菌而制造的伤寒菌、副伤寒菌、霍乱菌、鼠疫菌、炭疽菌共计270公斤，被用飞机运送到南京以及华中地区，被关东军防疫给水部本部派遣到华中地区的柄泽十三夫率领的远征军使用了这批细菌实施了作战”（中国中央档案馆等编·江田泉编译《细菌作战证言》，1992年，同文馆，第87—89页。该书是关于《细菌战与毒气战》中细菌战部分的翻译）。

另一方面，柄泽十三夫在哈巴罗夫斯克军事审判庭上供述，为了实施细菌战，1940年下半年他曾被命令制造了70公斤肠伤寒菌、50公斤霍乱菌（《公判文件》第324页）。

由田村和柄泽的供述可知，1940年9月霍乱和伤寒被作为主要的攻击用细菌而被大量预备。《井本日记》中的“C”是指霍乱菌、“T”是指伤寒菌这一事实是确凿的。《井本日记》9月10日“第一次弹药运输”“第一次将C改为T”的记述，与田村的证言几乎是一致的。9月18日“生产量为每日10公斤（C），（T）超过其产量”的记述，与柄泽关于肠伤寒菌多于霍乱菌的证词一致。

笔者推测，利用日军飞机进行的以霍乱菌和伤寒菌为中心的细菌战于9月就实施了。其目标如9月18日《井本日记》中所示，是宁波、金华、玉山、温州、台州等地的其中一处。但是，这场细菌战并未取得石井等人预期的效果。10月以后利用鼠疫菌的进攻则见到了效果。10月7日所记“蚤”，是指感染了鼠疫菌的跳蚤，可见于此期使用了。由10月8日所记“C不会出现，P或许会成功”，可推测在此阶段观测到了一定的效果。1941年4月15日井本日记中写道：“为了宁波的P研究”，采取了

“从关东军抽 5 名人员，增员给中支防疫给水部”等措施（《井本日记》第十一卷）。这表明当时曾打算调查 1940 年秋天的鼠疫进攻的受害状况。

中国中央档案馆编纂的《细菌战与毒气战》（1989 年，中华书局出版）中收录的中方受害资料显示，9 月以后最初的鼠疫菌攻击是 10 月 4 日在衢县进行的。该资料集收录了这一时期关于日本细菌战的中国方面的许多详细报告。如果 9 月以后至 10 月 4 日的这段时间里，有目击称日军散布鼠疫菌跳蚤、鼠疫菌，或者有鼠疫流行的地区存在，则该资料集有相关的材料是很自然的。因此，笔者认为日军 9 月以后的细菌攻击初次的鼠疫菌散布是 10 月 4 日在衢县进行的。

5. 攻击地与受害

以下简单地看一下中国方面提供的有关日军攻击的情况和受害情况。

1940 年 10 月 4 日，日军飞机从衢县上空散布掺入了跳蚤的麦子和谷子。11 月 12 日，鼠疫发生（《证言细菌作战》，第 105 页）。

10 月 22 日，日军飞机在宁波上空撒了大量的麦子和棉花。10 月 29 日，发现了第一名被怀疑感染了鼠疫的患者（《证言细菌作战》，第 96 页、第 125—126 页、第 136—137 页）。

11 月 28 日，日军飞机在金华播撒了白色的雾状物质。之后，金华附近的东阳、义乌、兰鸡①等县鼠疫流行（《证言细菌作战》，第 106 页，第 137 页）。

根据中国方面当时的分析，在宁波和衢县播撒的是感染了腺鼠疫菌的跳蚤，在金华播撒的是由肺鼠疫菌培养而成的“淡黄色颗粒”（《证言细菌作战》，第 127 页）。

关于受害，各地出现了数十乃至数百名因鼠疫死亡的患者。

除此以外，1941 年 2 月在浙江省的慈溪、庆元、龙泉等地也有发生鼠疫的报告（《证言细菌作战》，第 94 页）。另外，据 1950 年 2 月 9 日《人民日报》记载，从 1940 年 12 月至翌年 2 月，在浙江省的上虞、汤溪、新登、诸暨等地，日军用飞机投了白烟、蜘蛛巢状物以及棉花状的物体，但是没有鼠疫流行的报告（《证言细菌作战》，第 137 页）。韩晓、辛培林在《日军七三一部队罪恶史》（1991 年，黑龙江人民出版社，第 257—258 页）中写道，12 月 10 日在上虞，12 月 19 日在汤溪，1941 年 4

① 编译者注：“兰鸡”当是“兰溪”之误。

月 21 日在新登，1941 年 12 月 19 日在诸暨，都有播散鼠疫菌的情况。

将以上中国方面的资料与《井本日记》对照来看，11 月 30 日《井本日记》记载，日本方面 11 月 20 日将金华定为了攻击目标，这与中国方面资料中所记载的 11 月 28 日金华受到攻击的事实相吻合。只是此前 10 月 4 日对衢县、10 月 22 日对宁波的攻击，没有相互一致的具体记载。此外，《日军七三一部队罪恶史》中指出的 1940 年 12 月在上虞、汤溪发动的进攻，应该是发生在《井本日记》中细菌攻击终止后的时期。关于中国方面提示的这些问题，今后有必要进一步探讨。

二　1941 年的日军细菌战

1. 细菌战的准备

1941 年上半年，对于日军来说，是在分析 1940 年细菌战结果的基础上在各个方面加以改进的时期。

1 月 15 日，渡边参谋来联系，“关于‘ホ’事，‘希望有媒介’‘补给手段’‘需要适当的容器（操作要简易化）’‘实施时是动用航空部队还是动用特殊部队’‘实施时是重型轰炸还是夜间攻击或是突袭方式’”（《井本日记》第十卷）。

2 月 5 日，对“㋭之‘研究’”，医务局的医事科员中留金藏、金原节三、卫生课长渡边甲一、医事课长镰田调，石井部队的石井大佐、太田澄、山本参谋、福森、碇常重、金子顺一、野崎，中支那防疫给水部的增田知贞、小野寺义男，北支那防疫给水部的西村英二、板仓等，就“作战经过”“将来的利用法”“假想作战方针”“对于外国的非难，应由谁来承担责任”等问题进行了探讨（《井本日记》第十一卷）。

2 月 7 日之后，接到北支那防疫给水部（西村部队）有关如下内容的联络：

北支现在的装备

十四年秋　21 万日元　为细菌兵器研究而兴建的设施已完成 9 成

制定洛克菲勒接收计划　与“□□”联络　他认为如果日军表

明了利用的意向则转交也是不得已的

セイカ（发音为 Qinghua）大学的建筑物都位于恰好的位置　现在由美方交付给中方

与军队达成谅解是利用所需

弹药、用现在的设施可以制作 5 公斤

在跳蚤的生产方面希望能得到援助

(以上《井本日记》第十一卷)

“洛克菲勒”是指洛克菲勒医院（中文名称协和医院）、“セイカ大学”是指清华大学，西村部队接管了这些位于北京的现有设施，企图扩大研究规模。

3 月 25 日，井本收到来自早川少佐［军医早川清，石井部队队员］“为了确保㊭的实施，需要制作雨下器　14 万日元”的有关经费问题的联络（《井本日记》第十一卷）。

也许是为了扩大研究，3 月 26 日井本“去石井部队察看研究情况”，写道，“预算问题，‘过于庞大’”“台湾、平房等的有关计划过于庞大”（《井本日记》第十一卷）。

2. 对常德的鼠疫菌攻击

1941 年 9 月，为再次开始细菌战的实施，局面变得紧迫。9 月 1 日收到增田中佐“希望在 9 月底以前实施”，“决定实施”的联系（《井本日记》第十三卷）。

其后，9 月 5 日的日记写道，“关于㊭的联络”“基本决心实行”。9 月 12 日的日记中，有关于“㊭的事宜”“大体可行”等的记载。9 月 15 日就成为“㊭件决定”，16 日发布了“㊭的大陆指”（《井本日记》第十三卷）。

由以上的日记可知，1941 年 9 月初，石井部队与支那派遣军将细菌战的实施计划报告给了参谋本部，9 月 16 日正式发布了关于细菌战的大本营陆军部指令。根据该大陆指令，实施的是对湖南省常德市的细菌战。对常德的攻击，11 月 25 日的日记有着如下的明确记载。

一、长尾［长尾正夫，支那派遣军］参谋所报告的㊭号事宜

接到 11 月 4 日目的地方向的天气情况良好的报告　一架 97 轻型

机出发［其后四个字被擦掉了］

5点30分起飞 6点50分到达

雾浓 放低高度进行搜索 因海拔800附近有云层 在1000米以下实施（增田少佐操纵 一侧箱子打开不够充分 将其投在洞庭湖上）

谷子36公斤 其后岛村参谋进行搜索

11月6日常德附近中毒流行（日军飞机在常德附近散布，与之接触的人引起强烈中毒）

11月20日前后鼠疫流行越发凶猛 各战区收集卫生材料

判定

“如果命中 确实会发病”

（以上《井本日记》第十四卷）

由此可知，11月4日早晨5点30分日军飞机出发，6点50分到达常德，散布了36公斤谷子，鼠疫跳蚤掺入其中。这与中国方面的报告完全一致，“11月4日上午5点左右，一架敌机在大雾笼罩中，绕常德市城区东部上空低空飞行三次，投下了谷物、棉花以及不明颗粒状的物体，大多落在城内关庙街与鸡鹅巷一带”（《证言细菌作战》，第143页）。

但是，关于鼠疫的流行，两者记载有相当大的差异。首先日记中记载，11月6日在常德附近“中毒流行”，而《细菌战与毒气战》中收集的中国方面的资料显示，第一名鼠疫（腺鼠疫）患者是11月12日被确认的，腺鼠疫的潜伏期再短也要3天时间，11月6日是无法确认鼠疫流行的。

根据中国方面的调查，11月12日至1942年1月13日之间发现的鼠疫患者仅有8人，与《井本日记》中记载的11月20日左右“鼠疫流行更见猛烈”有很大出入。不过在此期间，有20个医疗防疫队约200名人员被派往常德，进行预防和治疗。实际上之后至1942年，常德再次暴发鼠疫，近邻的桃源也鼠疫流行。日记于11月就有如此评价，有些夸张了（《证言细菌作战》，第143—150页）。

从中国方面的资料来看，1940年（浙江）的受害情况比较严重，但是，日本方面却对常德细菌战的评价更高。

12月2日，井本记载了宫野大佐提供的信息，“以常德为中心的湖南省，鼠疫极为猖獗”（《井本日记》第十四卷）。

22 日井本日记又有如下记载：

二、据增田少佐所述（ホ）
1、部队士气高起来　对谷子信心十足
2、主要兵器　谷子第一
　使用飞机　九九式 LB　百型侦察机
　高空雨下时用航空炸弹
3、实施时期　明年　六月以后（八月）　（十月）
4、人员准备
　可望得到 30 万只小白鼠，设备大体上没问题
　［以下四行被擦掉了］
5、制作 20 公斤的装置现在马上可以使用
6、北支有 2 万石油罐
　如果有人手和资金能够生产 10—20 公斤
　中支苦于没有老鼠　（有种跳蚤）
　南支也有种鼠
7、ウヂ弹 87000（信□□2000）①
ロ弹（19000 发）
ハ弹（1350 发）
サニ弹（为了 3000□□）
□□□□（需要 1 万 3000 日元的量）
ウ弹（雨下用）300 发
（以上《井本日记》第十四卷）

石井部队“士气高起来”，对“谷子”（感染了鼠疫的跳蚤）的信心大增。对常德作战的结果感到满意的日军，为了具备实行更大规模细菌战的力量，疯狂地进行着阵势的调整。

---

① 译审者注：各种炮弹名均采用日语原文。除以上外，“谷子”意为细菌、“饼”意为老鼠、“丸太”意为用于生体实验的人等词，亦均采用日语原文。作者注：ウヂ弹、ウ弹与后文出现的ウジ弹为同一种炮弹，汉字表示为宇治，似乎是为投放细菌培养液及鼠疫菌而研发的炮弹。ロ弹与サニ弹的意思不明。ハ弹是为引发炭疽病而研发的炮弹。

三　亚洲太平洋战争开始时的细菌战

1. 进攻菲律宾作战时的使用计划

1941 年 12 月 8 日，日本开始了对美国、英国、荷兰的战争。翌年 1942 年 1 月，担任对菲律宾作战的第 14 军占领了马尼拉。这期间，美国、菲律宾避开了与日本的决战，固守巴丹半岛坚持抗战。但是，南方军在即使对巴丹半岛的攻夺推迟也在所不惜的方针下，将第 14 军的一部分兵力抽出，用于荷兰东印度群岛战役。对巴丹半岛的第一次进攻失败了，2 月上旬中止进攻。此后如何击破巴丹半岛的美国、菲律宾军队，成为一个大课题。

参谋本部的井本雄男中佐这期间去马尼拉视察了战况。从回国后的日记可见，他于 3 月 11 日与驻守马尼拉的南方军参谋部第一科长石井正美大佐取得了联系，其协议事项中有“㊍事宜”。18 日，关于“对‘巴丹半岛’㊍的事宜”，具体有如下记载：

> 东京 1 月　300 公斤——要使用有必要在东京制作
> “八”、南京、能力小
> 需要 MC 或其他运输机两架，其所必要人员十余名，派 50—100 名前往“马尼拉”（来自总、东京、关东军），1000 公斤左右大约需要 10 次吧? 炸弹应有 300 枚左右（《井本日记》第十七卷，以下内容亦根据该日记）。

这只能是对据守巴丹半岛的美菲军队制订的细菌战攻击计划。此处记载的攻击计划的概要如下：对美菲军投掷 1000 公斤细菌（感染了鼠疫的跳蚤?），共投掷 10 次左右（总量为 10 吨）。已备ウジ弹 300 枚。攻击需要中型运输机（MC）或其他的运输机两架，人员 10 余名，必须给后方的马尼拉配备 50—100 名人员。关东军防疫给水部（哈尔滨）、中支那防疫给水部（南京）生产细菌的能力较小，因此需要在东京一个月生产 300 公斤细菌液体。

翌日 19 日的日记可见，井本中佐听取了军医学校教官增田知贞军医中佐一边参照地图一边所做的说明（参照图 1，画箭头的部分是指投掷地点）。其内容大致如下。向主要攻击点投放“每枚30公斤（菌液）”的ウジ弹。需要人员100名，运输机两架，持续攻击一个月。陆军军医学校一日生产30公斤细菌，以台北为中转站（100名人员中10名配置在这里），三天运送一次。指令发布后，人员和器材在两周之内集中送往大连，航海需要约10天。在哈尔滨“有2000枚左右?”的炮弹。老鼠在埼玉、茨城、枥木、千叶饲养。预计埼玉5月饲养5万至7万只，6月10万只，7月15万只，8月20万只。饲养20万只必要的饲料碎米每月需要90吨，打算从西贡、兰贡、曼谷转运过来。另外打算使用200名俘虏，饲养制作血清所需要的马匹。

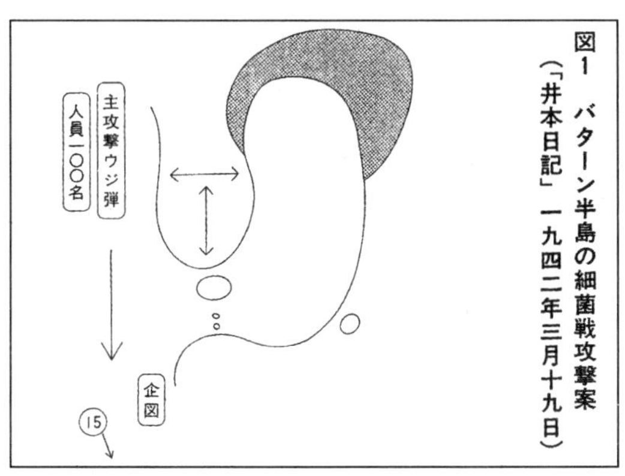

図1　バターン半島の細菌戦攻撃案（「井本日記」一九四二年三月十九日）

但是，日记的上述部分被画上了一个大叉（×），并写了“发令取消”的字样。攻击所需要的庞大的细菌生产无法马上实行。在此期间，日军4月上旬攻占了巴丹半岛，5月7日攻下了克雷希多岛要塞。在细菌生产进行之前，美菲军队就已投降了，所以这一指令被取消了。根据4月8日增田中佐的报告，关于老鼠的饲养已经与农林省进行了交涉，并叫来千叶、枥木、茨城三县的有关负责人开了两次会议，计划让各县补充20万只，共计60万只老鼠。每只老鼠每天需要20克饲料，由此估价饲养60万只老鼠一个月需要60吨、一年需要720吨饲料。

2. 1942年度的攻击计划

先发制人的细菌战进攻计划之后仍进行了讨论。井本中佐日记中，4月12日有“昭和十七年㋭号指导计划”的记载，攻击目标列了以下六处：

1、进攻目标

(1) 昆明 [以下有几个字被擦掉了]

(2) 丽水、玉山、衢县、桂林、南宁

(沿岸飞行基地)

(3) SAMOA (撤退的时候)

(4) DH、AD、AK

(5) 澳洲要塞 [以下有几个字被擦掉了]

(6) 加尔各答

(以上《井本日记》第十八卷)

由上可知，昆明以及华中、华南的诸城市、萨摩、阿拉斯加的 Dutch Harbor、澳大利亚的主要城市、印度的加尔各答等，作为细菌战的攻击目标都被讨论过。其中被判明实际实施了细菌战攻击的地区是 (2) 列举的几个城市。以下我们将说明这一点。

3. 浙赣作战中的细菌战攻击

1942 年 4 月 18 日美军 B25 轰炸机群悄悄从靠近日本近海的美国航空母舰上起飞，初次空袭了东京和名古屋等地。受到震惊的日本军方决定进行以破坏轰炸机着陆的中国机场的作战，即浙赣作战 (1942 年 5—9 月末)，作战中日军实施了细菌战。根据已经掌握的资料 (俘虏的证言)，情况如下：1942 年 6 月、7 月日军以浙江省金华附近为中心，散布霍乱、伤寒、鼠疫、赤痢菌。但是因为中国军队突然撤离，而在细菌散布区域进出的日本军队因为饮用水、做饭用水都使用了细菌散布区域的水源，所以日军多数人员受害 (《日军罪业证明书》，粟屋宪太郎的《东京审判之路》，《朝日周刊》1984 年 10 月 19 日号，第 40 页)。这次作战，日军误入自身实施细菌战的区域，造成了出现霍乱、赤痢、鼠疫患者一万人以上，死亡人数超过 1700 名的结果 (常石敬一《靶子石井》1984 年，大月书店，第 141—142 页)。8 月末，在玉山、金华、浦江附近一带向蓄水池、河流以及井水散布了鼠疫、霍乱、副伤寒菌，霍乱、副伤寒菌进入了蓄水池、河流以及井水中 (《公判文件》，第 310—311 页)。

关于证词所及，使用时间有可能是 7 月以后，日军的患者人数应该少些，但是，日军实施了细菌战，日军官兵中有相当一部分人受害，这是没有疑问的。以下，我们来讨论这些问题。

根据井本中佐的日记，5 月 27 日在参谋本部举行了“㊍碰头会”，石井四郎少将、村上隆中佐、增田知贞中佐、小野寺义男中佐、增田美保少佐参加，明确了以下事项。(1) 注意保密；(2) 具体地计划编成装备；(3) 飞机使用“带有新散布器”的九九式双引擎飞机；(4) 今年可能使用的细菌是“C、T (生产状况一般)、PA (生产状况良好)、P (提高到 1/1000 万毫克)”，即可使用霍乱菌、伤寒菌、副伤寒菌、鼠疫菌；(5) 鼠疫菌现在的量为平房 2 公斤，南京 1 公斤 (老鼠不足)，其他 1 公斤，合计 4 公斤；(6) 为了防止友军感染和保密工作，安排两个班 (《井本日记》第十八卷)。

与之相关联，石井少将提出建议：(1) 增强七三一部队的细菌制造部门；(2) 为实施细菌战，增加中央机关编制 (无法增编的话，可在医务局医事科设置专任人员，或让七三一部队长能够酌情处理全军的防疫给水部)；(3) 国际联盟 (无视)；(4) 要求将军医学校与七三一部队的要员派到中支那派遣军，提议“用气球散布 (跳蚤、老鼠)”。另外，增田中佐报告说，军医学校校长桃井直干 5 月 14 日向陆军大臣申请“准备作战资材”，现在只有 2000 只老鼠，要增至一万只，需要建造能够容纳这些老鼠的临时木板房。井本中佐对这些建议标注了“要处理”的字样 (《井本日记》第十八卷)。

与以上内容相关特别是细菌的数量要指出的是，七三一部队第四部 (生产细菌) 部长川岛清供认制造了 130 公斤副伤寒菌 (《公判文件》，第 311 页)。

5 月 30 日的日记中记载，石井少将、村上中佐、增田中佐、小野寺中佐、增田少佐被召集到参谋本部，“［参谋本部］第一部长［田中新一少将］传达大陆指令以及注意事项”。关于实施细菌战的大本营陆军部的指示和注意事项，正式地向指挥细菌战的将校们传达了 (《井本日记》第十八卷，以下亦根据此)。

6 月 29 日的日记中，作为“与增田中佐联络”事项的“ふ号”①，记载着“消火证据的可能性为 70%，建立部队，50 公斤以下的话，精确度相当大，人事的问题”。这里言之所及是气球炸弹，从前面石井少将的提议以及与增田中佐的协议事项来看，是指细菌战使用的气球炸弹的可能

---

① 作者注：可能为ホ之误。

性很大。

7 月 6 日，碇常重中佐来报告说，“支那㊍准备好了，只要天气状况允许可以随时施行”。但是，实施细菌战的日军内部环境并不乐观。7 月 15 日，从井上中佐的报告来看，支那派遣军内部对实施细菌战产生了对立的意见。后宫淳总参谋长“对于防止士兵受到感染的预防工作特别担心”，担心伤害到军队。畑俊六总司令官提出了可对美军出入的“桂林、衡州［衡阳］进行攻击的意见”。第 13 军司令官泽田茂也“稍稍消极”，主张“瞄准居民的进入，先在无人居住地带施行”，就是说，采用在居民逃走了的地区散布细菌，日军撤退后居民返回时就会感染的散布方法。“饼不足”，即老鼠不足，“实力攻击预定为八月中旬以后，没有具体指示”。听了这个报告，井本中佐只能在日记中写道，“总之，现状是对㊍缺乏信赖，视为添麻烦，不得不充分考虑将来”。

那么，为什么支那派遣军和第 13 军认为细菌战是添麻烦呢？如前文所见，日军误入散布细菌的区域，很多士兵都被感染了，虽然不能肯定，至那时为止日军中也许已经出现受害了。根据第 13 军司令部“浙赣（浙（せ）号）第四期作战经过之概要”（1942 年 10 月 15 日，防卫研究所图书馆所藏）记录，这次战争中生病人员是负伤人员的四倍以上，而且第三期（6 月 16 日至 8 月 14 日）以后人数激增。

期间	战争中生病人数	战争中负伤人数
第一期（4/30—5/29）	829 名	723 名
第二期（5/30—6/15）	983 名	1350 名
第三期（6/16—8/14）	5291 名	609 名
第四期（8/15—9/30）	4709 名	85 名
合计	11812 名	2767 名

7 月 26 日的日记中记载，“与石井少将阁下联系”，实施细菌战的日子在 8 月 20 日的“可能性很大”，在 8 月 10 日是“二次强化”。石井感叹说，“Px、C、T 等的方法”，即鼠疫跳蚤、霍乱、伤寒的撒播方法，“在无人地区实施〇〇战很难见效”，“桂林、衡州等地有敌人航空部队控制”（《井本日记》第十九卷）。从此可见，为了不给日军带来感染的危险，支那派遣军司令部决定攻击“无人居住地带”和远方的桂林、衡阳

等地。

7月份没有散布细菌吗？关于细菌战的实施，7月26日的日记中记载，“赣州、建瓯等从低空实施，［桂林、衡阳攻击］与战斗机轰炸机同时行动”，可见，在赣州、建瓯等地从空中实施了细菌战（《井本日记》第十九卷，以下内容也根据此卷）。

由于8月1日的定期人事调动，石井少将转任第一军军医部长。于是石井与细菌战的关系就成了问题，26日的日记记载，作为“石井少将今后的工作”，“与㊭的关系，不毁掉㊭，只作为军医部长吗？需要决定”。翌日，参谋本部第一部长对石井少将下达指示，“石井少将实施㊭的善后工作”。转任第一军军医部长后，石井少将“有一段时间完全不参与”了。

关于细菌战的实施，8月28日的日记中记载，长尾参谋报告了“㊭的实施现状”，具体内容如下：

1、广信	Px	(1)	毒化跳蚤[1]
		(2)	给老鼠注射然后放掉
广丰		(1)	
玉山		(1)	
		(2)	
		(3)	在米上附着P的干燥菌 目的是建立 老鼠—跳蚤—人 的感染
江山	C	a	直接投入井中[2]
		b	附着在食物上
		b	注射在水果里
常山			同江山

① 编译者注：“Px”是指被鼠疫菌毒化了的跳蚤，“P”指鼠疫，“x”指跳蚤。广信，即上饶。

② 编译者注：“C”指霍乱。

衢县　　T、PA 跳蚤①

丽水　　T、PA 跳蚤

2、将总弹药集中在南京▷◁衢县——[自动货车]——目的地

3、进攻人员需要约 110 名，1/3 收集弹药，其他人从杭州用[自动货车]，3/8［八月三日］为止开展

4、与地上作战的关系　　22 师团　32 师团 ↘ 衢
　　　　　　　　　　　　15 师团　河野旅团 ↗

15 师团、22 师团与实施地区有关，撤退后开始攻击

（以上《井本日记》第十九卷）

15 师团、22 师团开始撤退是 19 日夜晚，这之后施行了上述攻击（衢州撤退是 26 日）。已经可以明确的是，广信、广丰、玉山用鼠疫菌，江山、常山用霍乱菌，衢州、丽水用伤寒菌、副伤寒菌实施攻击的。播撒鼠疫菌时，根据攻击目标，而实施了不同的攻击方法或实验方法，比如，利用感染的跳蚤、施放老鼠、在大米中添加干燥鼠疫菌等。霍乱菌则采用投入井水、附着在食物上以及注入水果中等的方法。

其后，日军按照既定方针，以确保己方不受伤害的方式实施了细菌战。但是，由于中国政府开始非难日本的细菌战了②，原定 10 月 2 日用飞机投掷细菌的计划被延迟了。这一天的日记中记载着，关于“ホ”号事件，“根据次长来电，原定用飞机实施的计划暂时延期”，参谋次长下了延期的指示。

10 月 5 日增田大佐报告了浙赣作战“关于地上实施的实情”，即在地上的散布结果。报告中说，“Px（P 其他）先成功？衢县也成功将 T 投入到了井中（在水里溶化）”。由此可知，实施部队散布鼠疫菌、在衢县井

① 编译者注：“T”指伤寒、副伤寒；“PA 跳蚤”，日本学者奈须重雄认为，731 部队以 X 代指印度客蚤这种最便于传染鼠疫的跳蚤，A 代指普通跳蚤（奈须重雄《日本细菌战部队的起始和细菌战》，《军事历史研究》2015 年第 1 期，第 49 页），因此“PA 跳蚤”指被鼠疫毒化的普通跳蚤。

② 编译者注：1942 年 4 月 6 日，中国国民政府汇集日军 1941 年 11 月在常德，1940 年 10—11 月在衢州、宁波、金华，1942 年 2 月在绥西实施细菌战的资料，正式向国际社会揭露和谴责日军在华细菌战罪行。6 月 6 日，美国罗斯福总统发表声明，警告日本的细菌战行为。（［英］彼得·威廉斯、大卫·瓦雷斯著：《731 部队——第二次世界大战中的日本细菌战》，吴天威译，台北国史馆 1992 年版，第 125 页。）

水中撒细菌的行动暂且可以说取得了成功。并且增田大佐说，飞机上使用的6公斤细菌“依照‘使用方针处理’”。

四 1939年、1942年使用毒气的人体实验

1. 各种化学剂的人体实验

1939年4月21日，陆军化学研究所（东京）的军医中佐近藤（或许是近藤治三郎）在陆军省内举行了“满洲的特种试验报告”（《金原摘录》前编1之①）。这个芥子气、路易氏毒气、碳酰氯、氰酸等致命的气体，以及打喷嚏气体、催泪气体等的实验报告，从内容来看，可以想到这是陆军科学研究所和关东军技术部化学武器班、七三一部队共同合作进行的实验。实验结果如下：

（1）关于“茶1号”（氰酸），“只需4—6分钟便使人人事不省。因为人和天竺鼠相同，所以可携带天竺鼠前往。用95式的话仅5分钟即可。如果事先让其运动的话更加奏效”。如果是用天竺鼠做实验，近藤中佐并不需要特意跑到中国的东北去做，可以认为这是人体实验（活体实验）的结果报告。（2）关于糜烂性毒气（芥子气和路易氏毒气）用漂白粉消毒，“如果30秒之内不处理的话就会没有效果。对皮肤直接消毒会引起发热而灼伤皮肤，用干燥的布擦拭干净也没有用”。可以认为这也是人体实验。（3）毒气的使用方法，“用雨下没有效果，需要在短时间内大量放射”。（4）作为“对于将来的意见”，“茶1号取得了所期望的成绩”，可见通过实验，加深了使用氰酸的信心。

近藤中佐10月16日在陆军省内“发布化学战基础性研究的成绩”。这也可以当作是1939年一年的实验总结，很明确地显示在进行着人体实验。其内容如下：

（1）黄一号丙撒毒

拂晓撒毒两个小时后无防护情况下进入。3—5小时后丧失战斗行为能力，最后致死。

轻度防护进入。15小时后不能战斗。需要一个月以上的治疗（较轻症状妨碍战斗）。

（2）拂晓撒毒 6 小时无防护。5 小时后不能战斗。

轻度防护 10—15 小时。不能战斗。需要一个月以上的治疗（较轻的症状妨碍战斗）

（3）拂晓撒毒　无防护　26 小时妨碍战斗

（以上《金原摘录》前编 1 之①）

这是不冻性芥子气的撒毒实验（きい一号内）[①]，天明之前撒毒，两个小时后让人不戴毒气口罩、不着防毒衣进入撒毒地带，3—5 个小时之后就会失去“战斗行动”能力，最后导致死亡。轻度防护情况下的进入、6 个小时之后的进入等的情况，都有具体的记载。

另外，还记载着与 4 月份相同内容的实验结果。关于毒气的雨下问题，不冻性芥子气和路易氏毒气“每平方 5gr 以下的话不会给战斗带来障碍”。关于氰酸气体吸入实验，“5 万浓度 5 分钟就可导致人事不省，10000（浓度）16 分钟人事不省。皮肤吸入则影响很大”。由此也可窥见，进行了人体实验（《金原摘录》前编 1 之①）。

2. 氰酸氢人体实验

以下来看 1942 年进行的氰酸大量放射实验。井本中佐日记中同年 11 月 19 日以“茶的研究”为题，有如下记述。从实验内容来看，在日本国内施行相当困难，可以推定是关东军化学部与七三一部队合作，在中国东北地区进行的实验（参照图 2）。

図 2　青酸ガス放射の概要図

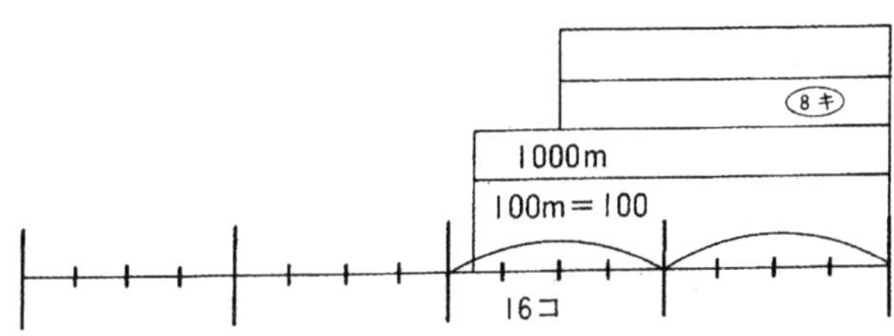

（「井本日記」1942年11月19日）

① 作者注：“きい一号”，即不冻性芥子气。

对1000米宽的正面使用50公斤喷射机每间隔25米喷射17.5吨，纵深2公里范围内有致死效果，再向外2公里之内有一半死亡的效果

浓度每立方米1500毫克，两分钟有致死效果

“小号”［掺入液态氰酸的手掷圆瓶］

火焰发射器

火炮（15厘米榴弹炮以上有效果?）

炸弹（500公斤以上有效果）

发射

总之现在无法马上实际应用

很困难，有必要为极力推进日本的技术而进行研究

（以上《井本日记》第二十二卷）

对1000米的正面以25米为间隔放置16个（或17个）50公斤的喷射器，同时放射17.5吨氰酸氢，纵深4公里被氰酸氢所覆盖的地方，2公里以内人员全部死亡，之外的2公里是半数人员死亡。1立方米的浓度为1500毫克的话，2分钟以内就能死亡。这是得出了极为具体结论的实验，是使用了活人进行的实验。

以上的毒气实验，与1940年9月在中国东北进行的“きい弹”（糜烂性毒气弹）9800枚的人体实验（参照田中明、松村高夫编《七三一部队作成资料》，1991年，不二出版社），以及同年进行的“茶剂”30吨的放射实验，1942年4月进行的“茶”瓶①的人体实验（参照《每日新闻》1981年11月27日晚报）等至今为止已知的实验有关联，搞清楚这一系列实验的真相是今后的课题。

五 1943—1944年细菌战的准备和人体实验

1. 1943年的细菌战准备

1942年8月，石井军医少将转任第一军军医部长，北野政次军医少

① 作者注：掺入液态氰酸的手掷圆瓶。

将作为其后任，就任七三一部队长之职（兼任军医学校教官）。新任的北野队长从三木良英陆军省医务局长那里接受了严厉的指示：“关于特殊勤务要与中央联络后实施”。根据 1943 年 4 月 11 日陆军省医务局会报的“状况报告”，“［七三一部队的］指导方针是确立军纪风纪，提高研究成果，完成作战准备”，并列举 1943 年度的研究事项如下：（《金原摘录》后编 7 之②）

（第一部）。基础性的各种因素的研究。溢血热的研究。四种混合的改良。发疹伤寒疫苗。

（第二部）。攻击。

（第三部）。有关昆虫的驱除扑灭、防疫实施方法的研究。

（第四部）。细菌的大量生产。血清。

（资材部）。实验动物的供需计划。

（教育部）。教育规定的制作。

（治疗部）。病菌携带者的治疗方法的研究。

（以上《金原摘录》后编 7 之②）

这个报告值得关注的是关于鼠疫治疗方法的论述。北野队长写道：“トリアン的大量治疗方法。用 12—15gr 可以使鼠疫慢性化，死亡率减少 20%。トリアノン[①]对赤痢也很有效”。这是一个令人联想到人体实验的报告。

在局内会报上，对细菌战作了“ホ号协商”，之后参谋本部也进行了“ホ号协商”。就 4 月 17 日的医事课会报的记录较长，笔者就其内容进行整理后附在文末（注 1），值得注意的地方有如下几处。

首先，关东军、北支那、中支那、南支那、南方军各防疫给水部和军医学校都准备大量生产“谷子”和“饼”。这里所说的“谷子”是指跳蚤或鼠疫跳蚤，所谓的“饼”是指老鼠。其中军医学校热衷于老鼠的增产，以埼玉县的粕壁为中心，在埼玉、茨城、栃木计划总共生产 74 万 4500 只老鼠。关东军防疫给水部生产“谷子”的能力为月产 10 公斤（至

① 作者注：“トリアン”“トリアノン”，有可能是指田边五兵卫商店（后来为田边制药）所贩卖的药品トリアノン，是治疗肺炎的特效药。

9 月末为止累计可能达到 100 公斤）；南支那防疫给水部也能月产 10 公斤；北支那防疫给水部的月产量为 5 公斤；南方军可能生产 50 公斤（不是月产）。另外，打算使用各种各样的老鼠，从中选择适合细菌战的类型，或者培育新品种。

对于以鼠疫菌为中心的细菌战的准备工作，参谋本部作战科长真田穰一郎大佐说："以上是不外露之技①，没有积极鼓励进行的意图。"虽说没有积极鼓励，但也承认了其作为"不外露之技"而进行着（正如前引用秦郁彦《追导昭和史之谜》书中提到的，虽然真田科长"不感兴趣"［384 页］，但在《大塚备忘录》可见实际上却是非常积极的）。

1943 年 8 月，金原医事科长调到苏门答腊作为近卫第二师团的军医部长。后任大塚文郎医事科长便在其后业务日志有关ホ号作战的记录中继续出现了。根据同年 11 月 1 日"ホ号报告要领（石井少将）"的记述，军医学校石井四郎少将在医务局的会报上作了如下报告：

10 月 19 日参谋本部的要求
结论
井本提案　12000 名　600 万　1.2 亿万日元
真田提案　编成 6000 名　每月 200 万"饼"6000 万日元
（如果达到顶点的话）
缩小提案　2000　每月 60 万　1200 万日元
　　此提案为现在所有提案　不能期待有什么效果
军事科：不知道施行与否，攻防提案的策略制定成了问题
希望在军事科科长级以上再度协商
对美英作战的判决（石井）——向军事科提出
大量进攻　先发制人
［中略］
国际性的问题不必多虑
◎美国俘虏　亦可不进行黄热疫苗的注射
意见(1) 北中南、南方统合程度
　　(2) 改编南方防疫给水部，实施进展

① 作者注：日语原文为"里艺"。

（3）地区内防疫委员会　防疫队

效果　有效果

ホ号所致的患者77%—90%死亡

研究

缅甸、印度、中国、新几内亚、澳大利亚、其他岛屿

⊳|⊲［飞机］27

□□□　12架　每两个月攻击一个地区

10：00　部长会报　贵宾室

以往业绩

农安县　田中技师以下6名

经由密探最有效果

~~10　unit　10只~~

定时导火索

1kg　Px　500—1000死亡

（以上《大塚备忘录》第一卷）

由以上内容可见，关于细菌战，井本雄男大本营参谋提出了大规模实施的方案，参谋本部第一部长真田穰一郎提议将其规模减半，另外还有将现行规模缩小的提案，石井少将主张不必顾及国际关系，使用大量细菌进行先发制人的攻击。可能是由石井少将提出的方案里，提到因细菌战而患病的人当中会有77%—90%的患者死亡，准备27架飞机，以12架飞机每两个月一次的频度，依次攻击缅甸、印度、中国、新几内亚、澳大利亚、太平洋岛屿及其他地区。

在同一天的部长会报的报告中提到的在农安县的既往业绩，是指对中国东北吉林省农安县的居民进行的散布鼠疫跳蚤的实验，并且结论表明很有效果。中国军事科学院外国军事研究部编写的《日本侵略军在中国的暴行》（1986年，解放军出版社）提到，1942年末七三一部队对农安县的田地、水源、居民区散布了鼠疫跳蚤，之后封锁并焚烧了该地区。（《证言细菌作战》，第315页）这二者是同一个实验的可能性很大。

2. 对美军的攻击计划

进入1944年，如何防御美军的进攻作战成为紧迫的课题，细菌战的研究被摊派上了新的角色。4月26日召开的陆军省局长会报上，石井四

郎少将的讲话涉及以下内容：

出自石井少将

5 月 1 日研究报告　ホ号如何

制造 1 公斤 Px 需要 12500 的老鼠，初期只能生产其一成，因为生产前景无法预测，下达命令生产一成。天□□

平均培养 2000，满洲，最少 2000—3500

动员学者研究有关增加老鼠繁殖的问题，水的补给对于繁殖意义重大

（以上《大塚备忘录》第五卷）

石井说，为了生产一公斤的鼠疫菌液，需要 12500 只老鼠，但研究结果表明只要其二成左右就行。以下来看该局长会报上的议论情况。首先，参谋本部作战科长服部卓四郎说："悉尼、墨尔本、夏威夷、中途岛，要让 Px 存活一个月（在潜水艇上）。""Px15℃，100% 的湿度是必须保持的，1 公斤 Px、至今为止添加了过多的跳蚤"，这段话应该是石井的发言。可以得知，他们有用鼠疫菌攻击悉尼、墨尔本、夏威夷、中途岛等地的计划，至少是作战科长强烈主张这样做。看看以下的讨论。

参谋本部

不说世界一家，只为防御，作为抵抗手段而利用，别名很清楚

保守机密

服部　高田　细田

是否上奏　天皇裁决　只有臣下去做

毒气　陛下不会允许　局长说可以不上奏　参谋本部决定不上奏

是局长的发言吧　说是最好可以不向参谋总长大臣汇报

那很困难，说了，参谋总部说想要隐瞒不太可能

石井　不要对参谋总长说编成的经过，不要提到ホ号

局长　挽回难局时不可以做，不能用ホ号，防御的生产和防御的实施，应该

交给以长官部为中心由卫生部来做

参谋本部　主体究竟是在说什么　主体应考虑两个问题

第一，医务局长和长官的职权

研究、编成、装备——局长的责任

补给——长官的责任

短路问题

石井也做得不好，参谋总部，为了尽早实施而直接做，并无恶意

局长 不是短路问题，因为是内藤或参谋本部策动的，说医务局在阻止真是岂有此理。说是以医务局为中心实施的也没有问题，不能给卫生勤务带来重大障碍防御武器及其运用

考虑这个问题，但是如何去悉尼、墨尔本以及人事运用，交由参谋本部考虑

责任问题

ホ号关系，做一张清单，按照重要程度排序，区分清楚各自的责任

局长 最高负责人的问题

大臣、作为陆军大臣、首相、参谋总长，是自己的责任

被斥责此提案不可行

局长 若是作为进攻武器，卫生部不承担责任，作为防御武器使用的话，卫生部承担责任

（以上《大塚备忘录》第五卷）

这段叙述中重点是：（1）参谋本部虽然知道这样会违反国际法，但即使违背大义名分，也决定要对美军等实施细菌战。但是，（2）昭和天皇反对使用毒气，因此鉴于即使上奏实施细菌战，也不会得到许可，参谋本部和医务局长神林浩决定不上奏而实施。（3）另外，原打算对兼任陆军大臣和参谋总长的东条首相也隐瞒实施细菌战的计划，但因为已经报告完毕，所以，遭到了东条大将的斥责。（4）石井少将抛开医务局直接与参谋本部策划实施细菌战，构成了问题（短路问题）。最后(5)医务局长明确地说道，作为进攻武器使用不能负责任，但作为防御武器使用的话能够负责任。

至此为止的研究明确了以下问题：1944 年 6—7 月，日军打算在进攻塞班岛的作战中对美军实施细菌战，参谋本部命令攻击部队乘坐的船只于 4 月份出发，其中一部分留在了塞班岛，遭到美军的攻击全员阵亡。

另外一部分5月10日在前往特鲁克群岛的途中被美军的潜水艇击沉（以上参照常石敬一《消失了的细菌战部队》增补版，1989年，海鸣社，第249—250页；秦郁彦《追寻昭和史之谜》上卷，1993年，文艺春秋，第386—390页）。大塚日记的记述可以说与此有关吧。前往特鲁克群岛的队员们应该是准备乘潜水艇去悉尼、墨尔本、中途岛等地的其中一处吧。总之，参谋本部和陆军省医务局计划对美军等实施细菌战，东条首相兼陆军大臣及参谋总长也知道此事。

3. 七三一部队的人体实验

大塚医事科长的日记中，1944年5月23日有“小出中佐满洲出差报告”的记载。这是一份七三一部队的视察报告，笔者将认为重要的内容附在了文末注里了（注2）。

日记中首先值得注意的是，以治疗伤寒菌的名义对被称为“丸太（圆木）”的伤寒菌携带者进行了手术实验。另外也比较重要的是，因“ホ号关系”而拥有了“500名丸太”。日记还记载着，1943年末至1944年春对“丸太”进行的生物实验中，进行掺入鼠疫菌的榴散弹实验时，鼠疫菌附着在炸飞的碎片上进入人体内，负伤者10%—30%发生症状。“ウジ弹”实验中，20名中有10%发生症状，干燥的鼠疫菌失败了。

并且，在炭疽菌的实验中，食道感染有效果，得出了能够使用ウジ弹的结论。在这个实验中发生了事故，七三一部队的将校等3人皮肤感染、险些丧命。

为实施细菌战提供了前提条件的是“丸太使用实验”，对于该实验，陆军中央给予的评价是：为了解决全军上下最大的疑难而进行的实验。关于掺入鼠疫菌的榴散弹（ハ弹）、ウジ弹开发，陆军决定秘密授予技术有功勋章。

此外，还可以了解到，关于ウジ弹的制作，提到了关东军参谋宫田（竹田宫恒德王）的名字，新开发出来的发疹伤寒疫苗实验性地使用于关东军的劳务人员身上，等等。

4. 塞班岛陷落以后的细菌战计划

1944年7月7日塞班岛守备队全军覆没，7月18日东条内阁引咎辞职。陆军中央再次开始讨论对美军进行细菌战攻击，在7月5日召开的陆军省临时局长会报上，神林医务局长提议在比亚克岛、塞班岛使用。其内容如下：

细菌战＝(对比亚克岛、塞班岛使用如何)

1、可能吗？某种程度可能

(小出) 限于限定地区，或有一定的医学效果，地区、时间，使用该提案，也应有时期性，□□的实行不受限制

整备命令　月产40—50公斤

⊳|⊲弹药——按照整备命令整备

2、绝对地企图不明可能吗？

不可能

3、要考虑报复手段

报复　　细菌战　　毒气战

4、判断对敌军作战时的效果

即使对比亚克岛、塞班岛使用，也不能期待令敌军数月以上不能作战

(以上《大塚备忘录》第八卷)

上述内容是说，对比亚克岛、塞班岛实施细菌战，限定性地使用会有一定的效果。这期间，弹药已达月产40—50公斤的规模了。在对战局已经绝望的情况下，将赌注放在细菌战上这一陆军中央的想法逐渐大了起来。

在小矶新内阁成立的7月22日，大塚科长在日记中写道，陆军中央做出了如下重要的决定。

杉山大将——建立了关东军防疫给水部是非常有用

杉山参谋［总］长时代

ホ号可以实施，但不可以伤害良民

秦　不能做那样的事，敌人和己方都会毁灭

加上这个条件去实施

要上奏还需考虑

最近使用之为了打赢这场战争

局长　若是被问到有关ホ号的使用情况该如何回答，不要藏在心里，说出意见　是为了收复塞班岛、大宫岛

(以上《大塚备忘录》第八卷)

由此可判断，陆军大臣杉山元和参谋次长秦彦三郎、陆军省医务局长神林决定对塞班岛、关岛（大宫岛）进行细菌战攻击。杉山参谋总长时代即1940年10月至1944年2月期间，参谋总长认可了细菌战的实施，只是说伤害居民不太好，今后不要再这样。与之相对，参谋次长认为，因为这是特攻作战，所以将战斗人员和非战斗人员、敌人和自己人区别开来进行攻击是不可能的。另外，他们还瞒着昭和天皇实施细菌战，互相商量如果天皇“垂问”将怎样回答，统一口径说是为了收复塞班岛和关岛。以下引用作战的具体内容的讨论部分。

［局长］ 1平方米Px10只的话，1平方千米要使用1040公斤

8千米138平方

消耗一半的话，约需要Px两吨

重点攻击的话1/7—1/10

石井　可发新ウジ弹，装内ウジ弹2000枚。加入1公斤的两吨，雨下则需要半年准备时间。现在有一架速度慢，ウジ弹可在▷|◁上装载28个，需要250架，但2公斤弹药只要半数飞机就可以了

内藤　按照现在的生产能力，今后一个月内只能生产200~~公斤的1/15左右~~，装备无法预测，需要约三个月。为此必须输送“饼”和人员，若与塞班岛、大宫岛同时进行的话需要四个月

局长　现在效果如何

石井　塞班岛无论什么时候进行效果都不会有变化，那里本来就有跳蚤。但是没有在塞班岛流行，开始都是腺鼠疫，死前是肺鼠疫

局长　感染之后到肺鼠疫之间的时间如何

石井　潜伏期一只10天，若多加一些的话只要4天

保持机密，绝对不可，趁现在置放在琉璜岛、父岛

石井　雨下10架飞机200公斤

局长　敌人即使进行防疫处理，是否也还是防御不了

石井　初期可以防止，敌人最后用毒气（氯化苦）消毒无效

石井　预防接种对患者不奏效，但死亡率减少20%左右

石井　现在1公斤2000□，月产10万只

（以上《大塚备忘录》第八卷）

从以上的讨论可见，最大的制约条件是跳蚤和老鼠的生产能力不足及飞机的不足。耐人寻味的是，石井说为了解决运输的问题，趁这个时候将鼠疫菌放在小笠原诸岛的父岛和硫磺岛。鼠疫菌的潜伏期是 10 天，如果被多只跳蚤咬了的话，就会缩短为 4 天。值得注意的是谈到了连美军也没有初期的有效防御方法。

其后对塞班岛、关岛发动细菌战的攻击计划实施到了哪一步？从日记中无法得知。但是，参谋本部第一部长真田穰一郎少将在 11 月 14 日的日记中写道："就ホ号的使用，与军务局长进行了商谈，现在就考虑谋略性的用法，如何。"并讨论了在 Leyte 岛（菲律宾中部的岛，太平洋战争末期日美的激战地）用重型轰炸机投掷ウジ弹事宜（《真田日记》第三十六卷，以下内容出自此日记）。21 日的日记记载了北野七三一部队长的下述献策。

北野少将（50 型ウジ弹）

判决　其效果确实　对人员有杀伤力　从高度 500 米处投掷ウジ弹

○计划不管怎样都会暴露

○不可小规模地使用，可一举大规模地战略性地使用

○关东军应接受相当大规模的整备

从 500 米的高度投掷炸弹对人员确实有很强的杀伤效果，这一结论的得出，一定是七三一部队进行了新的人体实验的结果。北野少将提议战略性地使用，这需要大规模装备 50 型ウジ弹。28 日真田少将的日记中有部长会报的记录，"知道无法破坏 F［敌人］的斗志阻止攻势，非常手段、全力以赴使用飞机……突出"，之后，作为"考虑到近期将来的使用，有机地统一性准备"，详细地记载了细菌战准备的现状。

首先，关于关东军，记录着使用ハ弹、ウジ弹的鼠疫菌、炭疽菌的实验结果"确实"。支那派遣军从 12 月 15 日开始增产，1945 年 2 月生产 7.5 公斤（一举实施增产的话生产 55 公斤）。"感谢支那的增产计划、特别是感谢对急速增产计划所付出的认真努力"。在南方军方面，记载着与ホ号相关的"谷子"的生产情况，"在马来精神病院旧址生产黑'饼'（老鼠）"，这些老鼠现在有 39000 只（预计月产 25000 只），Px（鼠疫跳蚤）的生产要到 1945 年 2 月才能恢复到 30 公斤。马来支部专门生产鼠疫

跳蚤，实施细菌战时，希望能派遣其他部队。按照ホ号作战研究会的预计，鼠疫跳蚤的生产1945年6月会达到135公斤，9月达到300公斤，12月达到800公斤，“到此应该是到顶了”。老鼠现在的数量为25万只，1000只老鼠能制造1公斤鼠疫跳蚤，若能确保每月30万只老鼠，就有可能生产300公斤鼠疫跳蚤。各部门的鼠疫跳蚤的生产量为：关东军150公斤、支那派遣军60公斤（华中30、华北20、华南10）、南方军60公斤、内地30公斤。真田少将向军务局作中国作战说明的时候，有必要同时说明特攻作战和细菌战的准备。若使用疫苗，并彻底地消毒的话，“我们不会感染（海南岛的例子）”，“若能彻底地驱除跳蚤，可行”。陆军中央再次显示了对鼠疫跳蚤的生产和散布的强烈关心。但是，这个政策进行到了哪一步，有待今后的研究。

六　细菌战的中止

进入1945年后决定中止ホ号作战的战略性实施。1月8日大塚科长的日记记述如下：

> 来自局长
> 第一部长宫崎——石井少将之事项
> 大臣的裁决：
> （1）中止ほ号作战
> （2）促进现有材料和食物
> （3）可谋略性使用
> 300公斤——现有机构能够做到
> 局长　是否可以推进生产300公斤
> 　　　为此如给配置会计、药剂师的话就做
> 　　　机构　ほ号的整备　补给
> 小出　以现在的机构和人员无法生产300公斤
> 　　　满洲　150公斤　饼22.5万　补给219000　满洲白饼1万
> （以上《大塚备忘录》第十一卷）

这段内容显示通过大臣的裁决，ホ号作战的战略性实施被中止了，但是，ホ号作战的谋略性实施的准备工作却没有中止。相反，为了生产300公斤鼠疫菌，各地大力推进着老鼠的增产。例如，看看中国的东北，根据满洲国兴农部次长岛崎庸一的通牒“关于收集田鼠的事件”（黑龙江省次长收，1945年5月17日），满洲国兴农部向各省大量特别配给笔记本和小刀，并动员学童收集野鼠（田鼠）（中国抗日战争纪念馆所藏，1993年在东京召开的七三一部队展览会上展出）。

这个细菌战的谋略性的实施计划并未被放弃，最终中止是战败之前的7月下旬。7月24日为了制作发疹伤寒的诊断液，要在埼玉、茨城（水海道）增产老鼠时（与ホ号无关），医务局长神林宣布“ホ号全面终止”（《大塚备忘录》第十三卷）。中日战争期间持续的ホ号作战，到此为止终于停止了。

结　尾

从4名陆军中央干部的业务日志搞清楚了日军细菌战的实际情况，这里没有必要再重新总结了，仅作最低限度的必要概括。

至此为止的讨论，明确了以下几点：

第一，在陆军中央的认可下，细菌战的实施部队于1940年、1941年、1942年在中国各地实施了细菌战，这一点毋庸置疑是明确的。

第二，从1943年末到1944年春七三一部队至少使用掺入了鼠疫菌的ウジ弹、ハ弹以及干燥鼠疫菌、炭疽菌、伤寒菌对“丸太”进行了人体实验。对于这样的生物实验，陆军中央不但根本没有制止，反而给予了很高的评价。另外，对中国东北农安县的居民进行了散布鼠疫跳蚤的实验。与之关联，至少在1939年和1942年日军进行了使用芥子气和氰酸等的毒气人体实验。

第三，日军从1942—1944年讨论过对巴丹半岛、澳大利亚、夏威夷、中途岛、亚留申群岛、加尔各答、塞班岛、比亚克岛、关岛等地实施细菌战进攻的问题，1944年陆军中央认可并推进了对塞班岛和关岛实施细菌战。

但是，要想了解日军实施细菌战的全部，仍有许多不明之处，期待着今后的进一步研究，本稿就此结束。

（本稿的撰写得到了常石敬一、藤原彰、由井正臣各位先生的指教，特此表示感谢。本稿的分担，一、二为伊香、其余为吉见执笔）

注1：

1943年4月在参谋本部召开的“ホ号协商”的内容如下（4月17日的医事科会报的记录中，作为“ホ号协商”被记录下来）。首先各防疫给水部作了报告。

（北支）

谷子100gr、饼1000。9月末能生产100公斤谷子，但需要补送饼（计2万只，逐月递增）。

（1）运送饼的时候，如船运因要等待船（神户4日），所以不仅需要相当量的饲料，还会产生30%的损耗。

（2）以研究为主体，获得合适的实验场所（保密、防谍方面也合适）。

（3）使用葡萄糖，就会节约饼。只要约1/8就行。研究谷子的卵的保存方法，取得了好结果。

（4）沙鼠（蒙古）

（中支）

（1）谷子的生产和毒化正在研究中。现在的量为5公斤（若补给2万只老鼠的话，两个月后便会生产出15公斤）。日期在三个月前预先通知。AT1机4000，不耐热。

（2）放入了跳蚤的饼三周后处理为好。人血减少，不适合低温保存。

（3）对美国的进攻（三化螟是昆虫）。使用前需要1年。人工繁殖困难。

（4）考虑不将谷子的生产相关人员派往别处。

（5）运输不可超过10天以上。

（关东军）

制作褐鼠与实验用小白鼠的混种。增殖快。野鼠有时带有鼠疫菌，并带有狗虱，有其他的谷子及虫子，不可用于防谍。

（南支）

（1）饼每月1万只，月产10公斤，7—8月发生率不良，5、6、9、10月良好。

（2）2月补给到现在2万。

（3）制造第二代埃及沼泽鼠，缓和粗暴性，饲养驯化，逐渐变成自变种。

（4）利用葡萄糖，相当于节约使用2/3。

（南方军）

（1）去年9月开始研究。Keopis（鼠疫跳蚤）谷子在南方发育良好，繁殖力强。

（2）在南方山陵地区有肺鼠疫（气温15℃），在海岸一带有腺鼠疫。一般四季都偶有发生。

（3）南方的Keopis（鼠疫跳蚤）硬度大，耐热性强。在柏油公路上（45℃）1分钟内死亡，在草原等其他地方可以生存两天以上。

（4）原来的方法。使用场所小。使用人、麦饼。增殖率小。

改良第一法。适合南方。

改良第二法。适合保存。

（5）捕鼠用捕鼠器捕到的不到10%（南方通过一年以同样的比率捕获）。北方因季节而异。

（6）在南方因为气候的关系，四季适合增殖。避开雨水和日光的话，哪里都可成为饲养场。

（7）从北方运来的老鼠驯化需用1个月。

（8）只要运来一次种饼，之后就可以在当地自生。

（9）需要人员265名。能够生产50kgr。”

接着，参谋本部作战科长真田作了如下发言：

（1）修理检查滤水器和其他的防疫给水器具。

（2）当地特有的地方病蔓延时的活动状况。

（3）对当地地方病的研究。

（4）作为作战谋略资材受参谋部委托之事项。

(5) 通过高等官、判任官、职员的牺牲者状况。毒化、监视人员的进出现状。

(6) 当地军队特别是军医部、经理部的相互关系。

保持机密当然是必要的，要与军内各方面理清关系，避免重复(为了节省人员和物资)。作为中央也不得不反省至目前为之的状况。

以上就各个方面的意见作了阐述。并且以上是不外露之技，没有积极予以鼓励的意图。

关东军防疫给水部发表意见说："勤务命令中也有所规定，有必要讨论部队动员计划的补充问题（应以士兵代替军从属雇员）。"南方军防疫给水部提及"正在进行黄热病的研究"，之后就此恳谈。关于提供老鼠的恳谈如下。

(医校)

(1) 粕壁附近成为主力。一户30。4000户为一合作社（母鼠一只，一个月两只）。本年度预计埼玉47.5，茨城20.5，枥木6.45，共计74.45（万）。

(2) 若能供给埼玉县饲料的话，能够增产20万。茨城县、枥木县通过强化指导，预计可以增产10万，最多可产100万。

(3) 能够圆满进行运输的只有关东军。为南方军提供种。北满、南满还未计划。

(关东军)

(1) 只2万予中支，其余全归关东军，北支、南支、南方只负责种饼。应对运输予以援助。

(2) 体重越增加生存时间就越长，抵抗力越强。80gr以上。

其结果，"就饼的增产方法进行了讨论，商量了在当地独立存活的根本对策以及防止运输耗损等。决定各部队调查派遣专人（含地方专家）"。并且，就"运输、经费、编成、BK［细菌战］等"问题交换了意见。

关东军给了100式。对此，第三科说100式有困难，双发复座战斗机则没问题。

用来运输的飞机特殊场合使用关东军的飞机，但实际使用的飞机数量还包括预备飞机。

南支因从5月开始所以可明示预算，因没有正式的命令所以不能靠军内支付。

中央将另行研究有关中央统制机关、南方防疫给水部的编成问题。

中支处于驻守状态的话，就会有辎重兵（现在有200名）余下来，可将他们加入卫生兵行列中。

补充大中尉以上的空额，即使编制满了，也还缺高层人员。

对于必要的地点某时期实施BK［细菌战］，总之，把焦点放在战果上，在防谍方面多少就会有些疏忽；或是战果多少有些欠缺，也把焦点放在防谍方面，都需要绝对地保密和这方面的指导。关于BK［细菌战］地区的选定，无论是怎样的地区都必须使用最适合该地的特定的武器。因此在整备BK［细菌战］的资材时，需要慎重地研究武器的类别而作决定。进行大量快速的整备时，最大的难关往往是“饼”。

（以上内容出自《金原摘录》后编7之②）

由此可知，“饼”（老鼠）的生产能力的不足成为最大的制约条件。

注2：

1944年5月23日发表的《小出中佐的报告（满洲出差）》的重要部分如下。

伤寒菌持有者的治疗

胆囊部位超短波　注射洒尔佛散有效果

洒尔佛散、注射疫苗——不着手、手术治疗——九太实验　胆囊□——缩、脓菌注入、有效果

［中略］

ウジ弹——有制造的希望、向宫田参谋申请、申请预算和资材

ホ号关系

从很高的高度进行集中攻击　命中及浓度构成　不能期望现在

显示效果

Px 制造生产　田中少佐的研究“饼”的使用为十二分之一

丸太 500 名

局长、将“饼”定为狗怎么样　使用狗来实施是可能的　以石油罐替换培养罐

从今冬至春的演习成果

鼠疫的液体菌

用八弹实施（随碎片进入），伤者中的 10%—30% 发生症状

ウジ弹　细菌受伤者 20 人中有一成发生症状

干燥鼠疫菌没有成功，预计需要 1 立方米 4 毫克的浓度

混合细菌　在寒冷的地方冷冻，没有发生症状

将来关东军不能不考虑将不使用 X 的菌置于表面及干燥细菌的耐寒耐热性和黏着性

炭疽菌　通过食道感染，虽有疑问但有效果，可用ウジ弹

局长——是否是从消化器官进入的

辰见大尉及两名部下感染，从皮肤进入，性命倒是保住了，参加第二部进攻的年轻将校都很努力

炭疽菌　没有消毒药，其制造需要研究

［中略］

◎使用“丸太”进行实验对于中央来说，是为了解决全军面临的重要问题

Px 八弹丸的有功勋章的问题

草知参谋　秘密事项现在不可发表

高山参谋　需考虑功勋章的一事联络、发布方法

［中略］

发疹伤寒的预防治疗液

有五万人份

关东军在劳务人员身上使用，有效果，用制作疫苗时的残余做血清凝聚反应（Weil - Felix test）时，清楚地呈现反应，可应用于军队。

大连卫研　第四性病的诊断液良好□。

（以上《大塚备忘录》第六卷）

《日本军的细菌战》之日文原文影印

No.2（93年冬季号）

季刊 **戦争責任研究**

The Report on Japan's War Responsibility

特集 731部隊の実相に迫る

—全アジアに展開された戦慄の細菌戦部隊—

日本の戦争責任資料センター

CENTER FOR RESEARCH AND DOCUMENTATION ON JAPAN'S WAR RESPONSIBILITY

日本軍の細菌戦

―明らかになった陸軍総がかりの実相―

吉見義明（中央大学教授）
伊香俊哉（立教大学講師）

はじめに

日本の戦争責任資料センターでは、「従軍慰安婦」問題の究明のため、本年六月から防衛庁防衛研究所図書館の資料調査を行ってきたが、その過程で、偶然、日本軍が推し進めた細菌戦の実態を克明に示す第一次資料に遭遇した。それは、陸軍中央幹部が記した業務日誌である。現在までに見ることができたのは、①一九四〇年九月から一九四二年一二月まで参謀本部作戦課員であった井本熊男中佐の業務日誌（支那派遣軍参謀時代を含めて全二三冊）、②一九三七年八月から陸軍省医務局医事課員であり、一九四一年一一月から医事課長となった金原節三軍医大佐の「陸軍省業務日誌摘録」（全三五冊、この日誌は、泰郁彦氏が『昭和史の謎を追う』上巻・一九九三年・文芸春秋に一部引用している）、③金原大佐の後任として一九四三年九月に医事課長となった大塚文郎大佐の「備忘録」（全一三冊）、④参謀本部第一部長であった真田穣一郎少将の業務日誌（作戦課長時代などを含めて全四〇冊）である（以下、「井本日記」「金原摘録」「大塚備忘録」「真田日記」と略す）。

これまで、日本軍による細菌戦の計画・実施や、人体実験に関する同時代の日本軍側の文書・記録は、ごく一部しか発見されていない。これまでは主にアメリカ軍による尋問調書・調査資料やソ連によるハバロフスク戦犯裁判関係資料、中国側の記録や研究者などによるヒアリングによって事実の解明が行われてきたのであった。今回発見した資料は、陸軍中央幹部の記録という第一次資料であり、しかも日本政府が所管している資料であるという点で、絶対に否定できない証拠となることが重要である。

以下、これらの業務日誌に記されている「ホ号」関係の記述を中心に日本軍の細菌戦の実態を解明したい。「ホ号」とは、細菌戦攻撃作戦の秘匿名であり、日誌には「ホ号」「㋭」「ほ号」「保号」などとして出てくる。また、一部毒ガスの人体実験についてもふれたい（なお、日誌の引用にさいしては、適宜句読点を付し、改行を一部改めた。また、引用者の能力不足のため解読不能の部分があるが、それは□で示した。〔〕

は引用者による註であることを示す)。

一、一九四〇年の細菌戦

一、細菌戦準備段階

まず一九四〇年に浙江省で日本軍が実施した細菌攻撃の準備段階の動向について、井本中佐の日記から検討して行こう。井本はこの時期、支那派遣軍参謀である(井本の著書『作戦日誌で綴る支那事変』〔一九七八年・芙蓉書房〕は井本書と略す)。

一九四〇年五月三一日付の井本の日記には「『ホ』号」と書かれた左側に、参謀本部・陸軍省・支那派遣軍・関東軍の上層部のメンバーが列挙されている。

それは参謀本部では、沢田茂参謀次長、富永恭次参謀本部第一部長、岡田重一作戦課長、高月保作戦課作戦班長、荒尾興功作戦課員、谷川一男航空班長、松前未曾雄作戦課員、那須義雄編成動員課長、美山要蔵編成動員課編成班長、陸軍省では阿南惟幾陸軍次官、武藤章軍務局長、岩畔豪雄軍務局軍事課長、西浦進軍事課高級課員、松谷誠軍事課編成班長、松下勇三軍事課予算班長など、支那派遣軍では西尾寿造軍司令官、板垣征四郎総参謀長、本多政材総参謀副長、公平匡武高級参謀、井本熊男作戦主任参謀、最後に関東軍では梅津美治郎軍司令官、飯村穣参謀長、秦彦三郎参謀副長、有末次高級参謀、中山源夫作戦主任参謀などである(「井本日記」第七巻)。

井本書(四三二頁)の記述から判断して、五月三一日に右のメンバーで会議が行われたわけではない。しかし右の日記の記述は、「ホ」号作戦すなわち細菌戦の実施のために、井本が参謀本部・陸軍省上層部などへ連絡をつける必要があったことを示すものであった。そして当然のことながら参謀本部では作戦課と編成動員課が、また陸軍省では軍務局軍事課が、作戦実施のためには重要であった。

そして井本は、六月五日に増田(知真中佐か)、荒尾興功作戦課長らと「「保」ノ協議」を行い、実施時期をとりあえず「七月中」とし、攻撃目標を「浙贛沿線都市」とする細菌戦実施計画をまとめた。またそこでは、「実施部隊ノ指キ」は支那派遣軍総司令部直轄で「責任者ハ石井大佐」とされ、具体的な攻撃方法としては、「高度概ネ四千以上」からの「雨下、ノミ」によることが決定された。「ノミ」とは「ペストノミ」のことであろう。尚、作戦に使用する飛行場は「句陽(容か)」とされた。

六月二八日には、井本は「中央ト「ホ」其他ノ連絡ノ為急遽上京スルコト、決メ」て南京から上京、七月二日には「軍医学校ニ於テ石井大佐以下ト決定事項ニ関シ確認的意味ニ於テ更ニ一度打合セヲ行」い、七月一〇日にも荒尾興功参謀本部作戦課員と「保ノ件」で連絡している(「井本日記」第七巻、井本書四六三頁参照)。

そして七月二一日には「午前石井部隊ニ於テ「ホ」ノ件打合セ」のあと、「東京ヨリ命令下達スルニ付即時作戦ノ航空参謀上京スヘキ旨来電」を受け、「杭州ハ思切リテ偵察スルコトニ決心」し、七月二二日には「午前杭州ニ飛ヒ斯要件偵察」し、「旧中央航空学校ヲ使用スルコトニ決定」した。また「加茂部隊人員」は「残置」することとしている(「井本日記」第七巻)。井本書(四六六頁)では、井本の上京は南支那方面軍を支那派遣軍の戦闘序列から切り離す大陸命を受領するためであったかのように書かれているが、杭州の旧中央航空学校と杭州にいた加茂部隊(石井部隊の別名)が関連しているのは明らかであり、東京で伝達される命令とは、飛行機による細菌戦実施に関する命令であったと考えられる。

つまり七月中旬には支那派遣軍は秋の細菌戦実施を策定し、それについての命令を七月二五日には受け取ったのではないだろうか。

七月二五日には関東軍でも重要な命令が発せられたといわれている。それは「関作命丙第六五九号」であり、これは奈良部隊(細菌戦の実施部隊と思われる)の人員・武器・器材の輸送を命じたものであった(写真版資料、『細菌戦用兵器ノ準備及ビ使用ノ廉デ起訴サレタ元日本人ノ事件ニ関スル公判書類』（以下『公判書類』と略す。一九五〇年・外国語図書出版所・モスクワ）所収）。この器材運搬に携わった陸軍軍属石橋直方の日誌によれば、その命令により「投下爆弾七百発。自動車二十両」などを積んだ列車は八月四日に南京の対岸浦口に着き、器材は船でいったん南京に運び込まれたのち、翌八月六日に目的地の杭州市筧橋の旧蔣介石軍中央航空学校に運ばれたという。同航空学校は日中戦争開始後の日本軍の爆撃によって破壊されていたところであった。（以上、高杉晋吾『七三一部隊細菌戦の医師を追え』一九八二年・徳間書店、二〇—二一頁）。

以上の事実と照らして、七月二一日と二二日の井本の行動が細菌戦準備のための活動であったことは疑いない。ここでは杭州と筧橋、旧中央航空学校という地が四〇年の細菌戦の一つの拠点であったことが確認される。

八月一六日の井本の日記には「杭州ニ於テ連絡」の中に次のような記述がある。

「1、命令ノ伝達」
「6、経費ノ出場所（ハルピンカ南京カハ総司令部ニ於テ研究ス）」
「12、目標ノ空中写真」
「13、消毒薬ノ請求」
「15、兵要地誌（攻撃目標到迄）」
「17、〇弾　15H」（「井本日記」第八巻）

1の「命令」というのは、杭州にいた加茂部隊（石井部隊）に対する、細菌戦についての具体的な命令であったと推測される。17の「15H」とは一五発だろうか。

以上の検討から五月には参謀本部と陸軍省の上層部を含めて細菌戦開始が検討されはじめ、六月以降支那派遣軍参謀である井本が中央と石井部隊との間での連絡を進め、七月にはほぼ最終的な作戦方針が決まり、七月下旬には細菌戦のための器材の輸送が開始されるとともに、杭州の加茂部隊（石井部隊）に中央からの作戦命令が下ったと考える。

2、　細菌戦開始

四〇年八月末には、いよいよ細菌戦実施の段階へ入っていった。

八月二八日に井本は参謀本部の富永第一部長、荒尾作戦課作戦班員、美山編成動員課編成班長、松前作戦課員と会っているが、そこでは「ホ」号についての連絡がなされた（「井本日記」第八巻）。

八月三〇日には井本は中支那防疫給水部の増田知貞中佐と「奈良部隊経費」「奈良部隊編成表呈出ノ件」について連絡した（同上）。これは九月の奈良部隊の出動を前提としたものであろう。

そして九月一〇日には井本は奈良部隊との間で攻撃目標と細菌の輸送について連絡をした。目標には寧波（鄞県）と衢県が適当とされ、金華がさらに候補として浮上していた。また第一回の輸送は、「C」（コレラ菌）から、「T」（チフス菌）に変更された。

「10／9（九月一〇日）
一、奈良部隊太田中佐、増田大尉ト連絡
　1、目標ヲ9／10捜索ス、寧波ト衢県ハ目標トシテ適当ナルカ如シ　航空写真（都市）
　（金華ハ？）
　2、10／9第一回弾薬輸送ノ処遅ル、数日中ニ到着ノ予定、第一回CヲTニ改ム」（同上）

計画は何らかの理由で遅延したが、次に引用するように、九月一八日には攻撃目標ごとの細菌使用量が示され、また「稀釈セフレタル弾薬」を使用する場合と、「濃度大ナルモノヲ」使用する場合の二通りの撒布方法が用いられることになった。攻撃目標としては新たに玉山・温州・台州などの名があがっている。また細菌の生産量は「C」「コレラ」が一日あたり一〇キロ、「T」（チフス）はそれ以上が見込まれていた。

「18／9（九月一八日）　水
〔一、略〕
二、奈良部隊トノ連絡
　1、開始遅延ノ理由
　2、弾薬ハ航中ノ外陸上輸送モ併セ行フコトヽナレリ
　3、福島雇員戦死情況
　4、製造量ハ一日10K（C）　（T）ハ其以上

5、目標、寧波ハ可ナリ（附近部落一K平方ニ1.5）
金華、玉山ハ一㌔×二K（附近部落一K平方ニ0.7—0.8）
山本参謀（山本源一関東軍参謀か）ヨリ
1、稀釈セシメタル弾薬ヲ広ク行フモノト、濃度大ナルモノヲ回数少ク落下スル場合トアリ、後者ノ為ニ目標ヲ温州ニ選定ス（台州、温州、麗水?）
2、雨下法決定ノ為ニ落下傘使用ノ件
寧波ノ海上案
3、航空写真機一コ借用
4、筧橋飛行場ノ使用ニ関スル件
他部隊ノ使用ハ遠慮スヘキコト、其他連絡ノコト
5、地図ヲ渡ス件
6、謀略関係事項
之カ用法ニ関スル件」（「井本日記」第九巻）

そして一〇月七日に井本は、奈良部隊からの細菌戦実施についての報告を記している。
「一、奈良部隊ノ状況聴取
（山本参謀、福森少佐、太田中佐、金子大尉、増田大尉）
1、輸送　今迄ニ六回（内船二回）
空輸ハ各其日ニ到著、船ハ約六日ヲ要ス、将来ハ航空機ヲ可トス
2、今迄ノ攻撃回数六回（別表ニ依リ説明）
蚤ハ、一g、約一七〇〇□
3、効果ノ判定ヲ期待ス
密偵
4、気象諸原ハ杭州ニ於テ測定シテ之ヲ現地ニ移スコト、シ、落下傘ヲ使用セザル如クス（寧波ニ対シテノミ）
5、温州ハ雨下ノ目標トナルモ台州等ハ不適当、但シ温州ヲ攻撃スル場合ハ気象諸原決定ハ傘ヲ使用セザレバ困難ナリ
6、（山本参謀ヨリ）
目標及攻撃法ニ融通性アル如クセラレ度
（決定）
攻撃法ヲ重複スルコトヲ得
7、人事ノ件
8、兵要地誌
9、「ホ」作戦将来（継続ノ見透）」（同上）
ここで最も注目されるのは、「今迄ノ攻撃回数六回」という部分であろう。日付と目標は不明であるが、日本軍が一九四〇年の九月一八日以後一〇月七日の間に浙江省において六回の細菌攻撃をおこなったのである。しかし日本軍はこの時点では細菌攻撃の効果を確認していない。
井本が奈良部隊からの報告を受けた翌一〇月八日には、増田知貞中佐、井本の後任として着任した支那派遣軍参謀の吉橋戒三らとの間で「実験ハ何時迄経チテモ終了スルモノニ非ス。十二月ニナレバ如何ニスルヤヲ考慮シ置クヲ要ス（十二月ニハ一応引上ゲテ来年出直ス）」との
方針が話し合われた。また実施中の細菌戦については「Cハ出ナイト思フ、Pハ或ハ成功スルカモ知レス」とされ、コレラ菌が効果をあげない一方、Pすなわちペスト菌の効果が望めることが示された。さらにこの時期石井部隊の内部統制がかなり問題となっていた。また、南進を前提として台湾での細菌研究施設設置方針が浮上して来ていた。
「5、加茂部隊内部統制
㋑ 指導官ニ〇〇ヲ制ヘル事可能ナル人ヲ任スル又ハ指導官ナキヲ可トスヘシ
㋺ 人事ヲ交流頻繁ニ行フヲ可トス
㋩ 〇〇戦ヲ伸ス見地ヨリ十分ニ考テ貰フ必要アリ
6、南方施策ノタメ熱帯気候ノ場所ニ恒久的ノモノヲ施設スルヲ可トス、台湾ニ設ケルヲ可トスヘシ
〔中略〕
10、加茂部隊内部ノ統制ハ出来テキナイ」（同上）
㋑の「〇〇」は「石井」であろうか。㋩の「〇〇戦」は「細菌戦」であろう。
井本はこの一〇月八日に古巣の参謀本部第二課（作戦課）に転任のため南京を去り、翌九日東京に帰着した。

3、細菌戦の終了

井本が参謀本部に復帰した早々、細菌攻撃打

ち切りの方針が大陸指六九〇号という形で決定をみたようである。一〇月一二日の荒尾中佐からの申し送りの中には「大陸指八九〇号ノ別紙ニ捺印」とある（「井本日記」第九巻）。そしてその方針は一一月二〇日頃には現地に指示された。一一月二五日の日記には「医校北條中佐㋭ニ関スル報告」として「大陸指690号ニ依リ試験ハ本月末ヲ以テ終了スル如ク指示ヲ出サル」とある（同上）。

また、三〇日夜の吉橋戒三支那派遣軍参謀のホ号に関する報告は次の通りであった。

「1　20／11頃止メル方針（総司令官）
2　之（二）対シ土井大佐（土居明夫作戦課長か）ヨリ十二月迄如何ト返
3　右ニ対シ□□ヘモ六八〇号
右申来レルトキ突撃的トシテハ石井大佐ヨリ何ト云ハレテモ止メル如クセラレ度ト意見具申アリ（派遣軍ニ於テモ制ヘル考アリ）
此時石井大佐来寧、オ示シノ通リ終リ電撃的ニ引上グル考ヘナリト申込アリ、十一月末日終了スル事ニ異存ナシト石井大佐答フ（□撃部隊□□北條中佐立合）
二十二日ノ作業ニ関スル希望アリ
実施ノ成果明瞭ナル如ク杭州、上海ノ中間ニ同案持参セリ（空中写真ヲトリノ上我軍カ討伐スル地点ナルコト等ヲ申入レタリ）
之ヲ反駁シタルニ承服セリ、次テ紹興、諸曁等ヲ出セリ
土井大佐書翰ヲモ示シ次テ金華ヲ攻撃スル如ク協定成立セリ、以上、（二十一日）
二十二日空中観察」（「井本日記」第一〇巻）

一一月二〇日頃に石井四郎大佐は一一月末日に作戦を終了することで同意したが、一方で石井は杭州と上海の中間での作戦を提起した。石井は、吉橋参謀の反駁でその案をあきらめたが、さらに紹興、諸曁を持ち出し、結局金華を攻撃することで協定が成立したのである。

つぎに以上の井本日記における四〇年の浙江省における細菌戦実施をめぐる動向と、従来の証言や研究を簡単に照らし合わせてみよう。

4、使用された細菌の種類

敗戦後中国で戦犯として裁かれた田村義雄という、当時関東軍防疫給水部で傭人として細菌大量生産隊に参加した人物の一九五四年九月八日付の供述書によれば、田村は四〇年七月上旬から一一月上旬の間に同生産隊でコレラ菌、パラチフス菌、チフス菌の生産に携わった。そして四〇年九月初旬「約一〇キログラムのチフス菌」が、南京行きの飛行機に積み込まれた。この期間「細菌大量生産によって製造されたチフス菌、パラチフス菌、コレラ菌、ペスト菌、脾脱疽菌、合計二七〇キログラムは飛行機で南京及び華中地区へ運ばれ、関東軍防疫給水部本部によって華中地区に派遣された柄沢十三夫ひきいる遠征隊がこれらの細菌を使用して謀略を実行し」た（中央档案館他編・江田いづみ編訳『証言細菌作戦』一九九二年・同文館・八七—八九頁、なお同書は『細菌戦与毒気戦』の細菌戦に関する部分の全訳である）。

他方、その柄沢十三夫は四九年のハバロフスク軍事裁判で、細菌実施のために四〇年の後半腸チフス菌七〇キロ、コレラ菌五〇キロの製造を命じられたと供述している（『公判書類』三二四頁）。

田村と柄沢の供述からは、四〇年九月当初はコレラとチフスが主要な攻撃用細菌として準備されていたことがわかり、井本日記の「C」がコレラ菌を指し、「T」がチフス菌を指すことが確実である。さらに井本の日記九月一〇日の「第一回弾薬輸送」「第一回CヲTニ改ム」という記述は田村の証言とほぼ一致しており、九月一八日の「生産量ハ一日10K（C）（T）ハ其以上」という記述も腸チフス菌がコレラ菌よりも多かったという柄沢の証言と一致している。

そして筆者の推測では、九月中にはコレラ菌とチフス菌を中心に日本軍機による細菌攻撃が先行された。その目標は九月一八日の井本の日記が示すように寧波、金華、玉山、温州、台州などのいずれかであった。しかしこの細菌攻撃は石井らが期待した効果をあげなかった。一方、一〇月に入ってからのペスト菌による攻撃は効果が確認された。〇月七日の「蚤」というのは、ペスト菌に感染させた蚤（ペストノミ）が

この時期に使用されたことを示し、一〇月八日の「Cハ出ナイト思フ」「Pハ或ハ成功スルカモ知レス」という観測はこの段階で何らかの効果を確認しつつあったことをうかがわせるものである。また四一年四月一五日の井本の日記には「寧波ノP研究ノ為」に「中支防疫給水部ニ関東軍ヨリ五名増加配備」の措置をとることが記されている（「井本日記」第一一巻）。これは四〇年秋のペスト攻撃の被害状況を調査しようとしていたことを示すものである。

さらに中国中央档案館他編『細菌戦与毒気戦』（一九八九年・中華書局出版）に収録された中国側の被害を示す資料によれば、九月以降の最初のペスト菌攻撃は一〇月四日の衢県で行われている。同資料集には、この時期の日本の細菌戦についての、中国側の多くの詳細な報告が収められているが、もし九月以降一〇月四日以前の段階で日本軍のペストノミ・ペスト菌撒布が目撃されるか、ペストが流行した地域があれば、同資料所収の資料で言及があっておかしくないと判断される。それゆえ筆者は日本軍が九月以降の細菌攻撃で最初にペスト菌を撒布したのは一〇月四日の衢県であったと考える。

5、攻撃地と被害

つぎに中国側資料から日本軍の攻撃の状況と被害状況を簡単に見ておこう。

一九四〇年一〇月四日、衢県で日本軍機が上空から麦、粟などとその中に蚤を混入した物を撒布し、一一月一二日にペストが発生した（前掲『証言細菌作戦』一〇五頁）。

一〇月二二日、寧波（鄞県）上空で日本軍機から麦と綿が大量に撒かれた。一〇月二九日ペストの疑いのある患者第一号が発見された（同上九六頁、一二五—一二六頁、一三六—一三七頁）。

金華では、一一月二八日に日本軍機が白い霧状の物質を撒布した。この後金華付近の東陽・義烏・蘭鶏などの県でペストが蔓延した（同上一〇六頁、一三七頁）。

また中国側の当時の分析によれば、寧波（鄞県）と衢県では腺ペストに感染したペストノミが撒布され、金華では肺ペスト菌を「うすい黄色の顆粒」に培養したものが撒布された（同上一二七頁）。

なお被害に関しては、各地で数十人から数百人にのぼるペストによる死者が発生している。

それ以外では四一年二月に浙江省の慈渓、慶元、龍泉でペストが発生しているとの報告があり（前掲『証言細菌作戦』九四頁）、また一九五〇年二月九日付『人民日報』に、四〇年一二月から翌年一二月にかけて、浙江省内の上虞、湯渓、新登、諸暨などで、日本軍機が白煙、蜘蛛の巣状の物体、白い綿状の物体を投下したが、ペスト流行の報告はなかった、という記事がある（同上一三七頁）。韓暁・辛培林『日軍七三一部隊罪悪史』（一九九一年・黒龍江人民出版社・二五七—二五八頁）によれば、上虞では一二月一〇日、湯渓では一二月一九日、新登では四一年四月二一日、諸暨では四一年一二月一九日にそれぞれペスト菌が撒布されたとされている。

以上の中国側の資料と井本の日記を対照すると、一一月三〇日の井本の日記によれば、日本側では一一月二〇日に金華を攻撃目標と決定しており、中国側資料による金華での一一月二八日の攻撃という事実と符合している。ただしそれ以前の一〇月四日の衢県と一〇月二二日の寧波（鄞県）については、具体的な一致は見られない。また『日軍七三一部隊罪悪史』で指摘されている、四〇年一二月の上虞、湯渓での攻撃というのは、井本の日記によれば細菌攻撃が中止されているはずの時期である。これらの中国側での指摘については、今後いっそうの検討が必要であろう。

二、一九四一年の日本軍の細菌戦

一、細菌戦の準備

一九四一年前半は、日本軍にとっては四〇年の細菌攻撃の結果を踏まえてさまざまな面での改善を検討する時期となった。

一一月一五日には、渡辺参謀から「『ホ』ノ件」

について「媒介物ヲ欲ス」「補給手段」「適当ナル容器カ必要（取扱ヲ簡易ニス）」「実用ノ際航空部隊ニヤラセルカ、特殊部隊トスルカ」「重爆ニテ夜間攻撃ニテ奇襲的ニ実施スルヲ可トスヘシ」などの連絡をうけている（「井本日記」第一〇巻）。

また二月五日には「㋭ノ『研究』」として医務局の中留金蔵・金原節三医事課員、渡辺甲一衛生課長、鎌田調医事課長と石井部隊の石井大佐、太田澄、山本参謀、福森、碇常重、金子順一、野崎、中支那防疫給水部の増田知貞、小野寺義男、北支那防疫給水部の西村英二、板倉らが「作戦経過」「将来運用法」「仮想作戦方針」、「外国ノ非難等ニ対スル責任ヲ誰カ負フカ」などにつき検討した（「井本日記」第一一巻）。

また二月七日過ぎには北支那防疫給水部（西村部隊）から次のような連絡をうけている。

「北支現在ノ装備

十四年秋　21万円　細菌兵器ノ研究ニ資スル如ク施設ヲ始メ九分通リ完成

ロツクヘラ接収計画ヲ樹立シアリ「□□」ト連絡シアリ、彼ハ日本軍ヨリ利用スルトイフ意向ヲ明示セハ明渡スノ已ムナシト考ヘアリ

セイカ大学ノ建物位置共ニ恰好ノ位置ナリ。今ヤ米ヨリ支那側ニ渡シアリ

軍トノ諒解ハ之カラ利用スル如クツキアリ

弾薬、5kgハ現在ノ施設ヲ以テ製作可能ナリ。ノミノ製産ニ援助シ得ル如ク希望ス」（同上）。

「ロツクヘラ」はロックフェラー病院（中国名協和医院）、「セイカ大学」は清華大学であるが、西村部隊ではこれらの北京にある既存施設を接収し、研究の拡大をはかろうとしたのだろう。

さらに井本は三月二五日には早川少佐（早川清軍医・石井部隊員か）から「㋭ノ確立ノ為雨下器　一四万円」を作るための経費につき連絡を受けている（同上）。

このように研究の拡大が図られたためか、三月二六日に「石井部隊ニ行キ研究ヲ見」た井本は、「予算ノ問題、「膨大スギル」」「台湾、平房等ニ関スル計画モ膨大スギル」との感想を記している（同上）。

2、常徳に対するペスト菌攻撃

四一年九月には細菌攻撃実施再開にむけての動きがあわただしくなってきた。九月一日には増田中佐から「九月一杯ニ実施ヲ希望ス」との連絡があり「之ハ実施スルコトトス」とされた（「井本日記」第一三巻）。

以後、九月五日の日記には、「㋭ニ関スル連絡」「大体ヤル決心テ行ク」、九月一二日の日記には「㋭ノ件」「大体之テ行ク」などの記述があり、九月一五日には「㋭ノ件決定」となり、一六日には「㋭ノ大陸指発令」となった（「井本日記」第一三巻）。

以上の日記から四一年九月始めの時点で石井部隊と支那派遣軍が細菌戦実施方針を参謀本部に伝え、九月一六日には正式に細菌戦についての大本営陸軍部指示（大陸指）が発令されたことがわかる。この大陸指に基づいて実施されたのが湖南省の常徳に対する細菌攻撃であった。

常徳に対する攻撃については、一一月二五日の日記に次のように明確に記されている。

「一、長尾（正夫支那派遣軍）参謀ヨリ㋭号ノ件

4／11朝目的方向ノ天候良好ノ報ニ接シ97軽一キ出発（以下四字分抹消）

〇五三〇出発　〇六五〇到着

霧深シ　Hヲ落シテ捜索、H800附近ニ層雲アリシ為一〇〇〇m以下ニテ実施ス（増田少佐操縦、片方ノ開函不十分　洞庭湖上ニ函ヲ落ス

アワ36kg、其後島村参謀捜索シアリ

6／11　常徳附近ニ中毒流行（日本軍ハ飛行機一キニテ常徳附近ニ撒布セリ、之ニ触レタル者ハ猛烈ナル中毒ヲ起ス）

20／11頃猛烈ナル「ペスト」流行各戦区ヨリ衛生材料ヲ集収シアリ

判決

「命中スレハ発病ハ確実」」（「井本日記」第一四巻）

これによれば一一月四日朝、五時三〇分に日本軍機が出発し、六時五〇分に常徳に到着し「アワ」三六キログラムを撒布した。「アワ」とはペストノミであろう。当時、中国側では「一一月四日午前五時ごろ、敵機一機が濃霧のたちこめ

たなかを、常徳市街地東部上空を三回低空飛行し、穀類、のべ綿および正体不明の顆粒状の物を投下し、多くが城内関廟街の鶏鵝巷一帯に落下した」と報告されており（『証言細菌作戦』一四三頁）、両者はピタリと一致する。

ただしペストの流行については、両者はかなり異なる。まず日記では一一月六日に常徳附近で「中毒流行」とされているが、『細菌戦与毒気戦』に収録されている中国側資料では、ペスト（腺ペスト）患者第一号は一一月一二日に確認されており、また腺ペストの潜伏期間は短くても三日間であるから、一一月六日の時点ではペスト流行を確認できなかったはずである。

さらに中国側の調査では、一一月一二日から四二年一月一三日までの間に発生したペスト患者は八人にすぎず、井本の日記の一一月二〇日頃「猛烈ナル「ペスト」流行」という状況とはかけ離れていた。ただしこの間、二〇の医療防疫隊約二〇〇名が常徳に派遣され、予防・治療にあたっている。実際その後一九四二年になってからも、常徳ではペストが再流行し、常徳近郊の桃源でもペストが流行するのであるが、一一月の時点での評価としては、やや誇大な評価であった（『証言細菌作戦』一四三—一五〇頁参照）。

中国側の資料から見ると、四〇年の方が被害が大きかったのであるが、日本側では常徳作戦の方が高く評価されたようである。

その後一二月二日にも宮野大佐から「常徳ヲ中心トスル湖南ニテハ「ペスト」猖ケツヲ極メアリ」（『井本日記』第一四巻）との情報が井本にもたらされている。さらに二二日の日記には次のように記されている。

「二、増田少佐ヨリ（ホ）
1、部隊ノ士気上ル　アワニ対スル自信
2、主要兵キ　アワ第一
使用機キ　九九式LB　百型偵察キ
高空雨下ノ場合ハ航空炸裂弾
3、実施時キ来年　主亜（ママ）　六月以降（八月）（十月）
4。人員可能
ラット三〇万手ニ入ル見込、設備モ大体可
（以下、四行分抹消）
5、20kg作ル為ノ装置ハ現在即可能
6、北支ニハ石油缶二万アリ
人ト金アレハ一〇—二〇kgハ出来ル
中支ハ鼠ニ困ル、（種ノミハアル）
南支ニモ種鼠ハアル
7、ウヂ弾ハ七〇〇〇（信□二〇〇〇）アリ
ロ弾（著地一九〇〇〇発）
ハ弾（一三五〇発）
サニ弾（三〇〇〇□□ノ為
□□□□（一万三千円分必要）
ウ弾（雨下用）三〇〇発」（同上）

石井部隊でも部隊の「士気上ル」状況となり、「アワ」（ペストノミ）に対する自信が増したのである。常徳作戦の結果に満足した日本軍は、より大規模な細菌戦を実施しうる態勢を整えることに血道をあげていくことになる。

三、アジア太平洋戦争開始当初の細菌戦

1、フィリピン侵攻作戦での使用計画

一九四一年一二月八日、日本は対米英蘭戦争を開始したが、翌一九四二年一月、フィリピン作戦を担当する第一四軍はマニラを占領した。この間、アメリカ・フィリピン軍は決戦をさけて、バターン半島にたてこもり、抗戦を続けていた。しかし、南方軍は、バターンの攻略は遅れてもやむをえないとの方針の下に、第一四軍の兵力の一部を蘭印作戦に抽出した。バターンに対する第一次攻撃は失敗し、二月上旬には中止されてしまった。バターンのアメリカ・フィリピン軍をどう撃破するかが、大きな課題になっていたのである。

参謀本部の井本熊男中佐は、この間マニラに戦況視察に行っているが、帰国直後の彼の日記をみると、三月一一日に、マニラにいる南方軍参謀部第一課長の石井正美大佐と連絡をとっている。その協議事項の中に「㋭ノ件」があった。また、一八日の日記には、「「バタン」ニ対スル

㊭ノ件」として、具体的に次のように記されている。

「東京一月　三〇〇kg——使用セハ東京ニテ作ル必要アルヘシ

「ハ」、南京、能力小ナリ

MC又ハ其他ノ輸送機二キヲ必要トス、之ニ必要ナル人ヲ十数名必要トス、「マニラ」ニ五〇ー一〇〇名ヲ置クコト(総、東京、関東軍ヨリ)、1000kg位ヲ一〇回位必要?爆弾三〇〇発位アルヘシ」(「井本日記」第一七巻、以下にこれによる)。

これは、バターン半島にたてこもるアメリカ・フィリピン軍に対する細菌戦攻撃計画にほかならなかった。ここに記されている攻撃計画の概要は次の通りである。アメリカ・フィリピン軍に細菌(ペストノミか)一〇〇〇キログラムを一〇回位投下する(計一〇トン)。そのためのウジ弾三〇〇発がある。攻撃のためには中型輸送機(MC)またはその他の輸送機二機、人員一〇数名が必要で、後方のマニラに五〇ー一〇〇名を配置せねばならない。関東軍防疫給水部(ハルビン)や中支那防疫給水部(南京)では細菌の生産能力が小さいので、東京で一ヵ月三〇〇キロの菌液を生産する必要がある。

翌一九日の日記では、井本中佐は軍医学校教官の増田知貞軍医中佐から地図付きで説明を受けている(図1参照、矢印の部分に投下するということであろう)。それによれば、主攻撃は「一発三〇kg(菌液)」のウジ弾で行う。人員は一〇名を要する。輸送機は二機、攻撃は一ヵ月継続する。陸軍軍医学校での細菌生産は一日三〇キログラムとして、三日に一回の割合で台北を中継所(ここに一〇〇名の要員中一〇名を配置する)としてこれを輸送する。人員・器材は発令後、約二週間で大連に集中する。航海は約一〇日を要するというものであった。弾丸はハルビンに「約二〇〇〇発位ある?」と記されている。さらに、ネズミは埼玉・茨城・栃木・千葉で飼育するとされ、埼玉の場合、五月に五ー七万匹、六月に一〇万匹、七月に一五万匹、八月に二〇万匹と見込み、二〇万匹のネズミ飼育に必要な飼料の砕米は一ヵ月九〇トン必要とみて、これをサイゴン・ラングーン・バンコックから移送しようとしていた。また、血清の製作に必要な馬をあつかう人員約二〇〇名については、捕虜を使うとしていた。

しかし、日記の以上の部分は大きなX印がつけられて消されており、さらに「発令取消ス」と記されている。攻撃に必要な膨大な細菌の生産はすぐにはできなかった。この間に、バターン半島攻略は四月上旬に成功し、コレヒドール要塞も五月七日に陥落した。細菌の生産ができる以前にアメリカ・フィリピン軍が降伏したので、発令は取り消されたのである。なお、四月八日、増田中佐の報告によれば、ネズミ飼育について農林省と交渉し、千葉・栃木・茨城の三県から責任者を集め、二回会議を開き、各県二〇万匹、計六〇万匹を補給するという計画をたてている。これによれば、飼料は一匹一日二〇グラム必要として、六〇万匹飼育するとすれば一ヵ月六〇トン、一年で七二〇トン必要と見積もっていた。

図1　バターン半島の細菌戦攻撃案（「井本日記」一九四二年三月十九日）

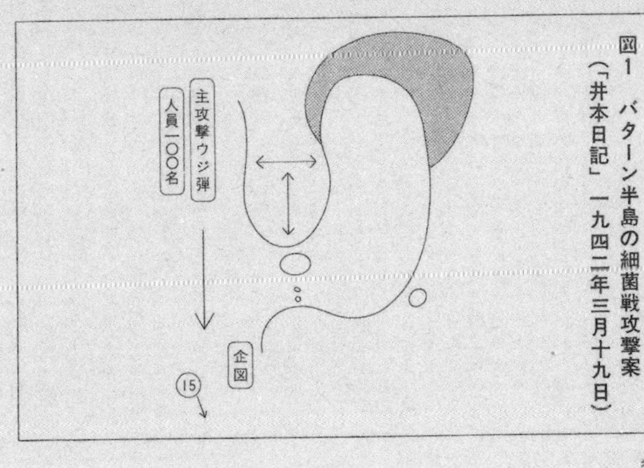

2、一九四二年年度の攻撃計画

しかし、細菌戦の先制的攻撃計画は、その後も検討されて行った。井本中佐の日記によれば、四月一二日には「昭和十七年㋭号指導計画」という記述があり、攻撃目標として次の六ヵ所があげられていた。

「1、攻撃目標

㋑昆明〔以下数字分抹消〕

㋺麗水・玉山・衢県・桂林・南寧

（沿岸飛行基地）

㋩SAMOA（撤退する場合）

㋥DH. AD AK.

㋭濠州要点↓〔以下数字分抹消〕

㋬「カルカッタ」」（「井本日記」第一八巻）

以上から昆明や華中・華南の諸都市、サモア、アラスカのダッチハーバー、オーストラリアの主要都市、インドのカルカッタなどが細菌戦の攻撃目標として検討されていたことがわかる。この内、実際に攻撃が実施されたことが判明するのは、㋺のいくつかの都市であった。次にそれを解明しよう。

3、浙贛作戦における細菌戦攻撃

一九四二年四月一八日、ひそかに日本近海に近づいたアメリカ空母から飛び立ったB25爆撃機が東京・名古屋などを初空襲した。これに驚いた日本軍は、爆撃機が着陸した中国の飛行場を破壊する作戦を決行した。これが浙贛作戦（一九四二年五月～九月末）であるが、その作戦中に日本軍は細菌戦を実施した。既によく知られている資料（捕虜の証言）によれば、それは次のようなものであった。一九四二年六、七月浙江省金華付近を中心にコレラ・チフス・ペスト・赤痢菌を撒布したが、中国軍の撤退が急であったため、撒布地域に進出した日本軍が飲料水・炊事用に撒布地域の水を使用し、日本軍に多数の被害がでた（「日軍罪業証明書」、粟屋憲太郎「東京裁判への道」『朝日ジャーナル』一九八四年一〇月一九日号・四〇頁）。この作戦で日本軍が自ら細菌戦攻撃を行った地域に誤って踏み込み、コレラ・赤痢・ペストの患者が一万人以上もでて、死者が一七〇〇名以上になった（常石敬一『標的イシイ』一九八四年・大月書店一四一―二頁）。作戦中、八月末に玉山・金華・浦江付近一帯にペスト・コレラ・パラチフス菌を撒布し、コレラ・パラチフス菌は貯水池・川・井戸などに入れた（『公判書類』三一〇―三一一頁）。

これら証言については、使用時期は以下のように七月以降ではないかと思われ、日本軍の患者数はもっと少ないと思われる。しかし、日本軍が細菌戦を実施し、日本軍将兵にも相当の被害がでたことは間違いないであろう。以下、これらの点を検討していきたい。

井本中佐の日記によれば、五月二七日に参謀本部で行われた「㋭下打合」には、石井四郎少将・村上隆中佐・増田知貞中佐・小野寺義男中佐・増田美保少佐が参加し、以下のことが確認された。すなわち、①機密保持に注意すること、②編成装備を具体的に計画すること、③飛行機は「新撒布器ヲツケタ」九九式双発機を使用すること、④本年使用可能な菌は「C、T（中出来）、PA（上出来）、P（1／1000万ミリグラム迄向上セリ）」、つまりコレラ菌・チフス菌・パラチフス菌・ペスト菌であったこと、⑤ペスト菌現在量は平房二キロ、南京一キロ（ネズミ不足）、その他一キロ、合計四キログラムであること、⑥友軍の感染防御と機密保持のため二箇班を付けること、であった（「井本日記」第一八巻）。

関連して、石井少将から①七三一部隊の細菌製造機関を増強すること、②細菌戦実施のための中央機関を編成すること（それができない場合、医務局医事課に専任者を置くか、七三一部隊長が全軍の防疫給水部を区処できるようにすること）、③国際連盟は「放テオク」こと、④軍医学校と七三一部隊の要員を中支那派遣軍に配属することなどの要望があり、「風船ニテヤル案（ノミ、鼠）」も提案されていた。また、増田中佐からは、軍医学校校長桃井直幹から陸軍大臣宛に「作戦資材整備方ノ件」を五月一四日付で申請したこと、現在二〇〇〇匹しかいないネズミを一万匹にするため、それを収容できるバラックを作るよう申請をだしたことが報告され、井本中佐はこれらについて「要処置」と注記している(同上)。

以上の内、細菌の量については、七三一部隊の第四部長(製造)であった川島清は、パラチフス菌など一三〇キロを製造したといっていることを記しておきたい(『公判書類』三一一頁)。

五月三〇日の日記には、参謀本部に石井少将・村上中佐・増田中佐・小野寺中佐・増田少佐が招集されたとあり、「〔参謀本部〕第一部長〔田中新一少将〕ヨリ大陸指及注意伝達」と記されている。細菌戦実施に関する大本営陸軍部指示と注意が、細菌戦を指揮する将校たちに正式に伝達されたのである(「井本日記」第一八巻、以下これによる)。

六月二九日には、「増田中佐ト連絡」という項で「ふ号」として「証拠隠滅ノ公算70％、部隊ヲ作ルコト、50ｋ以下ナラハ精度相当ニ大、人事ノ件」とある。これは風船爆弾のことだが、先の石井少将の提案や増田中佐との協議事項であることを考えれば、細菌戦用の風船爆弾である可能性もあることになる。

七月六日には、碇常重中佐が来て「支那㊍ハ準備出来タ、天候之ヲ許セハ常時進出可能也」と報告している。しかし、細菌戦実施をめぐる環境は甘くはなかった。七月一五日、井上中佐からの報告では、支那派遣軍の中で、細菌戦実施に関する意見対立が生じていたことがわかる。後宮淳総参謀長は「兵害予防ニ対シ特ニ懸念」とあり、味方の軍に被害がでることを心配していた。畑俊六総司令官は、アメリカ軍が進出した「桂林・衡州〔衡陽〕ニ対シ攻撃シテハ如何トノ意見」をのべた。沢田茂第一三軍司令官も「稍々消極的」であった。そこで、「住民ノ進入後ヲ狙フ如ク無住地帯ニ施策ス」ということ、つまり、住民が逃亡した地域に細菌を撒布して、日本軍撤退後復帰した住民が感染するような撒布法をとることとなった。また、「餅不足」、つまりネズミ不足もあり、「実力攻撃ハ八月中旬以後ト予定ス、具体的ニハ示サレアラズ」ということになってしまった。この報告を聞いた井本中佐は、日誌に「要スルニ㊍ニ対シテ信頼ヲ持タス、厄介視シアル現況也、将来ヲ相当ニ考慮セサル可ラズ」と記さざるをえなかった。

それでは、なぜ支那派遣軍や第一三軍は細菌戦を厄介視したのであろうか。先に見たように、細菌を撒布した地域に誤って日本軍が進入し、多くの兵士が感染した模様であるが、断定はできないが、すでにこの時までに日本軍に被害が出ていたからかもしれない。第一三軍司令部「浙贛(せ号)第四期作戦経過ノ概要」(一九四二年一〇月一五日・防衛研究所図書館所蔵)によれば、戦病者は戦傷者の四倍以上も発生し、しかも第三期(六月一六日～八月一四日)以降に激増している。

期間	戦病	戦傷
第一期(4／30～5／29)	八二九名	七二三名
第二期(5／30～6／15)	九八三名	一三五〇名
第三期(6／16～8／14)	五二九一名	六〇九名
第四期(8／15～9／30)	四七〇九名	八五名
計	一一八一二名	二七六七名

七月二六日の日記には「石井少将閣下ト連絡」として、細菌戦実施のXデーは八月二〇日の「公算大」で、八月一〇日の場合は「二回強化」とあり、石井は「Px、C、T等ノヤリ方」つまりPx(ペスト菌またはペストノミ)・コレラ菌・チフス菌の撒き方が「無人ノ清野ニ○○戦を実施スルコトニナリタルハ困難也」と嘆いており、「桂林、衡州等ハ敵航空部隊制圧後」と記されている(「井本日記」第一九巻)。このことは、日本軍への感染の危険が生じないようにするため、支那派遣軍司令部が「無住地帯」や遠方の桂林・衡陽などの攻撃を行うことを決定していたことを示している。

それでは、七月中には細菌撒布は行われなかったのだろうか。細菌戦実施については同じ七月二六日の日記に「贛州、建瓶(ママ)等ハ未然ニ低空ヨリヤリシモ〔桂林、衡陽攻撃は〕戦爆共同ト共ニ行動シテモ可」とあり、既に贛州、建甌などで空からの細菌戦が実施されていたことがわかる(「井本日記」第一九巻、以下これによる)。

ところで、石井少将は、八月一日付の定期異動で第一軍軍医部長に転出することになっていた。そこで、石井と細菌戦との関係が問題になるが、二六日の記述には「石井少将今後ノ仕事」として「㊍トノ関係、㊍ヲ潰サヌ事、軍医部長トシテノミヤル?、決定ノコト」とある。その翌日には、参謀本部第一部長から石井少将に対し「㋭ノ後始末ハ石井少将ガ実施スルコト」と指示されている。第一軍軍医部長に転出した後は「一時手ハ切ル」ということになった。

細菌戦の実施については、八月二八日の日記に長尾参謀からの報告が「㋭ノ実施ノ現況」として、次のように具体的に記されている。

「1、広信　Px(イ)毒化ノミ
　　　　　　(ロ)ノ鼠ニ注射シテ放ス

　広豊　(イ)

　玉山　(イ)
　　　　(ロ)
　　　　(ハ)米ニPノ乾燥菌ヲ附着セシメ鼠—蚤—人間ノ感染ヲ狙フ

　江山　C　ⓐ井戸ニ直接入レル
　　　　　ⓑ食物ニ附着セシム
　　　　　ⓑ果物ニ注射

　常山　右同

　衢県T、PAノミ

　麗水T、PAノミ

2、南京ニ総弾薬ヲ集メ※衢州—□゜(自動貨車)—目的地

3、攻撃ノ為ノ人員ハ約一一〇名中、1/3ハ※ニテ、他ハ□゜ニテ杭州ヨリ、3／8(八月三日)迄ニ展開ヲ了ル

4、地上作戦トノ関係

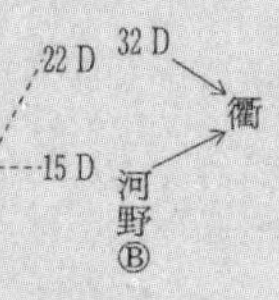

32 D → 衢
河野Ⓑ → 衢
22 D
15 D

此ノ二ケDハ実施地域ト関係アリ撤後攻撃開始ス」(「同上」)

一五師団・二二師団が撤退を開始したのは一九日夜であったから、その後に右の攻撃が行なわれたことになる(衢州撤退は二六日)。広信・広豊・玉山はペスト菌、江山・常山はコレラ菌、衢州・麗水はチフス菌・パラチフス菌による攻撃が行なわれたことは明らかである。しかも、ペスト菌は、ノミによる方法、鼠を放す方法、米に乾燥ペスト菌をつける方法が採用され、コレラ菌は井戸に入れる方法、食物に付ける方法、果物に注射する方法を用いるなど、攻撃目標地区別に、異なった攻撃法が実施・実験されているのである。

その後も日本軍は既定方針通りに、味方に被害の出ない方法での細菌戦を実施したが、中国政府が日本の細菌戦を非難しはじめたので、一〇月二日に飛行機による投下は延期された。この日の日記には、「ホ」号の件として「次長電ニ依リテ飛行機ニ依リ実施スルコトハ当分ノ間延期スヘキ旨電報ス」と記されている。延期せよとの参謀次長の指示が出されたのである。

次いで、一〇月五日、増田大佐から浙贛作戦における「地上実施ニ関スル実情」つまり地上での撒布結果が報告されている。それによれば「Px(P其他)ハ先ツ成功?衢県Tハ井戸ニ入レタルモ之ハ成功セシカ如シ(水中ニテトケル)」とあり、実行部隊はペスト菌の撒布、衢県での井戸へのチフス菌撒布が一応成功したと判断していることがわかる。さらに、増田大佐は、六キログラムの細菌の飛行機からの使用は「使用スル方針ニテ処理ス」と報告している。

四、一九三九・四二年の毒ガス人体実験

1、各種化学剤の人体実験

一九三九年四月二一日、陸軍化学研究所(東京)の近藤(治三郎か)軍医中佐は「満洲における特種試験報告」を陸軍省内で行っている(「金原摘録」前編、その1のイ)。これは、イペリット・ルイサイト・ホスゲン・青酸などの致死性ガスをはじめクシャミ性ガス・催涙ガスなどの実験報告であったが、その内容からみて、陸軍科学研究所と関東軍技術部化学兵器班・七三一部隊が協同して行ったものではないかと思われる。実験結果は次のようであった。

①「茶1号」(青酸)については「4—6分間にて人事不省となる。人とモルモットは同一なる故、モルモットを携行すれば可なり。95式

なれば5分間にて可。事前に運動せしめおけば奏効一層確実」とある。もしモルモットでの試験であれば、近藤中佐がわざわざ中国東北まで行って試験をする必要はないのだから、これは人体実験（生体実験）の結果報告ではないかと思われる。②糜爛性ガス（イペリット・ルイサイト）の漂白粉による消毒については「30秒以内に処理せざれば効なし。直接皮膚を消毒すれば熱をおこし火傷を起す。乾布にて清拭するも効なし」とある。これも人体実験と思われる。③ガスの使用法は「雨下は効なし、放射は短時間に大量を要す」とある。④「将来に対する意見」としては「茶1号は所望の成績を得べし」とあり、この実験で青酸の使用について自信を深めたことがわかる。

近藤中佐は、一〇月一六日には「化学戦に対する基礎的研究成績の発表」を陸軍省内で行っている。これは、一九三九年中の実験をまとめたものと思われるが、明らかに人体実験が行われたことを示すものであった。その内容は以下の通りである。

「(イ)黄一号丙撒毒

仏暁撒毒2時間后無防護進入。3～5時間后戦闘行動不能となり最后致死。

軽防護進入。15時間で戦闘不能。1ヶ月以上の治療を要す。（軽症は戦闘妨害）

(ロ)仏暁撒毒6時間無防護の時。5時間で戦闘不能となる。

軽防護10～15時間。戦闘不能。1ヶ月以上治療を要す（軽症は戦闘妨害）

(ハ)仏暁撒毒　無防護　26時間戦闘妨害」（『金原摘録』同上）

これは不凍性イペリット（きい一号内）の撒毒実験だが、未明に撒毒して、二時間後にガスマスクや防毒衣を着けないで人間を撒毒地帯に進入させたら、三時間ないし五時間後に「戦闘行動」が不能となり、最後には死亡したということである。軽防護での進入の場合、六時間後進入の場合なども具体的に記されている。

また、四月の実験結果と同じ内容のものも記されている。ガス雨下については、不凍性イペリットやルイサイトは「毎㎡5gr以下では戦闘に支障なし」とある。青酸ガス吸入試験については「5万濃度5分間人事不省、10、000〔濃度〕16分人事不省。皮膚吸入の影響大なり」とあり、人体実験が行われたことをうかがわせるものがある（同上）。

2、青酸ガス人体実験

次に、一九四二年に行われた青酸の大量放射実験についてふれておきたい。井本中佐の日記によれば、同年一一月一九日に「茶ノ研究」と題した次のような記述がある。実験内容からみて、日本国内で行うことは困難であり、関東軍化学部と七三一部隊が協力して、中国東北で行ったものと推定される（図2参照）。

「1000m正面ニ50kgノ噴射キヲ25m間隔ニ置キ一七・五屯ヲ使用シ縦深二粁ニ亘リ致死効力ヲ出セリ、更ニ二粁ニ亘リ半死効果アリ

濃度1500ミリg一立方米ニテ、二分ヲ以テ致死効果発揚ス

「チビ」（液体青酸入り手投げ丸ビン）

火焔発射キ

火砲（15H以上効果アル？）

爆弾（五〇瓩以上効果アリ）――茶9kg

放射

要スルニ今直チニ実用ニナルモノナシ困メテ困難也、日本技術ハモ少シツキツメタル所迄研究シ置ク必要アリ」（『井本日記』第二二巻）

一〇〇〇メートルの正面に二五メートル間隔で一六個（十七個か）の五〇キログラム噴射器を置き、一七・五トンの青酸ガスを一気に放射して、縦深四キロを青酸ガスで覆ったところ、二キロ以内では全員死亡し、更に二キロ先までては半分以上死亡したといっているのである。また、一立方メートル中の濃度が一五〇〇ミリグラムあれば、二分以内に死亡したといっている。極めて具体的な結果が出た実験であり、これも人間を使用した実験と思われる。

以上の毒ガス実験は、一九四〇年九月に中国東北で行われた「きい弾」（糜爛性ガス弾）九八〇〇発の人体実験（田中明・松村高夫編『七三一部隊作成資料』一九九一年・不二出版参照）や同

年に行われた「ちゃ剤」三〇トンの放射実験、一九四二年四月に行われたという「ちゃ」ビンの人体実験(『毎日新聞』一九八一年一一月二七日夕刊参照)など、これまでに知られている実験と関連するものであり、これら一連の実験の全体像を明らかにすることが今後の課題である。

五、一九四三・四四年の細菌戦準備と人体実験

一、一九四三年中の細菌戦準備

石井軍医少将が第一軍軍医部長に転出し、後任の七三一部隊長に北野政次軍医少将が就任(軍医学校教官を兼任)したのは、一九四二年八月であった。新任の北野隊長は、三木良英陸軍省医務局長から「特殊勤務に就きては中央と連絡の上実施せよ」という厳しい指示をうけていたが、一九四三年四月一一日、陸軍省医務局会報で行った「状況報告」では、「(七三一部隊の)指導方針は軍紀風紀の確立、研究成果の向上、作戦準備の完成に置く」とし、更に一九四三年度の研究事項として次のようなものを挙げていた(「金原摘録」後編、その7のロ)。

「(第一部)。基礎的諸元の研究。溢血熱の研究。四種混合の改良。発疹チフスワクチン。
(第二部)。攻撃。
(第三部)。昆虫の駆除撲滅、防疫実施法の研究。
(第四部)。菌の大量生産。血清。
(資材部)。試験動物の需給計画。
(教育部)。教育規定の作製。
(治療部)。保菌者の治療法の研究。」(同上)

図2　青酸ガス放射の概要図

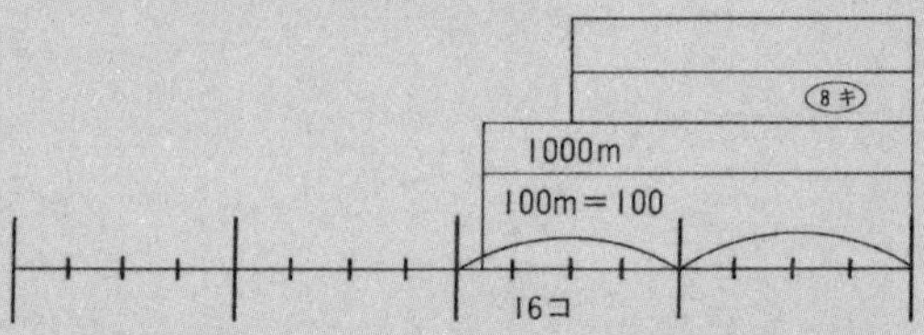

8キ
1000m
100m＝100
16コ

(「井本日記」1942年11月19日)

この報告で注目されるのはペストの治療法についてのべているところである。北野隊長は「トリアンの大量療法。12～15 grでペストを慢性化す。死亡率が20%減る。赤痢にもトリアノンよく効く」とのべている。人体実験を想起させるような報告である。

この局内会報でも細菌戦に関する「ホ号下打合」が行われ、その後に参謀本部で「ホ号打合」が行われた。四月一七日の医事課会報の記事として記されているその内容は、長いので、文末にまとめて引用したいが(註1)、注目すべきところをいくつか指摘すると、次のようになる。

まず、関東軍・北支那・中支那・南支那・南方軍各防疫給水部と軍医学校は、一斉に「粟」と「餅」の大量増産を行おうとしていた。ここでいう「粟」とはノミあるいはペストノミ、「餅」とはネズミのことだと思われる。中でも軍医学校はネズミの増産に熱心であり、埼玉県の粕壁を中心に、埼玉・茨城・栃木で合計七四万四五〇〇匹のネズミを生産する計画をたてていた。

また「粟」の生産能力は関東軍防疫給水部で月産一〇キログラム(九月末までに累計一〇〇キロ可能)、南支那防疫給水部でも一〇キロ、北支那防疫給水部で現在量五キロ、南方軍で五〇キロ(月産ではない)生産可能というものだった。さらに、いろいろのネズミを用いて細菌戦にふさわしいものを選び、あるいは新種をつくろうとしてもいた。

また、ペスト菌を中心とする細菌戦準備に対して、参謀本部作戦課長の真田穣一郎大佐は「以上は裏芸なり。積極的にこれを奨励する意図なし」とのべて、積極的に奨励するのではないとしながらも、「裏芸」としての実施は承認していた(なお奏前掲書は、真田課長は「気乗り薄」であったとしているが〔三八四頁〕、次の「大塚備忘録」にあるように実際にはもっと積極的であった)。

金原医事課長は四三年八月、近衛第二師団軍医部長としてスマトラに転出するが、ホ号作戦に関する記録は、後任の大塚文郎医事課長の業務日誌に引き続き現れる。同年一一月一日の「ホ号報告要領(石井少将)」という記述によれば、軍医学校付となっていた石井四郎少将は医務局会報で次のように報告している。

「十月十九日参本ヨリ要求。

結論

井本案　12000名　600万　1・2億万円

真田案　編成6000名　月200万餅　6000万円

(頂点ニ達セル場合)

縮小案　2000　月60万　1200万円

此案ハ現在在ル儘ノ案　効果ハアマリ期待出来ヌ

軍事課:ヤルカヤラヌカワカラヌ、攻防案立策ガ問題

軍事課テ課長級以上一席設ケ話ヲシ度シトノ事

対米英戦ニ対スル判決(石井)—軍事課ニ提出セル□

攻撃多量　先制

〔中略〕

国際的ノ問題ヲ遠慮スル事ナシ

◎米国俘虜　黄熱ノワクチン注射ヲナシアリ

意見　1、北中南、南方統合サシメ度(ママ)

2、南方防疫給水部改編、実施サレ度

3、地区内防疫委員会　防疫隊

効果　効果アリ

ホ号ニヨル患者、77—90%ハ死亡ス

研究

ビルマ、印、支那、ニウーギニア、オーストラリア、島嶼其他

※〔飛行機〕27

□□□　12機　攻撃ハ毎2ヶ月ニ1地区

10、00　部長会報　貴賓室

既往実績

農安県　田中技師以下6名

密偵ニヨルハ最効果アリ

10—unit—10瓩

時限信管

1kg　PX　500—1000斃シ得」(「大塚備忘録」第一巻)

ここでは、細菌戦に関し、井本熊男大本営参謀の大規模実施案と、その半分の規模を提案した真田穣一郎参謀本部第一部長の案と、現行のままの縮小案が出されていること、および石井少将が国際関係を考慮することなく多量の細菌を使った先制攻撃をするよう主張していることがわかる。細菌戦による患者の七七%から九〇%は死亡するとし、飛行機一七機を用意し、一二機をもって二ヵ月に一回の割合で、ビルマ・インド・中国・ニューギニア・オーストラリア・太平洋島嶼その他の一地区を順次攻撃するという案は石井少将の提案であろう。

また、同日の部長会報で行われた報告の中にある農安県における既往実績というのは、中国東北の吉林省農安県で住民に対するペストノミの撒布実験が行われ、しかもその効果があったということを示すものである。中国軍事科学院外国軍事研究部編『日本侵略軍在中国暴行』(一九八六年・解放軍出版社)によれば、一九四二年末に七三一部隊が農安県の田畑・水源・居住区にペストノミを撒布し、その後同地区を封鎖して焼却したという(前掲『証言細菌作戦』三一五頁)が、この両者が同じ実験である可能性は高い。

2、アメリカ軍などに対する攻撃計画

一九四四年になると、アメリカ軍の侵攻作戦をどう防ぐかが緊急の課題となり、細菌戦研究にも新たな役割が割り振られることになる。四月二六日開かれた陸軍省局長会報で石井四郎少

将は次のようにのべている。

「石井少将ヨリ
五月一日研究報告　ホ号ハ如何
一キロPxヲ作ルニ一二、五〇〇ノ鼠カ必要ダッタ、初期之カ一割シカ出ヌ、生産見込カ立タヌ故一割テヤレト命令シタ、天□□
平均二、〇〇〇テ培養サレタ、満洲、最低二—三、五〇〇
学者ヲ動員シ鼠増殖ニ関シ研究セシメタ、水ノ補給カ生殖ニ重大」（『大塚備忘録』第五巻）

石井は、ペスト菌液一キロ生産のためにネズミ一万二五〇〇匹が必要だったが、研究の結果その二割ぐらいでできるようになったといっているのである。以下、同じ局長会報での議論の模様をみてみよう。まず、服部卓四郎参謀本部作戦課長が「シドニー、メルボルン、ハワイ、ミツドウエー、Pxヲ一ヶ月生カス様ニセヨ（潜水艦テ）」とのべている。「Px15°c、湿度一〇〇%ニ保ツ事カ必要ナリ、Px一キロ、今迄ノミヲ付ケ過キタ」とあるのは、石井の発言であろうか。いずれにしても、シドニー・メルボルン・ハワイ・ミッドウェーなどをペスト菌で攻撃する計画があり、少なくとも作戦課長がこの案を強く主張していたことは明らかである。以下の議論をみてみよう。

「参本
八紘為宇ハ云ハヌ、防禦一点張カ、対抗手段ノ為メ利用ハ云ハヌ、別名ハハッキリシタ、可
機密保持
服部　高山　細田
上奏スルヤ否ヤ　親裁　臣下タケテヤル
ガス　陛下ハ不可テ許サレヌ、局長ハ上奏セヌカ可ト云ハレタ、参本上奏セヌ事ニ決定シタ
局長ノ言テアルカ、総長大臣ニモ云ハヌ方カ可トノ事ヲ云タリ
ソレハ困ル、云テシマッタ、カクス訳ニハユカヌト参本ト云タ
石井　編成経過ニ就テハ総長大臣ニモ云ハヌ、ホ号ニフレヌ
局長　難局挽回時ヤルハ不可、ホ号テハ出来ヌ、防禦ノ生産ト防禦ノ実施、長官部ヲ中心トシテ衛生部カヤルヘキタトノ貴官ノ言ヲ云タ
参本　主体トハ何ヲ云ハンカ、主体ハ二ツ考ヘル、
第一ハ医ム局長ト長官ノ職権ナリ
研究、編成、装備—局長ノ責任
補給————長官ノ責任
短絡問題
石井モ悪カツタ、参本、早クスル為メ直接ヤル、悪イ気持ハナイ
局長　短絡ハ問題セヌ、内藤カ参本ニ策動シタ為、医ム局カ阻止シテ居ルト云フノハ怪シカラヌ、医ム局ヲ中心トスルト云フ事モ問題テハナイ、衛生勤ムニ重大支障ヲ来スモノハ不可
防署（ママ）兵器ト其ノ運用
之ハ考ヘル、然シシドニー、メルボルンニ如何シテ行クカ、人事運用ハ参本ニ考ヘサセヨ
責任問題
ホ号関係、リストヲ作テヤル、重要順ニヤル、リストヲ作リ責任区分ヲ明ニス
局長　最高責任者ノ問題タ
大臣、自分ハ陸相テアリ首相テアリ総長テアリ自分ノ責任タ
案ヲ書イテ行カントシタラ叱ラレタ
局長　攻撃兵器ナラ衛生部ノ責任ハモテヌ、防諜署兵器トシテノ使用ナラ衛生部テ責任ヲ持テル」（同上）

この記述で重要なところは、次のようなことだろう。①参謀本部では国際法違反を承知の上で大義名分を捨ててでも、アメリカ軍などに対して細菌戦を実施しようとしていた。しかし、②昭和天皇は毒ガス使用に反対しており、細菌戦実施を上奏しても裁可されない見込みなので、参謀本部と神林浩医務局長は上奏しないでやろうとしていた。また、③東条首相兼陸軍大臣兼参謀総長にも隠して実施しようとの案があったが、すでに報告済みで東条大将から叱責された。④石井少将は医務局を飛ばして参謀本部と細菌戦実施を画策したことが問題になっていた（短絡問題）。最後に、⑤医務局長は、攻撃兵器としての使用には責任が持てないが、謀略兵器としての使用なら責任が持てると明言していた、な

どである。

これまでの研究では、次のことが分っている。日本軍は一九四四年六—七月のサイパン島攻防戦で、アメリカ軍に対して細菌戦を実施しようとし、参謀本部の命令で攻撃部隊を乗せた船が四月に送りだされた。その一部はサイパン島に残ったが、アメリカ軍の攻撃をうけて玉砕した。一部はトラック島にむかう途中で五月一〇日、アメリカ軍の潜水艦に撃沈された(以上、常石敬一『消えた細菌戦部隊』増補版・一九八九年・海鳴社・二四九—二五〇頁、秦前掲書三八六—三九〇頁)。大塚の日記の記述は、このことと関連があるとみてよいであろう。トラック島にむかった隊員たちは、そこからさらに潜水艦でシドニー・メルボルン・ミッドウェーなどのいずれかに行こうとしていたのであろうか。ともかく、参謀本部や陸軍省医務局はアメリカ軍などに対する細菌戦攻撃を行おうとしていたということであり、東条首相兼陸相兼参謀総長も、そのことを知っていたということになる。

3、七三一部隊の人体実験

大塚医事課長の日記によれば、一九四四年五月二三日の記述として「小出中佐満洲出張報告」というものがある。これは七三一部隊の視察報告だが、その重要と思われる部分を文末に引用しておきたい(註2)。

まず、注目されるのは、チフス保菌者治療と称して「マルタ」に対する手術実験が行われていたことである。また、「ホ号関係」で「丸太五〇〇名」を擁していることも重要である。一九四三年末から四四年春にかけて行われた生体実験のうち、ペスト菌を入れた「ハ弾」(榴散弾)実験では、飛び散った破片についたペスト菌が体内に入って、負傷者の一〇—三〇%が発症したとある。また、「ウジ弾」では二〇名の内一割が発症したが、乾燥ペスト菌は失敗したとのべられている。

さらに脾脱疽(炭疽)菌の実験では、食道感染の効果があり、「ウジ弾」が使えるという結論を得ている。この実験では、七三一部隊の将校など三名も皮膚から感染し、あやうく命を落とす寸前までいくという事故があったこともわかる。

このような細菌戦実施を前提とした「丸太使用実験」について、中央として全軍的に大いに重要なことを解決するためだとの評価が特筆されており、ペスト菌を入れたハ弾・ウジ弾の開発に対しては、陸軍の技術有功章を極秘扱いで与えることが決定されている。

その他、ウジ弾の製作に関して宮田関東軍参謀(竹田宮恒徳王)の名前が挙がっていること、新開発の発疹チフスワクチンを関東軍の労務者に実験的に使用していることなど、多くのことがわかる。

4、サイパン島陥落以後の細菌戦計画

サイパン島守備隊が全滅するのは一九四四年七月七日であった。その責任を問われて東条内閣が総辞職するのが七月一八日であるが、陸軍中央は再びアメリカ軍に対する細菌戦攻撃を検討しはじめた。七月五日に開かれた陸軍省臨時局長会報で、神林医務局長は、ビアク島・サイパン島での使用を提議しているのである。その内容は次のようなものであった。

「細菌戦＝(ビアク、サイパン)ニ使用セハ如何)
1、可能ナリヤ、アル程度可能性
(小出)限定セル地域ニ限ラレヤル、或程度医学的ニハ効果有リ、地域、時間、一部此案ヲ用フモ時期的、□□的ニ実行ハ制約セス
整備命令　月産四〇－五〇kg
※ニヨル弾薬——整備命令通リ整備セラレタ
2、絶対ニ企図不明可能ナリヤ
不可能ナリ
3、報復手段ヲ考慮ノ要アリ
報復　細菌戦　ガス戦
4、敵軍ニ対シ作戦シタル場合ノ効果判断
ビアク、サイパンニ使用スルモ数ケ月以上敵作戦ヲ不可能ニナラシムル如キハ望ミ得ス」
(「大塚備忘録」第八巻)

ビアク島・サイパン島への使用は、限定的に使用すればある程度の効果はある、というものだった。この時、弾薬はすでに月産四〇－五〇キログラムの規模で整備されていたとされている。戦局が絶望的になる中で、細菌戦に賭けよ

うとする陸軍中央の思いも大きくなっていったのである。

小磯新内閣が成立した七月二二日には、大塚課長の日記によれば、陸軍中央で次のような重要な決断が行われた。

「杉山大将——関東軍防給ヲ作リシハ非常ニ際シタ、用ヒル
杉山参謀〔総〕長時代
　ホ号ハ実施シテ可、但良民ヲ傷ツケシハ不可
秦　ソンナ事ハ出来ヌ、Ｆモ味方モ玉砕タ
　此条件附テヤレ
　御上ニ申上ケルハ考慮ヲ要スト
　最近ハ之ヲ使ハシテ戦ニ勝テル様ニセヨ
局長　ホ号ノ使用ニ関シ尋ネラレシ場合如何ニ答フヘキヤ、腹蔵ナク意見ヲ述ヘラレ度シ
　サイパン大宮取戻ストシテ如何」（同上）

以上から、杉山元陸軍大臣と秦彦三郎参謀次長・神林陸軍省医務局長は、サイパン島・グアム島（大宮島）への細菌戦攻撃を決断したと判断される。杉山参謀総長時代というのは、一九四〇年一〇月から一九四四年二月までだが、この時期には、細菌戦の実施を参謀総長は認可しており、ただ住民を傷つけたのはよくなかったので、今度はそうならないようにやれということであろう。これに対して、参謀次長は戦闘員と非戦闘員、敵と味方を区別して攻撃することは、特攻作戦だから不可能だといっている。また、昭和天皇には内緒で細菌戦を実施することとし、もし「御下問」があればサイパン・グアムを取り戻すためと答えてはどうか、と意思統一をしようとしているところも興味深い。以下、作戦の具体的内容を検討している部分を引用したい。

「〔局長〕一平方米Px10疋トスレハ一平方粁一、〇四〇瓩ヲ用ス
　八粁一三八平方
　半分消耗スルモノトシテPx約二頓ヲ要ヲス、重点攻撃トスルト1／7—1／10
石井　新ウジ弾　装内ウジ弾二、〇〇〇発ヲ出シ得、一瓩入レテ二頓、雨下ニハ今后半年ヲ要ス、今一機アルモ速度遅イ、ウジ弾ハ※ニ八箇積ミ得、二五〇機必要、但二粁弾トスレハ半数機数テ可
内藤　現生産能力テハ今后一ケ月ニシテ二〇〇キロ~~ノ1／15位シカ能力ナシト~~装備ノ見込立タヌ、約三ケ月ヲ要ス、之カ為メニハ餅、人ヲ送ラネハナラヌ、サイパン、大宮島ヲ同時ニヤレハ四ケ月
局長　効果ハ現在トシテハ如何
石井　サイパンハ時期的ニハ何時テモ変ナシ、自然ニのみハノミナリ、但サイパンニ流行行事実ナシ、始メハ皆腺ペストナリ、死ス前肺ペスト
局長　感染ノ后肺ペスト迄ノ時期如何
石井　浅伏期一四テ十日間、沢山クワルレハ四日
　機密保持、絶対不可、今ノ中硫黄島、父島ヘ入レテオク
石井　雨下一〇機テ二〇〇キロ
局長　敵ハ防疫処置シテモ防禦不可能ヤ否ヤ
石井　初期ハ防止シ得ス、Ｆハ最后ハ毒ガステ消毒スル（クロールペクリン）ト不可
石井　予防接種ハ罹患ニハキカヌ、但死亡率ハ二〇％位減ス
石井　現在一瓩二、〇〇〇□、月産一〇万匹」
（同上）

以上の議論をみると、最大の制約条件はノミとネズミの生産能力不足と飛行機の不足であった。輸送の問題を解決するために、今のうちに小笠原諸島の父島と硫黄島にペスト菌を入れておく、と石井がいっているのは興味深い。ペスト菌の潜伏期間は一〇日だが、ノミに沢山さされれば四日となり、アメリカ軍でも初期には有効な防禦法はないとのべているのも注目される。

その後、サイパン島・グアム島への細菌戦攻撃計画がどこまで進んだかは、この日記からはよく分からない。しかし、参謀本部第一部長真田穣一郎少将の一一月一四日の日記には「ホ号使用ニ就キ軍務局長ト話合フコト、今カラニテモ謀略的用法ヲ考ヘテハ如何」とあり、レイテ島での重爆によるウジ爆弾投下も検討している（「真田日記」第三六巻、以下これによる）。二一日には、北野七三一部隊長の次のような献策が記されている。

「北野少将（50型ウヂ弾）
判決　ソノ効果ハ確実ニシテ人員ニ対シ殺傷ノ効果ヲ得ラレタ、ウヂ弾ヲ以テ高度500mヨリ
○企画ハドウシテモ暴露サレル
○チビリ〳〵ノ使用ハ不可、一挙ニ相当大規模ニ戦略的ニ使用カ可
○関東軍トシテハ相当大規模ニ整備サセテ貰ヒ度」

高度五〇〇メートルからの投下で人員に対する確実な殺傷効果がえられたというのは、七三一部隊による新たな人体実験の結果であるに相違ないであろう。北野少将は、その戦略的な使用を提言し、それに必要な五〇型ウジ弾の大規模整備を要求しているのである。二八日の真田少将の日記には、部長会報の記録があるが、そこでは「F（敵）ノ戦意破サイ攻勢喰止メニ無理ヲ承知テ、非常手段、体当タリ機ノ使用……ヲ突出ス」と記されたすぐあとに、「近キ将来ニ於ケル使用ヲ顧慮シ、有機的ニ統一アル準備」をするとして、細菌戦準備の現状が詳しく記されている。

まず関東軍については、ハ弾・ウジ弾のペスト菌・炭疽菌を使う実験結果は「適確ナリ」と記されている。支那派遣軍では一二月一五日から増産を開始すると、一九四五年二月にはアワ七・五キロ（一挙に増産すれば五五キロ）がでるとあり、「支那ノ増産計画殊ニ急速増産計画ニ対スル真贅ナル努力ニ対シ謝ス」と記されている。南方軍では、ホ号関係のアワの生産は「馬来ノ精神病院ノアトテ黒「モチ」（ネズミ）ヲ使ヒ生産ス」とあり、このネズミは現在三万九〇〇〇匹おり（月産二万五〇〇〇匹の予定）、Px（ペストノミと思われる）の生産を三〇キロまで回復するのに四五年二月までかかるとある。さらに、マレーの支部はペストノミの生産に専念することとし、細菌戦実施の際には他の部隊を派遣してほしいとの要望が記されている。また、ホ号作戦の研究会の見通しでは、ペストノミの生産は、四五年六月に一三五キロ、九月に三〇〇キロ、一二月に八〇〇キロが「良イ所ナルベシ」とある。ネズミの現在量は二五万匹であった。一〇〇〇匹のネズミでペストノミ一キロができるとして、月三〇万匹のネズミが確保されれば、三〇〇キロの生産が可能であった。そして、ペストノミ生産割当は、関東軍一五〇キロ・支那派遣軍六〇キロ（華中三〇・華北二〇・華南一〇）・南方軍六〇キロ・内地三〇キロであった。真田少将は、軍務局への中国作戦説明の時は、特攻作戦と細菌戦準備を同時に説明する必要があるとし、ワクチンを使用し、徹底的消毒をすれば「我ハ感染シナイ（海南島ノ例）」「ノミ除ケハ徹底出来レバ可ナリ」とも記している。陸軍中央は、ペストノミの生産とその撒布に再び強い関心を示し始めていたのである。しかし、この施策がどこまで推進されたかは、今後の研究にまつほかない。

六、細菌戦の中止

一九四五年になって、ホ号作戦の戦略的実施は中止されることになった。一月八日の大塚課長の日記には次のように記されている。

「局長ヨリ
宮崎第一部長——石井少将ノ件
大臣ノ決裁
1、ほ号作戦ハヤラヌ
2、現材糧テ促進ス
3、謀略的使用ヲナス事アリ
300kg——現在機構テ出来ル
局長　三〇〇キロ作ラセル様発進スルカ可ト思フ、之カ為主計、薬剤官ヲ附ケテクレト云フカラヤル
機構　ほ号ノ整備、補給
小出　現在ノ機構ト人員トテハ三〇〇キロハ出来ヌ
満洲　一五〇キロ　餅二二・五万、二一万九千補給、満洲テ白餅一・〇万」（「大塚備忘録」第一巻）

これは大臣の決裁でホ号作戦の戦略的実施が中止されたことを示すものである。しかし、ホ号作戦の謀略的実施のための準備は中止されなかった。逆に、三〇〇キロのペスト菌を生産するため、各地でネズミの増産が強力に推進され

ていくのである。たとえば、中国東北の場合をみると、嶋崎庸一満洲国興農部次長の通牒「畑リス蒐収ニ関スル件」（龍江省次長宛・一九四五年五月一七日付）によれば、満洲国興農部は、手帳と小刀を各省に大量に特別配給して、ノネズミ（「畑リス」）の収集・供出に学童を動員しようとしていたのである（中国抗日戦争記念館所蔵、一九九三年に東京で開かれた七三一部隊展に出展）。

このように細菌戦の謀略的実施の計画はその後も放棄されなかった。最終的にこれが中止されるのは、敗戦直前の七月下旬になってからであった。七月二四日、発疹チフスの診断液を作るため、埼玉・茨城（水海道）でホ号に関係なくネズミを増産させたいとの要望が出された時、神林医務局長は「ホ号ハ全面的ニ中止」と告げている（「大塚備忘録」第一三巻）。日中戦争期から継続されてきたホ号作戦は、ここに至ってようやく、中止されたことになる。

おわりに

陸軍中央幹部の四人の業務日誌から明らかになった日本軍の細菌戦の実態について、あらためてまとめる必要はないのであろう。ここでは必要最低限のことをのべておきたい。

これまでの検討で明らかなように、まず第一に、細菌戦実施部隊は、陸軍中央の承認の下に、一九四〇年・一九四一年・一九四二年に中国各地で細菌戦を実施していたことが疑いようもないほど明確に確認された。

第二に、七三一部隊は一九四三年末から四四年春にかけて、少なくともペスト菌を入れたウジ弾・ハ弾、乾燥ペスト菌・脾脱疽菌・チフス菌を使った「マルタ」に対する人体実験をおこなった。このような生体実験を陸軍中央は決して止めようとせず、逆に高く評価していた。また、中国東北の農安県で住民に対するペストノミ撒布実験が行なわれた。関連して、少なくとも一九三九年と一九四二年に日本軍によるイペリットや青酸などを使った毒ガス人体実験が行なわれたと思われる。

第三に、日本軍は、一九四二年から四四年にかけてバターン半島・オーストラリア・ハワイ・ミッドウェー・アリューシャン列島・カルカッタ・サイパン島・ピアク島・グアム島などの細菌戦攻撃を検討し、一九四四年には陸軍中央はサイパン島・グアム島に対する細菌戦を承認し、推進した。以上である。

しかし、日本軍が行った細菌戦の全体像を明らかにするという点からみると、まだ分からないことも多い。今後、さらに一層研究が進むことを期待して本稿を終えることにしたい。

（本稿の作成にあたり、常石敬一・藤原彰・由井正臣各氏のご教示をえた。記してお礼申し上げたい。本稿の執筆分担は、一、二が伊香、それ以外が吉見である。）

註1 一九四三年四月に参謀本部で開かれた「ホ号打合」の会合の内容は次のとおりであった（四月一七日の医事課会報の記事中「ホ号打合（参本にて）」として記されている）。まず、各防疫給水部の報告が行われた。

「（北支）

粟100gr、餅1、000。9月末100kg の粟生産可能。但し餅の追送を要す（計2万ケ、月々漸増）。

イ、餅の輸送の場合、船便による時は船待（神戸4日）の干係上相当の飼料を要するのみならず、これがため3割の損耗を生ず。

ロ、研究を主体とし格好の試験所を獲得せり（保機、防諜上も適当なり）。

ハ、葡萄糖を使用し餅の節約となる。約$\frac{1}{8}$の数で可能なり。その粟の卵の保存法を研究し好結果を得たり。

ニ、砂ネズミ（蒙古）

（中支）。

イ、粟の生産、毒化を研究中。現在量5kg（餅を2万匹補給すれば2ヶ月后15kgになる）。期日を3ヶ月前に予告され度。AT1機4、000、暑気には弱し。

ロ、餅に3週間后なしにする法が最も良し。人血では減少。低温保存は不適。

ハ、米に対する攻撃（さんかめは虫）。使用前

1ヶ年を要す。人工増殖は困難なり。

ニ、粟の生産干係者を他に出さぬ様に配慮せられ度。

ホ、輸送10日以上に亘る時は不可。

(関東軍)。

どぶねづみとラツテとの混種を作りあり。増殖力大なり。野鼠には間々Pest菌あり。又野鼠には犬じらみ、他の粟その他の虫を有し防諜上も不可なり。

(南支)。

イ、餅月1万ヶ。月産10kg。7～8月は発生率不良。5、6、9、10月が良し。

ロ、2月は補給現在迄2万。

ハ、エヂプトぬまねずみの2代目を作り、粗暴性緩和す。飼育馴化しあり。自変種にかわりつつあり。

ニ、葡萄糖を利用する等2/3の節用をなしあり。

(南方軍)。

イ、昨年9月より研究を開始す。ケオピス粟は南方において発育良好なり。繁殖力も大なり。

ロ、南方では山稜地区に肺Pestあり(気温15°c)、海岸には腺Pestあり。一般に四季を通じ散発しあり。

ハ、南方のKeopis(ペストノミ[ママ])は硬度大なり。熱に対する抵抗も強し。アフファルト[ママ]道路(45°c)では1分間で死亡するも、草原その他では2日以上生存す。

ニ、原法。使用場所小。使用人、餅麦。増殖率小

改良第一法。南方に適。

改良第二法。保存適。

ホ、捕鼠は捕鼠器の約1割弱(南方1年を通じ同率で捕獲し得)。北方は時季により異る。

ヘ、南方では気候の干係で四時増殖に適す。雨と日光とを避ければ到る処飼育場となる。

ト、北方より輸入の鼠は馴化に1ケ月を要す。

チ、種餅を1回輸入すれば、あとは現地自活も可能なり。

リ、人員265名を要す。50kgrの生産可能なり。」

次いで、真田参謀本部作戦課長が次のように述べている。

「イ、濾水器その他防疫給水器具の修理検定。

ロ、土地特有の風土病の蔓延せる場合の活動状況。

ハ、土地の風土病に対する研究。

ニ、作戦謀略資材として参謀部より依頼されたる事項。

ホ、高等官、判任官職員を通じての犠牲者の状況。毒化、監視人の出入の現況。

ヘ、現地軍殊に軍医部、経理部の折合干係。

機密保持は勿論なるも軍内各方面とは脈絡をつけ重複のなき様(人と物の節用を図るため)。中央としても今迄の反省をなさざるべからず。

以上に就て各方面の意見を述べられ度。尚以上は裏芸なり。積極的にこれを奨励する意図なし為念。」

次に、関東軍防疫給水部が「勤務令[ママ]にも定められてあり。部隊の動員計画の補充問題を検討の要あり(軍属の代りに兵を入れること)」とのべ、南方軍防疫給水部が「黄熱を研究中」とのべた後、懇談に移った。ネズミの補給についての懇談は次の通りだった。

「(医校)

1、粕壁付近が主力となる。一軒30。4千軒で一組合(親1匹1ケ月2匹)。本年度予定埼玉47・5、茨城20・5、栃木6・45、計74・45万

2、埼玉県に飼料を補給せば20万増産可能。茨城県、栃木県は指導強化により10万程度増産見込。最大産出見込100万。

3、輸送の円滑にゆくのは関東軍のみ。南方軍には種を補給す。北満、南満特に予定せず。宰領者附せられ度。

(関東軍)

1、2万だけ中支、残の全部関東軍に、北支、南支、南方は種餅のみ。これが輸送の援助を行うべし。

2、体重が増加すればする程生存日数長く抵抗大となる。80gr以上。」

結局、「餅につきては増産方法の検討、現地自活の徹底的対策、輸送減耗防止等を打合わす。各部隊が専任者(地方専門家も入れる)を調査

派遣す」ということになった。次いで、「輸送、経費、編成、BK〔細菌戦〕等」が話し合われた。

「関東軍に100式司偵を与えられ度。これに対し第三課は100式は困難なるも双発複座戦闘機なら可と。

輸送のための飛行機は特別なる故関東軍の飛行機を使用す。但し実用機数に予備機を貰い度。

南支は5月から始める故予算を明示せられ度。正式の命令なき故軍内で賄うわけにもゆかぬ。

中央統制機関、南方防疫給水部の編成に就いて中央としては別に研究す。

中支が駐留状態になると輜重兵（現在200名）が余るのでこれを衛生兵に加えられ度。

大中尉以上の欠員を充足され度。編成は十分なるも上級者に欠員多し。

BKを所要地点に対し某時期実施するとしてとにかく戦果が主眼で多少防諜がおろそかになってもよきや、あるいは戦果は多少尠きも防諜に主眼を置き絶対秘匿に徹底するや指導する要あり。BK地域の選定につきてもその地域地域でその地に最も適する特定兵器を用うる必要あり。BK資材整備の際兵器の種別をよく検討して決定せざるべからず。大量急速整備の際の隘路は常に餅なり。」（以上、「金原摘録」後編、その7のロ）

「餅」（ネズミ）の生産能力不足が大きな制約条件になっていることがわかる。

註2　一九四四年五月二三日に行われた「小出中佐報告（満洲出張）」の重要な部分は次の通りであった。

「チフス保菌者治療
胆嚢部超短波　サルバルサン注射カ効果アリ
サルバルサン、注射ワクチン——着手セントス、手術的治療——マルタ実験　胆嚢□——縮、膿菌ヲ入レル、効果ア〔リ〕
〔中略〕
ウジ弾——製作ノ希望アリ、宮田参謀ニ申セリ、予算ト資材ヲ申出ヨトノ事ナリ
ホ号関係
　高々度ヨリスル集中攻撃　命中及濃度構成アリシカ、現在効果ヲアケル見込ナキ如シ
Px製産　田中少佐ノ研究　餅ノ使用十二分ノ一トナル
丸太五〇〇名
局長、餅ヲ犬ニシテハ如何　犬ヲ使用シ実施シ在リ、石油鑵ヲ培養鑵ニ代ヘ在リ
今冬ヨリ春ニカケ演習成果
ペストノ液菌
ハ弾テヤル（破片ヨリ入ル）傷者ノ一〇－三〇%発症、弾子ニツレイク
ウジ弾　菌傷二〇ノ中一割発症
乾燥ペスト菌成功セス、一立米四ミリノ濃度ヲ必要トスルトノ見込
混菌　寒イ所テ凍テ発症セス
将来関東軍ハxテ行カス菌テ面ニ乾燥菌テ耐寒耐熱膠着性ヲ考ヘ行カントス
脾脱疽　食道感染ハ疑問ナリシカ効果アリ、ウジ弾テ行カントス
　局長－消化器カラ入リシナラン
辰見大尉及部下二名感染ス、皮膚ヨリ入ル、生命ハトリトメタ、第二部攻撃ニ参加スル若イ将校ハ良クヤツテ居ル
脾脱疽　消毒薬ハナイ、之カ製造モ研究ノ要アリ
〔中略〕
◎丸太使用実験ハ中央トシテ大イニ全軍的ニ重要ナ事ヲ解決セシムル為也
Pxハ弾丸ノ有功章ノ問題
草知参謀　秘密事項今発表センテ可ナラン
高山参謀　有効章ヲヤル如ク連絡ス、発表ノ方法ヲ考慮シヤウト
〔中略〕
発疹チフス予防施療液
五万人分ヲ有ス
関東軍ハ労ム者ニ使用シ在リ、効果アル如シ、ワクチンヲ作ル時ノ残滓ハワイルフエリツクス反応ノミ明瞭ニ反応スルトノ事、軍隊ニモ使用シテ可ナラン
大連衛研　第四性病ノ診断液良好ナル□タリ」
（「大塚備忘録」第六巻）

《〈井本日记〉的发现及其内容的真实性和价值》之中文翻译

《井本日记》的发现及其内容的真实性和价值

——对吉见义明《从日方文书记录看731部队和细菌战》的节译

吉见义明　著

罗建忠　译

编译者按：本文是《井本日记》的发现者、日本中央大学商学系历史教授吉见义明2000年12月8日在东京“731部队细菌战诉讼案”一审法庭上为中国受害者出庭作证（证明731部队在中国实施细菌战是历史事实）的证词（鉴定书），当时证词题为《从日方文书记录看731部队和细菌战——以井本雄男〈业务日志〉里记述细菌兵器的使用为中心》。本文选取该证词中的主要部分翻译介绍给中国读者，并另拟现文题，文内小标题也进行了重设。本文十分有助于中国读者了解《井本日记》相关背景及价值。原文影印于本文之后。原文见［日］731细菌战被害国家赔偿请求诉讼律师团、731细菌战裁判宣传委员会、ABC企画委员会出版：《细菌战裁判资料集》第3集，2001年2月发行，第9—47页。译者罗建忠，常德市旅游外侨局日文翻译。

一　关于日本方面的细菌战文献史料

有关日本陆军细菌战部队（以下简称731部队）的文献史料，目前在日本已经发现的有：

（1）庆应大学图书馆收藏：署名“加茂部队”的731人体试验报告《因黄弹射击伤害皮肤及一般临床症状观察》；731军医池田苗夫和技师荒木三郎署名的人体试验报告《关于破伤风毒素及芽胞接种时的肌肉“时值”》等。

（2）国立公文书馆收藏：731 军医吉村寿人署名的人体试验报告《关于冻伤》（1941 年 10 月 26 日）。

（3）狭山市立图书馆收藏：《陆军中将远藤三郎日记》，通过该《日记》可以知道一些 731 部队的前身“东乡部队”的创建及其业务内容。

（4）防卫厅防卫研究所图书馆收藏：A、关东军司令官梅津美治郎 1939 年 9 月 23 日签署的《关东军部队编成及编制改正的报告》，其中有 731 部队的编制等。B、1944 年 4 月 1 日至 9 月 30 日的《北支那防疫给水业务详报》，已部分公开。C、四名日本陆军中央将校的工作日志：参谋本部作战课参谋井本雄男的《井本日记》；陆军省医务局医事课长金原节三的《金原摘录》；金原的后任者大塚文郎的《大塚备忘录》；参谋本部第一部部长真田穰一郎的《真田日记》。他们的工作日志中，都包含了 731 部队活动的记述。此外还有中国派遣军第 13 军司令官泽田茂的《阵中记录》，其中涉及 1942 年 731 部队在浙赣作战中实施细菌战。

以上资料对于防卫厅防卫研究所图书馆的全部收藏来说，只是极少一部分。根据防卫研究所《有关战史资料公开的内部规定》，“细菌兵器和细菌战的资料”属于“可能引起社会不良反应”的“不予公开”的范围。以上公开的资料只是“漏网之鱼”，大量“网内”的资料未予公开，包括美国返还的 731 部队等的资料。

在目前日本方面发现的有限的 731 部队的文献史料中，《井本日记》是最为重要的史料，因为它是日本陆军统帅部曾参与联络和计划细菌战的高层人员的有关工作日记，它直接记述了 1940—1943 年日军一系列的细菌战活动。

二 《井本日记》的偶然发现

1991 年，韩国原日军随军慰安妇金学顺向东京地方法院起诉，要求日本政府谢罪和补偿。于是，我于 1991 年 12 月开始调查日本随军慰安妇的最初资料，次年 1 月，公开发表了那个调查成果（见《朝日新闻》1992 年 1 月 12 日）。日本政府不得不承认曾创立并实施了随军慰安妇制度。以此为契机，我也在那之后继续调查太平洋战争时期日军的其他资料，也包括日军实施细菌战的资料。

1993 年，在防卫厅防卫研究所图书馆，我闻知原陆军中央将校井本雄男大佐、金原节三军医大佐、大塚文郎军医大佐、真田穰一郎少将等的业务日志已公开。于是，我去阅读了这些日志。

结果，发现这些日志的一些部分极其重要地记述了旧日本军有关为了开发细菌兵器，而进行人体实验，和在实战中使用细菌兵器的计划，以及使用的事实等。

由于防卫研究所图书馆不允许复制，因此，我与立教大学研究生伊香俊哉[①]一起对这些日志进行了摘抄，并共同对这些日志内容进行分析研究和解释说明，于 1993 年 12 月整理成《日本军的细菌战》的论文，发表在《战争责任研究季刊》1993 年（冬季号）第 2 号上。1995 年又以两人署名，对这些内容进一步整理，出版发行了《731 部队和天皇 · 陆军中央》一书，由岩波书店出版。

三　井本雄男及其与日军细菌战的关系

井本雄男 1903 年出生于山口县，1925 年陆军士官学校毕业，1934 年陆军大学毕业，任大尉。1936 年任参谋本部部员，1937 年任参谋本部参谋，1938 年升少佐。1939 年 10 月调任中国派遣军参谋。1940 年 10 月又调回参谋本部任作战课课员，1941 年升中佐。1942 年 12 月调任第八方面军参谋。1943 年任大本营参谋，同年任陆军大臣秘书官。1944 年升大佐，任军务局副局长。井本一步步荣升，可以看出他是陆军的优秀将校。战后，他把自己的作战业务日志赠送给防卫厅防卫研究所。

井本雄男和细菌兵器在实战中使用发生关系开始于 1940 年他任中国派遣军参谋的时期。1940 年 6 月 5 日，他与参谋本部作战课荒尾兴功中佐、关东军副参谋长秦彦三郎少将、华中防疫给水部队增田知贞军医中佐，一起商定了实施浙江细菌战的计划，他是以中国派遣军作战课参谋的身份参与这一实施细菌战的计划的。

1940 年 10 月，井本少佐又调回参谋本部作战课，在这一职位上，实

① 编译者注：伊香俊哉（1960—　），现为日本都留文科大学教授。所著《战争的记忆——日中两国的共鸣和争执》一书（韩毅飞译）2016 年在中国由社会科学文献出版社出版。

施细菌战成为他负责的事项之一。细菌战的实施，必须得到参谋本部参谋总长的命令“大陆指”的颁布。从一些迹象看，这项“大陆指”命令的颁布也是井本少佐的任务。

井本雄男不只从事有关细菌战实施时的联络，而且积极推进细菌战的实施。例如，1940 年实施细菌战时，井本少佐当时作为中国派遣军参谋积极与实施部队“奈良部队”进行了攻击目标的确认：

二、与奈良部队的联络

1、延迟开始的理由。

2、弹药在空中和陆地一起运送。

3、福岛雇员战死情况。

4、生产量：（C）40k、（T）在（C）之上。

5、目标：宁波附近（附近村庄，每平方公里 1.5 公斤）。

金华、玉山每平方公里 2 公斤（附近村庄每平方公里 0.7—0.8 公斤）。

山本参谋说：

低浓度弹药大面积投下，高浓度弹药集中投下。因为后者，目标选定在温州（台州、温州、丽水）。

《井本日记》第九卷 1940.9.18

另外，这个事实从其他资料中也得到了证实。例如：在 1942 年的浙赣作战之初，中国派遣军司令部因顾虑细菌作战伤及本身部队而反对实施，但参谋本部强行发布“大陆指”命令实施。对此，中国派遣军第 13 军司令官泽田茂中将曾在其《阵中日记》记述道：“与其开诚布公地陈述反对意见而受到总军的处分，还不如听从总军的命令使用石井部队。但如果这命令是作战课的年轻人动用总长（参谋总长）的权力而颁布，那就太惨了，也十分遗憾。”（泽田茂《阵中日记》，1942 年 6 月 25 日，藏防卫厅防卫研究所图书馆）

因此，井本雄男当时成为推进细菌战的作战课年轻人中的中心人物，他并不是没有权力的联络官。而且井本手里集中了很多有关细菌战的极其重要的机密情报，其《日志》的可信度相当高。

四 《井本日记》的特性

《井本日记》现存1937年9月27日至1943年2月12日的共计二十三卷，它是井本雄男的业务（工作）日志。据防卫厅战史室室长岛贯武治介绍，该日志于昭和34年（1959年）9月由井本雄男本人赠送给战史室。

岛贯武治曾担任参谋本部铁道课长、第一方面军参谋等职，战后任防卫厅战史室长。像这样的人不应该会将《井本日记》的性质弄错。正如岛贯室长所说，这不是井本大佐的私人日志，而是公共的业务日志。以下几点可以充分证明：

首先，该日志没有记述私人日记一定会出现的有关家庭和家庭生活的内容，有关离开公务活动时的私有行为、兴趣、游玩等内容也一概没有，而有的是公务活动的记述贯穿始终。

其次，在该日志第3卷（1938年8月19日至1939年6月16日止）的封面上，写着“业务日志”，这是井本本人写上去的。

另外，在日志第18卷封面上写有：“军事绝密”“业务日志”“大本营”“井本雄男”等字，这也是井本写上去的。

这些证据表明《井本日记》是一部“业务日志”，是井本在中国派遣军作战课和参谋本部作战课时期写下的作战机密日志。①

以上可以看出：《井本日记》是有关日军细菌战的可信度极高的第一手资料、公文书（官方记录）。

五 《井本日记》中有关细菌战的秘匿代号

为了防止细菌战秘密计划泄露出去，日军使用了很多秘匿代号。这些秘匿代号甚至出现在陆军统帅部的命令书中。例如，在参谋本部“大

① 编译者注：1993年12月《井本日记》中细菌战的相关内容被公开后，防卫厅防卫研究所图书馆以“私人日记”为由停止了对该日志的公开。

陆指”命令第178号中，就使用了“特种瓦斯”的秘匿代号，以指代“细菌战”。所谓“大陆指”是根据天皇的“大陆命”命令，而由参谋总长发布的命令。以下是“大陆指”第178号的内容：①

中国派遣军总司令官　西尾寿造殿下

关东军司令官　梅津美治郎殿下

大陆指第178号

指示

根据大陆命第439号作如下所示：

一、中国派遣军总司令官根据大陆指第690号目前实施中的特种瓦斯试验应于11月底完成。

二、试验结束后，所有的人员、器材尽快地返回原单位。

三、有关机密事项要注意严格保密。

参谋总长　杉山元

昭和15年（1940年）11月25日

《井本日记》中出现的秘匿代号如下：

1、“ホ”、“㊭”、“ホ号”、“㊭号”、“保”、“保号”，这些都是“细菌作战”的意思。

2、“谷子”、“栗”，这是带鼠疫菌的跳蚤的意思。

3、“PX”：鼠疫菌液；“P”：鼠疫；“C”：霍乱；“T”：伤寒菌；“PA”：副伤寒菌或副伤寒菌A。②

六 《井本日记》的内容及其真实性

《井本日记》主要记录了日军1940—1942年在华中地区实施的三次

① 吉见义明注：森松俊夫编《大本营陆军部“大陆命”、“大陆指”总集成》，第5卷，共同出版社1994年版，第180页。

② 编译者注：日本学者奈须重雄认为，“P”代指鼠疫，“X”代指印鼠客蚤，“A”代指普通跳蚤。（奈须重雄：《日本细菌部队的起始和细菌战》，《军事历史研究》2015年第1期，第49页）

重要的细菌兵器作战等活动，其真实性是毋庸置疑的。

1940年9月至11月，731部队远征队与南京的1644部队共同组成的细菌战实施部队“奈良部队”在浙江宁波、衢县、金华、玉山等地实施了细菌攻击。1940年10月7日的《井本日记》中有如下记录：

一、听取奈良部队的状况（〔由〕山本参谋、福森少佐、太田中佐、金子大尉、增田大尉〔报告〕）

1、运送：目前6次（其中船运2次），空运当天到达，船运约6天，以后决定用飞机。

2、目前已进行6次攻击（列表另说明）。跳蚤1克约1700只。

3、正期待攻击效果好坏，在秘密侦察中。

4、考虑到气象等原因在杭州进行了现场测定的实验，如何从空中投下（仅针对宁波）。

5、温州作为雨下法投放目标可行，台州等不合适，但攻击温州时要视气象等因素而定，如不使用伞将会很困难。

6、（山本参谋提出）目标以及攻击方法可以灵活具有通融性，可以使用重复攻击法。

《井本日记》第九卷1940.10.7

从以上记录看，到10月7日奈良部队已经进行了6次细菌兵器攻击（附表没有保存）。另外，可以判断：从运送次数和攻击次数一致来看，细菌运到后就马上实施了攻击。攻击方法是用空投（从安装在飞机上的撒布器投下去的方法），使用的是鼠疫跳蚤，1克跳蚤有1700只。

将哈巴罗夫斯克审判中731部队有关战犯的供词与《井本日记》的记述对照，可以得到相互佐证：

一、731部队第四部（细菌生产部）的柄泽十三夫班长说，1940年下半年，他们被命令生产了副伤寒70公斤、霍乱50公斤，鼠疫跳蚤5公斤，都被运往南京去使用。（见苏联《原日军军人因准备和使用细菌兵器而被起诉的公判书》第324页，莫斯科外文书籍出版局1950年版）

二、731部队教育部部长西俊英供述，曾经在731内部看到过一部记录1940年宁波鼠疫战的电影纪录片，这部电影是为了在日军内部秘密宣传宁波鼠疫战攻击效果而制作的示范电影。（见苏联《原日军军人因准备

和使用细菌兵器而被起诉的公判书》，第351—352页，莫斯科外文书籍出版局1950年版）

另外，中国方面也有相关文献档案可以佐证《井本日记》的记述：

一、1940年10月4日，日军飞机一架在衢县城区撒布了谷物和跳蚤等。（中国军政部第二防疫大队：《衢县、宁波鼠疫发生经过及防治情形》，民国30年1月，湖南省档案馆藏74－2－200）

二、1940年10月下旬，日军飞机在宁波城内投下大量的麦子和棉花，之后，发现了鼠疫病患者。（宁波《时事公报》1940年11月4日）

以上苏联和中国的资料，都证实了《井本日记》记录1940年日军对中国浙江宁波等地实施鼠疫跳蚤攻击的真实性。

1941年对常德的细菌攻击，在《井本日记》里有很详细的记录，因此其实情很容易把握清楚。井本雄男中佐于11月25日收到中国派遣军负责组织实施常德细菌战的作战参谋长尾正夫的报告：

> 一、来自长尾参谋的"保"号情报
>
> 11月4日早上，接到目标方向天气良好的报告，一架97式轻型飞机，5点30分出发，6点50分到达，雾浓，降低高度搜索，因800米附近有云层，于是在1000米以下实施，增田少佐驾机，一侧菌箱开启不充分，将其在洞庭湖投下。谷子36公斤，其后村岛参谋进行了搜索。
>
> 11月6日，常德附近中毒流行，（〔据中方资料〕日军飞机在常德附近投下异物，与之接触的人引起剧烈中毒）。
>
> 11月20日，常德鼠疫已猛烈流行：从各战区收集的卫生情报〔反映〕。
>
> 结论：如果命中，确实将引发疫病。
>
> 《井本日记》第十四卷1941.11.25

《井本日记》的这个记录是不容置疑的鼠疫跳蚤攻击的记录。"谷子"是"鼠疫跳蚤"的秘匿代号；"谷子36公斤"，就是鼠疫跳蚤36公斤。原计划攻击高度在1000米，但因800米有云层，且雾浓，故只能降低高度投放细菌。增田驾机投放时一侧菌箱开启不充分，顾忌有残留跳蚤带回基地引起传染危险，故将其投入洞庭湖中。

1942 年浙赣作战中，日军 731 和 1644 部队再次在浙江以及江西铁路沿线地区实施了细菌战。采取在日军从占领区撤退后撒布细菌的方法，制造疫病流行区域。1942 年 8 月 28 日的《井本日记》中记录，井本雄男当时接到中国派遣军作战参谋长尾正夫关于本次“保号作战”情况的报告：

> “保”实施状况
> 广信〔上饶〕PX（1）毒化跳蚤　（2）施放染疫老鼠
> 广丰　（1）〔毒化跳蚤〕
> 玉山　（1）〔毒化跳蚤〕　（2）〔施放染疫老鼠〕
> 　（3）将 P〔鼠疫〕干燥菌混于大米中，目的：〔造成〕鼠—蚤—人感染流程
> 江山　C〔霍乱〕　（a）直接投入井内　（b）染于食物之上
> 　（c）注射于水果中
> 常山　同江山
> 衢县　T〔伤寒〕　PA 跳蚤
> 丽水　T〔伤寒〕　PA 跳蚤
>
> 《井本日记》第十九卷 1942. 8. 28

从以上记录可以看出，日军在广信、广丰、玉山撒布了鼠疫；在江山、常山撒布了霍乱；在衢县、丽水撒布了伤寒、副伤寒。撒布的方法多种多样，其中从江山来看，撒布的方法是三种：（a）将霍乱菌投入井内；（b）将霍乱菌染于食物之上；（c）将霍乱菌注射到水果之中。这样在日军撤退后，重返居住地的居民饮用井水时，吃了染有霍乱菌的食物和水果后就感染了。《井本日记》记录的在浙赣上述各地实施细菌攻击造成的祸患，今天都可以从中国的资料和受害调查中得到证实。

七 《井本日记》的价值

《井本日记》的价值不仅在于因作者的高层身份和工作职务的涉密性而使其内容具有极强的真实性和可靠性，还在于它揭示了日军细菌战实

施的指挥命令系统，从而证实日军细菌战是日本最高当局的战争行为。

如前所述，1940 年浙江宁波等地的“保号作战”是根据“大陆指第690 号”实施的，又根据“大陆指第781 号”中止的。如果没有日本陆军统帅部参谋本部的长官参谋总长颁布“大陆指”是不可能实施的，而“大陆指”是根据天皇命令“大陆命”所颁发。

1941 年在常德实施的鼠疫攻击，正如《井本日记》1941 年 9 月 16 日所记录，也是根据“保的大陆指示令”所组织实施的。

另外，1942 年浙赣作战中的细菌战，据《井本日记》1942 年 5 月 30 日记录：这天石井四郎少将、村上隆中佐、增田知贞中佐、小野寺义男中佐、增田美保少佐被召集到参谋本部，由参谋本部第一部部长田中新一少将传达了“大陆指令以及注意事项”，同样也是获得“大陆指”命令后组织实施的。

从《井本日记》上述记录看，1940 年浙江、1941 年常德、1942 年浙赣三次细菌战，均由日本大本营参谋本部下达“大陆指”命令而实施，因此，这是日本最高当局的战争行为，是一种国家犯罪行为。

附录　　井本雄男《井本日记》一览

卷数	记载时间	各卷封面记载的文字
第一卷	1937 年 9 月 29 日—1938 年 1 月 19 日	
第二卷	1938 年 10 月 24 日—1938 年 8 月 11 日①	
第三卷	1938 年 8 月 19 日—1939 年 3 月 16 日	业务日志 卷一
第四卷	1939 年 3 月 16 日—1939 年 8 月 13 日	
第五卷	1938 年 10 月 12 日—1939 年 3 月　日②	
第六卷	1940 年 3 月 23 日—1940 年 5 月 28 日	
第七卷	1940 年 5 月 19 日—1940 年 8 月 12 日	
第八卷	1940 年 8 月 13 日—1940 年 9 月 17 日	
第九卷	1940 年 9 月 18 日—1940 年 11 月 27 日	
第十卷	1940 年 11 月 28 日—1941 年 1 月 30 日	
第十一卷	1941 年 2 月 1 日—1941 年 5 月 7 日	
第十二卷	1941 年 5 月 8 日—1941 年 7 月 6 日	

① 编译者注：“1938 年 10 月 24 日”应为“1938 年 1 月 24 日”之误。

② 编译者注：“1939 年 3 月　日”，原文如此。

续表

卷数	记载时间	各卷封面记载的文字
第十三卷	1941 年 7 月 7 日—1941 年 9 月 27 日	
第十四卷	1941 年 9 月 29 日—1941 年 12 月 22 日	
第十五卷	1941 年 12 月 22 日—1942 年 2 月 20 日	
第十六卷	1941 年 5 月 19 日—1941 年 5 月 30 日 1941 年 12 月 30 日—1942 年 1 月 9 日	
第十七卷	1942 年 2 月 23 日—1942 年 4 月 10 日	
第十八卷	1942 年 4 月 12 日—1942 年 7 月 18 日	军事极密　昭和 17 年 4 月 12 日—7 月 18 日　业务日志　大本营　第　卷　井本中佐
第十九卷	1942 年 7 月 18 日—1942 年 10 月 5 日	业务日志
第二十卷	1942 年 9 月 1 日—1942 年 9 月 28 日	出差“拉包尔”① 的记事
第二十一卷	1942 年 10 月 1 日—1942 年 11 月 12 日	业务日志
第二十二卷	1942 年 11 月 13 日—1942 年 12 月 3 日	业务日志　大本营　第　卷　井本中佐
第二十三卷	1943 年 1 月 12 日—1943 年 2 月 12 日	业务日志　别册　第一号　ガ岛（ケ号作战）

① 编译者注：拉包尔，巴布亚新几内亚城市。

《从日方文书记录看 731 部队和细菌战》之日文原文影印

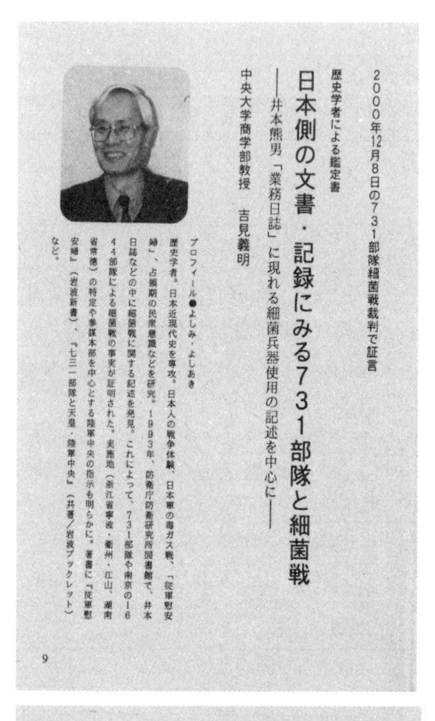

2000年12月8日の731部隊細菌戦裁判で証言

歴史学者による鑑定書

日本側の文書・記録にみる731部隊と細菌戦

——井本熊男「業務日誌」に現れる細菌兵器使用の記述を中心に——

中央大学商学部教授　吉見義明

プロフィール●よしみ・よしあき

歴史学者。日本近現代史を専攻。日本人の戦争体験、日本軍の毒ガス戦、「従軍慰安婦」、占領期の民衆意識などを研究。1993年、防衛庁防衛研究所図書館で、井本日誌などの中に細菌戦に関する記述を発見。これによって、731部隊や南京の1644部隊による細菌戦の事実が証明された。実施地（浙江省寧波・衢州・江山、湖南省常徳）の特定や参謀本部を中心とする陸軍中央の指示も明らかに。著書に『従軍慰安婦』（岩波新書）、『七三一部隊と天皇・陸軍中央』（共著／岩波ブックレット）など。

9

第一章　七三一部隊等に関する日本側の文書・記録について

第一節　文書・記録の所在

七三一部隊は、一九三六年（昭和一一年）に関東軍防疫部として設立され、一九四〇年に関東軍防疫給水部と改称された。翌一九四一年には、満州第七三一部隊となり、一九四五年には、満州第二五二〇二部隊と称するようになった。

七三一部隊をはじめ、日本陸軍の細菌戦部隊（以下、七三一部隊等と略す。）に関する文書・記録のうち、日本国内にある主なものは、つぎの通りである。

① 慶応大学図書館が所蔵するもの。

加茂部隊「きい弾射撃ニ因ル皮膚傷害並一般臨床的症状観察」、陸軍軍医少佐池田苗夫・陸軍技師荒木三郎「破傷風毒素並ニ芽胞接種時ニ於ケル筋『クロナキシー』ニ就テ」等。

② 国立公文書館が所蔵するもの。

陸軍技師吉村寿人「凍傷ニ就テ」（一九四一年一〇月二六日）等。

③ 狭山市立図書館が所蔵するもの。

「陸軍中将遠藤三郎日誌」（以下「遠藤日誌」と略す）。

10

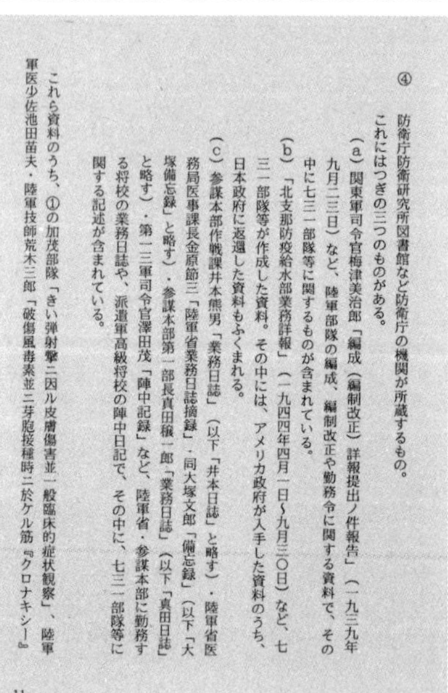

④ 防衛庁防衛研究所図書館など防衛庁の機関が所蔵するもの。

これにはつぎの三つのものがある。

（a）関東軍司令官梅津美治郎「編成（編制改正）詳報提出ノ件報告」（一九三九年九月二三日）など、陸軍部隊の編成、編制改正や勤務令に関する資料で、その中に七三一部隊等に関するものが含まれている。

（b）「北支那防疫給水部業務詳報」（一九四四年四月一日〜九月三〇日）など、七三一部隊等が作成した資料。その中には、アメリカ政府が入手した資料のうち、日本政府に返還した資料もふくまれる。

（c）参謀本部作戦課井本熊男「業務日誌」（以下「井本日誌」と略す）・陸軍省医務局医事課長金原節三「陸軍省業務日誌摘録」・同大塚文郎「備忘録」（以下「大塚備忘録」と略す）・参謀本部第一部長真田穣一郎「業務日誌」（以下「真田日誌」と略す）・第一三軍司令官澤田茂「陣中記録」など、陸軍省・参謀本部に勤務する将校の業務日誌や、派遣軍高級将校の陣中日記で、その中に、七三一部隊等に関する記述が含まれている。

これら資料のうち、①の加茂部隊「きい弾射撃ニ因ル皮膚傷害並一般臨床的症状観察」、陸軍軍医少佐池田苗夫・陸軍技師荒木三郎「破傷風毒素並ニ芽胞接種時ニ於ケル筋『クロナキシー』

11

ニ就テ」、及び②の陸軍技師吉村寿人「凍傷ニ就テ」は公開されており、田中明・松村高夫編『七三一部隊作成資料』（不二出版・一九九一年）に収録されている。

③の遠藤三郎日誌は非公開であるが、これを使った遠藤元中将の伝記、宮武剛『将軍の遺言—遠藤三郎日記』（毎日新聞社・一九八六年）が刊行されており、七三一部隊の前身である「東郷部隊」の創設およびその業務内容を知ることができる。

④の防衛庁防衛研究所図書館など防衛庁の機関が所蔵する資料では、（a）はおおむね公開されていると思われるが、（b）については、「北支那防疫給水部業務詳報」（一九四四年四月一日～九月三〇日）など一部の業務詳報を除いては公開されておらず、また、非公開資料のリストも明らかになっていない。

一部公開されている「北支那防疫給水部業務詳報」（一九四四年四月一日～九月三〇日）に関しても全面公開ではなく、一部に袋（厚さ約八mmに達する）がかけられており、その部分が非公開となっている。

アメリカ政府が七三一部隊等の資料を返還したことは、既によく知られている。

すなわち、国立国会図書館の調査によれば「石井部隊に関する第一次資料は、日本へ返却後、最初、外務省復員局に渡され、……その後防衛庁が設置された際、外務省から防衛庁本庁に移され、さらに戦史室の開設に伴い戦史室に移された」ということである（『朝日新聞』一九八六年

九月一九日。外務省には復員局がないので、これは厚生省復員局のことであると思われる。）。

この資料は、まったく公開されていないが、その背景には、防衛研究所の戦史資料の公開に関する内規が深く関係している。

すなわち、一九八〇年の閣議了解「情報提供に関する改善措置等について」（五月二七日付）に基づいて、防衛庁は「防衛本庁における情報提供に関する改善措置等について」（八〇年九月一八日、防官総第四五二八号）という通達を出した（以下、秦郁彦『現代史の争点』文芸春秋・一九九八年・二八二—二八三頁による）。

これを受けて防衛研究所は、「戦史資料の一般公開に関する内規」（一九八二年一二月）を定めたが、その第四条で、①プライバシーの保護を要するもの（略記号はP）、②国益を損なうもの（N）、③好ましくない社会的反響を惹起するおそれのあるもの（S）、④その他公開が不適当なもの、と判定した場合は公開しないと規定しているという。

そして、同日付けで作成された「公文書の公開審査実施計画」には、Nに該当するものとして、「外国人（捕虜を含む）の虐待」「略奪及び虐殺等」「有毒ガスの使用」などが例示され、Sに該当するものとして「細菌兵器の実験についての報告・記録」「細菌兵器使用の疑いを抱かせるもの」などが挙げられているという。

このように、七三一部隊等に関する重要な資料は、好ましくない社会的反響を惹起するおそれのあるもの（S）、または国益を損なうもの（N）として、予め非公開措置が取られているので

ある。

（c）の業務日誌・陣中日記類は、一九九〇年頃から徐々に公開されるようになったが、防衛研究所が所蔵する全量からいえばまだごく一部である。

七三一部隊に多少とも関係し、あるいはその情報に接した中堅乃至高級将校のこれら日誌には、七三一部隊等に関する極めて重要な情報が記されており、今後、これらの日誌類の公開が進めば、日本軍による細菌戦の展開に関して多くのことが明らかになるであろうことは間違いない。

第二節　日本の歴史学会における七三一部隊等研究の経緯

一九四六年五月三日、極東国際軍事裁判（東京裁判）が開廷されたが、それ以前に、アメリカ極東軍は七三一部隊等関係者に免責の約束をしていたので、この裁判では日本軍の細菌戦実施や人体実験の追及が起訴状に入らず、裁判ではまったく審理されなかった。

アメリカ政府は、七三一部隊等が蓄積した細菌戦のノウハウを秘密裏に独占することを優先し、七三一部隊等の犯罪は隠蔽された。このため、日本軍の細菌戦実施や人体実験の事実が確実な証拠を伴って、浮上し、解明されることは、戦後、長い間なかったのである。

日本軍の細菌戦のノウハウを入手することに失敗したソ連は、その後、一転してハバロフスク裁判を開廷し、一九四九年一二月、一二名の七三一部隊等関係者を裁き、翌年には、その公判記

録を日本語で出版した（『細菌戦用兵器ノ準備及ビ使用ノ廉デ起訴サレタ元日本軍軍人ノ事件ニ関スル公判書類』外国語図書出版所・モスクワ・一九五〇年）。

これに対し、キーナン東京裁判主席検事やシーボルト対日理事会アメリカ代表などは、これをソ連によるフレーム・アップと非難したこともあって、ハバロフスク裁判は、殆ど反響をよばず、注目もされなかった。

しかしながら、この公判記録で明かにされた事実の多くは、その後発見された確実な資料とよく一致するので、裁判の政治性を別にすれば、事実関係に関する信憑性は高いと考えられるようになっている。

一九八一年、常石敬一神奈川大学教授（当時は長崎大学所属）は、『消えた細菌戦部隊』（海鳴社）を刊行し、七三一部隊等関係者の学会での報告を読み込むことにより、それが人体実験に基づくものであることを実証した。その後、常石教授は、アメリカ側の資料に基づき、アメリカ軍による七三一部隊等関係者に対する詳細な尋問の実態を解明した（『標的・イシイ』大月書店・一九八四年）。

同じ一九八一年、アメリカのジャーナリスト、ジョン・パウエルは、情報公開法により入手したアメリカ政府の機密資料に基づいて、アメリカが七三一部隊等関係者の免責と引き換えに人体実験による成果を入手した経緯を解明した (John Powell, 'A Hidden Chapter in History,' *Bulletin of Atomic Scientists*, Vol.37, No.8, Oct. 1981)。

同じ頃、小説家、森村誠一はその著書『悪魔の飽食』（光文社・一九八一年）『続・悪魔の飽食』（同・一九八二年）で、七三一部隊等関係者からのヒアリングやアメリカ政府資料から、人体実験の事実を解明した。

一九八五年、慶応大学の松村高夫教授らは、古書店で発見された加茂部隊「きい弾射撃ニ因ル皮膚傷害並一般臨床的症状観察」、陸軍軍医少佐池田苗夫・陸軍技師荒木三郎「破傷風毒素並ニ芽胞接種時ニ於ケル筋『クロナキシー』ニ就テ」という疑う余地のない一次資料に基づいて、七三一部隊による毒ガス・破傷風芽胞の人体実験の事実を解明した（松村「『七三一』部隊の実験報告書」『歴史学研究』五三八号・一九八五年二月、前掲『七三一部隊作成資料』）。

その後、七三一部隊等による人体実験に関するアメリカの極秘調査であるフェル・レポート（'Brief Summary of New Information about Japanese B.W. Activities, from Norbert H. Fell, PP.E Division, Camp Detrick, to Chief Chemical Corps,' June 20, 1947. 総論のみ公開。各論は非公開）、ヒル・レポート（'Summery Report on B.W. Investigations, from Edwin V. Hill, M.D., Chief, Basic Sciences, Camp Detrick, to General Alden C. Waitt, Chief Chemical Corps,' December 12, 1947.）の詳細が紹介されるようになり、人体実験の詳細は別にして、概要は、かなり把握できるようになった（両者の抄訳は常石『消えた細菌戦部隊・増補版』一九八九年、ヒル・レポートの前半部分の訳は松村・金平茂紀「『ヒル・レポート』——七三一部隊の人体実験に関するアメリカ側調査報告」『三田学会誌』八四巻二号・一九九一年七月、フェル・レポート総論の全訳は松村編『論争七三一部隊』晩声社・一九九四年に収録されている）。

16

しかしながら、日本軍による細菌兵器の実戦使用に関しては、実態の解明は遅れ、とくに、日本軍の一次資料に基づく研究はまったくといっていいほど存在しなかった。

第三節　「日本軍の細菌戦」（『戦争責任研究』二号・一九九三年一二月）発表の経緯

このような研究状況の中で、私は、偶然に、日本軍側の細菌戦実施に関する一次資料を発見することとなった。偶然というのはつぎのような事情からである。

一九九一年、韓国人元「従軍慰安婦」の金学順さんが日本政府に謝罪と補償を求めて東京地裁に提訴した。そこで私は、「従軍慰安婦」に関する一次資料の調査を一九九一年一二月から開始し、翌年一月にその成果の一部を公表した（『朝日新聞』一九九二年一月一一日）。

これがきっかけとなって、日本政府は「従軍慰安婦」制度の創設・運用への関与を認めることとなるのだが、私は、その後も第二次世界大戦（アジア太平洋戦争）期における日本軍の資料調査とともに、この調査を継続していた。

一九九三年になって、防衛庁防衛研究所図書館では、前記の井本熊男大佐・金原節三軍医大佐・大塚文郎軍医大佐・真田穣一郎少将の業務日誌が公開されていることを私は知り、これら日誌を閲覧したのである。

17

その結果、これらの日誌の一部に「従軍慰安婦」制度に関する極めて重要な記述があることを発見するが、それ以上に、細菌兵器開発のための人体実験や、実戦における使用計画、および使用の事実そのものに関する記述が極めて多いことに気がついたのである。

そこで、立教大学大学院学生（当時）の伊香俊哉氏と共同で、日誌の解読を進め、一九九三年一二月に「日本軍の細菌戦」という論文にまとめたのである。ついで両名は、『七三一部隊と天皇・陸軍中央』（岩波ブックレット・一九九五年）という本を刊行するにいたった。

第二章　「井本熊男日誌」の内容と真実性

第一節　井本熊男元大佐と七三一部隊等との関係

井本熊男元大佐は、一九〇三（明治三六）年山口県に生まれ、一九二五（大正一四）年に陸軍士官学校を卒業し（第三七期）、一九三四（昭和九）に大尉となり、同年陸軍大学校を卒業している。

その後、一九三六年参謀本部部員、三七年大本営参謀、三八年少佐任官、三九年支那派遣軍参謀、一九四〇年参謀本部作戦課員、四一年中佐任官、四二年第八方面軍参謀、四三年大本営参謀、

18

同年陸軍大臣秘書官、四四年大佐任官、軍務局付、支那派遣軍参謀と累進していることが示すように、井本元大佐は、陸軍のエリート将校であった。一九四五年八月には、第二総軍参謀として広島にいたため、原爆に被爆している。

また、戦後、『作戦日誌で綴る支那事変』（芙蓉書房・一九七八年）、『作戦日誌で綴る大東亜戦争』（同・一九七九年）という著作を刊行していることが示すように、「真実をできる限り明かにしておくことが最良の方法であって、後世のためにも有益であると信じている」（『作戦日誌で綴る支那事変』五二七頁）というのが、井本元大佐の信念であった。自ら作成した業務日誌を防衛庁防衛研究所に寄贈し、それが公開されたのも、この精神に基づくものであったと考えられる。

しかし、細菌戦の実施に関する事実は、これらの著作には含まれていない。細菌兵器の開発と使用は「できる限り明かにしておく」べき事実に含まれないと判断されていたとしたら大変残念なことである。

井本元大佐と細菌兵器の実戦使用との関わりは、一九三九—一九四〇年における支那派遣軍参謀時代から始まる。

すなわち、一九四〇年六月五日、参謀本部作戦課の荒尾興功中佐、関東軍参謀副長の秦彦三郎少将、中支那防疫給水部隊の増田知貞軍医中佐と細菌戦実施の協議を行っているが（「井本日誌」同日）、以後、支那派遣軍参謀部第一課の作戦担当参謀として細菌戦実施をも担任していく。

19

一九四〇年一〇月には、参謀本部作戦課に転任するが、ここでも細菌戦実施関係は井本少佐の担任事項の一つとなった。そして、細菌兵器の実戦使用に際しては、参謀総長の指示（命令）である「大陸指」（大本営陸軍部指示）の発令が必要不可欠であったが、この「大陸指」の原案の起案も井本少佐の任務であったと推測される。

井本元大佐が、細菌戦に関する単なる連絡役を務めただけではなく、それを積極的に推進していたことは、「井本日誌」に細菌戦実施に関する記述が数多くあることからいえる。

たとえば、一九四〇年の細菌戦実施にあたって井本少佐（当時）は、支那派遣軍参謀として、実施部隊である奈良部隊と、つぎのような攻撃目標の確認などの連絡を行っている（以下、引用に際して、適宜句読点を追加している。〔　〕は引用者による註である、判読不能の部分は□で示す）。

> 二、奈良部隊トノ連絡。
> 1、開始遅延ノ理由。
> 2、弾薬は航(ママ)中ノ外陸上輸送モ併セ行フコト、ナレリ。
> 3、福島雇員戦死情況。
> 4、生産量ハ40K（C）、□（T）ハ其以上。
> 5、目標、寧波ハ可ナリ（附近部落　一K平方二15）。
> 金華、玉山ハ一キロ×二K（附近部落　一K平方二07 08）。
> 山本参謀ヨリ
> 希釈セラレタル弾薬ヲ広ク行フモノト、濃度大ナルモノヲ回数少ク落下スル場合トアリ。後者ノ為ニ目標ヲ温州ニ選定ス（台州、温州、麗水）。
> （「井本日誌」一九四〇年九月一八日）

20

そして、この事実は、他の資料からも裏づけられる。たとえば、一九四二年の細菌戦実施（井本元大佐の参謀本部作戦課員時代）について、つぎのような記録がある。

一九四二年の浙贛作戦では、支那派遣軍司令部は細菌戦実施に反対したが、参謀本部の強硬な方針で「大陸指」が発令され、実施が決定された。これに対して実施担当部隊として強い不満の念を抱いた第一三軍司令官の澤田茂中将は「石井部隊の使用、総軍〔支那派遣軍〕よりも反対意見を開陳せしも、大本営の容ルゝ処とならす、大陸命〔正確には大陸指〕を拝したりと。命令なら八致し方なきも……若き作戦課の人達を抑へる為に総長〔参謀総長〕の力なからさるへからす。遺憾なり」と記し（澤田「陣中記録」一九四二年六月二五日）、「若き作戦課の人達」の強引なやり方を非難している。

これに対し、井本中佐（当時）は、支那派遣軍総司令官・総参謀長・第一三軍司令官の意見を伝え聞いて、細菌戦実施に関して派遣軍は「信頼ヲ持タズ、厄介視シアル現況也。将来ヲ相当ニ

21

考慮セサル可ラズ」と憂慮している（「井本日誌」一九四二年七月二五日）。

このように、井本元大佐は、当時細菌戦を推進していた作戦課の若い幕僚の中の中心的な一人であり、権限のない連絡役などではなかったのである。それだけに、井本元大佐の下には、細菌戦に関する極めて重要な機密情報が数多く集まっており、その日誌の信頼性は極めて高いのである。

第二節　「井本熊男日誌」の性格

「井本日誌」は、一九三七（昭和一二）年九月二七日から一九四三（昭和一八）年二月一二日までの二三冊が現存している。その性格は、本日誌各巻に付されている、つぎのような「経歴表」によって知ることができる。

> 本史料は元大本営参謀井本熊男大佐（陸士37期）の当時（昭和13年9月～14年9月参謀本部第2課(作戦)、昭和14年10月～昭和15年10月支那派遣軍参謀、昭和15年10月～17年12月参謀本部第2課(作戦)、昭和17年12月～18年2月第8方面軍参謀）の業務日誌である。昭和三四年九月本人より戦史室に寄贈されたものである。（島貫武治）

「島貫武治」氏とは、参謀本部鉄道課長・第一方面軍参謀などを務め、戦後は防衛庁戦史室長となった人物である。そのような人が「井本日誌」の経歴を誤って記すはずがない。島貫戦史室

22

長がいうように、これは、井本大佐の私的な日記ではなく、公的な業務日誌である。そのことを示す追加的な証拠をあげるとつぎのようになる。

まず、この日誌には、私的な日記には必ず登場する家族や家庭生活に関する記述、公務を離れた時の私的な行動・趣味・遊び等に関する記述が一切ない。公務に関する記述で終始しているのである。

つぎに、参謀本部第二課勤務となった一九三八年八月一九日からの日誌第三巻（一九三九年三月一六日まで）の表紙（井本少佐がつけたオリジナルな表紙）には、「業務日誌　巻一」と書かれている。これは本人が記したものである。

また、二度目の参謀本部勤務時代の日誌、たとえば日誌第一八巻には、表紙に「軍事極秘　昭和十七年四月十二日以降七月十八日マデ　業務日誌　大本営　第　巻　井本中佐」と記され、第二三巻には「業務日誌　別冊　第一号　ガ島（ケ号作戦）」と記されている（以上、文末別紙参照）。

この事実は、少なくとも参謀本部勤務時代の日誌については、井本氏本人が「業務日誌」であると認識しており、第八方面軍参謀時代のものも同様に認識していたことを示している。

井本氏は、これらの日誌をもとに、参謀本部にあっては、作戦課機密日誌を書こうとしていたものと推測される。

以上から、「井本日誌」は、細菌戦に関する信頼性の極めて高い第一次資料・公文書（公的記

23

録）であるということができる。

第三節　「井本熊男日誌」に現れる細菌戦に関する秘匿略号について

細菌戦遂行の企図が外部に漏れることを防ぐために、日本軍は多くの秘匿略号を用いていた。これらのうち一部は、公式の命令書でも用いられていた。

たとえば、「特種瓦斯ノ試験」という用語は、細菌兵器の実戦使用を意味していたが、最も重要な公文書のひとつである「大陸指第七百八十一号」で用いられている。それはつぎの通りであった。なお、「大陸指」とは、天皇の命令である「大陸命」に基づいて、参謀総長が発する「指示」（命令）である。

大陸指第七百八十一号

指示

大陸命第四百三十九号ニ基キ左ノ如ク指示ス

一　支那派遣軍総司令官ハ大陸指第六百九十号ニ拠リ目下実施中ノ特種瓦斯ノ試験ヲ十一月末日ヲ以テ終了スヘシ

二　試験終了後所要ノ人員器材ヲ成ルヘク速ニ原所属ニ復帰スルモノトス

三　機密ノ保持ニ関シテハ特ニ厳密ナル注意ヲ要ス

昭和十五年十一月二十五日

参謀総長　杉山元

支那派遣軍総司令官　西尾寿造殿

関東軍司令官　梅津美治郎殿

（森松俊夫編『「大本営陸軍部」大陸命・大陸指総集成』五巻・エムティ出版・一九九四年・一〇八頁）

「井本日誌」に現れる秘匿略号を列記すれば、つぎのようになる。

①「ホ」「㋭」「ホ号」「㋭号」「保」「保号」。

これらは、いずれも細菌兵器の使用作戦を意味する。

②「アワ」「粟」。

これらは、ペスト感染蚤（または蚤）を意味する。

③細菌の略号。

Px：ペスト菌液。

P：ペスト。

C：コレラ。

T：チフス（腸チフス）。

PA：パラチフスまたはパラチフスA。

第四節　一九四〇年九月—一〇月、寧波・衢県における細菌兵器使用について

一九四〇年九月から寧波・衢県・金華・玉山などに対して行った細菌兵器攻撃に関して、井本少佐は、①七月二五日、杭州の旧中央航空学校を出撃基地と決定し、②八月一六日、作戦実施部隊である奈良部隊に対して命令の伝達を行い、③九月一八日、攻撃目標を寧波・金華・玉山・温州とすることを奈良部隊との間で確認し、④一〇月七日には、奈良部隊から攻撃実施状況を聴取するとともに、今後の攻撃方法について、融通性を持たせるために「攻撃方法ヲ重複コトヲ得」とする決定を承認している（「井本日誌」一九四〇年七月二五日・八月一六日・九月一八日・一〇月七日）。

このように、井本少佐は、支那派遣軍の作戦担当参謀として、「ホ号作戦」すなわち細菌兵器の使用作戦を指導していたのである。このうち、一〇月七日の日誌にはつぎのように記されている。

一、奈良部隊ノ状況聴取

（山本〔吉郎〕参謀、福森〔憲雄〕少佐、太田〔大田澄〕中佐、金子〔順一〕大尉、増田〔美保〕大尉）

1、輸送　今迄二六回（内船二回）、空輸ハ各其日ニ到着。船ハ約六日ヲ要ス。将来航空機ヲ可トス。

2、今迄ノ攻撃回数六回。（別表ニ依リ説明）　蚤ハ一g、約一七〇〇口。

3、効果ノ判定ヲ期待ス。密偵。

4、気象諸原ハ杭州ニ於テ測定シテ之ヲ現地ニ移スコト、シ落下傘ヲ使用セザル如クス（寧波ニ対シテノミ）。

5、温州ハ雨下ノ目標トナルモ台州等ハ不適当、但シ温州ヲ攻撃スル場合ハ気象諸原決定ハ傘ヲ使用セザレバ困難ナリ。

6、（山本参謀ヨリ）

目標及攻撃法ニ融通性アル如クセラレ度。

（決定）

攻撃法ヲ重複スルコトヲ得。

（「井本日誌」一九四〇年一〇月七日）

この記述から、奈良部隊はすでに六回の細菌兵器攻撃を行っており、その詳細が別表により説明されたことが分かる（この別表は保存されていない）。

また、輸送回数と攻撃回数が一致していることから、菌液が到着すると直ちに攻撃が実施され

たものと判断される。

攻撃方法は「雨下」（航空機につけた撒布器から放射する方法）が用いられ、ペスト蚤も使用されていることがわかる。

また、今後の攻撃方法として、杭州に近い都市の攻撃には、落下傘を用いないで、杭州の気象諸原を基礎とした攻撃を行い、やや遠方で海岸沿いの温州のついては気象諸原が不明なので、落下傘を用いて測定することが報告されている。

そして、特に重要な点は、寧波に対してペスト蚤による攻撃を予定していることである。寧波に対するペスト蚤攻撃が実際に実行されたことは、つぎの事実から確認できる。

すなわち、一〇月八日、井本少佐は、増田知貞中佐から「Cハ出ナイト思フ、Pハ或ハ成功スルヤモ知レズ」という見通しを聞いている（「井本日誌」同日）。また、翌一九四一年四月、「寧波ノP研究ノ為」に関東軍から中支那防疫給水部に五名増加配備することが決定されている（「井本日誌」四月一五日）。これは、前年のペスト攻撃の被害状況を調査するためであった。

その後、参謀本部作戦課に転任した井本少佐は、支那派遣軍参謀吉橋戒三少佐から、一一月二一日に行われた吉橋参謀と石井四郎七三一部隊長らの会合で、一一月末日をもって細菌戦攻撃作戦を打ちきること、およびそれまでに金華を攻撃することが新たに決定されたと報告を受けている（「井本日誌」一一月三〇日）。

この間の出来事について、ハバロフスク裁判における七三一部隊等関係者の陳述をまとめると

つぎのようになる。

①七三一部隊第四部（製造部）の柄沢十三夫班長は、一九四〇年後半、腸チフス菌七〇キログラム、コレラ菌五〇キログラムを製造するよう命じられ、それを製造した、また、派遣隊がペスト蚤五キログラムを携行したことを知った、と述べている（前掲『細菌戦用兵器ノ準備及ビ使用ノ廉デ起訴サレタ元日本軍軍人ノ事件ニ関スル公判書類』三二四頁）。

②一九四四年七月から七三一部隊の教育部長であった西俊英は、ペスト蚤を入れた特種容器を飛行機に付け、石井七三一部隊長・碇少佐らが搭乗し、寧波附近で撒布器から煙状に撒布する様子を記録した映画を見たことがある、と述べている。その部分を引用すると、つぎの通りである。

私ハ一九四〇年ノ中国中部ヘノ第七三一部隊派遣隊ノ活動ニ関スル記録映画ヲ見マシタ。

先ズ映画ニハ、ペストデ感染サレタ蚤ノ特殊容器ガ飛行機ノ胴体ニ装着サレテイル場面ガアリマシタ。ツイデ飛行機ノ翼ニ撒布器ガ取附ケラレテイル場面ガ映サレ、更ニ特別容器ニハペスト蚤ガ入レテアルトイウ説明ガアッテ、ソレカラ四人或ハ五人ガ飛行機ニ乗リマスガ、誰ガ乗ルノカ判リマセン。

ソレカラ飛行機ガ上昇シ、飛行機ハ敵方ニ向ッテ飛翔シテイルトイウ説明ガアリ、次イデ飛行機ハ敵ノ上空ニ現ワレマス。次イデ飛行機、中国軍部隊ノ移動、中国ノ農村ナ

ドヲ示ス場面ガ現ワレ、飛行機ノ翼カラ出ル煙ガ見エマス。

次ニ出テクル説明カラ此ノ煙ガ敵ニ対シテ撒布サレルペスト蚤デアルコトガ判ッテ来マス。飛行機ハ飛行場ニ帰ッテ来マス。スクリーンニ『作戦終了』トイウ字ガ現ワレマス。ツイデ、飛行機ハ着陸シ、人々ガ飛行機ニ駆ケ寄リマスガ、コレハ消毒者デ、飛行機ヲ消毒スル様子ガ上映サレ、ソノ後、人間ガ現ワレマス。

先ズ飛行機カラ石井中将ガ姿ヲ現ワシ、ツイデ碇少佐、ソノ他ノ者ハ私ノ知ラナイ人デス。コノ後『結果』トイウ文字ガ現ワレ、中国ノ新聞及ビソノ日本語飜訳文ガ上映サレマス。説明ノ中デ、寧波附近デ突然ペストガ猛烈ナ勢イデ流行シ始メタト述ベラレテイマス。

最後ニ、終リノ場面デ中国ノ衛生兵ガ白イ作業衣ヲ着テペスト流行地区デ消毒ヲ行ッテイル様子ガ上映サレテイマス。（同三五一―三五二頁）。

この映画が一九四〇年の寧波附近におけるペスト蚤攻撃の効果を陸軍部内で秘密裏に宣伝するために、七三一部隊が作成したデモンストレーション映画であることは、明かであろう。

また、中国側の記録をまとめれば、つぎのようになる（李力「浙江・江西細菌作戦」松村高夫ほか編『戦争と疫病』本の友社・一九九七年、一五四―一五五頁、一五八頁）。

①一〇月四日、日本軍の飛行機が衢県城内に穀物と蚤を撒布した。その後、ペスト患者が発生した。

②一〇月五日、爆撃機一機が、諸暨県城郊外に白色の糸状の物体を撒布した。

③一〇月下旬、寧波城内に日本軍機が麦と綿を大量に撒布した。その後、ペスト患者が発生した。これは「敵機の細菌散布のためだ」という報道もあったが（『時事公報』一一月四日）、当局は注意をむけなかった。

④一一月二七日に続いて二八日にも、金華が攻撃され、撒布された顆粒状の物体を顕微鏡で検査したところ、ペスト桿菌が検出された。こうして、ようやく防疫措置がとられるようになった。

以上の記録、とくに「井本日誌」から、寧波に対して、ペスト蚤が撒布されたことは確実であるということができる。衢州については、「井本日誌」に「目標ヲ9／10捜索ス、寧波ト衢県ハ目標トシテ適当ナルガ如シ」（九月一〇日）とあるので、ペスト菌も撒布された可能性があるというべきであろう。

なお、フェル・レポート総論部分には、「中国の市民と兵士に対して一二回の野外試験を行った。その結果の要約、および関連した村と町の地図が提出された」（松村高夫訳・前掲『論争七三一部隊』二八五頁）と記されているので、七三一部隊等関係者がアメリカ軍に提出したこの要約と地図が機密解除されて公開されれば、事実関係はより明白になるであろう。

第五節　一九四一年、常徳における細菌兵器使用について

中国側の記録によれば、常徳に対する日本軍機の細菌攻撃は、つぎのようであった。

三〇年（民国三〇年、すなわち一九四一年）一一月四日午前五時ごろ、敵機一機が濃霧のたちこめたなかを、常徳市街地東部上空を三回低空飛行し、穀物、のべ綿および正体不明の顆粒状の物を投下し、多くが城内関廟街の鶏鵝巷一帯に落下した。……現地の衛生医務員は驚き、即座に敵が二九年冬、浙江鄞（寧波）、衢両県において飛行機で同様の異物を投下し、ペストの発生を招いたことを思い起した。そして急遽その穀物などの一部を収集し、現地の広徳病院に検査に送ったところ、それぞれに雑菌が非常に多く、少量のペスト菌と疑わしきものはあるが、残念ながら検査設備が粗末なため病原菌があるかどうか確実に証明できない、ということだった。……関廟街の住民、蔡桃児が急病にかかり、広徳病院で診察を受けたその日（一二日）に死亡した。臨床診断、血液検査および死体解剖の結果、真性のペスト症例と考えられ、即刻各関係機関に報告がなされた。（容啓栄「湖南西部ペスト予防・治療経過報告」中央档案館ほか編『証言細菌作戦』同文館・一九九二年、一四三頁）

ペストによる死亡者が出たことが確認されると、中国政府は、防疫体制をととのえるに至るのだが、一九四〇年秋の浙江省での被害が教訓となって、比較的早期に対処策がとられたことが、常徳の大きな特徴である。

また、常徳に対する攻撃は、「井本日誌」に極めて明細に記録されていることから、その実態

が明確に把握できるようになった。井本中佐は、支那派遣軍の長尾正夫参謀から、一一月二五日につぎのような報告を受けているのである。

> 一、長尾参謀ヨリ⑤号ノ件
> 4／11（一一月四日）朝目的方向ノ天候良好ノ報ニ接シ97軽一キ出発（以下四字分抹消）。〇五三〇出発、〇六五〇到着。霧深シ。H（高度）ヲ落シテ捜索、H800附近ニ層雲アリシ為1000m以下ニテ実施ス（増田少佐操縦、片方ノ開函不充分、洞庭湖上ニ函ヲ落ス。アワ36kg、其後島村参謀捜索シアリ。
> 6／11常徳附近ニ中毒流行（日本軍ハ飛行機一機ニテ常徳附近ニ撒布セリ。之ニ触レタルモノハ猛烈ナル中毒ヲ起ス）。
> 20／11頃猛烈ナル「ペスト」流行、各戦区ヨリ衛生材料ヲ集収シアリ。
> 判決
> 「命中スレバ発病ハ確実」
> （「井本日誌」一一月二五日）

このように、中国側の記録と、攻撃の時間・天候・高度などがぴたりと一致する。

なお、中国側の記録には、攻撃の時間は午前五時頃とあり、「井本日誌」には午前六時五〇分到着とあり、二時間のズレがあるが、これは、前者が中国の「隴蜀標準時区」（首都重慶を含む甘粛・四川標準時間）、後者が日本時間だからである。両者の時間差は二時間である。

「井本日誌」のこの記述は、疑う余地のないペスト蚤攻撃の記録である。

すなわち、増田美保少佐が操縦する日本陸軍の九七式軽爆撃機が、朝五時三〇分に飛行場を飛び立ち、六時五〇分に常徳市街に到着したが、霧が深く、高度八〇〇メートル附近に層雲があったためそれ以下に降下し、函を開いて、アワ（ペスト蚤）を投下・撒布した、というのである。

搭載していたペスト蚤は三六kgだったが、片方の函が十分に開かなかったので、その函は洞庭湖に落している。なお、常徳に対する攻撃では、撒布器による雨下という方法ではなく、開函してペスト蚤を投下するという方法がとられていることが注目される。

一一月六日と二〇日に関する記述は、中国側の動きを伝えたものである。日本軍はペストの効果をやや過大視しているようだが、「命中スレバ発病ハ確実」と判断しているように、ペスト蚤を用いる攻撃に自信を深めていることがよく分かる。

その後、井本中佐に対し、一二月二日には、支那派遣軍高級参謀宮野正年大佐が「常徳ヲ中心トスル湖南ニテハ「ペスト」猖ケツヲ極メアリ」と語り（「井本日誌」一二月二日）、一二日には、

増田美保少佐が「1、部隊ノ士気上ル。アワニ対スル自信。2、主要兵キ　アワ第一。使用機キ九九式LB　百型偵察キ。航空雨下ノ場合ハ航空炸裂弾。3、実施時キ来年三回。六月以降（八月）、（十月）」（このうち「三回」の文字は線が引かれ、消されている。傍線などは原文のまま。）と報告している（同一二日）ことが示すように、常徳に対するペスト蚤を使った攻撃は高く評価され、翌年の新たな攻撃計画を促すものともなっていった。

第六節　一九四二年、浙贛作戦における細菌兵器使用について

一九四二年五月、国民政府軍の飛行場を破壊する目的で、日本軍は浙贛作戦を開始した。この作戦では、五月三〇日に、細菌戦実施を指示または許可する「大陸指」と「注意」が、参謀本部第一部長田中新一少将から石井四郎少将・村上隆中佐・増田知貞中佐・小野寺義男中佐・増田美保少佐に伝達された（「井本日誌」五月三〇日）。

細菌戦は、七月には、飛行機からの撒布が贛州・建甌などで実施された（同七月二六日）。地上での撒布は、日本軍に被害がでないようにするため、侵攻した日本の第一五師団と第二二師団が反転し撤退した八月一九日以後に実施された。

井本大佐が、支那派遣軍参謀の長尾大佐から受けた「ホ実施ノ現況」という報告では、地上で

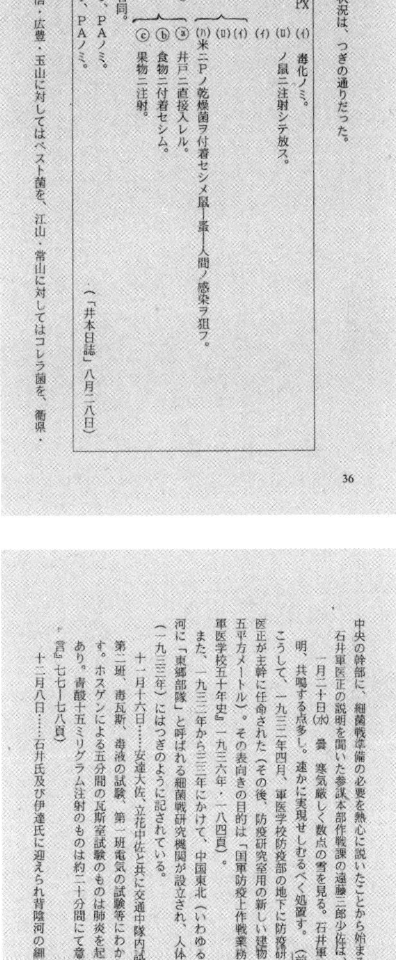

の細菌撒布の状況は、つぎの通りだった。

広信　Px　(イ)毒化ノミ。
　　　　　(ロ)ノ鼠ニ注射シテ放ス。
広豊　(イ)
玉山　(イ)(ロ)(ハ)米ニPノ乾燥菌ヲ付着セシメ鼠—蚤—人間ノ感染ヲ狙フ。
江山　C　ⓐ井戸ニ直接入レル。
　　　　　ⓑ食物ニ付着セシム。
　　　　　ⓒ果物ニ注射。
常山　右同。
衢県　T、PAノミ。
麗水　T、PAノミ。

（「井本日誌」八月二八日）

これは、広信・広豊・玉山に対してはペスト菌を、江山・常山に対してはコレラ菌を、衢県・

36

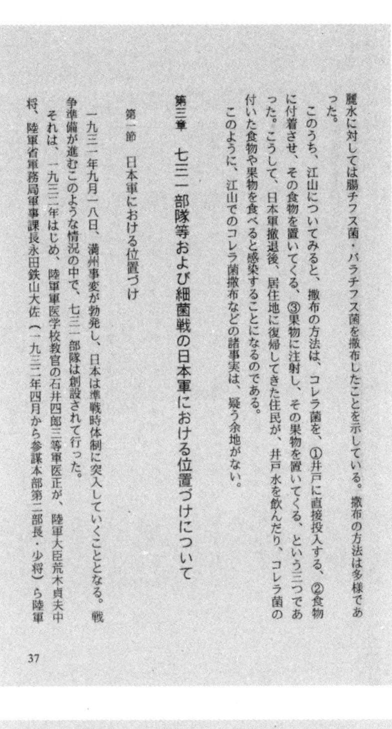

麗水に対しては腸チフス菌・パラチフス菌を撒布したことを示している。撒布の方法は多様であった。

このうち、江山についてみると、撒布の方法は、コレラ菌を、①井戸に直接投入する、②食物に付着させ、その食物を置いてくる、③果物に注射し、その果物を置いてくる、という三つであった。こうして、日本軍撤退後、居住地に復帰してきた住民が、井戸水を飲んだり、コレラ菌の付いた食物や果物を食べると感染することになるのである。

このように、江山でのコレラ菌撒布などの諸事実は、疑う余地がない。

第三章　七三一部隊等および細菌戦の日本軍における位置づけについて

第一節　日本軍における位置づけ

一九三一年九月一八日、満州事変が勃発し、日本は準戦時体制に突入していくこととなる。戦争準備が進むこのような情況の中で、七三一部隊は創設されて行った。

それは、一九三二年はじめ、陸軍軍医学校教官の石井四郎三等軍医正が、陸軍大臣荒木貞夫中将、陸軍省軍務局軍事課長永田鉄山大佐（一九三二年四月から参謀本部第二部長・少将）ら陸軍

37

中央の幹部に、細菌戦準備の必要を熱心に説いたことから始まる。

石井軍医正の説明を聞いた参謀本部作戦課の遠藤三郎少佐は、日記につぎのように記している。

一月二十日(水)　曇　寒気厳しく数点の雪を見る。石井軍医正来りて細菌戦準備の必要を説明、共鳴する点多し。速かに実現せしむるべく処置す。（前掲宮武『将軍の遺言』七六頁）

こうして、一九三二年四月、軍医学校防疫部の地下に防疫研究室が開設され、梶塚隆二二等軍医正が主幹に任命された（その後、防疫研究室用の新しい建物は三三年一〇月竣工。延べ一七九五平方メートル）。その表向きの目的は「国軍防疫上作戦業務ニ関スル研究」であった（『陸軍軍医学校五十年史』一九三六年・一八四頁）。

また、一九三二年から三三年にかけて、中国東北（いわゆる「満州」）の黒龍江省五常県背陰河に「東郷部隊」と呼ばれる細菌戦研究機関が設立され、人体実験も開始された。『遠藤日誌』（一九三三年）にはつぎのように記されている。

十一月十六日……安達大佐、立花中佐と共に交通中隊内試験場に行き試験の実情を視察す。第二班、毒瓦斯、毒液の試験、第一班電気の試験等にわかれ各□□匪賊二〔人〕につき実験す。ホスゲンによる五分間の瓦斯室試験のものは肺炎を起し重体なるも昨日よりなお生存しあり。青酸十五ミリグラム注射のものは約二十分間にて意識を失いたり。（前掲『将軍の遺言』七七—七八頁）

十二月八日……石井氏及び伊達氏に迎えられ背陰河の細菌試験所を視察す。六百メートル

38

平方の大兵営にして一見、要塞を見るが如く一同の努力の跡歴然たり。二十数万円の経費またやむを得ざりしか。（同七九頁）

このように、背陰河の施設は二十数万円をかけて建設されたものだが、この施設から実験用に連行した人間（マルタと呼ばれていた）が脱走するという事件が起ったので、一九三六年には、ハルビン近郊の平房に関東軍防疫部（七三一部隊）が設置される。

これについては、関東軍司令部作成の「在満兵備充実ニ関スル意見」（一九三六年四月二三日、『陸満密大日記』一九三六年第九冊、防衛庁防衛研究所所蔵）という意見書で確認することができる。この意見書の「其ノ三　在満部隊ノ新設及増強改変」の第二三項目は、つぎのように記されている。

第二十三、関東軍防疫部ノ新設増強

予定計画ノ如ク昭和十一年度ニ於テ急性伝染病ノ防疫対策実施及流行スル不明疾患其他特種ノ調査研究並ニ細菌戦準備ノ為関東軍防疫部ヲ新設ス

又在満部隊ノ増加等ニ伴ヒ昭和十三年度以降其一部ヲ拡充ス

関東軍防疫部ノ駐屯地ハ哈爾賓トス

この「関東軍防疫部ノ新設増強」は、同年正式に承認され、七月二九日には「満州事件費」から一一〇万円の支出も認められた。この関東軍防疫部が七三一部隊である。

この関東軍の意見書は、一九三六年当時の七三一部隊の位置をよく示している。すなわち、関

39

東軍が「新設及増強改変」を求めた部隊は、一番目から順にみると、関東軍司令部の増強改編、飛行集団の増強改編、在満師団の増設、独立混成一箇旅団の新設、独立守備隊の改編、騎兵集団（旅団）の増強、砲兵部隊の増設改編、高射砲部隊の増強新設、国境築城守備部隊の増強、独立混成第一旅団の増強改編、中戦車聯隊・混成戦車聯隊の新設、独立混成第一一旅団の増強、自動車部隊の増強改編、工兵部隊の増設、通信部隊の増強改編、鉄道部隊の増強改編、関東軍鉄道線区司令部の増強改編、関東軍憲兵隊の拡充、関東軍衛戍病院の拡充、関東軍測量隊の増強、関東軍教育隊の新設改編、関東軍兵事事務取扱機関の増設と続き、このつぎに、関東軍防疫部の新設増強が入る。

ついで、関東軍軍獣防疫廠の新設増強、関東軍補充馬廠の新設増強、関東軍野戦兵器廠の拡充、関東軍野戦航空廠の拡充、関東陸軍倉庫の拡充、関東軍自動車廠の新設増強、関東軍技術実験部（化学戦部隊）の新設が続く。

みられるように、この意見書は、関東軍の多面的な軍備拡充要求であったが、航空・戦車・砲兵・高射砲・自動車の各部隊とならんで、細菌戦・毒ガス戦部隊の増強による、軍の近代化を達成しようとする関東軍の強い意思が感じられるのである。その目的は、開戦初頭でのソ連極東軍の撃滅であった。その目的達成の為に、七三一部隊の新設増強は必要不可欠なものと位置づけられているのである。

一九三七年に日中全面戦争がはじまり、日本軍の占領地が拡大していくとともに、細菌戦部隊

も拡充されていった。

一九三七年中に、北京に北支那防疫給水部が設立され、一九三九年には、中支那防疫給水部（南京）と南支那防疫給水部（広東）が設立される。七三一部隊を含む、これら四機関と日本内地の防疫研究室を合わせると、その人員は、一九四〇年当時、四八九八名に達し、これに一八の師団防疫給水部その他を合わせると、総人員は一〇〇四五名に達した（常石敬一『医学者たちの組織犯罪』一九〇—一九一頁）。

さらに、一九四一年の対英米開戦以後、一九四二年に南方軍防疫給水部（シンガポール）が設立され、その支部がアジア・太平洋の広大な地域に設置されていった。

このような組織拡充の中で、七三一部隊等は、とくに一九四〇年・一九四一年・一九四二年と実戦使用の実験を重ね、その威力を実証し、より有効なノウハウを開発しようとしたのである。

一九四一年七月に発動された対ソ戦準備のための関東軍特種演習（関特演）前後には、大規模な細菌戦発動の対象はソ連と考えられていたが、一九四一年の対米英開戦以降は、米英を想定する比重が徐々に増して行った。

たとえば、参謀本部内で検討された「昭和十七年⑧号指導計画」はつぎのような内容であった。

> ㋑昆明〔以下数字分抹消〕
> ㋺麗水、玉山、衢県、桂林、南寧。（沿岸飛行基地）

> ㋩SAMOA（撤退スル場合）
> ㋥DH.　AD AK.
> ㋭濠州要点↓〔以下数字分抹消〕
> ㋬「カルカッタ」
>
> （「井本日誌」一九四二年四月二二日）

この記述にみられるように、中国だけではなく、太平洋上のサモア諸島、アリューシャン列島とアラスカ（「DH.　AD」はアリューシャン列島のダッチハーバーとアダック、「AK.」はアラスカと考えられる）、オーストラリア、インドが攻撃目標として想定されるようになっているのである。もちろん、この段階では、仮に実行されたとしても、謀略的・後方撹乱的な意味しかなかったであろう。

しかしながら、日本の敗色が濃厚となる一九四四年から一九四五年にかけては、細菌戦攻撃の重点が対ソから対米に変わって行く中で、細菌兵器も謀略的位置づけから、できれば決戦兵器として使用したいという位置づけへと上昇していった。

たとえば、大塚文郎陸軍省医務局医事課長の業務日誌によれば、一九四四年四月二六日の陸軍省局長会報に石井四郎少将が呼ばれて、細菌兵器攻撃の実施が検討されているが、その中で、服部卓四郎参謀本部作戦課長は「シドニー、メルボルン、ハワイ、ミッドウエー、Pxヲ一ケ月生カ

ス様ニセヨ（潜水艦デ）」とのべている（「大塚備忘録」一九四四年四月二六日）。

これはまだ謀略的な位置づけだが、一九四四年七月、サイパン島玉砕寸前の時期に開かれた臨時局長会報では、神林浩陸軍省医務局長が、ピアク島・サイパン島のアメリカ軍に対する細菌戦を提案している。

その時の議論は「或程度医学的ニハ効果」があるが、「ピアク、サイパンニ使用スルモ、数ケ月以上敵作戦ヲ不可能ナラシムル如キハ望ミ得ズ」というものだった（同上七月五日）。対米作戦上の効果への期待がかなり高まっているのである。

サイパン島陥落により東条内閣が倒壊した後の一九四四年七月二二日には、杉山元陸軍大臣・秦彦三郎参謀次長・神林医務局長らは、「サイパン、大宮（を）取戻ス」という名目でサイパン島・グアム島に対する細菌戦攻撃を決断している（同上七月二二日）。

これは中止されたが、レイテ決戦の敗北により戦局が絶望的になった一一月一四日には、真田穣一郎参謀本部第一部長（作戦部長）は「ホ号使用ニ就キ軍務局長ト話合フコト、今カラニテモ謀略的用法ヲ考ヘテハ如何」と記している（「真田日誌」同日）。

また、二一日には、北野政次七三一部隊長から「50型ウヂ弾」の効果に関して、高度五〇mからの投下による「効果ハ確実ニシテ人員ニ対シ殺傷ノ効果ヲ得ラレタ」との報告と、「一挙ニ相当大規模ニ戦略的ニ使用ガ可」とする献策を聞いている（同上一一月二一日）。

このように、対米戦における日本軍の圧倒的な戦略的劣勢が明白になる中で、反撃のための謀

略兵器あるいは決戦兵器として、細菌兵器への期待が最後まで持続していたのである。

真田作戦部長は、一一月二八日には、関東軍のハ弾（榴霰弾）・ウジ弾（磁器製爆弾）によるペスト菌・炭疽菌を使う実験結果は「適確ナリ」と記し、関東軍と支那派遣軍によるネズミの捕獲とペスト蚤の増産に大きな期待を示している（同上一一月二八日）。

第二節　細菌戦実施の指揮命令系統

陸軍中央における細菌戦の位置づけは、戦局が悪化するにつれて高くなって行ったが、それは、一九四〇年から一九四二年にかけての細菌兵器の実戦使用と、その後における人体実験の集積の結果でもあった。

細菌戦実施の指揮命令系統を考える上で重要なポイントは、七三一部隊等は天皇の裁可をえた軍令によって設立されたということ、および、細菌兵器の実戦使用は七三一部隊等、あるいは派遣軍の独断でできるものではなかったということである。

既に検討してきたように、一九四〇年における寧波などでの「ホ号作戦」は、「大陸指第六百九十号」に基づいて実施され、「大陸指第七百八十一号」によって中止されたことが示すように、参謀総長の指示がなければ実施することができない性格のものであった。

一九四一年における常徳でのペスト菌攻撃も、「井本日誌」（九月一六日）に「㋭ノ大陸指発

44

令」と記されていることが示すように、「大陸指」に基づいて実施された。

また、一九四二年の浙贛作戦における細菌戦でも、五月三〇日に参謀本部に石井少佐・村上中佐・増田中佐・小野寺少佐・増田少佐が召集され、「第一部長ヨリ大陸指及注意伝達」があったと記されている（「井本日誌」五月三〇日。第一部長とは参謀本部第一部長田中新一少将のことである。）。一九四二年の細菌戦も「大陸指」の指示で行われたのである。

以上の事実から、細菌戦の実施は参謀本部の指導・承認・指示のもとに実施されたと確言できるのである。

45

〔別紙〕　井本熊男「業務日誌」一覧

巻	記事のある期間	表紙記載事項（吉見が筆記したものに限る）
第1巻	1937年9月29日～1938年1月19日	
第2巻	1938年10月24日～1938年8月11日	
第3巻	1938年8月19日～1939年3月16日	業務日誌　巻一
第4巻	1939年3月16日～1939年8月13日	
第5巻	1939年10月12日～1939年3月日	
第6巻	1940年3月23日～1940年5月18日	
第7巻	1940年5月19日～1940年8月12日	
第8巻	1940年8月13日～1940年9月17日	
第9巻	1940年9月18日～1940年11月27日	
第10巻	1940年11月28日～1941年1月30日	
第11巻	1941年2月1日～1941年5月7日	
第12巻	1941年5月8日～1941年7月6日	
第13巻	1941年7月7日～1941年9月27日	
第14巻	1941年9月29日～1941年12月22日	
第15巻	1941年12月22日～1942年2月20日	
第16巻	1941年5月19日～1941年5月30日 1941年12月30日～1942年1月9日	

46

巻	記事のある期間	表紙記載事項
第17巻	1942年2月23日～1942年4月10日	
第18巻	1942年4月12日～1942年7月18日	軍事極秘　昭和十七年四月十二日以降七月十八日マデ　業務日誌　大本営　第　巻　井本中佐
第19巻	1942年7月18日～1942年10月5日	業務日誌
第20巻	1942年9月1日～1942年9月28日	「ラバウル」出張中ノ記事
第21巻	1942年10月1日～1942年11月12日	業務日誌
第22巻	1942年11月13日～1942年12月3日	業務日誌　大本営　第　巻　井本中佐
第23巻	1943年1月12日～1943年2月12日	業務日誌　別冊　第一号　ガ島（ケ号作戦）

47

二

731 部队秘密论文《金子顺一论文集》中关于在中国实施细菌战的记录

《秘密资料〈金子顺一论文集〉的发现及其意义》之中文翻译

秘密资料《金子顺一论文集》的发现及其意义

奈须重雄　著

罗建忠　译

编译者按：本文是《金子顺一论文集》的发现者、日本“究明731细菌战部队实态会”会员、日本“NPO法人731部队细菌战资料中心”理事奈须重雄2011年10月15日在东京新港区举行的“细菌战受害者证言听证会”上与媒体会见时的发言稿，它介绍了《金子顺一论文集》的发现、主要内容及其意义和价值等，是近年最新的日军细菌战罪证资料。该文原文影印于本文之后。该文原件现藏日本“NPO法人731部队细菌战资料中心”。译者罗建忠，常德市旅游外侨局日文翻译。

一　发现《金子顺一论文集》的背景

2007年日本最高法院认定了731部队进行人体实验及细菌战在中国各地造成的受害事实，但驳回中国受害者索赔和道歉的要求，诉讼要求虽被驳回，可是731部队细菌战受害者的活动仍一直持续。2009年左右在日本开始再次掀起了一场对有关731部队实施了人体实验和细菌战而追究日本政府责任的市民运动。作为该运动的一部分，围绕有关731部队资料发掘的活动，通过市民、研究人员的努力也正式开始了。

从2010年2月以来，“究明731细菌战部队实态会”（代表：松村高夫，庆应大学名誉教授）与防卫厅进行了交涉，要求防卫厅公开其所藏有的731部队的资料，并取得了一定成果。另外，今年4月，“NPO法人731部队细菌战资料中心”（代表：近藤昭二记者、松井英介医师、小野板弘教授）已成立了。该资料中心一边与中国的731部队细菌战受害者共同开展活动，一边又进行将有关731部队从事人体实验和细菌战事实的多种资料公布于世的活动，同时，着手进行有关731部队的资料发掘的活动。

我是以上两个组织的成员，一边参与这些组织的活动作为自己的研究课题，一边努力从事发现以前在731部队里的医师们的医学论文的事情。在这样的活动中，最近，我发现了保存在国立国会图书馆关西分馆（京都）的一位帝国陆军军医名叫金子顺一的博士论文集。

该论文集里面记述了731部队是怎样开发研究细菌战的实战方法，并且何时实际在中国哪些地方实施了细菌战等内容。记录很详细，是一份重要的资料。

二　关于金子顺一

金子顺一，1913年出生，1936年毕业于东京大学医学系，1937年至1940年4月1日大约3年半时间隶属中国哈尔滨的731部队。之后，被调到东京新宿陆军军医学校防疫研究室。1945年陆军军医学校防疫研究室迁移到新泻，金子在新泻接受战败，最终官职是陆军军医少佐。

从金子顺一的陆军军医学校防疫研究报告看，陆军军医学校防疫研究室时代的金子，好像很受石井四郎的器重。终战（日本战败）后，金子受到美军关于731部队活动的调查，1945年10月7日他在接受美军细菌战情报官桑德斯中校的取证调查中，将有关731部队所实施的细菌战的被隐瞒着的真相都供述出来了。（其供述内容在美国已解密的档案《桑德斯报告》里）

战后金子在武田药品工业株式会社光工厂工作，从事疫苗和动物实验的研究。

三　关于金子论文集的组成

金子顺一1949年为取得医学博士学位，将自己战时在陆军军医学校防疫研究室工作期间，从1940年6月至1944年7月所撰写的8篇细菌战研究论文收集整理成《金子顺一论文集》，作为博士学位论文提交给东京大学，取得了博士学位。这部博士论文这次在国立国会图书馆所藏的若干万部博士论文中找到了。

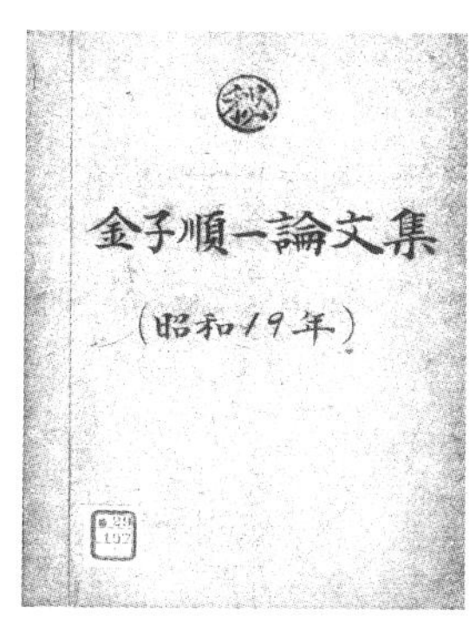

图片来源：［日］NPO法人731部队细菌战资料中心所藏《金子顺一论文集》封面照。

《金子顺一论文集》封面记录为《秘·金子顺一论文集·昭和19年》，它被编纂成以下8篇陆军军医学校防疫研究报告：

①《雨下法撒布的基本考察》

陆军军医学校防疫研究报告·第1部·第41号　于昭和16年8月11日

②《低空雨下法撒布的试验》

陆军军医学校防疫研究报告·第1部·第42号　于昭和15年6月7日

③《PX效果测算法》

陆军军医学校防疫研究报告·第1部·第60号　于昭和18年12月14日

④《通过分离白鼠的“肠炎沙门氏菌的菌型”》

陆军军医学校防疫研究报告·第2部·第791号　于昭和19年1月17日

⑤《X. Cheopis落下状态的拍摄情况》

陆军军医学校防疫研究报告·第1部·第63号　于昭和19年

22 月 4 日

⑥《关于滴粒菌在纸上的斑痕》

陆军军医学校防疫研究报告·第 1 部·第 62 号　于昭和 19 年 2 月 7 日

⑦《X·在高空撒布后落在地上的浓度测算》

陆军军医学校防疫研究报告·第 1 部·第 81 号　于昭和 19 年 6 月 16 日

⑧《通过发射后液体的飞散状况》

陆军军医学校防疫研究报告·第 1 部·第 82 号　于昭和 19 年 7 月 1 日

以上记录的①到⑧的号码在金子论文集的原文中没有，这里是为了方便说明标上的。⑤的月份 22 误写了，应是 2 月，号码的顺序和年月日的顺序也有不吻合，现在还不知道是什么原因。金子顺一 1942 年（昭和 17 年）没有写论文，这个今后可研究一下。

四　关于防疫研究报告的“第 1 部”和“第 2 部”

金子论文集里收集的以上 8 篇论文全部属于陆军军医学校防疫研究报告，即 731 部队的内部文件。731 部队的军医的一般医学论文大都在《军医团杂志》上发表，而金子这种陆军军医学校防疫研究报告是内部秘密资料，属非公开发表。

陆军军医学校防疫研究报告分为“第 1 部”和“第 2 部”。“第 1 部”的防疫研究报告封面上写有“军事秘密”字样，“第 2 部”的防疫研究报告封面上没有写。这个不一样是“第 1 部”和“第 2 部”的防疫研究报告内容不一样的原因。即“第 2 部”的研究报告一看就知道是跟细菌战关系很一般的医学论文。但是，“第 1 部”的防疫研究报告写有将接受实验的人作人体实验后到死的全过程，而且，无论是谁看了都很明白是实施了细菌战的记述。在这之前 731 部队另一名军医平泽正欣写的有关鼠疫的 1 篇细菌战论文在“第 1 部”的防疫研究报告里有发现。这次金子论文集里收集的8篇论文中有7篇是在“第1部”防疫研究报告里新发现的。另外，在美国发现了800篇左右“第2部”的防疫研究报告，已由东京不二出版社翻印出版，但其中没有“第1部”的防疫研究报告。金子论文集“第1部”的这些防疫研究报告，是我们新发现的论文。

五　关于金子论文集的概要

金子论文集的①篇《雨下法撒布的基本考察》的论文是金子顺一单独撰写，页数非常多。这篇①的论文开头如下记述：

> 在各国的文献资料里，关于从空中撒布细菌的细菌战手段有不少记载，但也有很多是下的否定结论。不过，应该靠自己亲自反复实验判断才知道到底是否有效。731部队继创建以来的研究，于昭和13年完成了《雨下法的撒布方法的草案》。

以上面记录来看，我们知道金子是受石井部队长的命令于昭和13年（1938年）秋，负责那个理论（雨下法）研究的。

②的《低空雨下法撒布的试验》的论文是作者与731部队航空班的增田美保药剂大尉以共同的名义完成的。另外，从④到⑧的论文也有共同写下的。

从金子论文集的8篇论文中，我们知道金子研究了什么。金子为了开发使用鼠疫菌的细菌战方法，着手研究了“像下雨”一样从空中撒布细菌的方法“雨下法”。降落下来的细菌兵器是注入了鼠疫菌的液体，还有粟、小麦以及感染了鼠疫的鼠疫跳蚤。

另外，作为细菌战的方法，进行了研究关于制作一种含细菌在空中爆炸的炸弹，可直接进入人类的口中等所谓像下雨一样的炸弹武器。

从金子论文集，我们知道金子对细菌兵器“合理的”使用方法进行了努力的研究并得出了确切答案。作为细菌作战的方法 ，如何尽量使用最少的细菌兵器而达到可以杀死更多的人的效果？如何通过研究气象状况和菌液的液体后使菌苗像颗粒状落下？从多少高度落下到地上才不会使效果受到影响？

金子的这些研究，无疑最终获得了成功，如果看过金子论文集，就能具体了解有关731部队细菌战的研究是怎样进行的了。可以说，金子论文集是一部关于细菌战方法研究的最具体的论文集。

六 本次发现的最重要的论文：《PX（鼠疫跳蚤）效果测算法》

金子论文集的③《PX效果测算法》这篇论文可以看作这次发现中最重要的论文。所谓“PX”，“P”指鼠疫、“X”指跳蚤，“PX”指“感染了鼠疫的跳蚤”。这种感染了鼠疫的跳蚤是向人类传播鼠疫效果最好的媒介。

在这篇《PX效果测算法》的论文里，有以往作战，即进行过的细菌战的统计表，在这份统计表里记录了731部队曾经在中国使用鼠疫跳蚤攻击的6处地方及时间和攻击效果等。以下是该表，可称其为：

以往PX试验效果略算表

攻击（时间）	（攻击）目标	PX kg（鼠疫跳蚤/公斤）	效果（死亡人数）		1.0kg换算值（1公斤鼠疫跳蚤的换算值）		
			一次（感染）	二次（感染）	Rpr（首次感染1公斤跳蚤可造成的死亡人数）	R（1公斤跳蚤可造成的总死亡人数）	Cep（1公斤跳蚤的流行系数）
15.6.4	农安	0.005	8	607	1600	123000	76.9
15.6.4~7	农安 大赉	0.010	12	2424	1200	243600	203.0
15.10.4	衢县	8.0	219	9060	26	1159	44.2
15.10.27	宁波	2.0	104	1450	52	777	14.9
16.11.4	常德	1.6	310	2500	194	1756	9.1
17.8.19~21	广信 广丰 玉山	0.131	42	9210①	321	22550	70.3

编译者注：表中（）及（）内文字，是译者为了说明而加。

---

① 编译者注：奈须重雄后来撰文认为，这里“9210”的人数应为“2910的误输入”（奈须重雄：《日军细菌部队的建立及对华细菌战》，《军事历史研究》2015年第1期，第47页）。因为，这里第二次感染人数=1公斤跳蚤可造成的总死亡人数22550人减去1公斤跳蚤一次感染可造成的死亡人数321人，再乘以0.131公斤跳蚤，其计算结果是2911.9，故奈须重雄认为金子顺一是将“2910”误输入为“9210”。

上表中“攻击时间”即实施细菌战的日期，如“15.6.4”指昭和15年6月4日，昭和15年是1940年。

看该表中的第一项细菌战记录：1940年6月4日，攻击了农安县，使用了鼠疫跳蚤0.005公斤（5克），第一次感染死亡8人，第二次感染死亡607人，按此效果计算，1公斤跳蚤首次感染可造成1600人死亡，加上二次感染可造成123000人死亡，本次攻击1公斤跳蚤的鼠疫流行系数$\left(\frac{R}{Rpr}\right)$是76.9。

战后，在美军调查有关731部队情报的《费尔报告》里有日军731部队在12个地方进行了细菌战的记录，其中至少6个地方通过这篇论文得到了证明。上记的6个地方，即我们知道实施了细菌战的浙江省宁波和衢州、湖南省的常德、江西省的广信、广丰、玉山。

但是，关于第1个地方的“农安”，731部队是否在这里实施细菌战，过去的研究没有找到确凿证据。现在，通过这次发现的金子论文里的“以往PX试验效果略算表”，很清楚731部队在农安进行了细菌战。

说到表中第2个地方“农安 、大赉”，可以解释为从“农安”到“大赉”之间的地方。即从“农安”到“大赉”之间广大范围内进行了细菌战。

这件事从“以往PX试验效果略算表”中也知道，其他地方只进行了1天就结束了，而这里经过了4天的细菌战。我们可以考虑从农安到大赉的几个地方在4天时间里撒布了鼠疫跳蚤。

像这样从“农安”到“大赉”大范围进行了细菌战的事情，这之前的研究完全没有认识到。因此，这是研究731部队活动方面一个重大的发现。

从这张“以往PX试验效果略算表”上看，知道鼠疫细菌战有“一次感染”和“二次感染”。有关宁波的“一次感染”，日军进行了正确的调查。现在，宁波的受害调查知道有113人受害，几乎与上述略算表中的第一次感染数字104人相同。宁波曾被日军占领，我们知道日军有很好的调查鼠疫杀伤效果的基础。

这里重要的是“二次感染”。在“以往PX试验效果略算表”里，宁波“二次感染”人数是1450名，这是过去我们还完全不清楚的情况。表中其他地方“二次感染”的受害死亡人数很高，衢县和广信、广丰、玉山等地分别高达9000人以上。这个受害者的数字跟我们以前掌握的数字相比高出了很多。

通过这张以往作战统计表，使我们明白了以下问题：（1）明白了以前我们没弄明白的一些受害事实；（2）明白了我们不知道的日军曾实施细菌战的地区；（3）明白了有比我们以前掌握的更广大的地区遭受过细菌战的事实。①

七　关于今后731细菌战的研究课题

我在3个月前（2011年7月）发现了金子论文。旧731部队队员的很多论文还保留着，那些论文现在收藏在国会图书馆里。为了找到这些论文，我采取了将已掌握的旧731部队队员的姓名，在国会图书馆里一个一个地检索而找寻的方法，终于发现金子论文集收藏在京都的国会图书馆中的关西馆里。从关西馆里1次只能借阅5本，我一共花了7—8年的时间借阅，现在终于收集到了这次的《金子顺一论文集》。

将731部队队员的论文慢慢陆续发现和公开，有必要长年的多次检索。我想这也是今后我们必须努力的重要课题。

陆军军医学校防疫研究报告的“第1部”还远没有很好地发掘。目前只发现了前面提到的平泽正欣的论文1篇和这次发现的金子顺一的论文7篇。今后，我们还将继续努力以便有更多的“第1部”的防疫研究报告被发现，从而使我们能进一步清楚了解731部队实施的人体实验和细菌战的实情。

我希望与中国的各位细菌战受害者和研究者一起努力开展新一轮的细菌战受害调查。

（附表略，附表可见原文影印件。——编译者注）

---

① 编译者注：从“以往PX试验效果略算表”得知：日军农安鼠疫攻击，一次感染死亡8人，二次感染死亡607人；农安、大赉鼠疫攻击，一次感染死亡12人，二次感染死亡2424人；衢县鼠疫攻击，一次感染死亡219人，二次感染死亡9060人；宁波鼠疫攻击，一次感染死亡104人，二次感染死亡1450人；常德鼠疫攻击，一次感染死亡310人，二次感染死亡2500人；广信、广丰、玉山鼠疫攻击，一次感染死亡42人，二次感染死亡2910人（原表误为9210人）；则共计6次鼠疫细菌战造成19649人死亡。有日本学者研究认为略算表中一次感染死亡人数和二次感染死亡人数应是“推定”数，而非“实测”数（解学诗、［日］松村高夫等著：《战争与恶疫——日军对华细菌战》，人民出版社2014年版，第289页）。

《秘密资料〈金子顺一论文集〉的发现及其意义》之日文原文影印

秘密資料・「金子順一論文集（昭和１９年）」発見の意義について

2011年11月1日
「７３１細菌戦部隊の実態を明らかにする会」会員
ＮＰＯ法人７３１部隊・細菌戦資料センター・理事
奈須重雄

1　最近の731部隊の解決をめざす市民・研究者の運動について

2007年に731部隊の人体事件や細菌戦の裁判が最高裁で確定しましたが、その後数年を経て731部隊・細菌戦の被害者の動きに突き動かされて、2009年頃から再び731部隊が行った人体実験や細菌戦について日本政府の責任を追及する市民運動が活発になり始めました。その運動の一環として、731部隊関連の資料発掘をめざす活動も、市民・研究者によって盛んになり始めました。

2010年2月からは、「７３１細菌戦部隊の実態を明らかにする会」（代表松村高夫慶応大学名誉教授）が防衛省と意見交換会を行っています。防衛省が所蔵している７３１部隊関連資料について公開要請を行い、一定の成果をあげてきました。

また今年４月にはＮＰＯ法人７３１部隊・細菌戦資料センター（代表近藤昭二［ジャーナリスト］・松井英介［医師］・小野坂弘［新潟大学名誉教授］）が発足しました。731NPO法人は、中国の７３１細菌戦被害者との共同行動を軸にしながら、731部隊が犯した人体実験や細菌戦の事実について諸資料の公開普及活動を行っています。同時に731部隊関連の資料を発掘する活動にも力を入れています。他にも医師グループも同様の活動を行っています。

私は、上記の２つの会の会員ですが、これらの会の活動を行いながら、自分の研究テーマとして、これまで731部隊にいた医師たちの医学論文の発見に努めてきました。そうい活動の中で、最近、国立国会図書館の関西館（京都）で保管されていた帝国陸軍軍医だった金子順一という人の博士論文集を発見しました。

この金子論文は、後述する通り、731部隊が細菌作戦の実行方法をどのように開発研究し、また実際に何時、何処で細菌戦を実行していたかを示す重要な資料です。

2　金子順一について

金子順一［敬称略。以下同様］は１９１３年（大正２年）生まれで、東京大学医学部を１９３６年（昭和１１年）に卒業しました。１９３７年（昭和１２年）から１９４０年（昭和１５年）4月1日までの約３年半の間は中国・ハルビンの７３１部隊に所属していました。その後、東京・新宿にあったの陸軍軍医学校防疫研究室に移動しました。１９４５年（昭和２０年）に陸軍軍医学校防疫研究室は新潟に疎開しますが、金子も新潟で敗戦を迎えています。最終階級は陸軍軍医少佐でした。

後述する陸軍軍医学校防疫研究報告から見ると、陸軍軍医学校防疫研究室時代の金子は、石井四郎から重用されていたように思われます。

敗戦直後、金子は米軍から731部隊の活動について取調べを受けていますが、1945年10月7日のサンダース中佐から取り調べに対しては、731部隊が行った細菌戦については真実を隠した供述を行っています（その供述内容はサンダースレポートにあります）。

戦後の金子は、武田薬品工業株式会社光工場に勤務して、ワクチンや実験動物の研究をしていました。

3　金子論文集を構成する論文について

金子順一は、１９４４年（昭和１９年）の時点で、それまでに書いた自分の論文を集めて論文集を組み、その論文集を１９４９年（昭和２４年）に東京大学に博士論文として提出して博士号を取得しています。この博士論文が、この度、国立国会図書館関西館で発見された「金子順一論文集（昭和１９年）」です。

「金子順一論文集」は、以下の８本の陸軍軍医学校防疫研究報告を綴じたもので、表紙には、「㊙　金子順一論文集（昭和１９年）」と記載されています。８本の論文を実際に論文集に並べられている順番に紹介すると次の通りです。

① **雨下撒布ノ基礎的考察**
陸軍軍医学校防疫研究報告　第１部・第４１号　　受付昭和１６年8月１１日

② **低空雨下試験**
陸軍軍医学校防疫研究報告　第１部・第４２号　　受付昭和１５年6月7日

③ **ＰＸノ効果略算法**
陸軍軍医学校防疫研究報告　第１部・第６０号　　受付昭和１８年１２月１４日

④ **しろねずみヨリ分離セル「ゲルトネル菌ノ菌型**
陸軍軍医学校防疫研究報告　第２部・第７９１号　　受付昭和１９年1月１７日

⑤ **X．Cheopis　ノ落下状態ノ撮影**
陸軍軍医学校防疫研究報告　第１部・第６３号　　受付昭和１９年２２(ママ)月４日

⑥ **滴粒ニヨル紙上斑痕ニ就テ**
陸軍軍医学校防疫研究報告　第１部・第６２号　　受付昭和１９年2月7日

⑦ **X．高空撒布ニ於ケル算定地上濃度**
陸軍軍医学校防疫研究報告　第１部・第８１号　　受付昭和１９年6月１６日

⑧ **火薬カニ依ル液ノ飛散状況**
陸軍軍医学校防疫研究報告　第１部・第８２号　　受付昭和１９年7月1日

上記の①から⑧の番号は、金子論文集の原文には付いていませんが、説明の便宜上付けたものです。なお⑤の受付月の「２２」は「2」の誤植ではないかと思われます。

号数の順番と受付年月日の順序が合っていませんが、その理由は今はよく分かりません。１９４２年（昭和１７年年）に論文が書かれていないのは少し気になりますが、今後検討してみる必要があります。

4　陸軍軍医学校防疫研究報告の第１部と第２部について

金子論文集に集められた上記８本の論文は、すべて陸軍軍医学校防疫研究報告という７３１部隊の内部の文書です。７３１部隊の軍医による論文は、軍医団雑誌等でも発表されていますが、この陸軍軍医学校防疫研究報告は、内部資料で、非公開となっていました。

もともと陸軍軍医学校防疫研究報告は、第１部と第２部に分かれています。

第１部の防疫研究報告の表紙には軍事秘密と書いてありますが、第２部の防疫研究報告の表紙には軍事秘密とは書いてありません。この違いは、第１部と第２部の防疫研究報告の内容の違いに由来します。

即ち、第２部の方は、一見すると細菌戦と関わりのないごく一般の医学論文のように書かれています。しかし第１部の防疫研究報告は、被験者を人体実験によって死に至らしめた経緯が書かれてあったり、また誰が読んでも細菌戦をやったとわかるような記述スタイルで書かれています。

第１部の防疫研究報告は、これまでに731部隊の平澤正欣のペストに関する論文１本が発見されていますが、金子論文集に収録された７本の第１部の防疫研究報告が新たに見つかったわけです。他方、既に第２部の防疫研究報告はアメリカで８００編ほどの論文が見つかっており、東京の出版社から復刻版として出版されていますが、金子論文集の１本の第１部の防疫研究報告は復刻版にも入ってない新発見の論文です。

5　金子論文集の概要について

金子論文集の①の「雨下撒布ノ基礎的考察」という論文は、金子順一の単独執筆になる論文で、もっとも頁数が多いものです。その①の論文の冒頭に次のような趣旨が記述されています。

即ち、“各国の文献には、空中散布という細菌戦の手段について、しばしば述べられているが、否定的な結論を下す者が多い。だが自ら実験を重ねて判定して有効になるように努力すべきである。７３１部隊は創立以来研究を続け、昭和１３年に「雨下用法草案」としてその一端が示された”旨が書かれています。

上記論文から、金子が、石井部隊長から細菌戦研究を昭和１３年（１９３８年）秋に命じられて、その理論的研究を担当してきたことがわかります。

②の「低空雨下試験」の論文は、執筆者は、731部隊航空班の増田美保薬剤大尉との共同名義になっています。その他、④から⑧の論文にも共同執筆者がいます。

金子論文集の８本の論文から、金子が何を研究していたかがわかります。金子は、ペストを用いた細菌戦の方法を開発するために、「雨下」という細菌を空からばらまく方法を研究していたのです。

落とした細菌兵器は、ペストの「菌液」の入った液体、また粟・小麦及びケオプスネズミノミというネズミのノミでした。

また、細菌戦の方法として、空中で爆発する爆弾で菌状態を作り出し、直接に人間の口の中に入るようにする、などといった雨下の爆弾兵器について研究を行っておりました。

金子論文集から、金子が、細菌作戦の方法として、いかに少ない細菌兵器で、どれだけたくさんの死者をもたらすことができるのか、また気象状況の研究や菌液の液体がどのような粒状態で落ちるのか、落下させる高度が地上に落下するまでにいかに影響を受けるかを関数化するなどして、細菌兵器の「合理的な」あり方について必死に答えを出そうと研究したことがわかります。

このような金子の研究が731部隊という組織にとって最終的に成功したとは到底思えないわけですが、金子論文集を読めば、731部隊において細菌戦に関する研究がどのように行われていたかを具体的に知ることができます。それほど細菌戦の方法について具体的に記述した論文と言えます。

6　「ＰＸノ効果略算法」という第１部の防疫研究報告（特に既往作戦表）について

金子論文集の③の「ＰＸノ効果略算法」という第１部の防疫研究報告は、ＰＸの効果についての論文です。この論文が今回の発見の中では一番重要な論文ではないかと見ています。

ＰＸというのは、Ｐがペスト、Ｘがケオプスネズミノミの学名がＸから始まるためケオプスネズミノミと思います。つまり、「ＰＸ」はペストに感染したケオプスネズミノミの研究と考えられます。このケオプスネズミノミはノミの中でも非常に活発で、人間にペストを感染させるには一番効果が高いノミになります。

この「ＰＸノ効果略算法」という論文の中には、既往作戦、つまり既におこなった細菌戦の表があります。この表にはケオプスネズミノミを使った場所が6箇所記載されています。

攻撃	目標	PX kg	効果		1.0kg 換算値		
			一次	二次	Rpr	R	Cep
15.6.4	農安	0.005	8	607	1600	123,000	76.9
15.6.4～7	農安 大賚	0.010	12	2424	1200	243,600	203.0
15.10.4	衢県	8.0	219	9060	26	1,159	44.2
15.10.27	寧波	2.0	104	1450	52	777	14.9
16.11.4	常徳	1.6	310	2500	194	1,756	9.1
17.8.19～21	廣信 廣豊 玉山	0.131	42	9210	321	22,550	70.3

戦後の米軍の731部隊に関するフェル・レポートの中には日本軍が１２箇所で細菌戦をおこなったという記述がありますが、そのうちの少なくとも6か所がこの論文によって証明されたことになります。

上記の6か所の中には、既に細菌戦が行われたとわかっていた浙江省の寧波や衢州、湖南省の常徳、江西省の廣信、廣豊、玉山が含まれています。

しかし、1か所目の「農安」については、これまで731部隊が実行した細菌戦によるペスト流行という決定的な証拠はありませんでした。農安というのは満州国の北６０～７０ｋｍ離れた１０００年くらいの古い歴史を持つ街なのですが、そこに731部隊は地上作戦としてペスト感染蚤をばらまいたと思われます。

1940年に農安でペストが流行し、被害があったことは知られていました。しかし、今回発見された金子論文の中の「既往作戦」の表によって、農安で細菌戦がおこわなわれた事実がはっきりしました。

2か所めの「農安　大賚」について言うと、この「大賚」は農安の北方にあった地名で、現在は大安と言われいる場所に相当すると思われます。従って「農安　大賚」の意味は、「農安」から「大賚」までの間を指すものと解釈しています。即ち、「農安」から「大賚」までの間の広い範囲に細菌戦が行われたということです。

このことは既往作戦の表からもわかります。つまり他の地域は1日で終わるところを、ここは4日間にわたって細菌戦が行われています。農安から大賚までの数ヶ所を4日間かけてペストノミをまいたと考えられます。

このように「農安」から「大賚」までの広い範囲に細菌戦が行われたということは、これまでの研究では全く認識されていなかったことで、731部隊の活動を研究する上で重大な発見になると思われます。

また、この既往作戦表を見ると、1次感染と2次感染があることがわかります。寧波の1次感染に関しては、これまでに正確な調査が行われ、現在、寧波では１１３人が被害にあったことがわかっています。既往作戦表の数でも１次感染は「104」でほぼ同じです。寧波は旧日本軍が占領したこともあり、ペスト被害を刻明に調査していることがわかります。

ここで重要なのは２次感染です。既往作戦の表には、２次感染者が１４５０名となっています。この２次感染者に関しては我々は全く把握しておりませんでした。

他の地域に関しても言えることですが、２次感染の被害者がとても多く、合計で９０００名もの被害者が出ています。この被害者の数字は、これまで我々が把握していた数をはるかに越えた数字となっています。

この既往作戦表によって、⑴今まではっきりしていなかったことが間違いないということがわかり、⑵我々が知らなかった細菌戦の地域がわかり、⑶今まで把握していた以上の被害の広がりがあったことも分かりました。この３点は非常に重要な事実だと受け止めています。

7　今後の731細菌戦の研究課題について

私は、金子論文は３か月前に見つけました。元７３１部隊員がたくさんの医学論文を残しており、それらの論文は現在国会図書館に集められています。それで私は、把握している元７３１部隊員の名前を国会図書館で軒並み検索をかけて見つけていくという方法を取っていました。

金子論文集は京都にある国会図書館の関西館にありましたが、関西館からの１回の取り寄せは５件までしかできません。７３１に関連した論文のタイトルを見つけては取り寄せするということを、もう７年か８年続けてきました。そうして今回の金子順一の論文集に行き付いたわけです。

731部隊員の論文は徐々に新しく公開されていることがあるようなので、何度も検索する必要があります。これが今後の私たちが努力していかなければならない重要な課題の一つだと思います。

また、陸軍軍医学校防疫研究報告の第１部は、まだほとんどが発見されていません。前に述べた平澤正欣の論文１本と今回発見された金子順一の７本の論文しか見つかっておりません。今後、さらに第１部の防疫研究報告を発見していくことによって、731部隊が行った人体実験や細菌戦の実態が明らかになっていくと思います。

さらに、麗水の細菌戦被害も含めて、中国の方々とともに新たな細菌戦被害調査をしていかなければならないと思っています。

以上

（2011年10月15日の記者会見での発言に加筆したものです）

- 5 -

A. 原表

第一表　　过去试验效果略算表

攻击	目标	PX kg	效果		1.0kg 换算值		
			一次	二次	Rpr	R	Cep
15. 6. 4	农安	0.005	8	607	1600	123,000	76.9
15. 6. 4～7	农安 大赉	0.010	12	2424	1200	243,600	203.0
15. 10. 4	衢县	8.0	219	9060	26	1,159	44.2
15. 10. 27	宁波	2.0	104	1450	52	777	14.9
16. 11. 4	常德	1.6	310	2500	194	1,756	9.1
17. 8. 19～21	广信 广丰 玉山	0.131	42	9210	321	22,550	70.3

B. 原表的说明

关于「攻击」一栏	关于「目标」一栏	关于「PX kg」	关于「效果」一栏	关于「Rpr」	关于「R」	关于「Cep」
即实施细菌战的日期。 「15. 6. 4」是昭和15年6月4日。 「15. 6. 4～7」是昭和15年6月4日到7日。 「15. 10. 4」是昭和15年10月4日。 「15. 10. 27」是昭和15年10月27日。 「16. 11. 4」是昭和16年11月4日。 「17. 8. 19～21」是昭和17年8月19日到21日。	即细菌战的攻击地名。 （ ）内是汉语的发音 农安 (Nong an) 农安、大赉 (Nong an、Da lai) 衢县 (Qu xian) 宁波 (Ning bo) 常德 (Chang de) 广信、广丰、玉山 (Guang xin、Guang feng、Yu shan)	「P」意为鼠疫。 「X」意为跳蚤。 「PX」即感染了鼠疫的跳蚤。 「0.005」意为5克。	所表示的数字即染疫死亡人数。 「一次」即第一次染疫死亡人数。 「二次」即第二次染疫死亡人数。	第一次染疫死亡人数。 （1kg的跳蚤所对应的数量）	染疫死亡总人数。 （1kg的跳蚤所对应的数量）	流行系数。 （1kg的跳蚤所对应的数量） R÷Rpr

另外，「目标」栏的「农安 大赉」在第三表中表示为「农·大」。（第三表省略）

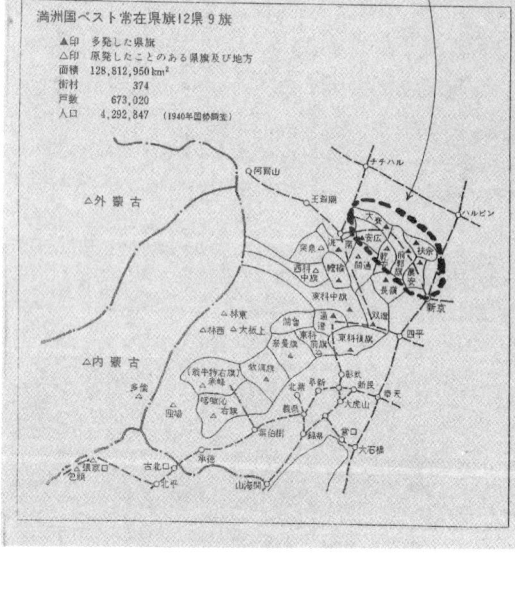

満洲国ペスト常在県旗12県9旗

▲印　多発した県旗
△印　原発したことのある県旗及び地方
面積　128,812,950㎞²
街村　374
戸数　673,020
人口　4,292,847　（1940年国勢調査）

満洲に於ける1933（昭8）年より1943（昭18）年までのペスト患者発生数

県別	1933 (昭8)	1934 (昭9)	1935 (昭10)	1936 (昭11)	1937 (昭12)	1938 (昭13)	1939 (昭14)	1940 (昭15)	1941 (昭16)	1942 (昭17)	1943 (昭18)
農安県	493	25	20		9	19	9	501	17		
扶余県	5	124	3			1	13	37	36	11	
コロウス旗		120	38	66	7	178	21	239	20	184	24
長嶺県	35	15	30	8	6	154	88	40			
乾安県	181	34	36	9	26		23	174	260	16	
大賚県		39		12	51			76			
安広県			65		13	62	58	45		9	24
洮南県	9					6					3
開通県	17					62	4	227	23	61	60
瞻楡県	56					21	14	261	40		
双遼県		54	27	6	20	23	25	101	79	26	71
梨樹県						6	5		3		
[illegible]平県		11	68								
通遼県	352	67	9			7	265	238	180	108	1299
東科中旗		56	8			24	18	308	12	159	443
東科後旗	259	83	29			20			19	14	
西科中旗							8				
西科後旗									3		
開魯県	41	55		5	10		69	216		15	44
奈曼旗			26	26	81	46					
敖漢旗	148		86	14	25	66	15	62	4		20
翁牛特右旗										194	
アルカルチン右旗										2	
新京特別市		1					2	28	6		
合計	1596	694	435	146	248	696	637	2555	702	879	1963

《PXノ效果略算法》之日文原文影印

编译者按：金子顺一细菌战秘密论文《PXノ效果略算法》的翻译难度很大，仅在此原文影印，以供研究。

陸軍軍醫學校防疫研究報告

第1部 第60號

PXノ效果略算法

陸軍軍醫學校防疫研究室（部長 石井少將）

陸軍軍醫少佐 金 子 順 一

軍事秘密

第 1 部
原 著
分類 385-8 441-9 338-41
受附 昭和 18.12.14

目　　　次

第1　緒　　言

兵器ノ具備スベキ條件ノ一トシテ其ノ使用量ト之ニ依ル効果トノ關係ノ明デアル必要性ヲ考ヘネバナラヌ。
例ヘバ一定正面ノ敵陣地制壓ニ要スル彈丸数ヲ予メ算定シテ始メテ細密攻擊計畫ヲ樹立スル事ガ出來ル。

吾人ノ現有兵器中其ノ實及特性ニ於テ最モ優レタ彈種ノ一トシテノＰＸニ於テモ其ノ効果ヲ予測シ得テ，之ニ基ク製造及運用計畫ヲ策スル事ノ合理的デアルノハ論ヲ俟タヌ。

然ルニＰＸノ効果ハ其ノ直接罹患致死作用ノミヲ目途トシテモ之ヲ決定スル因子ガ複雜多岐デアルタメ，之ヲ爆藥ニヨル理學的作用ノ如ク取扱フ事ハ不可能デアルガ，ＰＸヲ兵器トシテ取扱フ以上ハ少クトモ之ニ依ツテ期待サルベキ効果ヲ何等カノ手段ニ依リ或ル程度迄ハ概算シ得ル事ガ必要デアルト信ズル。

幸ニシテ既往数次ニ渉ル作戰ハ此ノ種ノ問題ノ解決ニ重要ナ規準ヲ與ヘル。他方昭和十五年以來石井閣下ノ提唱ニヨル細菌戰効果ヲＡＢＥＤＯ說ハ爾後ノ經驗ヲ經テ益々其ノ論據ヲ確立シ來ツタ。

茲ニ命ゼラレテＡＢＥＤＯ說ニ基クＰＸノ効果予想ヲ敢テ試ミルノデアルガ，若クハ大東亞戰爭ニ於ルＰＸノ赫々タル成果ニ基キ遂次斯ル考察方法ヲ進展セシメ得ン事ヲ期スルモノデアル。

第2　用字説明

〇A（外因，Äuszere Bedingung）

自標地區ニ於ル疫學的外的諸條件ノ總括ヲ云フ。敵ノ直接防疫工作（S）ヲ含ム。

〇B（媒体，Bindemittel）

攻撃ニ用フル病原体ヲ終末對照タル人畜ニ結合セシメル媒介体又ハ媒介機序ヲ總稱スル。即チ本篇內容ニ於テハXガ之ニ相當スル。

〇E（病原，Erreger）

病原体及其ノ狀態ヲ云フ。一般的ニハ

$$E=f(m, v, r, \mu)$$

デ表ハサレル。即チ「メヅイン」説（石井：昭和八年）デアッテ，玆ニm：量，v：毒力，r：抵抗力，μ：媒質ヲ意味スル。本篇ニ於テハ第3～前提4°ノ通リ，mハPX1.0瓩ニ含マレルP菌量，μハPXノ体組織ニ相當シテ居ルカラ特ニE=f（v，r）ト考ヘテモ良イ。

〇D（內因，Disposition）

當該疫病ニ對スル終末對照ノ罹患素因ノ總括デアル。

敵ノ間接的防疫工作トシテノ予防接種ノ効果ヲ包含スル。

但本篇ニ於テハ密集度，住居條件等ノ內第一次感染ニ關與スル部分ハDニ含マシメ，營養疲勞等ノ內第二次流行ニ影響スル部分ハAニ入レテ考ヘテ居ル。

〇O（運用，Operation）

運用ノ總括。方法ノミナラズ運用器材ノ條件，B若ハEノ運用間自然損耗ヲ來ス因子ヲ含ミ，之ガ為メ運用時ノ氣象交感ヲモ考慮スル。（疫學的意義ニ於ケル氣象ハ當然Aニ含マレル。

○彈種係數

攻擊彈種ノ單位量ニ於ルB×Eヲ云フ。

○運用係數

彈種係數ニOヲ乘ジタモノ。

上記2係數ハ何レモ努力改良ニ依ツテ增加セシメ得ルガ，A及Dハ敵地及敵ノ狀況デアツテ目標及時期ニ依リ、自ラ一定シ之ヲ任意ニ變更シ得スモノデアル。

第3 前提及假定

前提1° 一定條件ニ於ケル効果ハ使用兵器量ニ比例ス。

前提2° 効果ハ第一次感染ト第二次流行トヨリ成ル。

前提3° 効果ハA，B，E，D，Oノ函數ナリ。

前提4° 本篇ニ於テ述ベル効果トハPX1.0瓩ニ對スルモノトス。（前提1° 參照）

說　　明

1）條件ノ相等シイ數多ノ目標ニ同一條件ノ攻擊ヲ併施スレバ各目標ニ於ケル効果ハ何レモ相等シイト考ヘル。

此ノ時全効果ヲ綜合的ニ考慮スレバ前提1° ハ明ニ成立スル。

之ヲ擴張シテ一目標ニ對シ異ル種々ノ量ヲ使用スル場合ニ効果ハ使用量ニ比例スルモノトスル。

2）第一次感染トハ使用シタPXニ依ル直接効果デアルト解釋シ，之ニ依テ感染發病シ之ニ附着シタ在來ノXガ毒化サレテ發揮スル効果ハ第二次流行ニ算入スル。實際的ニ兩者ノ限界ヲ區別スルノハ困難デアルトシテモ概念的ニ2° ハ成立スル。卽チ使用PXノ感染能保持日數ト潜伏期間ヲ加ヘタ時期內ノ効果ノ大部分ヲ第一次感染ト考ヘ第二次流行曲線ノ起發點ヲ攻擊時ニ一致セシメル事ニ依テ該期間內ニ理論上發生スル少數ヲ同期間發生數カラ除去スル。昭和十五年寧波實例ニ於ケル第一次感染發現狀況ヲ例示スレバ第一圖ノ樣デアル。

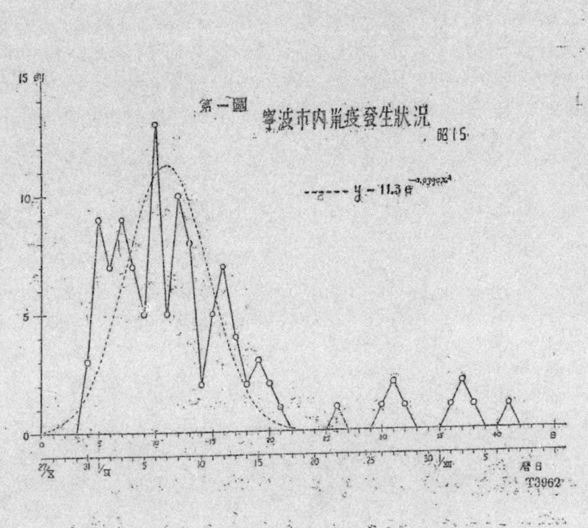

3）効果ヲ支配スル無数ノ因子ヲA，B，E，D，Oノ範疇ニ分ツテ然ル後個々ヲ檢討スル所ニ石井說ノ簡明性ガ存スル。尤ヨリ細菌戰ノ効果ノ真髓ハ他ニ更ニ精神的經濟的ナ恐慌ヲ招來スルニ在ルガ，吾人ハ先ヅ直接罹患致死効果ヲ大ナラシムル樣ニ努力スル事ニ依ツテ任務ヲ完遂シ得ルモノデアル。從ツテ本篇ニ於ケル効果トハ單ニ罹患致死効果ヲ意味スル。

4）前記1°ニ於キ効果（R）ハ使用量ニ比例スル故，先ヅPXノ基本量トシテ1，0瓩ヲ假定シ之ニ依ル基本効果ヲ求メ，使用量x瓩ノトキハ効果ハxRデアルト見做ス。本篇ニ於ケル効果トハ此ノ基本効果即チ1，0瓩ノ効果ヲ指ス。

假　　定

1° PX1，0瓩ノ最大効果ハ第一次感染1,000名，第二次流行ヲ含ム全効果ハ其ノ200倍ナリ。即チ1，0瓩ノ最大効果ハ罹患200，000名ナリ。

2° 効果ハA，B，E，D，Oヲ變数トスル時次ノ如ク表ハサル。

$R = f(A, B, E, D, 0,)$

$= k, A, B, E, D^{-1}, 0,$

$A, B, E, D^{-1}, 0,$ ノ變數ハ各 0～10 ニシテ，最大効果ニ於テハ

$A = B = E = D^{-1} = 0 = 10$

i.e. $\max R = k \times 10^{5}$

$\therefore \quad k = 2{,}0$（名）

但以下ノ假定ノ成立ノタメ A＝0，05～10トス

3° 第一次感染 $R_{pr} = \varphi(B, E, D, 0,)$

$= k', B, E, D^{-1}, 0$

$\max R_{pr} = k' \times 10^{4}$

$\therefore k' = 0{,}1$（名）

4° 流行係數ハ次ノ如ク表ハサル。

$Cep = \psi(A)$

$= k'' \cdot A$

$\max Cep = k'' \times 10$

$\therefore k'' = 20$

5° 2°～4°ニ依リ次ノ關係アリ。

$R = R_{pr} \times Cep$

$= k' \cdot B \cdot E \cdot D^{-1} \cdot 0 \times k'' \cdot A$

$k = k' \cdot k''$

說　　明

1）從來ノ體驗等ニ依ッテ[illegible]ノ効果[illegible]ッタデアー。之ニ依ッテ明ナ様ニ R_{pr} ノ最大ヲ1,000トスルノハ稍々小サク取ッタモノデアル。流行係數ノ最大ヲ200トスルノハ表ニ依ル。

第一表　既往作戦効果概見表

攻撃	目標	PX kg	効果		1.0kg 换算値		
			一次	二次	Rpr	R	Cep
15.6.4.	農安	0.005	8	607	1600	123,000	76,9
15.6.4〜7	農安大賚	0.010	12	2424	1200	243,600	203,0
15.10.4.	衢県	8.0	219	9060	26	1,159	44,2
15.10.27	寧波	2.0	104	1450	52	777	14,9
16.11.4.	常徳	1.6	310	2500	194	1,756	9,1
17.8.19〜21	広信広豊玉山	0.131	42	9210	321	22,550	70,3

2）fノ形ニ關シテハ更ニ研究ヲ要スルデアラウガ，前提及1°ヲ最モ簡單ニ表現シ得ルモノトシテ2°ノ形ヲ用ヒル。今假數ハ効果發現ニ最モ都合良シト考ヘラレル理想限度ヲ10トシ，最モ都合惡シト考ヘラレル場合ヲ0トスル。但DハD^{-1}ノ値ヲ0～10トスル方ガ便デアル。從ツテ以下ノ數値ヲ述ベル場合ニハ一般ニD^{-1}ノ値ヲ意味スル。

此ノ形ノ意味スル所ハ任意ノ一變數ガ0ナレバ効果ノ零トナル事デアルガ，3°以下ノ成立ノタメニハ（a＋A）B・E・D^{-1}・0ノ形トスルカ，或ハAノ變域ヲ0・05～10トセネバナラヌガ茲デハ後者ヲ採ツタ。卽B＝E＝D^{-1}＝0＝0，A＝0.05ガ變數ノ最少値デアル。

3）R_{pr}ニ於テモAノ範疇ニ屬スル因子ガ作用スルデアラウガ，計算ノ便宜上二次流行ニ關係スル因子ハ總テAニ抱括サセ，但一次感染ニ關係スル內外因ハ總テDニ含有サセル。從ツテ茲ニ云フA及D^{-1}ニハ同ジ因子ヲ含ム可能性ガアル。然シR_{pr}ガ大キクレバC_{ep}ガ小サクナツテモ全効果ニ影響少ナク，C_{ep}ノ大トナル事ハR_{pr}ノ小サイ事ヲ補償スルノデ，求ムル結果ガRデアレバ斯ル錯亂ヲ問題トスル必要ハナイ。

第4　効果略算法

假定2°，3°及4°ニ依リ第一次[illegible]。從ツテ全二次流行數（R－R_{pr}）ヲ求メ得ル。

此ノ計算ヲ容易ナラシメルタメ次ノ計算圖表ヲ提示ス（[illegible]圖）此ノ圖表ノ使用法ハ圖ニ記シタ。

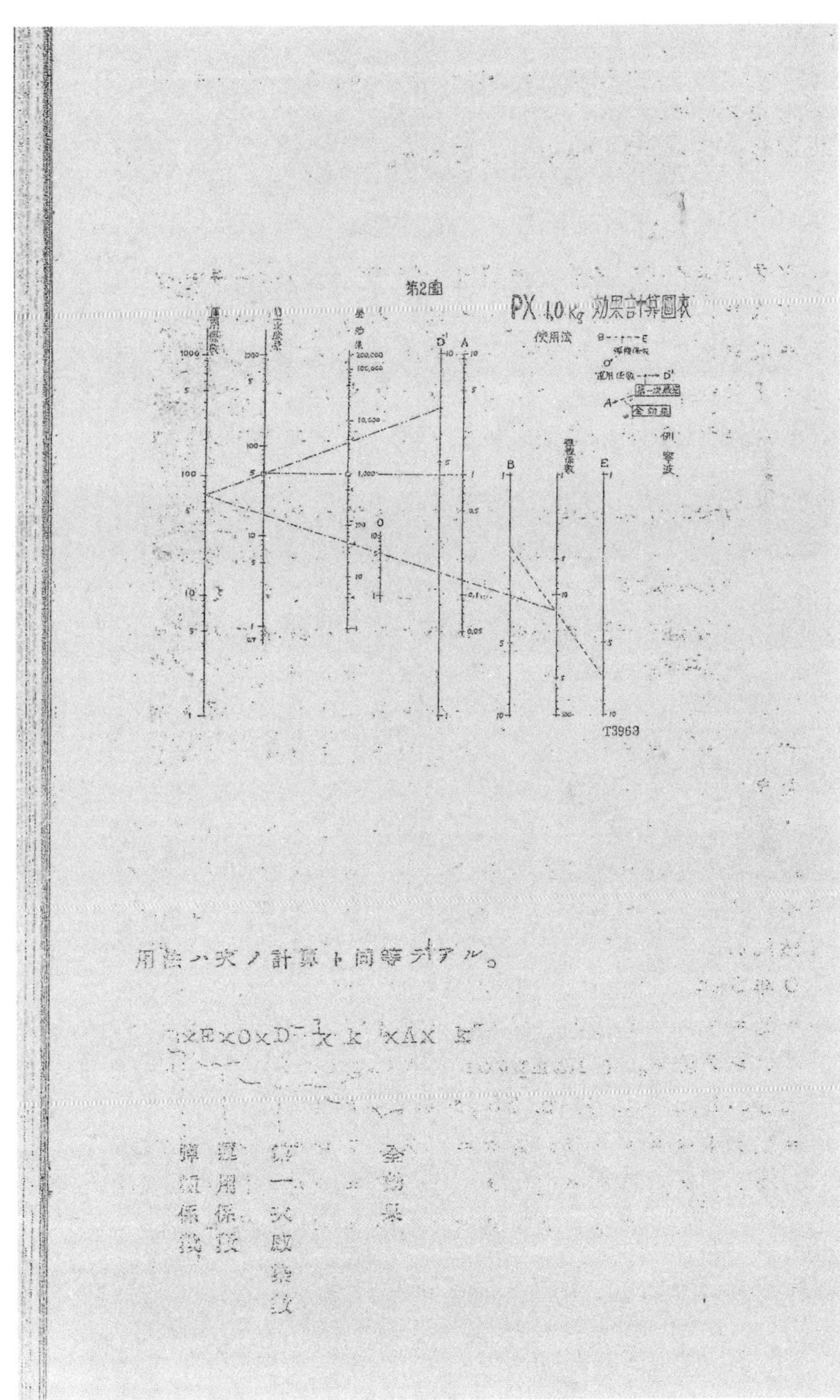

用法ハ次ノ計算ト同等デアル。

[illegible]×E×O×D⁻¹×k×A×k

弾頭係数 運用係数 第一次感染数 [illegible] 全効果

既知効果カラ総数中未知ノモノ若干ヲ逆ニ求ムル場合ニモ同ジ様ニ使用シ得ル。

此處デ各総数ノ常用値ニ就テ説明スル。

A

主トシテ従来ノ流行ノ程度ニ基キ，流行始期ニ使用スレバ最モ効果ガ大キク，流行間期ニ於テハ目標ノ氣象及従来ノ流行終熄状況ニ應ジテ多少ノ効果ガアルモノト想定シテAノ値ヲ定メル。最モ「都合悪キ」場合ハ0，05デアツテ第一次流行ニ止マリ，普通ニハ0，5～2，0トシ，地區ニ依テハ5，0程度迄トスル。

敵ノ直接防疫工作ガ絶大ノ効ヲ收メルト考ヘラレレバ0，05～0，1ノ程度トナル。即チ直接防疫工作ノミニ依ツテハ之ヲ如何ニ完璧ニスルトモ第一次感染ハ防止シ得ナイ。（之ヲ逆ニ考ヘル時ハ，敵ノ攻撃ヲ全ク無効ニスルニハ友軍ノD^{-1}ヲ絶大ナラシメ，Aニ含マレル直接防疫工作ヲ絶對強化スルノミデハ不完全デアル。即B及Eガ如何ニ優レタリトモ0ヲ零トスレバ効果ハ皆無ニナルノデアル故此ノ意味ニ於テモ防空防諜ノ積極化ガ大キナ効ガアル。）

従来ノ流行ヲ第一次感染ト第二次流行ニ區分スル事ハ容易デハナイ。何レノ流行ニ於テモ元来ハ当数ノ患鼠又ハ患者ニ基キ，爾後永年　ノ流行ヲ總テ第二次流行ト見做ス事モ出来ル。又多クノ自然流行ニ於ケル第一次感染ハ散發デアルト考ヘラレル。即1900年San Francisco ノ例ニ於テ一支那人患者ニ初マル様ニ見エル流行モ其ノ前ニ鼠ペスト」ガ潜行シテ居ツタモノト見做サレテ居ル。（Hampton: Plaguo in the U. S., publ. Health Rep. 55, 1143, 1940年）蓋シ一地區ニ於テ「ペスト患者ガ新タニ移入セラレル事ハ稀デアラウ。從ツテC_{op}ノ想定ニハ流行ノ稍々初期ニ於ル人例ヲR_{pr}ト考ヘルカ或ハ新京ペスト」ノ例ノ如ク初メニ某病院内ニ集簇シテ生ジタ数例ヲ取ルカデアルガ，何レモ吾人ノ意味ニ於テノ第一次感染トハ断定シ得ヌ。即チ自然ニ於ケル人一鼠ノ関係ガ此ノ問題ヲ複雑ニシテ居リ，又自然ニ於テハ決シテPXガ鼠ペスト」以外カラ忽然ト大紋ニ現ハレル事ガナイノデアル。茲ニ於テCepノ確実ナ根拠ハ既往ノ経験以外ニハ求メ得ナイ。然シ乍ラAノ判定ニ當ツテハ既往ノ流行記録ヲ参照スル事ハ絶対必要デアル。即チ従来大流行ノアツタ場所，特ニ夫ガ持続シタ場所ハソノ流行ノ大小ニ應ジテ多少ノ「ペスト素因ガアル訳デアル。大流行ノ地デハAハ大キク，小サイ流行シカ起ラヌ土地デハ之ガ小サイト考ヘルノガ至當デアル。

従来流行記録ノ無イ個所ニ於ケルAノ判定ニハ特ニ慎重ナルヲ要スルガ，之ニ関シテハ第7デ触レル。

Aヲ各因子ニ分解シテ流行ノ本質ヲ確カメ，之ヲ應用シテ細菌戦ノ至大効果ヲ求メル事コソ今後吾人ノ責務デアル。

B

PXヲ直接秤量スルノガ容易デナイ為ニPX量トシテ原X量ヲ表示サレル場合ガアル事ヲ考慮シテ次ノ様ニ表ハス。

B＝毒化生存率×仕上率×有効率×10（使用時）

即チ毒化生存率＝1－（自然損耗率＋毒化損耗率），

仕上率＝保菌率（＝従来ノ毒化率），有効率＝保菌X中感染能保持率デアル。

従来ノ諸資料ヲ綜合スレバ大量生産時ノ最大値ハ5，0ノ程度デアラウ。一般ニ仕上完了後5～10日位デハBハ1～3ト見做スベキデアル。使用時ノ気温ニ依ルPXノ有効生命ノ伸縮ハOニ含メテ考ヘル。

E

PXニ含マレルP菌ノ質ニ関スルモノデアルガ所謂Infectivity ヲBノ有効率ニ含メテ考ヘレバEハ毒化ニ使用サレ

タ原菌株ノ質ヲ以テ代表サセ得ル。使用時ノ氣象ガPX体内ノ菌ヲ速ニ變性ナセル様ナ状況ガアレバBノ有効率トハ離レテEヲ減少セシムベキデアラウ。

現在使用セラレルP菌デハE＝7，0～8，0ト定メル。

D^{-1}

先天的及ビ後天的ノ個人的及ビ集團的免疫度，終末對照ノ生活條件ヲ考慮シ，一般ニ6，0～8，0ヲ基準トスル。特別ナ營養不及，疲勞蓄積等ノ條件ガアレバ1～2增加シ，後方基地ニ於テ一般狀況良好ナ生活ヲ行フ場合ハ1～2減少；更ニ特異的予防處理ノ施サレタ場合ハ1～2ヲ減ズル。但如何ニ体質强壯デアリ，完全免疫ガ行ハレタ場合デモ一般ニD^{-1}＝0トナル事ハ考ヘラレナイ。

O

使用PXヲ終末對照ニ到達セシメル能率ニ相當スル。謀略的使用ニ於テ終末對照ニ近迫シテ用ヒ得ル場合ヲ10トスル。一般ニ

O＝運用難易度×運用間生殘率×有効濃度形成能率×到達能率×10

運用間生殘率ハ器材ノ機能不全ニ依ッテ致死又ハ無効化セラレル部分ヲ云ヒ，有効濃度形成能率ハ最少有効濃度（假ニ10匹/m²トス）ヲ形成スル面積ト使用量ヲ以テ一樣ニ有効濃度ヲ形成シ得ル計算上ノ面積トノ比，到達能率ハ目標補捉度及爾後ノ到達難易性ヲ意味スル。

PXノ移動距ハ一夜30米ノ程度ニ過ギヌ（貴室院）故ニ初發感染惹起ノタメニハ必ズ最終對照ヲ含ム地域ニ命中セシメル必要ガアル。又着地後目標ノ狀況ニ依テ無効果スル部分ノ多少ヲ顧慮セネバナラナイ。例ヘバ日中灼熱シタ舗裝又ハ屋根ニ落

テ，或ハ水上ニ落逸シ，時ニハ濠ニ圍マレタ交通ノナイ土地ニ落チルモノハ恐ラク遂ニ無効化スルデアラウシ，地上ニ落逸シタモノガ高床住居内ヘ侵入シ難イ事モアラウ。地上運用又ハ謀略的使用ニ於テハ状況ガ有利デアル事ガ多イ。

上式ニ依ル0ノ算出例ハ次ノ樣デアル。

0市街・低撒＝0，9×0，9×0，8×0，8×10＝5，2
0市街・高撒＝1，0×0，8×0，2×0，5×10＝0，8
0市街・爆撃＝1，0×0，5×0，8×0，8×10＝3，2
0市街・謀略＝1，0×1，0×1，0×1，0×10＝10，0
0野戰・低撒＝0，9×0，9×0，8×0，5×10＝3，2

第5 効果發現狀況

第二次流行ニ導入シ得タ場合ハ通常ハ爾後多年ニ渉リ大小ノ流行ヲ繼續スルデアラウ。然シ前提ニ基イテ最大効果ヲ限定スル場合ニ全効果ヲ數次ニ分割スル事ハ必ズシモ容易デハナイ故，効果ハ使用直後發現シ一回ノ流行ニヨツテ終結スルト假想スル。此ノ時流行ノ形ハ確率曲線ノ型デアルト見做ス。茲ニ從來ノ二三ノ流行例ヲ示セバ第三圖ノ樣デアル。今次二次流行ニ於ケル每週患者發生數ヲ

$$y = Ae^{-b^2x^2} \quad (x：週)$$

トシ，流行ノ始終ヲy≦0，7デ規定シ，流行期ヲ24週，36週及ビ48週トスル時，全數199，000（＝200，000−1，000）ノ每週發生數ハ第三圖及ビ第二表ニ示ス通リデアル。

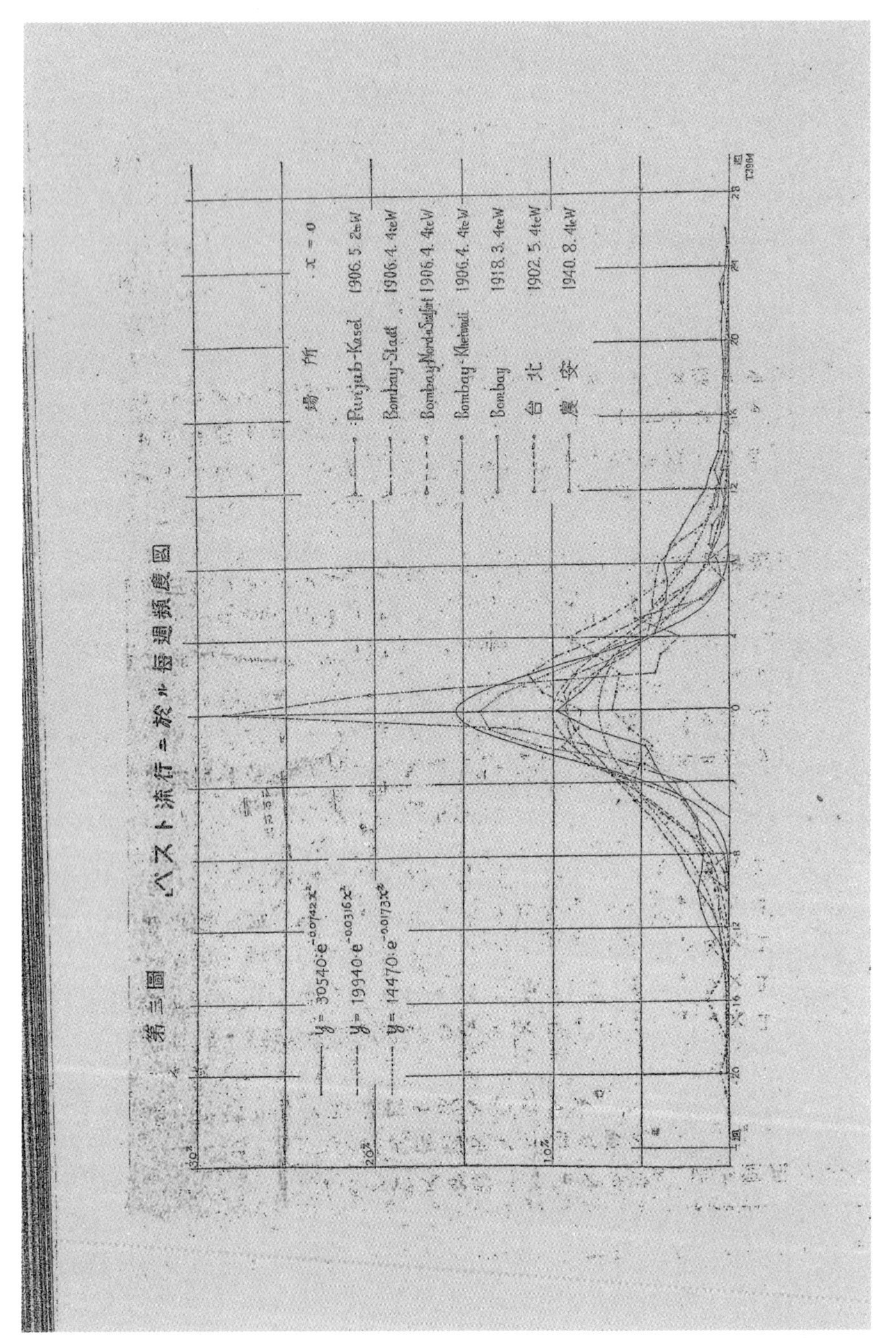
第三圖 ペスト流行ニ於ケル毎週頻度圖
$y = 30540 \cdot e^{-0.0742x^2}$
$y = 19940 \cdot e^{-0.0316x^2}$
$y = 14470 \cdot e^{-0.0173x^2}$
場所 x = 0
Punjab-Kasel 1906. 5. 2teW
Bombay-Stadt 1906. 4. 4teW
Bombay Nord u Südfort 1906. 4. 4teW
Bombay-Khetwadi 1906. 4. 4teW
Bombay 1918. 3. 4teW
台北 1902. 5. 4teW
農安 1940. 8. 4teW

第二表	$y = A e^{-b^2x^2}$, $\int_{-\infty}^{+\infty} = 199{,}000$					
	A=30540	b²=0.0712	A=19940	b²=0.0316	A=14770	b²=0.0173
±x 週	y	%	y	%	y	%
0	30540	15.4	19940	10.0	14770	7.41
1	28350	14.2	19320	9.72	14500	7.27
2	22700	11.4	17590	8.84	13790	6.92
3	15660	7.85	15000	7.53	12650	6.35
4	9310	4.68	12050	6.04	11200	5.62
5	4775	2.40	9050	4.55	9580	[illegible]
6	2115	1.06	6400	3.22	7920	[illegible]
7	800	0.405	4230	2.13	6340	3.19
8	265	0.133	2460	1.24	4800	2.46
9	[illegible]	[illegible]	1543	0.774	3630	1.82
10	18.3	0.0092	847	0.426	2540	1.28
11	3.85	0.0019	437	0.220	1820	0.913
12	0.70	0.00035	209	0.105	1224	0.614
13	[illegible]	[illegible]	95.5	0.048	795	0.400
14			40.7	0.021	498	0.251
15	—		16.2	0.0081	303	0.157
16			6.10	0.0031	177	0.089
17			2.15	0.0011	99.9	0.050
18			0.70	0.00035	54.0	0.027
19			0.22	0.00011	28.8	0.015
20					14.7	0.0074
21					[illegible]	0.0036
22					3.43	0.0017
23					1.58	0.00079
24					0.70	0.00035
25					0.30	0.00015

T3965.

註：

全数 $Y = 2A\int_0^{\infty} e^{-b^2x^2}dx$

$$= \frac{A}{b}\sqrt{\pi} = 199,000$$

$$\therefore A = \frac{b}{\sqrt{\pi}} \times 199,000$$

又

$$y = A e^{-b^2x_t^2} \leqq 0,7 \quad (x_t = \pm 12, \pm 16, \pm 24)$$

$$\therefore \frac{b}{\sqrt{\pi}} \times 199,000 \cdot e^{-b^2x_t^2} = 0,7$$

$$\operatorname{Log}\frac{199,000}{0.7\sqrt{\pi}} + \log b \leqq b^2x_t^2$$

ヨリbヲ求メ，之ヨリAノ値ヲ定ム。

第一次流行ニ対シテ[illegible]計算ヲ行ヘ

$$Y_{pr} = 500\ (又ハ1000)$$

$x = \pm 2$ニ於テ $y \leqq 0,7$

トオケバ付三図中ニ示ス第一次流行曲線ヲ得ル。

以下ハ $x = \pm 10$ ニ於テ $y \leqq 0,7$ ノ形，即チ最大流行ノ流行期36週ノ形ニ就テ得タbヲ以テ小サイ流行ニモアテハメル。

然ルトキハ第二次流行数Nノ場合

$$y_N = A_N\, e^{-0.0316x^2}$$

$$A_N = 19,940 \times \frac{N}{199,000}$$

ト置キ，y≦0，7ヲ以テ閾値ニ流行ノ始終トスル。然ル時ハNト流行期間d（＝2x_t）ノ関係ハ第四図ノ通リデアリ，Nノ二三ノ値ニ対スル発生曲線ハ第五図ノ様ニナル。　第二次流行ノ始ハ第一次感染ノ始，即チ攻撃時ニ一致セシメル故第一次感染期間ノ累積発生数ハ両者ノ和トナルガ，此ノ時期ニハ第二次流行ノ数ハ僅微少デアルカラ曲線ノ形ハ第五図ニ見ル通リ大差ハナイ。

註：

NトdトノI関係ヲ求メル場合ニb^2＝0，0316トオイタ故ニd＝0ニ於テモ　Nハ0ニナラナイ。即チ

$$N = \int = \frac{A}{b}\sqrt{\pi}$$

$$\therefore A \fallingdotseq 0,10\,N$$

$$y = A \cdot e^{-0.0316\, x_t^2}$$

$$= 0,10N \cdot e^{-0.0316\left(\frac{d}{2}\right)^2} = 0,7$$

i.e.　$x_t = \frac{d}{2} = 0$　ニ於テ

$$N_{d=0} = 7,0$$

之ハNノ値ニ無関係ニb^2 ＝0，0316　ナル同一値ヲ用ヒル事ガ不適切ナ事ヲ示スモノデアルガ考察ノ順序トシテ先ヅ不問トスル。簡単ニ修正スルニハ

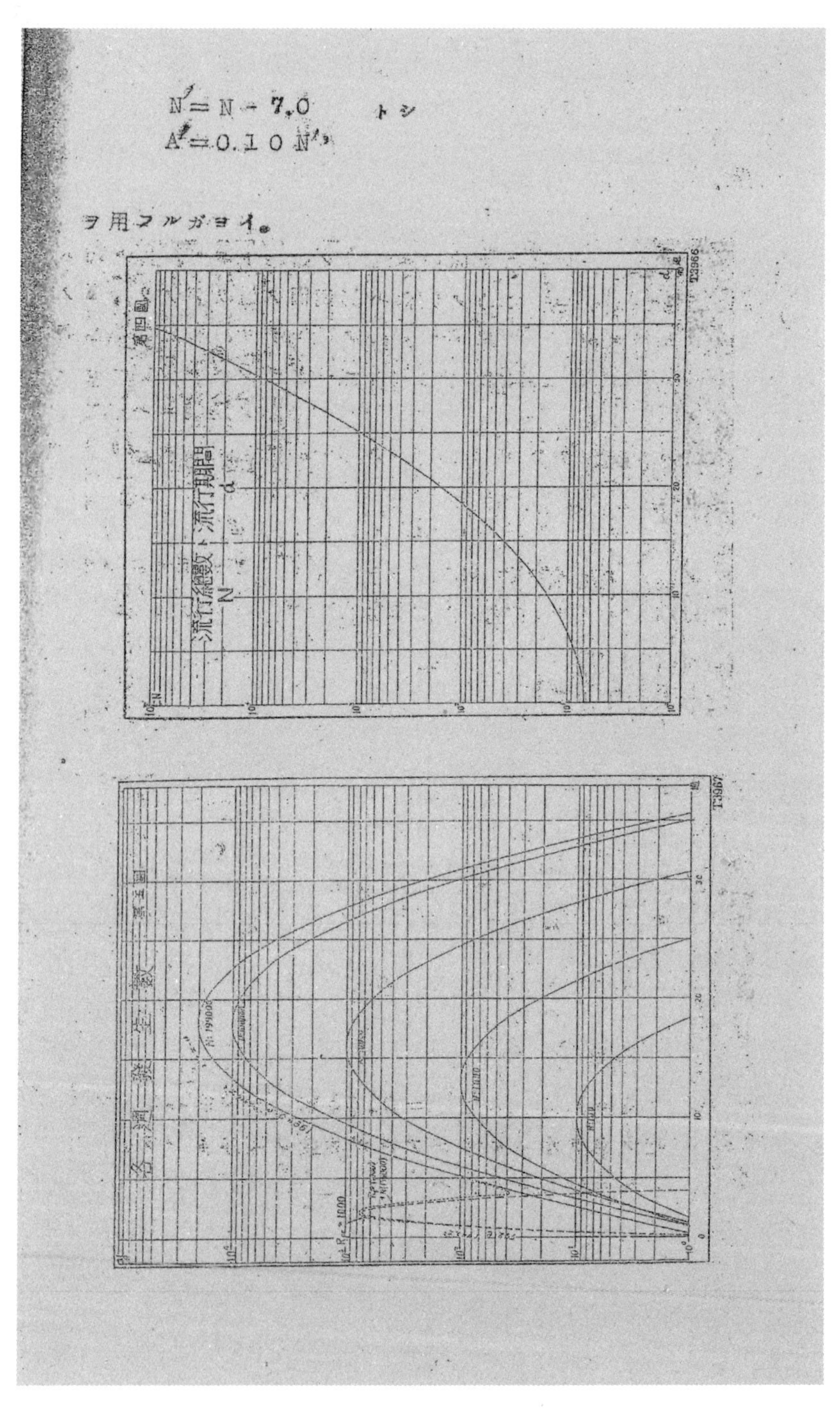

第6　既往作戰ニ於ケル變數値

第一表及ビ第4ニ依ツテ既往作戰ヲ解析スレバ第三表ニ見ル變數値ヲ得ル。

B、E、Oノ値ノ推定ニ就テノ理由ハ各作戰ノ狀況ヲ詳記スル事ニナルノデ省略スル。細部ハ各作戰詳報ヲ細密ニ參照サレタイ。

第三表 既往作戦解析表

區分	B	E	O	D^{-1}	Epr	A	R
農安	8.0	8.0	9.0	9.0	518 (1600)	8.0	82900 (123000)
農・大	8.0	8.0	9.0	9.0	518 (1200)	8.0	82900 (243600)
衢縣	1.5	7.0	4.0	7.0	29 (26)	2.0	1175 (1159)
寧波	2.0	7.0	5.0	7.0	49 (52)	1.0	980 (777)
常德	3.0	8.0	5.0	7.0	84 (194)	1.0	1680 (1756)
廣・廣・玉	6.0	8.0	9.0	7.5	324 (321)	3.0	19430 (22550)
備考	( )内ハ第一表ノ値						

第7　目標地區ニ於ケル予想變數値

第2及第4ニ從ヒテ變數値ヲ予想スル。B，E ノ決定ニハ大ナル困難ガナイ。O ハ作戰ノ困難サヲ考慮シ，且目標ニヨリ用法ノ異ル事ニ留意シテ判定スル。D^{-1} ハ各地區ニ於ケル生活狀況ニ基イテ決定スル。

最モ重大ナノハ A ノ予想デアル。從來ノ流行ノ程度ノ明瞭ナ場所ニ就テハ其ノ大小ニ從ツテ判定シ，流行前驅期又ハ初期ニ於テ最大値ヲ與ヘル。

從來流行記錄ノナイ場所ニ就テハ先ヅ流行ガ起リ得ルカ否カヲ判定シ，更ニ起リ得ル流行ノ程度ヲ推定セネバナラナイ。即チ該地區ノ氣象的生物的狀況ヲ他ノ流行既知ノ場所ト比較シテ流行ノ成否，流行期及其ノ程度ヲ判定類推スル。然シ流行ノ程度ニ到ツテハ極メテ判定困難デアル。

此處ニ各種資料ヲ綜合シタ予想變數値表及之ニヨル PX ノ効果ノ一案ヲ提示スル。（第四表）又特ニ A ニ關聯シテ各地流行期推定圖ヲ示ス。（第六圖）第六圖ハ發生頻度デハナク發生數ヲモ示ス如クシタタメ一定ノ基準ニ據ラズニ描イテアル。

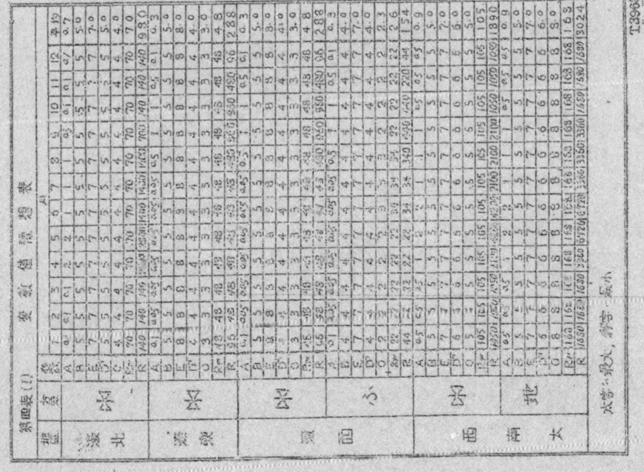

第四表(1)　変数値豫想表

地區	方面	變數	1	2	3	4	5	6	7	8	9	10	11	12	平均
北滿	[illegible]	A	0.1	0.1	0.1	2	2	1	1	1	0.5	0.1	0.1	0.1	0.7
		B	5	5	5	5	5	5	5	5	5	5	5	5	5.0
		E	7	7	7	7	7	7	7	7	7	7	7	7	7.0
		D	5	5	5	5	5	5	5	5	5	5	5	5	5.0
		O	4	4	4	4	4	4	4	4	4	4	4	4	4.0
		Rr	70	70	70	70	70	70	70	70	70	70	70	70	70
		R	140	140	140	[illegible]	2800	1400	1400	1400	700	140	140	140	980
東滿	[illegible]	A	0.1	0.05	0.05	0.05	0.05	0.05	0.05	0.5	1	1	0.5	0.1	0.3
		B	5	5	5	5	5	5	5	5	5	5	5	5	5.0
		E	8	8	8	8	8	8	8	8	8	8	8	8	8.0
		D	4	4	4	4	4	4	4	4	4	4	4	4	4.0
		O	3	3	3	3	3	3	3	3	3	3	3	3	3.0
		Rr	48	48	48	48	48	48	48	48	48	48	48	48	48
		R	96	48	48	48	48	48	48	480	960	960	480	96	288
西滿	[illegible]	A	0.1	0.05	0.05	0.05	0.05	0.05	0.05	0.5	1	1	0.5	0.1	0.3
		B	5	5	5	5	5	5	5	5	5	5	5	5	5.0
		E	8	8	8	8	8	8	8	8	8	8	8	8	8.0
		D	4	4	4	4	4	4	4	4	4	4	4	4	4.0
		O	3	3	3	3	3	3	3	3	3	3	3	3	3.0
		Rr	48	48	48	48	48	48	48	48	48	48	48	48	48
		R	96	48	48	48	48	48	48	480	960	960	480	96	288
	[illegible]	A	0.1	0.05	0.05	0.05	0.05	0.05	0.05	0.5	1	1	0.5	0.1	0.3
		B	4	4	4	4	4	4	4	4	4	4	4	4	4.0
		E	7	7	7	7	7	7	7	7	7	7	7	7	7.0
		D	4	4	4	4	4	4	4	4	4	4	4	4	4.0
		O	2	2	2	2	2	3	3	3	2	2	2	2	2.3
		Rr	22	22	22	22	22	34	34	34	22	22	22	22	26
		R	44	22	22	22	22	34	34	340	440	440	220	44	154
西南太	米	A	0.5	0.5	0.5	1	2	2	1	1	1	0.5	0.5	0.5	0.9
		B	5	5	5	5	5	5	5	5	5	5	5	5	5.0
		E	7	7	7	7	7	7	7	7	7	7	7	7	7.0
		D	6	6	6	6	6	6	6	6	6	6	6	6	6.0
		O	5	5	5	5	5	5	5	5	5	5	5	5	5.0
		Rr	105	105	105	105	105	105	105	105	105	105	105	105	105
		R	1050	1050	1050	2100	4200	4200	2100	2100	2100	1050	1050	1050	1890
	[illegible]	A	0.5	0.5	0.5	1	2	2	1	1	1	0.5	0.5	0.5	0.9
		B	5	5	5	5	5	5	5	5	5	5	5	5	5.0
		E	7	7	7	7	7	7	7	7	7	7	7	7	7.0
		D	6	6	6	6	6	6	6	6	6	6	6	6	6.0
		O	8	8	8	8	8	8	8	8	8	8	8	8	8.0
		Rr	168	168	168	168	168	168	168	168	168	168	168	168	168
		R	1680	1680	1680	3360	6720	6720	3360	3360	3360	1680	1680	1680	3024

太字ハ最大，斜字ハ最小

T3963

第四表(三) 変数値後想表

地區	方法	変數	1	2	3	4	5	6	7	8	9	10	11	12	平均
東南太	ふ	A	0.5	1	2	2	1	1	0.5	0.5	0.1	0.1	0.1	0.05	0.7
		B	4	4	4	4	4	4	4	4	4	4	4	4	4.0
		E	7	7	7	7	7	7	7	7	7	7	7	7	7.0
		D'	5	5	5	5	5	5	5	5	5	5	5	5	5.0
		O	2	2	2	2	3	3	3	2	2	2	2	2	2.3
		Rpr	28	28	28	28	42	42	42	28	28	28	28	28	31
		R	280	560	1120	1120	840	840	420	280	56	56	56	28	471
南ニラ	米	A	0.5	0.5	1	2	3	3	2	1	1	1	0.5	0.5	1.3
		B	5	5	5	5	5	5	5	5	5	5	5	5	5.0
		E	7	7	7	7	7	7	7	7	7	7	7	7	7.0
		D'	5	5	5	5	5	5	5	5	5	5	5	5	5.0
		O	5	5	5	5	5	5	5	5	5	5	5	5	5.0
		Rpr	88	88	88	88	88	88	88	88	88	88	88	88	88
		R	880	880	1760	3520	5280	5280	3520	1760	1760	1760	880	880	2340
北ニラ	地	A	0.5	0.5	1	2	3	3	2	1	1	1	0.5	0.5	1.3
		B	5	5	5	5	5	5	5	5	5	5	5	5	5.0
		E	7	7	7	7	7	7	7	7	7	7	7	7	7.0
		D'	6	6	6	6	6	6	6	6	6	6	6	6	6.0
		O	8	8	8	8	8	8	8	8	8	8	8	8	8.0
		Rpr	168	168	168	168	168	168	168	168	168	168	168	168	168
		R	1680	1680	3360	6720	10080	10080	6720	3360	3360	3360	1680	1680	4486
東太(八)	米	A	1	1	0.5	0.5	1	1	0.5	0.1	0.1	0.05	0.05	0.5	0.5
		B	5	5	5	5	5	5	5	5	5	5	5	5	5.0
		E	7	7	7	7	7	7	7	7	7	7	7	7	7.0
		D'	4	4	4	4	4	4	4	4	4	4	4	4	4.0
		O	3	3	3	3	3	3	3	3	3	3	3	3	3.0
		Rpr	42	42	42	42	42	42	42	42	42	42	42	42	42
		R	840	840	420	420	840	840	420	84	84	42	42	420	436
	ふ	A	1	1	0.5	0.5	1	1	0.5	0.1	0.1	0.05	0.05	0.5	0.5
		B	4	4	4	4	4	4	4	4	4	4	4	4	4.0
		E	7	7	7	7	7	7	7	7	7	7	7	7	7.0
		D'	4	4	4	4	4	4	4	4	4	4	4	4	4.0
		O	2	2	2	2	3	3	3	2	2	2	2	2	2.3
		Rpr	22	22	22	22	34	34	34	22	22	22	22	22	25
		R	448	448	224	224	672	672	336	45	45	22	22	224	265
北太	米	A	0.05	0.05	0.05	0.05	0.05	0.05	0.1	0.1	0.05	0.05	0.05	0.05	0.06
		B	1	1	1	2	3	5	5	5	3	1	1	1	2.3
		E	7	7	7	7	7	7	7	7	7	7	7	7	7.0
		D'	5	5	5	5	5	5	5	5	5	5	5	5	5.0
		O	3	3	3	3	3	3	3	3	3	3	3	3	3.0
		Rpr	11	11	11	21	32	53	53	53	32	11	11	11	24
		R	11	11	11	21	32	53	105	105	32	11	11	11	29

T3969

第四表(四) 変数値後想表

地區	方法	変數	1	2	3	4	5	6	7	8	9	10	11	12	平均
北ビ	地	A	3	2	1	0.5	0.1	0.05	0.05	0.05	0.1	2	3	4	1.4
		B	5	5	5	5	5	5	5	5	5	5	5	5	5.0
		E	7	7	7	7	7	7	7	7	7	7	7	7	7.0
		D'	5	5	5	5	5	5	5	5	5	5	5	5	5.0
		O	8	8	8	8	75	75	75	75	8	8	8	8	7.8
		Rpr	140	140	140	140	131	131	131	131	140	140	140	140	137
		R	8400	5600	2800	1400	262	131	131	131	1400	5600	8400	11200	3786
南ビ	地	A	3	2	1	0.1	0.05	0.5	0.1	0.1	0.5	1	2	4	1.2
		B	5	5	5	5	5	5	5	5	5	5	5	5	5.0
		E	7	7	7	7	7	7	7	7	7	7	7	7	7.0
		D'	5	5	5	5	5	5	5	5	5	5	5	5	5.0
		O	8	8	8	8	75	75	75	75	8	8	8	8	7.8
		Rpr	140	140	140	140	131	131	131	131	140	140	140	140	137
		R	8400	5600	2800	280	131	1310	262	262	1400	2800	5600	11200	3359
東印	米	A	5	4	2	1	0.5	0.1	0.1	0.5	0.5	0.5	1	4	1.5
		B	5	5	5	5	5	5	5	5	5	5	5	5	5.0
		E	7	7	7	7	7	7	7	7	7	7	7	7	7.0
		D'	5	5	5	5	5	5	5	5	5	5	5	5	5.0
		O	5	5	5	5	5	5	5	5	5	5	5	5	5.0
		Rpr	88	88	88	88	88	88	88	88	88	88	88	88	88
		R	8750	7000	3500	1750	875	175	175	875	875	875	1750	7000	2800
南印	米	A	3	2	1	0.5	0.1	0.1	0.1	0.5	1	2	2	3	1.5
		B	5	5	5	5	5	5	5	5	5	5	5	5	5.0
		E	7	7	7	7	7	7	7	7	7	7	7	7	7.0
		D'	5	5	5	5	5	5	5	5	5	5	5	5	5.0
		O	4	4	4	4	4	4	4	4	4	4	4	4	4.0
		Rpr	70	70	70	70	70	70	70	70	70	70	70	70	70
		R	4200	2800	1400	700	140	140	140	700	1400	2800	2800	4200	1725
奥支	米	A	0.05	0.1	0.5	1.5	1	1	0.5	0.5	0.5	0.1	0.1	0.05	0.5
		B	5	5	5	5	5	5	5	5	5	5	5	5	5.0
		E	7	7	7	7	7	7	7	7	7	7	7	7	7.0
		D'	5	5	5	5	5	5	5	5	5	5	5	5	5.0
		O	5	5	5	5	5	5	5	5	5	5	5	5	5.0
		Rpr	88	88	88	88	88	88	88	88	88	88	88	88	88
		R	88	175	875	2625	1750	1750	875	875	875	175	175	88	860

T3970

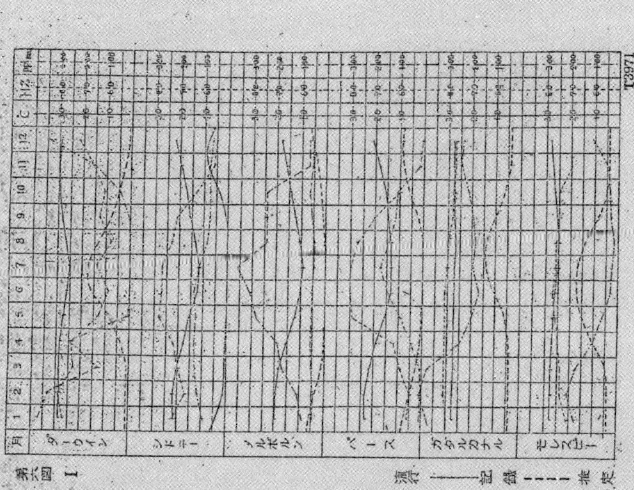
第六圖 I
月
ダーウイン
シドニー
メルボルン
パース
ガダルカナル
T3971

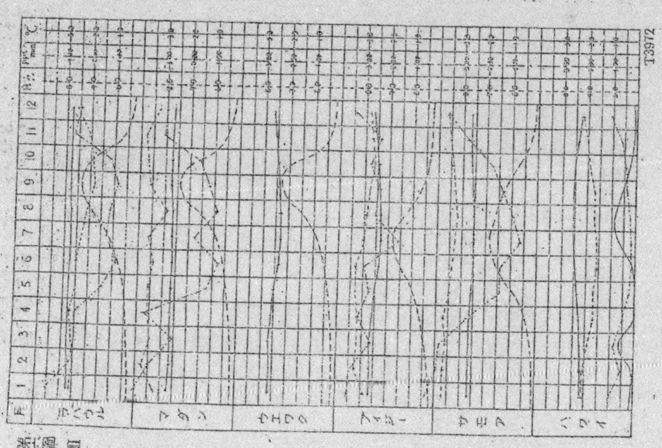
第六圖 II
ラバウル
マダン
ウエワク
フィジー
サモア
ハワイ
T3972

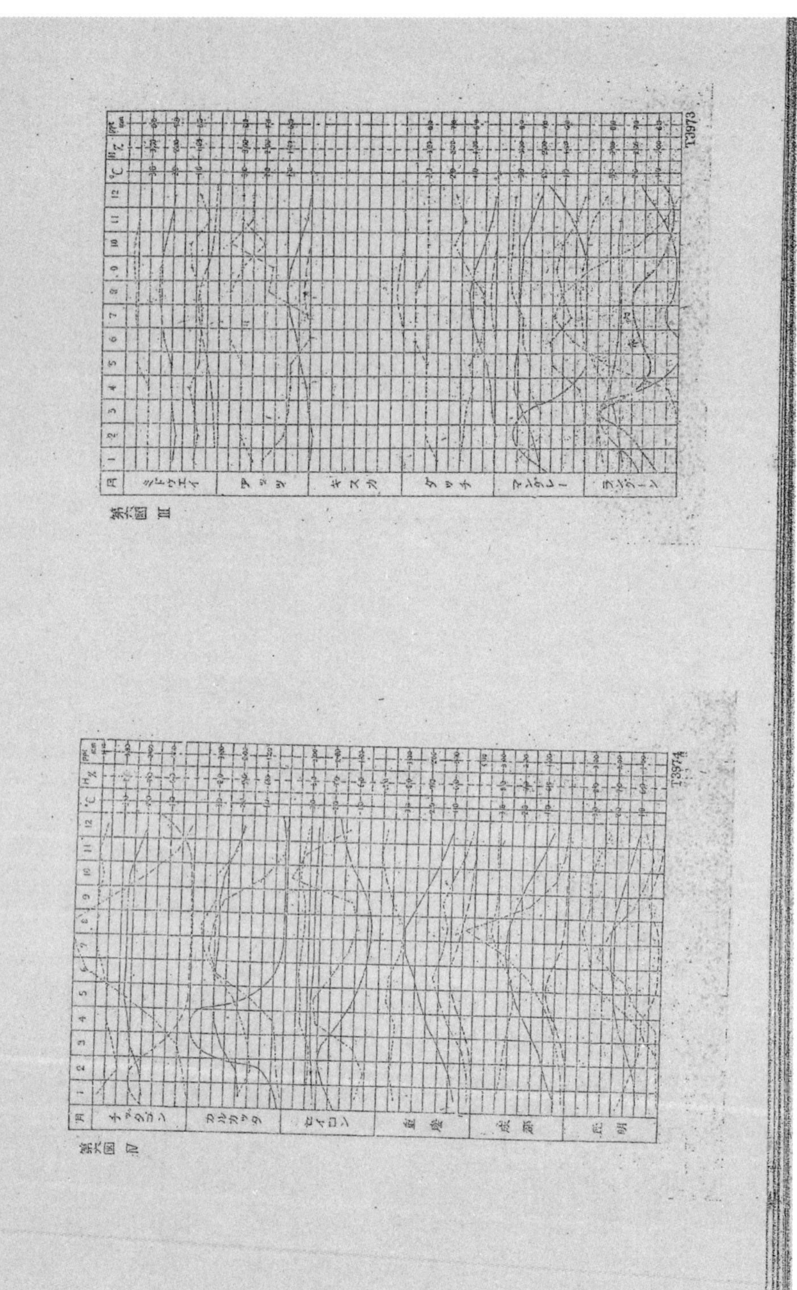
第六図 Ⅲ
月
ミドウエイ
アッツ
キスカ
ダッチ
マンダレー
ラングーン
T3973
第六図 Ⅳ
月
チッタゴン
カルカッタ
セイロン
重慶
成都
昆明
T3974

次ニ參考トシテ近年ニ於ル各地『ペスト』年別發生圖ヲ掲グダ。（第七圖）

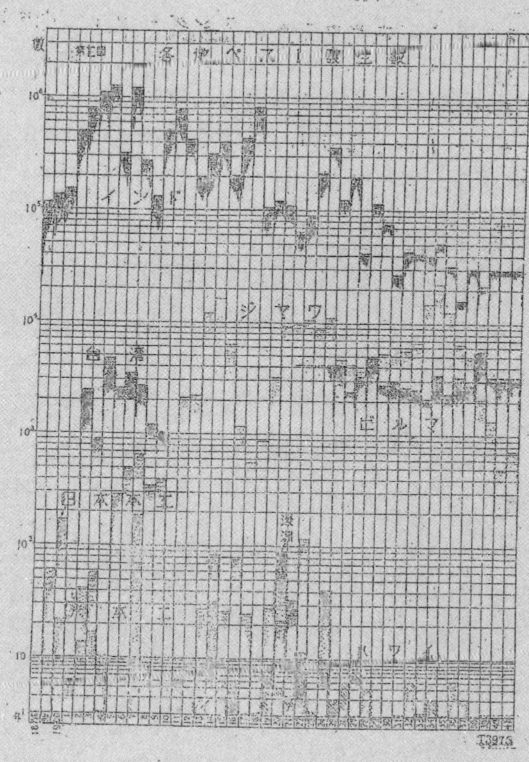

尤ヨリ前記數値ノ判定規準ハ記錄ノ明カナ地ノ平均統計ニ準據スルモノデアルノデ，使用時ノ狀況ガ平均カラ偏倚スルホド適合性ハ不良ニナルデアラウ。然ルニ從來ノ記錄ニ依レバ年中流行ノ持續スル地デハ最大發生月ハ移動シ易イガ（例ジャワ、コロンボ）著シイ流行期ノアル地デハ山ト谷ノ配置月別ハ概ネ一定シテ居ル（例カルカッタ、ラングーン） 特ニ興味アルノハ「ジャワ」ノ初發年１９１１年ノ曲線ガ他ノ年ト懸絶シテ居ル事デアル。之ヲ１９１１年ノ狀態ガ著シク偏シテ居タ事ニ歸スルベキデハナク（當年ノ諸元ヲ得ラヌノデ確言ハ留保スルガ）斯ル年中流行ノアル土地デハ攻擊ニ依ッテ隨時効果ヲ得ル事ノ一證ト見做シタイ。

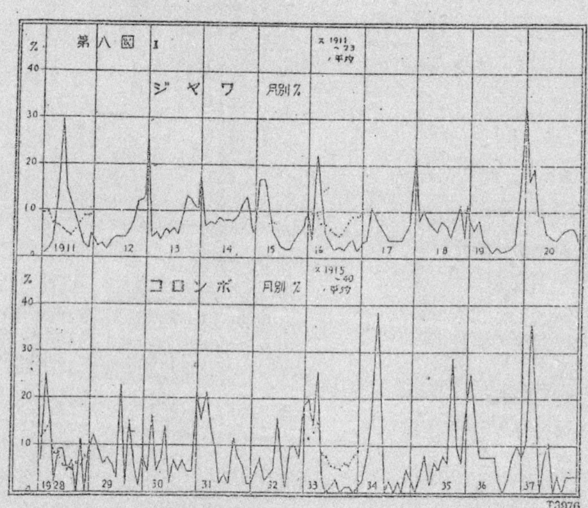

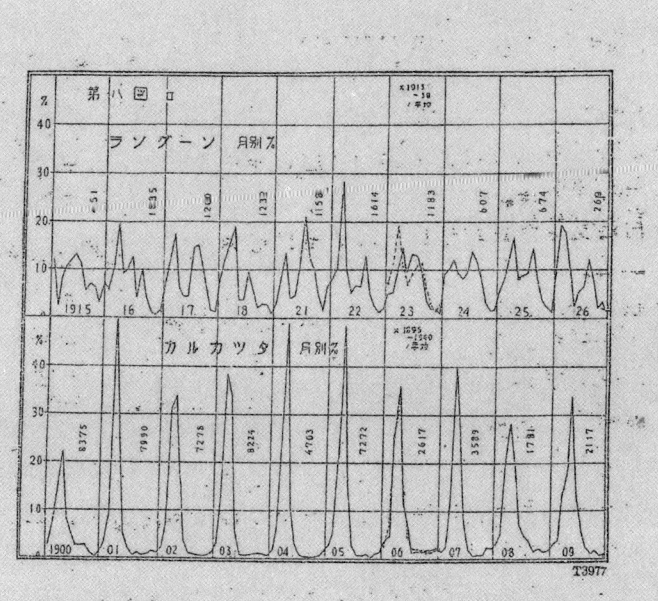
第八図 ロ
ラングーン 月別%
カルカッタ 月別%
T3977

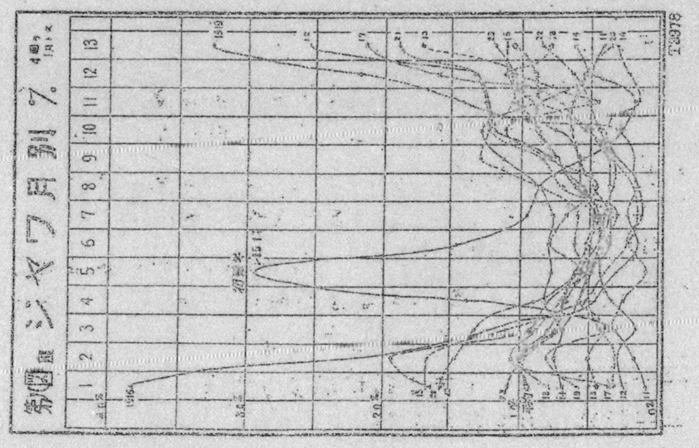
ジャワ月別%
T3978

第8 結及參考文獻

結

茲ニ石井説ニ基キ既往ノ作戰ノ經驗ヲ參照シテPXノ効果ノ計算法ヲ提示シタ。

更ニ同法ヲ予想目標地區ニ於テモ應用スベク推理ノ擴張ヲ行ッタ。

之ニ依レバPX1,0瓩ノ効果ハ次ノ様デアル。

第一次感染 最少 11名(北太冬)
最大 168名(西南太、ニギ)

全効果 最少 11名(北太冬)
最大 11,200名(ビ12月)

斯ル推定ガ如何ニ實際ニ即應スルカ、如何ニ改良スベキカハ大東亞戰ニ於ル今後ノ効果ノ検討ニ俟タネバナラヌガ、茲ニ考案シタ程度ヲ遙ニ凌駕スル大効果ヲ以テ上記推定ヲ根底カラ再検討スベキ秋ノ來ラン事ヲ希ッテ止マヌ。

主要參考文獻

淺見:「ホ」號作戰効果情報 (昭16.11)
石井: 特殊戰原則 (昭15.12)
金子: 甲「ク」目標調査 (防研報告第1部第45號)
貴寳院、高安:印度及南海方面敵狀判斷(昭18.9)
田中: 新醫學兵器ノ完成 (昭16.4)
内藤: 印度ニ於ケル傳染病史概要(南防業報丙第44號)
ハタ: 昭17.1」農安「ペスト」流行ニ於ケル死者数ノ推定計算 (昭18.11)
昭和十五年乃至十七年「ホ」號作戰戰斗詳報
昭和十五年新京ペスト防疫詳報

三

日本历史工具书《日本陆海軍総合事典》对731部队二百余名主要干部的记载

《731部队主要干部》之中文翻译

731部队主要干部

摘自秦郁彦编《日本陸海軍総合事典》 罗建忠译

编译者按： 日本历史学者秦郁彦（1932— ）受“日本近代史料研究会”延请，1971年参与编成《日本陸海軍制度·组织·人事》历史工具书，获日本文部省研究成果出版经费资助，由东京大学出版会出版。到1988年该书第10次再版时，已有很多新资料新成果出现，遂开始编纂修正版，3年而成，即《日本陸海軍総合事典》，1991年10月仍由东京大学出版会出版，该书至今又不断再版。工具书是可信度很高的文献资料，况且又为日本国内享誉的历史工具书，因此对于研究日本细菌战史有重要史料价值。该《総合事典》在书中专辟了《731部队主要干部(名簿)》一篇，它首先对731部队历史作了极简要陈述，然后对“731部队主要干部”276人分为“军医将校”（154人）、“药剂将校”（21人）、“技师”（101人）三类依据各种历史资料数据进行记载，主要记载每一人物的出身学校和毕业时间，在731部队服务的时间，任职，及最终军阶等。记载虽然简略，个别细节或许亦有误差，但如此大规模地将731部队（也包括了1855部队、1644部队、8604部队、9420部队）“主要干部”集中介绍，这在中日学术界还是第一次，也表明日本史学界对731部队基本事实的承认。《総合事典》原文记录影印于本译文之后。译者罗建忠，常德市旅游外侨局日文翻译。

1. 731部队的前身是1932年8月陆军军医学校防疫部附属的防疫研

究室，该研究室配属了石井四郎二等军医正①为首的5名军医。

2. 1933年秋，在满洲国的背阴河创建了以石井为长官的防疫研究实验场，着手进行了活体实验的细菌战研究。

3. 1936年8月，按照军令，成立了以石井为长官的关东军防疫部。1938年左右起，迁移到了建在哈尔滨郊外的平房总部。1940年7月10日按照军令甲14号，改编成了关东军防疫给水部（秘匿名是满洲第731部队）。

4. 1945年8月9日在苏联对日作战中，731部队炸毁了平房总部，部队主力于8月底前回到国内并复员。

5. 731部队由军医、兽医、药剂、卫生各将校和军队技师（高等官）及雇员，佣人等组成。

6. 最兴盛时的731部队，其内部组织设立了第1（细菌研究）、第2（实用实验）、第3（滤水器制造）、第4（细菌生产）、教育、资材、诊疗各部，此外还在各地设立了支部。

7. 以下是编者根据退职名簿、异动通报、兵籍、“精魂会会员名簿”等各种资料数据做成，范围限定军医、药剂将校和技师。技师中有中途转入技术将校（技术少佐等）的人员。

凡例［略］

军医将校

安东清：1929年庆应大学医学部毕业，1938—1940. 3. 9，在731部队就任，最终职位中尉。

天野美实：1936年昭和医专毕业，1939. 3. 9—1943. 4. 1，在731部队就任，最终职位少佐。

荒濑精一：1930年东京医专毕业，1941. 8. 1—1943. 8. 5/1943. 8. 5—1944. 9. 25，在731部队就任，最终职位中佐。

---

① 编译者注：当时日本军医军阶：三等军医（少尉），二等军医（中尉），一等军医（大尉），三等军医正（少佐），二等军医正（中佐）。有资料表明1932年时石井四郎应为三等军医正。据《汤普森报告》，石井四郎1931年8月1日晋为军医少佐，1935年8月1日晋为军医中佐。

有田正义：1936年慈惠大学毕业，1932.3.31—1945.9.1，在731部队就任，最终职位大尉。

井冈友之：1937年东北大学医学专业毕业，1940.12.10—1942.12.10，在731部队就任，最终职位少佐。

井上贯一郎：1936年九州医专毕业，1938—1939.8.20，在731部队就任，最终职位大尉。

井上美明：1944.12.15—战争结束，在731部队就任，最终职位大尉。

伊藤邦之助：1940年京都大学医学部毕业，1941.7.17—1944.7.18，在731部队就任，最终职位大尉。

伊藤喜明：1940年在东京医专毕业，1941.7.17—1944.11.22，在731部队就任，最终职位少佐。

伊藤武男：1938年京城大学医学部毕业，1940.12.2—1944.6.21，在731部队就任，最终职位少佐。

伊藤正彦：1937年京城医专毕业，1940.12.2—1943.11.20，在731部队就任，最终职位少佐。

家田达之：1943年庆应大学医生专业毕业，1944.8.18—战争结束，731部队就任，最终职位大尉。

池井贞夫：1922年熊本医专毕业，1937.7.28—1938.9.28/1940.3.9—1940.12.2/1940.12.2—1942.8.1（牡丹江支部长），在731部队就任，最终职位大佐。

池川重德：1941年东京大学医学部毕业，1944.12—战争结束，在731部队就任（飞行员），最终职位少佐。

池田苗夫：1929年新潟医大毕业，1940.8.22—1944.5.5，在731部队就任，最终职位中佐。

池边吉太郎：1935年金沢医大毕业，1938.7.15—1941.8.20，在731部队就任，最终职位中佐。

石井要：1928年慈惠大学毕业，1934—？在731部队就任。

石井四郎：医学博士，1920年京都帝国大学医学部毕业，1933.9—1935.7.31/1936.8.1—1942.8.1/1945.3.1—战争结束，在731部队就任，最终职位中将。

石井传八郎：1940年日本医专毕业，？—1943.3.1，在731部队就任。

碇常重：1929年长崎医大毕业，1939.3.9—1943.8.2/1943.8.2—1945.11.27（731部队第2部长），在731部队就任，最终职位大佐。

板仓纯：1922年千叶医专毕业，1941.3.1—1944.5.20，在731部队就任，最终职位大佐。

稻森正一：1937年日本医专毕业，1942.3—1942.7，在731部队就任，最终职位大尉。

今濑一夫：1921年千叶医专毕业，1941.7.21—1943.3.5（731部队第3部长），在731部队就任，最终职位少将。

今津纲干：医学博士，1922年东京大学医学部毕业，1941.7.21—1941.11.10（731部队总务部长），在731部队就任，最终职位少将。

岩崎孝：1934年日本医大毕业，1940.12.2—1941.7.28，在731部队就任，最终职位少佐。

岩崎敏雄：1938年京城大学医学部毕业，1940.12.2—1942.10.29，在731部队就任，最终职位少佐。

岩崎光三郎：1941年京都大学医学部毕业，1941.12.22—1944.5.10，在731部队就任，最终职位大尉。

臼井竹次郎：1939年庆应大学医学部毕业，1943.7.30—？在731部队就任，最终职位中尉。

植西忠信：1938年京都大学医学部毕业，1938.12.20—1943.10.30，在731部队就任，最终职位少佐。

江口豊洁：1928年京都府立医大毕业，1934.8.11—1935.6.16/1943.3.1—1943.4.8/1943.4.8—战争结束（731部队第3部长），在731部队就任，最终职位中佐。

小山田功：1935年熊本医大毕业，1941.7.31—1943.3.1，在731部队就任，最终职位少佐。

小野寺义男：1927年京都医大毕业，1934.5.23—1935.7.21/1936.7.21—1938.4，在731部队就任，最终职位中佐。

尾上正男：1931年东京医专毕业，1943.11.8—战争结束（牡丹江支部长），在731部队就任，最终职位少佐。

小口亘：1927年东京医专毕业，1934.5.14—1937.9.13/1938.3.13—1941.11.5，在731部队就任，最终职位中佐。

大本一雄：1937 年毕业，1939. 3. 9—1941. 8. 20，在 731 部队就任，最终职位少佐。

大田澄：医学博士，1920 年冈山医专毕业，1934. 5. 14—1941. 1. 15/1941. 1. 15—1941. 7. 2（731 部队第 2 部部长）/ 1941. 7. 2—1943. 4. 8（北支那防疫给水部长）[①] / 1943. 2. 17—1946. 2. 26（731 部队总务部长），在 731 部队就任，最终职位大佐。

奥贯弥之助：1919 年慈惠专科毕业，1941. 7. 2—1941. 7. 1，在 731 部队就任，最终职位中佐。

加藤真一：医学博士，1926 年名古屋大学医学部毕业，1939. 3. 9—1941. 8. 20，在 731 部队就任，最终职位大佐。

加藤恒则：1935 年慈惠大学毕业，1943. 12. 2—战争结束（海拉尔支部长），在 731 部队就任，最终职位少佐。

可知荣：1936 年金沢医大毕业，1939. 3. 19—1943. 8. 2，在 731 部队就任，最终职位少佐。

景山杏祐：1940 年冈山医大毕业，1941. 9. 8—战争结束，在 731 部队就任，最终职位少佐。

金子顺一：1936 年东京大学医学部毕业，1937—1940. 4. 1，在 731 部队就任，最终职位少佐。

金沢一久：1942. 4. 13—1956[②]. 12. 29，在 731 部队就任，最终职位大尉。

金田清：1940 年东京医专毕业，？—1943. 8. 2，在 731 部队就任，最终职位大尉。

神崎知：1938 年九州大学医专毕业，1938. 12. 20—1944. 3. 1，在 731 部队就任，最终职位少佐。

神田弘辅：1938 年京都大学医学部毕业，1941. 12. 22—1943. 10. 29，在 731 部队就任，最终职位少佐。

河上清久：1941 年慈惠大学毕业，1944. 8. 18—1945. 8. 14，在 731 部队就任，最终职位少佐。

---

① 编译者注：大田澄亦作太田澄，有历史资料显示，太田澄并未担任过北支那防疫给水部长职务，而是从 731 部队第 2 部部长转任中支那防疫给水部长之职。

② 编译者注：1956 应有误。

柄沢十三夫：1933 年东京医专毕业，1939. 11. 1—1944. 8. 15，在 731 部队就任，最终职位少佐。

川岛清：1916 年千叶医专毕业，1940. 3—1941. 3. 1/1941. 3. 1—1943. 3. 1（731 部队第 4 部长），在 731 部队就任，最终职位少将。

菊池齐：医学博士，1922 年东京大学医学部毕业，1942. 8. 1—战争结束（731 部队第 1 部长），在 731 部队就任，最终职位少将。

北川正隆：1925 年庆应医大毕业，？—1940. 6. 24/1941. 3. 1—1941. 7. 2/1941. 7. 2—1942. 4. 1（731 部队第 1 部长）/ 1942. 4. 5—1943. 6. 3（南方军防疫给水部长），在 731 部队就任，最终职位大佐。

北野政次：医学博士，1920 年东京大学医学部毕业，1942. 8. 1—1945. 3. 1，在 731 部队就任，最终职位中将。

空闲秀邦：1944. 2. 19—1945. 3. 15，在 731 部队就任，最终职位中尉。

国行昌赖：1942 年满洲医大毕业，1943. 7. 30—1944. 6. 15，在 731 部队就任，最终职位大尉。

小池正英：1939 年庆应大学医学部毕业，1940. 6. 18—？在 731 部队就任。

小林荣三：庆应大学医学部毕业，1939. 3. 31—？在 731 部队就任，最终职位中尉。

小林友幸：1938 年慈惠大学毕业，1938—1939. 8，在 731 部队就任，最终职位大尉。

小宅任：1935 年金泽医大毕业，1939. 3. 9—1939. 8. 20，在 731 部队就任，最终职位少佐。

児玉鸿：1935 年熊本医大毕业，1940. 12. 2—1942. 8. 1/1944. 3. 20—战争结束，在 731 部队就任，最终职位少佐。

近藤正也：1935 年日本大学医专毕业，1938—1941. 8. 20，在 731 部队就任，最终职位少佐。

佐佐木真三：1938 年庆应大学医学部毕业，1940. 12. 2—1942. 8. 19，在 731 部队就任，最终职位少佐。

佐佐木义孝：1930 年京都大学医学部毕业，1937. 3. 1—1938. 9. 28/1939. 8. 1—1940. 12. 2/1940. 12. 2—1943. 1. 11（孙吴支部长），在 731 部队就任，最终职位中佐。

佐藤东明：1941年京都大学医学部毕业，1941.12.22—1943.8.2，在731部队就任，最终职位少佐。

佐藤幸雄：1935年千叶医大毕业，1939.3.9—？在731部队就任，最终职位中佐。

佐藤俊二：医学博士，1923年在京都大学医学部毕业，1941.1.15—1941.11.21（南支那防疫给水部长）① /1943.2.17—1944.3.1（中支那防疫给水部长），在731部队就任，最终职位少将。

榊原秀夫：1934年冈山医大毕业，1944.9.25—战争结束（林口支部长），在731部队就任，最终职位少佐。

作山元治：1934年庆应大学医学部毕业，1939.3.9—1945.3.28，在731部队就任，最终职位中佐。

清水出：1935年慈惠大学毕业，？—1944.4.17，在731部队就任。

清水富士夫：1927年东京医专毕业，1939.3.9—1940.12.2/1940.12.2—1942.4.7（海拉尔支部长），在731部队就任，最终职位中佐。

白井清隆：1941年毕业，1941.9.8—？在731部队就任。

杉原正义：1936年冈山医大毕业，1944.3.20—1944.4.12，在731部队就任，最终职位少佐。

铃木启之：医学博士，1930年京都大学医学部毕业，1935.8.1—1943.3.1，在731部队就任，最终职位中佐。

铃木穐男：1935年东北医大毕业，1940.12.2—1941.7.28/1944.3.20—战争结束，在731部队就任，最终职位少佐。

濑户尚二：1928年日本医专毕业，1937.3.1—1942.2.21，在731部队就任，最终职位中佐。

园口忠男：1939年熊本医大毕业，1940.6.18—1943.4.1/1944.12—战争结束，在731部队就任，最终职位少佐。

园田太郎：1928年京都大学医学部毕业，1937.3.10—1938.8.10/1940.3.9—1942.2.19/1942.2.19—1944.7.24（731部队教育部长），在731部队就任，最终职位大佐。

---

① 编译者注：佐藤俊二1949年12月在伯力法庭上曾供述：他在1940年12月至1943年2月间担任过南支那防疫给水部长。（[苏]《前日本陆军军人因准备和使用细菌武器被控案审判材料》，莫斯科外国文书籍出版局1950年行印，第324页。）

田中淳雄：1941年京都大学医学部毕业，1941. 12. 22—1945. 9. 27，在731部队就任，最终职位少佐。

田中豊実：医学博士，1936年日大医专毕业，1938. 12. 10—1940. 4. 1/1942. 3. 31—1944. 5. 8，在731部队就任，最终职位少佐。

多田瑞彦：1939年冈山医大毕业，1940. 6. 18—1941. 9，在731部队就任，最终职位大尉。

田部邦之助：1932年庆应大学医学部毕业，1940. 10. 1—战争结束，在731部队就任，最终职位中佐。

多几山琢二：1939年京都大学医学部毕业，1940. 12. 2—？在731部队就任。

高桥三郎：1936年昭和医专毕业，1939. 3. 9—1941. 8. 20，在731部队就任，最终职位少佐。

高桥传：1932年东北医大毕业，1943. 3. 1—1944. 12. 2，在731部队就任，最终职位中佐。

高桥正彦：医学博士，1936年庆应大学医学部毕业，？—1940. 4. 1/1943. 3. 31—战争结束，在731部队就任，最终职位少佐。

竹内义春：1935年日本医大毕业，1945. 2. 19—战争结束，在731部队就任，最终职位少佐。

竹川信也：1936年慈惠大学毕业，1939. 3. 9—1941. 8. 20，在731部队就任，最终职位少佐。

巽庄司：1939年京都大学医学部毕业，1942. 10. 29—1945. 9. 25，在731部队就任，最终职位少佐。

谷口良硕：医学博士，1932年慈惠大学毕业，1939. 3. 9—1943. 11. 20，在731部队就任。

千野纯之：1939年日本医专毕业，1944. 8. 18—战争结束，在731部队就任，最终职位大尉。

近野寿男：1918年熊本医专毕业，1944. 3. 1—1945. 4. 28（中支那防疫给水部长），在731部队就任，最终职位少将。

户村陆朗：1935年慈惠大学毕业，1942. 2. 21—1943. 7. 15，在731部队就任，最终职位少佐。

户田贤：1921年名古屋医专毕业，1942. 8. 1—1943. 11. 18，在731部队就任，最终职位大佐。

鸟井律平：1944. 8. 18—战争结束，在 731 部队就任，最终职位大尉。

内藤良一：1931 年京都大学医学部毕业，1943. 3. 20—战争结束，在 731 部队就任，最终职位中佐。

中黑秀外之：医学博士，1932 年北大医学部毕业，1939. 3. 9—1943. 9. 28，在 731 部队就任，最终职位中佐。

中田秋市：1937 年昭和医专毕业，1939. 3. 9—1943. 8. 19，在 731 部队就任，最终职位少佐。

中留金藏：医学博士，1926 年京都大学医学部毕业，1941. 11. 6—1944. 9. 5（731 部队总务部长），在 731 部队就任，最终职位少将。

中野信雄：1936 年名古屋大学医学部毕业，1939. 3. 9—1942. 9. 10，在 731 部队就任，最终职位少佐。

永山太郎：1927 年冈山医大毕业，1940. 3. 9—1940. 12. 23/1940. 12. 23—1946. 2. 28（731 部队诊疗部长），在 731 部队就任，最终职位大佐。

长友浪男：1941 年东北大学医学部毕业，1943. 8. 2—战争结束，在 731 部队就任，最终职位大尉。

西辰彦：1938 年在大阪大学医学部毕业，1940. 12. 2—1943. 11. 25，在 731 部队就任。

西俊英：1927 年日本医专毕业，1943. 7. 24—1953①. 12. 26（731 部队教育部长），在 731 部队就任，最终职位中佐。

西郡彦嗣：1927 年京都大学医学部毕业，1938—1941. 1. 22，在 731 部队就任，最终职位大佐。

西田重卫：1939 年满洲医大毕业，1943. 11. 20—1945. 9. 24，在 731 部队就任，最终职位少佐。

西村英二：医学博士，1919 年冈山医专毕业，1933. 9—1937. 12. 12/1939. 3. 9—战争结束（北支那防疫给水部长），在 731 部队就任，最终职位大佐。

根津尚光：1941 年京城大学医学部毕业，1941. 12. 22—战争结束，

---

① 编译者注：1953 年应有误。据《伯力审判材料》，西俊英 1943 年 1 月至 1944 年 6 月任 731 部队 673 支队长（孙吴支队长），1944 年 7 月至 1945 年 6 月任 731 部队教育部长，1945 年 7 月至 8 月再任 673 支队长，8 月中旬被俘。

在 731 部队就任，最终职位少佐。

野口圭一：医学博士，1937 年京都大学医学部毕业，？—1941. 4. 1/1943. 8. 2—战争结束，在 731 部队就任，最终职位少佐。

野崎稔：1941 年日本医大毕业，在 731 部队就任，最终职位少佐。

野崎幸郎：1933 年日本大学医学部毕业，1939. 11. 1—1941. 9. 20/1943. 10. 2—1943. 12. 8，在 731 部队就任，最终职位少佐。

野原清水：1933 年慈惠大毕业，1943. 10. 9—1944. 8. 1，在 731 部队就任，最终职位少佐。

野吕文彦：1937 年在昭和医专毕业，1942. 8. 5—1944. 6. 10，在 731 部队就任（飞行员），最终职位少佐。

羽山良雄：医学博士，1925 年在大阪医大毕业，1943. 6. 3—战争结束（南方军防疫给水部长），在 731 部队就任，最终职位少将。

早川清：1930 年东京大学医学部毕业，1937—1940，在 731 部队就任，最终职位中佐。

早川釞郎：1936 年名古屋大学医学部毕业，1940. 12. 2—1941. 12. 5，在 731 部队就任。

早川正敏：1928 年慈惠大学毕业，1939. 3. 9—1941. 7，在 731 部队就任，最终职位中佐。

坂东太郎：1939 年京都大学医学部毕业，1940. 12. 2—？在 731 部队就任。

樋渡喜一：1938 年东北大学医学部毕业，1938. 12. 20—1940. 7. 19/1940. 11. 30—1941. 7. 28/1944. 3. 31—1946. 3. 20，在 731 部队就任，最终职位少佐。

肥野藤信三：1935 年东京大学医学部毕业，1938. 12. 10—1940. 8. 6/1943. 8. 2—战争结束，在 731 部队就任，最终职位少佐。

平沢正欣：1933 年京都大学医学部毕业，1939. 3. 9—1945. 6. 11，在 731 部队就任（飞行员），最终职位中佐。

福森宪雄：陆军士官学校 33 期毕业，1939. 5. 19—1940. 11，在 731 部队就任（飞行员），最终职位中佐。

藤井英太郎：1928 年京都府立医大毕业，1941. 7. 15—1942. 1. 28/1942. 1. 28—1943. 11. 8（海拉尔支部长），在 731 部队就任，最终职位大佐。

降旗武臣：1936 年东北大学医学部毕业，1938. 7. 15—1939. 6. 24/1944. 3. 20—1945，在 731 部队就任，最终职位少佐。

北条圆了：医学博士，1924 年在东京医专毕业，1933—1935，在 731 部队就任，最终职位大佐。

帆刈喜四男：1936 年新潟医大毕业，1938. 3. 15—1941. 8. 20，在 731 部队就任，最终职位少佐。

细矢博：1939 年日本大学医学部毕业，1939. 12. 16—？/ 1944. 6. 20—战争结束，在 731 部队就任，最终职位少佐。

马杉菊三：医学博士，1937 年东京大学医学部毕业，1944. 4. 17—？在 731 部队就任。

增田知贞：医学博士，1926 年京都大学医学部毕业，1937. 7. 28—1938. 8. 30/1941. 1. 15—1941. 7. 2（中支那防疫给水部长）/1945. 4. 19—战争结束（731 部队第 3 部长），在 731 部队就任，最终职位大佐。

松浦茂辉：1940 年在东京医专毕业，1941. 7. 17—1945. 11. 30，在 731 部队就任，最终职位大尉。

松崎阳：1925 年庆应大学医学部毕业，1939. 5. 5—1939. 8. 1，在 731 部队就任，最终职位少将。

松下元次：医学博士，1938 年东京大学医学部毕业，1937. 8—1939. 8，在 731 部队就任，最终职位少佐。

丸谷八郎：1943. 7. 30—？在 731 部队就任。

松平豊太郎：1933 年京城大学医学部毕业，1944. 7. 24—1945. 11. 30（孙吴支部长），在 731 部队就任，最终职位中佐。

三崎要一：1941. 7. 31—1942. 10. 3，在 731 部队就任，最终职位中佐。

三谷恒夫：1936 年京都大学医学部毕业，1938. 7. 15—1939. 6. 22/1940. 11. 30—1943. 4. 1，在 731 部队就任，最终职位少佐。

三谷千三：1938 年东京医专毕业，1940. 12. 2—1942. 10. 29，在 731 部队就任，最终职位少佐。

宫川正：医学博士，1937 年东京大学医学部毕业，1944. 3. 4—？在 731 部队就任，最终职位少佐。

宫崎淳臣：1939 年京都医大毕业，1940. 6. 17—1941. 8. 20，在 731 部队就任，最终职位少佐。

村上隆：1924年熊本医专毕业，1939.3.9—1940.8/1940.8.1—1941.7（731部队总务部长）/1941.7.2—1943.8.2（731部队第2部长），在731部队就任，最终职位大佐。

村田武雄：1939年京城医专毕业，1941.6.18—1945.1.4，在731部队就任，最终职位少佐。

本永明彦：1938年京都府立医大毕业，1940.3.9—？在731部队就任。

山口吾一：1927年京都府立医大毕业，1937—1938/1940.3.9—1940.12.2/1940.12.2—1943.8.2（林口支部长），在731部队就任，最终职位大佐。

山崎新：1924年庆应大学医学部毕业，1945.4.28—战争结束（中支那防疫给水部长），在731部队就任，最终职位大佐。

山野内祐次郎：1934年东京医专毕业，1938.3.14—1943.8.25，在731部队就任，最终职位少佐。

山田二郎：1937年庆应大学医学部毕业，1938.12.10—1944.5.13，在731部队就任，最终职位少佐。

山本吉郎：陆军士官学校29期毕业，1938.6.1—1940.7（参谋），在731部队就任，最终职位中佐。

吉川忠道：1941年庆应大学医学部毕业，1942.4.13，在731部队就任。

吉野贵正：1940年慈惠大学毕业，1941.3.1—在731部队就任，最终职位大尉。

吉村俊英：1940.3.9—？在731部队就任。

蓬田正二：1936年东北医大毕业，1941.7.31—1943.11.8/1943.11.18—1944.12.2（海拉尔支部长），在731部队就任，最终职位少佐。

渡边定友：1941年日本大学医专毕业，1942.10.29—1946.2.27，在731部队就任，最终职位大尉。

渡边四郎：1939.3.9—1939.12.1，在731部队就任。

渡边诚：1942年名古屋大学医学部毕业，1944.4.7—战争结束，在731部队就任，最终职位大尉。

渡边廉：？—1938.8.30，在731部队就任。

药剂将校

阿部德光：熊本药专毕业，1941. 12. 24—战争结束，在 731 部队就任，最终职位大尉。

天辰良道：长崎药专毕业，在 731 部队就任，最终职位中佐。

荒井岩夫：1939 年东大医学部药学科毕业，1940. 6. 18—1943. 8. 2，在 731 部队就任，最终职位少佐。

大谷章一：1915 年毕业，1940. 12. 2—1944. 12. 22（731 部队资材部长），在 731 部队就任，最终职位少将。

河岛三德：1925 年东大医学部药学科毕业，1936. 8. 1—1944. 5. 1，在 731 部队就任，最终职位中佐。

木村武：1937 年东大医学部药学科毕业，1943. 4. 1—1943. 7. 15，在 731 部队就任，最终职位少佐。

草味正夫：1926 年东大医学部药学科毕业，1938. 3. 1—战争结束，在 731 部队就任，最终职位大佐。

小林茂生：1926 年东大医学部药学科毕业，1937. 7—1940. 3. 9，在 731 部队就任，最终职位大佐。

柴野金吾：1924 年东大医学部药学科毕业，1944. 12. 22—战争结束（731 部队资材部长），在 731 部队就任，最终职位大佐。

嶋指嘉夫：1940. 12. 2—？在 731 部队就任。

内藤收次：1941 年京都药专毕业，1942. 10. 29—战争结束，在 731 部队就任，最终职位大尉。

野村治夫：？—1943. 4. 8，在 731 部队就任。

萩村博治：1927 年金泽药专毕业，1943. 8. 2—1944. 10，在 731 部队就任，最终职位少佐。

半田和敬：1940. 12. 2—？在 731 部队就任。

增田美保：1931 年东京药专毕业，1936. 8. 1—战争结束（飞行员），在 731 部队就任，最终职位少佐。

松冈清：1942. 10. 29—战争结束，在 731 部队就任，最终职位大尉。

松浦春雄：1924 年千叶药专毕业，1940. 3. 9—1944. 3. 4/1940. 12. 2，

在 731 部队就任，最终职位大佐。

宫富龙一：1940. 12. 2—？在 731 部队就任。

目黑正彦：1939 年东大医学部药学科毕业，1942. 2. 19—战争结束，在 731 部队大连支部就任，最终职位少佐。

山内忠重：1927 年金泽药专业毕业，？—1939. 6. 1，在 731 部队就任，最终职位中佐。

山口一孝：1934 年东大医学部药学科毕业，1944. 4. 8—战争结束，在 731 部队就任，最终职位大尉。

技 师

安东洪次：医学博士，1919 年东京大学医学部毕业，1938. 4—战争结束（大连支部长），在 731 部队就任，研究细菌。

安藤启三郎：1938—1939. 8. 7，在 731 部队就任。

秋元寿惠夫：医学博士，1938 年东京大学医学部毕业，1944. 5—1945. 9，在 731 部队就任，研究血清。

朝比奈正二郎：1938 年东大理科部毕业，1939 年—战争结束，在 731 部队就任，研究昆虫。

浅川茂树：1943. 4. 5—战争结束，在 731 部队就任，部门技术大尉。

新居久夫：1943. 4. 5—？在 731 部队就任。

荒木三郎：1942. 1. 10—，在 731 部队就任。

在田勉：1939. 4. 5—1944. 8. 25，在 731 部队就任，部门技术少佐。

井上一田：1933 年日本医专毕业，1939. 4. 5—？在 731 部队就任，部门负责建设。

伊藤勇：1944. 7. 8—？在 731 部队就任。

伊藤时哉：1938 年东北大学农学部毕业，1942. 3. 18—战争结束，在 731 部队大连支部就任，透析专业。

饭田敏行：医学博士，1928 年京都药专毕业，1942. 3. 15—战争结束，在 731 部队就任，研究冻伤。

石井刚男：1933—战争结束，在 731 部队就任，负责圆木牢房监守。

石井三男：1913 年麻布兽医毕业，1933—战争结束，在 731 部队就任，负责试验动物场舍看管。

石川太刀雄丸：医学博士，1931年京都大学医学部毕业，1938.3—1944.3，在731部队就任，解剖专业。

石光薰：1920年东大医毕业，1938—战争结束，在731部队就任。

石山金三：1913年东京医专毕业，1939.8.16—1944.8.23，在731部队就任。

内海薰：1944.6.5—？在731部队就任，研究血清。

江岛真平：1914年东京兽医高学学校毕业，1939.4.5—战争结束，在731部队就任，研究赤痢。

小原定夫：1941.12.8—战争结束，在731部队就任，技术大尉。

老籾正美：1935年名古屋医大毕业，1939.6.29—？在731部队就任。

冈本耕造：医学博士，1931年京都医大毕业，1938.2—？在731部队就任，解剖专业。

冈本良三：1924年庆应医大毕业，1938—战争结束，在731部队大连支部就任。

大西芳雄：东京工业高等学校毕业，1942.3.14—1945.1，在731部队就任，技术少佐，研究鼠疫。

开原勤：医学博士，1932年庆应大学医学部毕业，1938—战争结束，在731部队大连支部就任，研究牛痘。

加藤康久：1944.6.5—？在731部队就任。

笠井久雄：1923年城大医毕业，1938—战争结束，在731部队大连支部就任，研究天然痘。

笠原四郎：1929年庆应大学医学部毕业，1939.4.5—战争结束，在731部队就任，研究病毒。

金泽谦一：1934年东京大学医学部毕业，？—战争结束，在731部队就任。

春日忠善：医学博士，1933年庆应大学医学部毕业，1943.6.30—战争结束，在731部队大连支部就任，研究鼠疫。

川上渐：京都大学医学部毕业，1940.8.23—战争结束（调查部长），在731部队就任，解剖专业。

菊村泰太郎：1937年麻布兽医毕业，1944.6.5—战争结束，在731

部队就任。

贵宝院秋雄：医学博士，1934年京都府立医大毕业，1939.4.5—1941，在731部队就任，研究天然痘。

工藤继市：1937年鸟取农业高中毕业，1944.6.5—战争结束，在731部队大连支部就任，研究疫苗。

楠本健二：1936年宫崎农业高中毕业，1944.6.5—战争结束，在731部队就任。

仓井弘武：1936年大阪医专毕业，1943.10.30—战争结束，在731部队就任。

仓内喜久雄：1926年庆应大医毕业，1943.10.30—战争结束，在731部队大连支部就任，研究疫苗。

栗秋要：1934年京城大医学部药学科毕业，1940.6.28—战争结束，在731部队就任，研究药理。

小桧山正时：1936年东京大学物理学科毕业，1943.4.5—战争结束，在731部队就任。

小山博：1935年日本工业大学毕业，1940.6.28—战争结束，在731部队大连支部就任，负责建设部门。

児玉得三：1923年庆应大学医学部毕业，1938—1942.12，在731部队大连支部就任，卫生学专业。

五岛一男：1943.4.5—？在731部队就任，技术少佐。

小门前茂正：职业学校毕业，1944.2.1—战争结束，在731部队就任，技术中尉。

近藤钧一郎：医学博士，1936年京城大学医学部毕业，1940.6.28—？在731部队大连支部就任，研究药理。

今野信治：1944.8.1—？在731部队就任，玻璃维修。

齐藤和胜：1930年旅顺工业大学毕业，1943.10.30—战争结束，在731部队就任。

齐藤幸一郎：1931年京都大学医学部毕业，1938，在731部队就任，研究血液。

盐见金佐久：1939.3.23—？在731部队就任，X线专业。

清水英次郎：1943.12.1—战争结束，在731部队就任，技术大尉。

篠崎正典：1941年东北大学医学部毕业，1944.11.30—战争结束，在 731 部队就任。

篠田统：1923 年京都大学理学部毕业，1938—1940. 7. 20，在 731 部队就任，研究昆虫（跳蚤）。

铃木二郎：1943. 12. 1—战争结束，在 731 部队就任，技术大尉。

铃木俊一：1929 年东北大学农学部毕业，1943. 1. 30—战争结束，在 731 部队大连支部就任。

铃木重夫：1942. 3. 14—战争结束，在 731 部队就任，职位技术少佐。

关博夫：上田蚕丝学校毕业，在 731 部队就任，研究昆虫。

关取武治：职业学校毕业，1945. 8. 1—战争结束，在 731 部队就任。

妹尾左知丸：1940 年京都大学医学部毕业，在 731 部队就任，研究病理。

田中英雄：1931 年京都大学动物专业毕业，1938. 3—？／1943. 12. 1—战争结束，在 731 部队就任，职位技术中佐。

田部井和：1931 年京都大学医学部毕业，1938. 2—1943. 1，在 731 部队就任，研究伤寒。

高桥祝：1943. 12. 1—战争结束，在 731 部队就任，职位技术大尉。

武田周平：1934 年东北大学农学部毕业，1938—？／1943. 4. 5—战争结束，在 731 部队大连支部就任，透析专业。

竹广登：医生博士，1934 年京都大学医学部毕业，1944. 2. 13—1945，在 731 部队就任，研究病理。

竹浜岩雄：？—战争结束，在 731 部队就任。

竹森信之：1937 年满州医大毕业，1940. 8. 23—战争结束，在 731 部队就任。

留冈展男：1937 年东京农业高中毕业，1944. 11. 30—战争结束，在 731 部队就任。

所安夫：医生博士，1935 年东京大学医学部毕业，1943—1945，在 731 部队就任，研究病理。

中込叶：1936 年新潟医大毕业，1938—战争结束，在 731 部队大连支部就任，研究病理。

中込亘：医学博士，1927 年东京大学医学部毕业，1938. 8. 18—？在 731 部队就任。

中村留八：早稻田大学电气专业毕业，1937. 3—战争结束，在 731 部队就任，（动力）技术少佐。

仁科让：千叶药专毕业，1944.6.5—战争结束，在731部队就任，药学专业。

林一郎：1933年京都大学医学部毕业，1938—1939，在731部队就任，病理专业。

桥本荣市：1932年武藏工业高中毕业，1944.8.18—战争结束，在731部队就任。

浜田隆敏：1940.6.28—？在731部队就任。

浜田稔：1934年京都大学植物专业毕业，1944.5.20—战争结束，在731部队就任。

浜田豊博：1940年满洲医大毕业，1943.5.19—战争结束，在731部队就任。

浜野满雄：医学博士，1936年满洲医大毕业，1938—战争结束，在731部队大连支部就任，研究细菌。

福田宪六：1938—？在731部队大连支部就任。

藤原留造：1938年东北医大毕业，1943.5.28—战争结束，在731部队大连支部就任，研究细菌。

藤村吉之助：1939.4.10—？在731部队就任。

藤本太郎：1935年金泽医大毕业，1944.6.5—战争结束，在731部队大连支部就任，研究细菌。

二木秀雄：医学博士，1933年金泽医大毕业，1939.4.5—？/1933.5.5—战争结束，在731部队就任，研究结核。

堀口铁夫：1939—战争结束，在731部队就任，负责玻璃维修。

真子宪治：医学博士，1932年满洲医大毕业，1938—战争结束，在731部队大连支部就任，研究疫苗。

前田亨一郎：1935年庆应大学医学部毕业，1938—1945，在731部队就任，研究疫苗。

松田达雄：1943.12.1—战争结束，在731部队就任，技术大尉。

三留光男：医学博士，1930年日本牙专毕业，1940.7.19—？在731部队就任。

凑正男：医学博士，1935年京都大学医学部毕业，1938—战争结束，在731部队就任，研究霍乱。

森和雄：医学博士，1935 年东北大学理科毕业，1940. 5. 31—战争结束，在 731 部队就任。

门马显义：1933 年东京兽医高中毕业，1943. 4. 5—？在 731 部队就任。

八木泽行正：1933 年东北大学理科毕业，1934—战争结束，在 731 部队就任，技术少佐（植物）。

安川隆：1924 年水产讲义所毕业，1939. 4. 5—1943. 8. 28，在 731 部队任.

安田忠之：1943. 12. 1—战争结束，在 731 部队就任，技术大尉。

柳濑清一：1943. 4. 5—？在 731 部队就任。

山内豊纪：1933 年东京兽医高等学校毕业，1939. 6—战争结束，在 731 部队大连支部就任，研究疫苗。

山口秀一：1939. 8. 16—战争结束，在 731 部队就任，研究细菌。

山田诚：1936 年东京农业高等学校毕业，1943. 4. 5—战争结束，在 731 部队大连支部就任，研究天然痘。

山田修治：1942. 12. 8—战争结束，在 731 部队就任，技术大尉。

吉田源二：1934 年东京大学医学部毕业，1939. 4. 5—战争结束，在 731 部队就任。

吉村寿人：医生博士，1930 年京都大学医学部毕业，1938. 3—战争结束，在 731 部队就任，研究冻伤。

养祖元次郎：1940. 6. 28—战争结束，在 731 部队大连支部就任，卫生防疫。

渡边辺：熊本医专毕业，1939. 6—1940. 9，在 731 部队就任，研究细菌。

《731部队主要干部》之日文原文影印

编译者按：以下是《日本陸海軍総合事典》一书扉页、版权页及所载《731部队主要干部》之原文影印件。

日本陸海軍総合事典

秦 郁彦 編

東京大学出版会

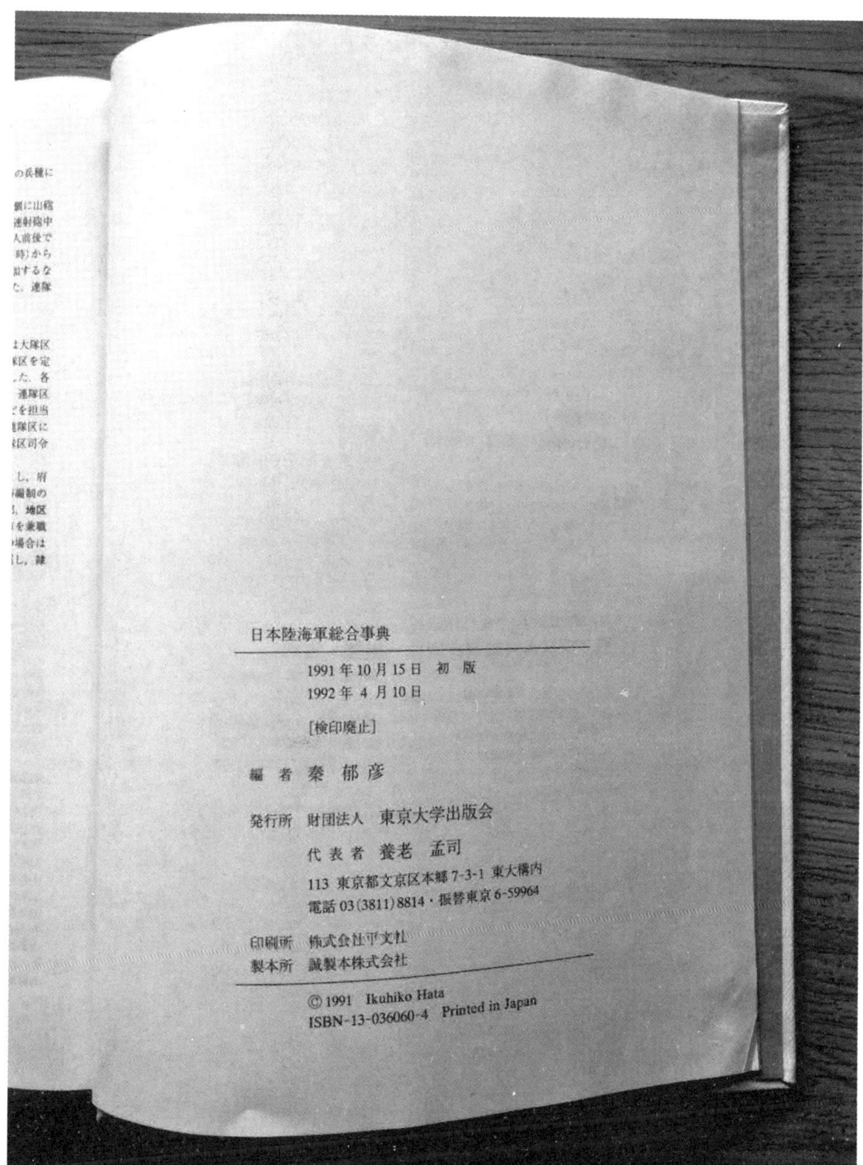

日本陸海軍総合事典

1991年10月15日 初 版
1992年 4 月10日

[検印廃止]

編 者 秦 郁彦

発行所 財団法人 東京大学出版会
代 表 者 養老 孟司
113 東京都文京区本郷7-3-1 東大構内
電話03(3811)8814・振替東京6-59964

印刷所 株式会社平文社
製本所 誠製本株式会社

ISBN-13-036060-4 Printed in Japan

階級	氏名	自	至	地域
中 佐	八原 博通(35)	15. 9 —	15.11	タイ・マレー
	(八木博-商人)			
〃	能勢 潤三(28)	15. 9 —	16. 5	比島
	(鈴木某-材木商)			
中 尉	亀山 六蔵(中)	15. 9 —	19. 7	アフガン
	(-領事館員)			
少 佐	永石 正久(36)	15.10 —		タイ
〃	近藤 伝八(41)	15.10 —		蘭印
〃	厨 次則(41)	15.10 —	16.11	タイ・蘭印
〃	西村 兵一(37)	15.11 —		スマトラ
〃	西浦 和夫(39)	15.11 —		タイ
主少佐	岡崎 豊	15.11 —		〃
大 佐	田中 友道(27)	15.11 —		〃
少 佐	門松 正一(37)	15.11 —		スマトラ
中 佐	中島 義雄(36)	15.12 —	16. 1	比島
大 尉	浴 宗輔(43)	15.12 —	16. 2	〃
	(変名-教師)			
中 佐	岩橋 一男(35)	15.12 —	16. 2	〃
少 佐	橋田 精(40)	15.12 —	16. 4	豪州・蘭印
大 佐	原田 義和(28)	15.12 —	16. 6	蘭印
中 尉	丸崎 義男(中)	15.12 —	16.12	スラバヤ
	(変名-領事館書記生)			
中 佐	石川 晋(35)	15.12 —	16.	ジャワ
	(石田祐一-農林技師)			
少 佐	小松原虎男(36)	15.12 —		スマトラ
	(変名-王子製紙社員)			
中 尉	新穂 智(中)	15.12 —		ジャワ
	(変名-同盟通信記者)			
少 佐	古木 重之(36)	15.12 —		〃
大 尉	豊福 徹夫(44)	16. 1 —	16. 7	南東太平洋
	(商社員)			
中 佐	二宮 義清(34)	16. 1 —		タイ
〃	櫛田 正夫(35)	16. 2 —	16. 3	タイ
少 佐	細川 直知(42)	16. 2 —	16.10	香港
大 佐	鈴木 敬司(30)	16. 2 —	16.12	タイ
	(南機関)			
中 佐	高品 朋(32)	16. 2 —		タイ
少 佐	鹿子島 隆(42)	16. 4 —	16.11	シンガポール
	(変名-領事館書記生)			
〃	大曽根義彦	16. 4 —	16.12	シンゴラ
	(変名—領事館員)			
中 尉	伊野部重珍(中)	16. 4 —	16.12	シンゴラ
	(領事館員)			
少 佐	重野 誠雄(39)	16. 5 —	16秋	東南アジア
大 尉	朝枝 繁春(45)	16. 8 —	16.10	南タイ
	(藤井猛-農林技師)			
中 尉	平館 勝治(中)	16. 8 —	16.12	ビルマ
	(領事館員)			
中 佐	松前未曽雄(38)	16. 8 —	16.10	南タイ
	(変名-外交官)			
少 佐	藤原 岩市(43)	16. 9 —	16.12	タイ
	(山下浩一-外務省嘱託)			
航中尉	丸野 弘(52)	16.夏 —	16.秋	マレー

A-7 731部隊主要幹部

1. 前身は昭和7年8月，陸軍軍医学校防疫部に付置された防疫研究室で，石井四郎二等軍医正ら5人が配属された.
2. 昭和8年秋，満州国の背陰河に石井を長とする防疫研究室の実験場が開設され，生体実験をふくむ細菌戦の研究に着手した.
3. 昭和11年8月，軍令により石井を長とする関東軍防疫部が編成され，13年頃からハルビン郊外の平房に新設された本部へ移転し，15年7月10日の軍令甲14号により，関東軍防疫給水部(秘匿名は満州第731部隊)へ改編された.
4. 昭和20年8月9日ソ連の対日参戦とともに731部隊の主力は，平房の本部などを爆破して主力は8月末までに内地へ復員した.
5. 731部隊は軍医，獣医，薬剤，衛生の各将校と軍属である技師(高等官)と雇員，傭人などによって構成された.
6. 最盛時の731部隊の内部組織は，第1(細菌研究)，第2(実用実験)，第3(濾水器製造)，第4(細菌製造)，教育，資材，診療の各部の他，各地に支部を置いた.
7. 以下は停年名簿，異動通報，兵籍，「精魂会会員名簿」など各種のデータによって編者が作成したものである．範囲を軍医・薬剤将校と技師に限定した．技師のなかには途中で技術将校(技少佐など)へ転じた者もいる.

凡 例

数字は卒業年(昭和)，大11は大正11年を示す.

千＝千葉　長＝長崎　新＝新潟　城＝京城　阪＝大阪

金＝金沢　熊＝熊本　岡＝岡山　満＝満州

日医専＝日本医専　昭医専＝昭和医専，東医専＝東京医専　京府医大(専)＝京都府立医大(専)

東大薬＝東大医学部薬学科

東高工＝東京工業高等学校

＊　医学博士

○　終戦現在に勤務

▽　大連支部勤務者

軍医将校

氏　名	出身校(年)	在任期間	最終階級
安東　清	4慶大医	13.　−15. 3. 9	中尉
天野　美実	11昭医専	14. 3. 9−18. 4. 1	少佐
荒瀬　精一	5東医専	16. 8. 1−18. 8. 5	中佐
		18. 8. 5−19. 9.25	
有田　正義	11慈恵大	17. 3.31−20. 9. 1	大尉
井岡　友之	12東北医	15.12.10−17.12.10	少佐
井上貫一郎	11九州医専	13.　−14. 8.20(×)	大尉
井上　美明		19.12.15−　○	大尉
伊藤邦之助	15京大医	16. 7.17−19. 7.18(×)	大尉
伊藤　喜明	15東医専	16. 7.17−19.11.22	少佐
伊藤　武男	13城大医	15.12. 2−19. 6.21	少佐
伊藤　正彦	12城医専	15.12. 2−18.11.20	少佐
家田　達之	18慶大医	19. 8.18−　○	大尉
池井　貞夫	大11熊医専	12. 7.28−13. 9.28	大佐
		15. 3. 9−15.12. 2	
		15.12. 2−17. 8. 1	
		(牡丹江支部長)	
池川　重徳	16東大医	19.12.　−　○	少佐
		(パイロット)	
池田　苗夫	4新医大	15. 8.22−19. 5. 5	中佐
池辺吉太郎	10金医大	13. 7.15−16. 8.20	中佐
石井　要	3慈恵大	9.　−	
*石井　四郎	大9京大医	8. 9　−10. 7.31	中将
		11. 8. 1−17. 8. 1	
		20. 3. 1−　○	
石井伝八郎	15日大医専	−18. 3. 1	
碇　常重	4長医大	14. 3. 9−18. 8. 2	大佐
		18. 8. 2−20.11.27	
		(2部長)	
板倉　純	大11千医専	16. 3. 1−19. 5.20	大佐
稲森　正一	12日医専	17. 3.　−17. 7.　(×)	大尉
今瀬　一夫	大10千医専	17. 2.19−18. 3. 5	少将
		(3部長)	
*今津　綱幹	大11東大医	16. 7.21−16.11.10	少将
		(総務部長)	
岩崎　孝	9日医大	15.12. 2−16. 7.28	少佐
岩崎　敏雄	13城大医	15.12. 2−17.10.29	少佐
岩崎光三郎	16京大医	16.12.22−19. 5.10(×)	大尉
臼井竹次郎	14慶大医	18. 7.30−	中尉
植西　忠信	13京大医	13.12.20−18.10.30	少佐
*植村　肇	13金医大	16.12.22−19. 6.10	少佐
江口　豊潔	3京府医大	9. 8.11−10. 6.16	中佐
		18. 3. 1−18. 4. 8	
		18. 4. 8−　○	
		(3部長)	
小山田　功	10熊医大	16. 7.31−18. 3. 1	少佐
小野寺義男	2京大医	9. 5.23−10. 7.24	中佐
		11. 7.21−13. 4	
尾上　正男	6東医専	18.11. 8−　○	少佐
		(牡丹江支部長)	
小口　亘	2東医専	9. 5.14−12. 9.13	中佐
		13. 3.13−16.11. 5	
大木　一雄	12	14. 3. 9−16. 8.20	少佐
*大田　澄	大9岡医専	9. 5.14−16. 1.15	大佐
		16. 1.15−16. 7. 2	
		(2部長)	
		16. 7. 2−18. 4. 8	
		(北支那防疫給水部長)	
		18. 2.17−21. 2.26	
		(総務部長)	
奥貫弥之助	大8慈恵専	16. 7. 2−16. 7.16	中佐
*加藤　真一	大15名大医	14. 3. 9−16. 8.20	大佐
加藤　恒則	10慈恵大	19.12. 2−　○	少佐
		(ハイラル支部長)	
可知　栄	11金医大	14. 3. 9−18. 8. 2	少佐
景山　杏祐	15岡医大	16. 9 .8−　○	少佐
金子　順一	11東大医	12.　−15. 4. 1	少佐
金沢　一久		17. 4.13−31.12.29	大尉
金田　清	15東医専	−18. 8. 2	大尉
神崎　知	13九大医	13.12.20−19. 3. 1	少佐
神田　弘輔	13京大医	16.12.22−18.10.29	少佐
河上　清久	16慈恵大	19. 8.18−20. 8.14(×)	少佐
柄沢十三夫	8東医専	14.11. 1−19. 8.15	少佐
川島　清	大5千医専	15. 3.　−16. 3. 1	少将
		16. 3. 1−18. 3. 1	
		(4部長)	
*菊池　斉	大11東大医	17. 8. 1−　○	少将
		(1部長)	
北川　正隆	大14慶応医	−15. 6.24	大佐
		16. 3. 1−16. 7. 2	
		16. 7. 2−17. 4.15	
		(1部長)	
		17. 4. 5−18. 6. 3	
		(南方軍防疫給水部長)	
*北野　政次	大9東大医	17. 8. 1−20. 3. 1	中将
空閑　秀邦		19. 2.19−20. 3.15	中尉
国行　昌頼	17満医大	18. 7.30−19. 6.15	大尉
小池　正英	14慶大医	15. 6.18−	
小林　栄三	慶大医	14. 3.31−	中尉
小林　友幸	13慈恵大	13　−14. 8.　(×)	大尉
小宅　任	10金医大	14. 3. 9−14. 8.20	少佐
児玉　鴻	10熊医大	15.12. 2−17. 8. 1	少佐
		19. 3.20−　○	
近藤　正也	10日大医専	13.　−16. 8.20	少佐
佐々木真三	13慶大医	15.12. 2−17. 8.19	少佐
佐々木義孝	5京大医	12. 3.1 −13. 9.28	中佐

		14. 8. 1−15.12. 2	
		15.12. 2−18. 1.11	
		(孫呉支部長)	
佐藤 東明	16京大医	16.12.22−18. 8. 2	少佐
佐藤 幸雄	10千医大	14. 3. 9−	中佐
*佐藤 俊二	大12京大医	16. 1.15−16.11.21	少将
		(南支那防疫給水部長)	
		18. 2.17−19. 3. 1	
		(中支那防疫給水部長)	
榊原 秀夫	9岡医大	19. 9.25− ○	少佐
		(林口支部長)	
作山 元治	9慶大医	14. 3. 9−20. 3.28	中佐
清水 出	10慈恵大	−19. 4.17	
清水富士夫	2東医専	14. 3. 9−15.12. 2	中佐
		15.12. 2−17. 4. 7	
		(ハイラル支部長)	
白井 清隆	16	16. 9.8 −	
杉原 正毅	11岡医大	19. 3.20−19. 4.12	少佐
*鈴木 啓之	5京大医	10. 8. 1−18. 3. 1	中佐
鈴木 穐男	10東北医	15.12. 2−16. 7.28	少佐
		19. 3.20− ○	
瀬戸 尚二	3日医専	12. 3. 1−17. 2.21	中佐
園口 忠男	14熊医大	15. 6.18−18. 4. 1	少佐
		19.12. − ○	
園田 太郎	3京大医	12. 3.10−13. 8.10	大佐
		15. 3. 9−17. 2.19	
		17. 2.19−19. 7.24	
		(教育部長)	
田中 淳雄	16京大医	16.12.22−20. 9.27	少佐
*田中 豊実	11日大医専	13.12.10−15. 4. 1	少佐
		17. 3.31−19. 5. 8	
多田 瑞彦	14岡医大	15. 6.18−16. 9. (×)	大尉
田部邦之助	7慶大医	15.10. 1− ○	中佐
多幾山琢二	14京大医	15.12. 2−	
高橋 三郎	11昭医専	14. 3. 9−16. 8.20	少佐
高橋 伝	7東北医	18. 3. 1−19.12. 2	中佐
*高橋 正彦	11慶大医	−15. 4. 1	少佐
		18. 3.31− ○	
竹内 義春	10日医大	20. 2.19− ○	少佐
竹川 信也	11慈恵大	14. 3. 9−16. 8.20	少佐
巽 庄司	14京大医	17.10.29−20. 9.25	少佐
*谷口 良碩	7慈恵大	14. 3. 9−18.11.20	
千野 純之	14日医専	19. 8.18− ○	大尉
近野 寿男	大7熊医専	19. 3. 1−20. 4.28	少将
		(中支那防疫給水部長)	
戸村 陸朗	10慈恵大	17. 2.21−18. 7.15	少佐
戸田 賢	大10名医専	17. 8. 1−18.11.18	大佐
鳥井 律平		19. 8.18− ○	大尉
内藤 良一	6京大医	18. 3.20− ○	中佐
*中黒秀外之	7北大医	14. 3. 9−18. 9.28	中佐

中田 秋市	12昭医専	14. 3. 9−18. 8.19	少佐
*中留 金蔵	大15京大医	16.11. 6−19. 9. 5	少将
		(総務部長)	
中野 信雄	11名大医	14. 3. 9−17. 9.10	少佐
永山 太郎	2岡医大	15. 3. 9−15.12.23	大佐
		15.12.23−21. 2.28	
		(診療部長)	
長友 浪男	16東北医	18. 8. 2− ○	大尉
西 辰彦	13阪大医	15.12. 2−18.11.25	
西 俊英	2日医専	19. 7.24−31.12.26	中佐
		(教育部長)	
西郡 彦嗣	2京大医	13. −16. 1.22	大佐
西田 重衛	14満医大	18.11.20−20. 9.24	少佐
*西村 英二	大8岡医専	8. 9. −12.12.12	大佐
		14. 3. 9− ○	
		(北支那防疫給水部長)	
根津 尚光	16城大医	16.12.22− ○	少佐
*野口 圭一	12京大医	−16. 4. 1	少佐
		18. 8. 2− ○	
野崎 稔	16日医大	−	少佐
野崎 幸郎	8日大医専	14.11. 1−16. 9.20	少佐
		18.10. 2−18.12. 8	
野原 清水	8慈恵大	18.10. 9−19. 8. 1	少佐
野呂 文彦	12昭医専	17. 8. 5−19. 6.10	少佐
		(パイロット)	
*羽山 良雄	大14阪大医	18. 6. 3− ○	少将
		(南方軍防疫給水部長)	
早川 清	5東大医	12. −15.	中佐
早川 釟郎	11名大医	15.12. 2−16.12. 5	
早川 正敏	3慈恵大	14. 3. 9−16. 7.	中佐
坂東 太郎	14京大医	15.12. 2−	
樋渡 喜一	13北大医	13.12.20−15. 7.19	少佐
		15.11.30−16. 7.28	
		19. 3.31−21. 3.20	
肥野藤信三	10東大医	13.12.10−15. 8. 6	少佐
		18. 8. 2− ○	
平沢 正欣	8京大医	14. 3. 9−20. 6.11(×)	中佐
		(パイロット)	
福森 憲雄	陸士33期	14. 5.19−15.11.	中佐
		(パイロット)	
藤井英太郎	3京府医大	16. 7.15−17. 1.28	大佐
		17. 1.28−18.11. 8	
		(ハイラル支部長)	
降旗 武臣	11北大医	13. 7.15−14. 6.24	少佐
		19. 3.20−20.	
*北条 円了	大13東医専	8. −10.	大佐
帆刈喜四男	11新医大	13. 7.15−16. 8.20	少佐
細矢 博	14日大医	14.12.16−	少佐
		19. 6.20− ○	
*馬杉 菊三	12東大医	19. 4.17−	

氏名	出身校(年)	在任期間		最終階級
*増田　知貞	大15京大医	12. 7.28－13. 8.30		大佐
		16. 1.15－16. 7. 2		
		(中支那防疫給水部長)		
		20. 4.19－	○	
		(3部長)		
松浦　茂輝	15東医専	16. 7.17－20.11.30		大尉
松崎　陽	大14慶大医	14. 5. 5－14. 8. 1		少将
*松下　元次	13東大医	12. 8. －14. 8.		少佐
丸谷　八郎		18. 7.30－		
松平豊太郎	8城大医	19. 7.24－20.11.30		中佐
		(孫呉支部長)		
三崎　要一		16. 7.31－17.10. 3		中佐
三谷　恒夫	11京大医	13. 7.15－14. 6.22		少佐
		15.11.30－18. 4. 1		
三谷　千三	13東医専	15.12. 2－17.10.29		少佐
*宮川　正	12東大医	19. 3. 4－		
宮崎　淳臣	14京大医	15. 6.17－16. 8.20		少佐
村上　隆	大13熊医専	14. 3. 9－15. 8.		大佐
		15. 8. 1－16. 7		
		(総務部長)		
		16. 7. 2－18. 8. 2		
		(第2部長)		
村田　武雄	14城医専	15. 6.18－20. 1. 4		少佐
本永　明彦	13京府医大	15. 3. 9－		
山口　吾一	2京府医大	12. －13.		大佐
		15. 3. 9－15.12. 2		
		15.12. 2－18. 8. 2		
		(林口支部長)		
山崎　新	大13慶大医	20. 4.28－	○	大佐
		(中支那防疫給水部長)		
山野内祐次郎	9東医専	13. 3.14－18. 8.25		少佐
山田　二郎	12慶大医	13.12.10－19. 5.13		少佐
山本　吉郎	陸士29期	13. 6. 1－15. 7.		中佐
		(参謀)		
吉川　忠道	16慶大医	17. 4.13－		
吉野　貴正	15慈恵大	16. 3. 1－		大尉
吉村　俊英		15. 3. 9－		
蓬田　正二	11東北医	16. 7.31－18.11. 8		少佐
		18.11.18－19.12. 2		
		(ハイラル支部長)		
渡辺　定友	16日大医専	17.10.29－21. 2.27		大尉
渡辺　四郎		14. 3. 9－14.12. 1		
渡辺　誠	17名大医	19. 4. 7－	○	大尉
渡辺　廉		－13. 8.30		

薬剤将校

氏名	出身校(年)	在任期間		最終階級
阿部　徳光	熊薬専	16.12.24－	○	大尉
天辰　良道	長薬専			中佐
荒井　岩夫	14東大薬	15. 6.18－18. 8. 2		少佐
大谷　章一	大4	15.12. 2－19.12.22		少将
		(資材部長)		
河島　三徳	大14東大薬	11. 8. 1－19. 5. 1		中佐
木村　武	12東大薬	18. 4. 1－18. 7.15		少佐
草味　正夫	大15東大薬	13. 3. 1－	○	大佐
小林　茂生	大15東大薬	12. 7. －15. 3. 9		大佐
柴野　金吾	大13東大薬	19.12.22－	○	大佐
		(資材部長)		
嶋指　嘉夫		15.12. 2－		
内藤　収次	16京薬専	17.10.29－	○	大尉
野村　治夫		－18. 4. 8		
萩村　博治	12金薬専	18. 8. 2－19.10		少佐
半田　和敬		15.12. 2－		
増田　美保	6東薬専	11. 8. 1－	○	少佐
		(パイロット)		
松岡　清		17.10.29－	○	大尉
松浦　春雄	大13千薬専	15. 3. 9－19. 3. 4		大佐
宮富　龍一		15.12. 2－		
▽目黒　正彦	14東大薬	17. 2.19－	○	少佐
山内　忠重	2金薬専	－14. 6. 1		中佐
山口　一孝	9東大薬	18. 4. 8－	○	大尉

技　師

氏名	出身校(年)	在任期間		専門
▽*安東　洪次	大8東大医	13. 4. －	○	細菌
		(大連支部長)		
安藤啓三郎		13. －14. 8. 7		
*秋元寿恵夫	13東大医	19. 5. －20. 9.		血清
朝比奈正二郎	13東大理	14. －	○	昆虫
浅川　茂樹		18. 4. 5－	○	技大尉
新居　久夫		18. 4. 5－		
荒木　三郎		17. 1.10－		
在田　勉		14. 4. 5－19. 8.25		技少佐
井上　一男	8日医専	14. 4. 5－		建設
伊藤　勇		19. 7. 8－		
▽伊藤　時哉	13北大農	17. 3.15－	○	透析
*飯田　敏行	3京薬専	17. 3.15－	○	凍傷
石井　剛男		8. －	○	監守
石井　三男	大2麻布獣医	8. －	○	動物舎
*石川太刀雄丸	6京大医	13. 3. －19. 3.		解剖
石光　薫	大9東大医	13. －	○	
石山　金三	2東医専	14. 8.16－19. 8.23		
内海　薫		19. 6. 5－		血清
江島　真平	大3東高獣医	14. 4. 5－	○	赤痢
小原　定夫		17.12. 8－	○	技大尉
老籾　正美	10名大医	14. 6.29－		
*岡本　耕造	6京大医	13. 2. －		解剖

氏名	出身校(年)	在任期間		専門
▽岡本　良三	大 13 慶大医	13.　　　—	○	
大西　芳雄	東京高工	17. 3.14—20. 1		技少佐
				ペスト
▽*開原　　勤	7 慶大医	13.　　　—	○	牛痘
加藤　康久		19. 6. 5—		
▽笠井　久雄	大12 城大医	13.　　　—	○	天然痘
笠原　四郎	4 慶大医	14. 4. 5—	○	ウイルス
金沢　謙一	9 東大医	—	○	
▽*春日　忠善	8 慶大医	18. 6.30—	○	ペスト
川上　　漸	明 42 京大医	15. 8.23—	○	解剖
		(調査部長)		
菊村泰太郎	12 麻布獣医	19. 6. 5—	○	
*貴宝院秋雄	9 京府医大	14. 4. 5—16.		天然痘
▽工藤　継市	12 鳥取高農	19. 6. 5—	○	ワクチン
楠本　健二	11 宮崎高農	19. 6. 5—	○	
倉井　弘武	11 阪医専	18.10.30—	○	
▽倉内喜久雄	大 15 慶大医	13.　　—17.		ワクチン
栗秋　　要	9 城大薬	15. 6.28—	○	薬理
小桧山正時	11 東物理	18. 4. 5—	○	
▽小山　　博	10 日大工	15. 6.28—	○	建設
▽児玉　得三	大 12 慶大医	13.　　—17.12.		衛生学
五島　一男		18. 4. 5—		技少佐
小門前茂正	実業校	19. 2. 1—	○	技中尉
▽*近藤鈞一郎	11 城大医	15. 6.28—		薬理
今野　信治		19. 8. 1—		ガラス
斉藤　和勝	5 旅順工大	18.10.30—	○	
斉藤幸一郎	6 京大医	13.		血液
塩見金佐久		14. 3.23—		X 線
清水英次郎		18.12. 1—	○	技大尉
篠崎　正典	16 北大医	19.11.30—	○	
篠田　　統	大 12 京大理	13.　　—15. 7.20		昆虫
鈴木　二郎		18.12. 1—	○	技大尉
▽鈴木　俊一	4 東大農	18. 1.30—	○	
鈴木　重夫		17. 3.14—	○	技少佐
関　　博夫	上田蚕糸			昆虫
関取　武治	実業校	19. 8. 1—	○	
妹尾左知丸	15京大医			病理
田中　英雄	6 京大動物	13. 3.　—		技中佐
		18.12. 1—	○	(のみ)
田部井　和	6 京大医	13. 2.　—18. 1.		チフス
高橋　　祝		18.12. 1—	○	技大尉
▽武田　周平	9 北大農	13.　　　—		透析
		18. 4. 5—	○	
*竹広　　登	9 京大医	19.2.13 —20.		病理
竹浜　岩雄		—	○	
竹森　信之	12 満医大	15. 8.23—	○	
留岡　展男	12 東京高農	19.11.30—	○	
*所　　安夫	10 東大医	18.　　—20.		病理
▽中込　　叶	11 新医大	13.　　　—	○	〃
*中込　　亘	2 東大医	—13. 8.18	(×)	
中村　留八	早大電気	12. 3.　—	○	技少佐
				(動力)
仁科　　讓	千葉薬	19. 6. 5—	○	薬学
林　　一郎	8 京大医	13.　　—14.		病理
橋本　栄市	7 武蔵高工	19. 8.18—	○	
浜田　隆敏		15. 6.28—		
浜田　　稔	9 京大植物	19. 5.20—	○	
浜田　豊博	15 満医大	18. 5.19—	○	
▽*浜野　満雄	11 満医大	13.　　　—	○	細菌
▽福田　憲六		13.　　　—		
▽藤原　留造	13 東北医	18. 5.28—	○	細菌
藤村吉之助		14. 4.10—		
▽藤本　太郎	10 金医大	19. 6. 5—	○	細菌
*二木　秀雄	8 金医大	14. 4. 5—		結核
		18. 5. 5—	○	
堀口　鉄夫		14.　　　—	○	ガラス
▽*真子　憲治	7 満医大	13.　　　—	○	ワクチン
▽前田亨一郎	10 慶大医	13.　　—20.	(×)	〃
松田　達雄		18.12. 1—	○	技大尉
*三留　光男	5 日歯専	15. 7.19—		
*湊　　正男	10 京大医	13.　　　—	○	コレラ
*森　　和雄	10 東北理	20. 5.31—	○	
門馬　顕義	8 東高獣医	18. 4. 5—		
八木沢行正	8 北大理	9.　　　—	○	技少佐
				(植物)
安川　　隆	大 13 水産講	14. 4. 5—18. 8.28		
(関根)				
安田　忠之		18.12. 1—	○	技大尉
柳瀬　清一		18. 4. 5—		
▽山内　豊紀	8 東高獣医	14. 6.　—	○	ワクチン
山口　秀一		14. 8.16—	○	細菌
▽山田　　誠	11 東京高農	18. 4. 5—	○	天然痘
山田　修治		17.12. 8—	○	技大尉
吉田　源二	9 東大医	14. 4. 5—	○	
*吉村　寿人	5 京大医	13. 3.　—	○	凍傷
▽養祖元次郎		15. 6.28—	○	衛生
渡辺　　辺	熊医専	14. 6.　—15. 9.	(×)	細菌

A-8　忠海兵器製造所長

1. 昭和 3 年 8 月わが国における最初の毒ガス生産工場として，広島県忠海町の大久野島に開所し終戦に及んだ．ピーク時の職員数は 2000 名を越えた．
2. 創設時は陸軍造兵廠火工廠，昭和 15 年 4 月以降は東京第 2 陸軍造兵廠に所属した．

階級	氏名	在任期間	期
少佐	大島　　駿	▶昭 3. 8.10—昭 8. 3.18	22

四

日军“细菌战理论”历史资料两种

原731部队军医大佐增田知贞所著《细菌战》之中文翻译

细 菌 战

陆军军医学校教官　军医大佐　增田知贞（**1942.12.15**）著

李海军　译

编译者按：本文是731部队细菌战理论家增田知贞博士1942年12月15日在东京对一些日本科学家和军事人员所做的一次关于细菌战及其理论的讲演的讲演稿，反映当时日军在对华细菌战实践的基础上已经形成了系统的细菌战理论，对于人们研究和考察日本细菌战水平和状况颇具价值。增田这一讲演稿战后在美、日细菌战情报交易过程中被译成英文提交给美国，现作为美国“二战”解密档案藏于犹他州达格威实验场技术图书馆。2003年日本学者近藤昭二将其复制编入《731部队·细菌战资料集成》（CD－ROM版），在日本柏书房出版。本文英译汉底稿即取之于该《资料集成》CD盘号：6—34—1。译者李海军，湖南文理学院外国语学院英语教授。英文原文附于本文后。

目 录

一 引言

要证明曾经实施过细菌战很难，但是过去一些事件表明，的确实施过细菌战。将来很有可能实施细菌战，它带来的后果很危险。

众所周知，传染病在战场上极易流行。由于可以在敌军中人为制造传染病，从而产生了细菌战的想法。

当然，认为细菌战中在敌军中散播人工制造的细菌越多，就能获得想要的结果，这种想法不正确。这个问题十分复杂，需要非常先进的科学知识才能解决。

编辑出版此文，是为了大致了解细菌战，而不是全面阐述细菌战问题。

二 细菌战定义

利用病原菌摧毁敌方生物，从而使己方占据优势地位的活动称为细菌战。病原菌包括各种各样的细菌，以及原生动物、立克次氏体、病毒，等等。

细菌战实施对象不仅包括敌方军队，而且包括敌方领地内所有其他生物，如老百姓、牲畜、家禽、谷物和蔬菜。细菌战还可以用来对付那些已有迹象与敌国结盟的中立国。

三 细菌战特性

A. 传染

所有生物对种类繁多的病原菌具有强弱不同的抵抗能力，这种现象称之为特性。

可以通过自然或人工方式增强抵抗能力。注射疫苗就是一种人工增强天花、伤寒、霍乱抵抗能力的方式。而且抵抗能力根据疲劳、饥饿、恐惧、疾病、湿度等环境因素变化。用作细菌战武器的细菌必须有毒，容易散播。

B. 研究结果的可靠性

传染过程中必须考虑各种因素，诸如所用细菌种类和特性、湿度、气象条件、敌人的身体状况、风俗、地域、季节等。所以，不能认为散播相同的细菌总会产生相同的效果。研究结果的可靠性直接与该领域进行的研究次数成正比。

C. 病原菌的繁殖和存活能力

活性病原菌恰当散布后立即传播，并且不易采取有效的防护措施。

D. 对士气的影响

不管结果如何，在文明人群中散播细菌会严重影响他们的士气。如果效果明显，那么随之而来的伤害相当大，尤其是在敌国或敌军大本营成功实施细菌战时，情况更是如此。

E. 经济损失

多地暴发传染病，国家需要将大量人力财力用来控制疫情，将严重妨碍国家作战。

F. 难以发觉

即便使用数量很少，细菌也有潜在的威力，因此易于运输且难以发觉。不易找到疾病原因，有些原因根本找不到。

G. 自然资源

批量生产细菌，植物琼脂非常重要。我们国家大量生产这种东西。其他必需材料包括蛋白胨、牛肉和鱼肉的提取物，等等。

H. 使用复杂

细菌战武器不易保存，并且必须采取特殊的预防措施，以防止伤害友军。

I. 与水和食物之间的关系

细菌战武器用在水和食物中效果显著，所以在未来战争中必须更多了解细菌与水和食物之间的关系。

四　细菌战武器类型

用作细菌战武器的细菌必须能够人工生产。尽管其致命程度不高，但若能够破坏敌人的战斗力，也可以使用。国外出版物中，提到了下面一些可能的细菌战武器：

罗密欧（法国军医，少将）1934 年提到：

鼠疫、斑疹伤寒、霍乱、阿米巴痢疾、伤寒；辅助细菌战武器①：白喉、流脑、疟疾、黄热病。

福克斯（美国军医部队，少校）1933 年提到：

第 1 组——伤寒、副伤寒、痢疾、霍乱、斑疹伤寒、鼠疫。

第 2 组——气性坏疽、破伤风、炭疽。

第 3 组——肉毒杆菌毒素。

维尔加·弗兰提（意大利陆军军医部队，上尉）1932 年提到：

鼠疫、霍乱、斑疹伤寒、狂犬病。

伊斯蒂欧利（南斯拉夫陆军军医部队，少校）提到：

伤寒、痢疾、霍乱。

拉兹格（德国）1931 年提到：

马鼻疽、炭疽、狂犬病、霍乱、痢疾、伤寒、鼠疫、麻风病、鹦鹉热。

其他科学家还在以上清单上增加了兔子热、梅毒、地中海热。

究竟有哪些实验中提到了以上疾病，我们不得而知。但是，我们不能认为它们只是想象出来的东西。根据其他人的说法，可以推测，下面这些细菌可用在细菌战中攻击人和马：

细菌：鼠疫、霍乱、伤寒、痢疾、马鼻疽、炭疽、地中海热、兔子热、肺结核、破伤风、气性坏疽、肉毒杆菌毒素、白喉、葡萄球菌、链球菌、流脑。

原生动物：急性传染性黄疸、回归热、性病、印度痘、疟疾、黑热病。

立克次氏体：斑疹伤寒、暴发性斑疹伤寒、恙虫病、洛矶山斑疹热。

病毒：登革热、黄热病、天花、口蹄疫、狂犬病、流行性脑膜炎、流行性贫血症。

---

① 编译者注：原文为“auzilarly”，应为“auxiliary”的误拼。

五　细菌战武器运用

A. 攻击

细菌战中使用的武器和攻击的对象太过复杂，无法描述全部细节。因此，我们将攻击分为两部分加以说明：人工破坏活动；战略性攻击。

1. 人工破坏活动

由于很难发现细菌和区分自然发生抑或人为造成的传染病，因此没有必要用一场公开的战争去进行破坏活动，可以选择以下攻击目标：

a. 人口聚集的军事领地。

b. 军界和政坛要员。

c. 很有可能集结部队的城市。

d. 通信干线沿线的城市、集镇、村庄。

e. 首都和其他重要城市。

f. 军工厂。

g. 轮船和交通运输系统。

h. 学校、剧院和其他人口密集地区。

i. 水源。

j. 沿河以及沿海重要地区。

k. 军用牲畜。

l. 食物供给（谷物、土豆、家禽家畜等）。

2. 战略性攻击

a. 直接散播有毒细菌。

（1）大量散播细菌。

（2）避免那些使细菌失效的因素。

（3）带菌生物（昆虫）和啮齿目动物可用来传播疾病。

（4）利用破坏人员散播细菌。

利用女间谍暗杀重要人员。

b. 间接散播细菌。

污染后方的交通运输系统和加工食品。

B. 攻击策略中应考虑的要点

掌握所有关于细菌及其效果的知识，并且在最恰当的环境下使用细菌，这至关重要。

1. 污染给水

可污染水源，也可将细菌直接投进水管污染供水系统，后一种方法更实用。可以使用霍乱、伤寒、痢疾。

2. 污染食品

可以在加工过程中污染食品，在运输这些食品的过程中也有很多机会。可以使用霍乱、伤寒、痢疾、杆菌毒素。

3. 河流和海滨

细菌在河流和海滨的传播效果也许不会太大，但可以在人们经常洗澡、游泳、划船、洗东西或是鱼类孵卵的地点使用。可以使用霍乱和伤寒。

4. 公共场所和铁路（尤其是地铁）

污染火车、船只、剧院、商场、火车站这种人口集中的公共建筑。可以使用肺结核和炭疽。

5. 家畜家禽和军用动物

牛、马、羊、鸡等家畜家禽因为圈养，细菌特别有效。可以使用鸡瘟、马鼻疽、炭疽、兔子热。

C. 攻击时的预防措施

1. 计划隐蔽

实施计划必须突然彻底。

2. 准备工作

计划必须周详，必须对选定的目标进行全面侦察。人员必须经过严格训练，并对任务了如指掌，以便能轻易穿过目标区域。组织本身应十分严密，即使其中一名人员被捕，也泄露不了整个计划。

D. 战略性攻击

不能泄露任何实施细菌战的计划。

1. 攻击目标

主要针对军用动物。

2. 攻击行动

攻击行动必须十分迅速，可利用飞机散播细菌。因此，在接近目标的地区有机场十分必要。另外还必须有制造所需武器的工厂。必须采取安全措施。可以使用鼠疫和霍乱。

3. 攻击的意义

a. 通过污染形成人工障碍。

b. 临时瓦解敌方的优势。

c. 作战期间在敌人集结的区域，或敌人行军路线上的关键地区制造传染病，可以干扰敌军的作战计划。

d. 在敌人的首都和军工厂制造传染病，减少敌人的政治和军事活动。

e. 在前线对敌方部队实施细菌战攻击。

直接使用细菌战会削弱敌军的战斗力，但也可能危害自身。为了防御这种危险，必须很好地掌握用来预防细菌危害的措施。同时，人员必须经过严格培训，以执行这些必要的预防措施。

进攻手段通常有喷洒“细菌雨”，或者空投炸弹，或者发射装满细菌的炮弹，或者通过间谍散播。

至今没有发现百分之百的免疫方法，但尽管如此，也得考虑攻击，因为赢得战争最重要的方法首先是在战场上消灭敌人。

如果攻击部队拥有大量血清，可以对攻击敌人的细菌有效免疫，这样就能保护友军，并在敌军中造成大量伤亡。

使用登革热、炭疽和兔子热菌攻击敌方军马时，友军行动时必须不使用军马。摧毁敌人的军马，会大大削弱他们的战斗力。

也可攻击不直接与友军发生接触的敌军，尤其是海军。军舰离港之前，用伤寒菌污染他们的食品，两到三周内，将会出现首例患者，而军舰已经航行在太平洋上，将极大地限制敌方的行动。

另一方面，海面也可施放大量细菌，然后细菌可以间接传播到军舰上。大家知道，如果气候气流适宜，霍乱在海水中可以存活一周以上。

E. 防御

研究防疫措施应对敌军可能使用的细菌，这十分重要。

日本本土的防御方式：

传染病暴发是细菌战武器攻击的最终结果。为了预防这种危险，必须研究所有的可能性，为可能暴发的传染病采取全面的防疫措施。准备细菌战防御措施时，以下各点须牢记：

1. 有些传染病在自然条件下可能发现不了。

2. 传染病暴发症状可能不同寻常。

3. 传染病暴发季节可能不同寻常。

4. 传染病传播渠道可能不同寻常。

制定细菌战防御规划时，必须记住以下几点：

1. 必须制定细菌战防御规划。

2. 必须储备细菌战防御物资。

3. 必须组建防疫给水部。

4. 必须成立一个政府与民众委员会。

5. 收集所有关于细菌战的信息。

6. 把关于细菌战的信息传达给首相、警察、所有的医生、防疫人员、海关人员、社会团体的领导人。

7. 制定应对细菌战人员进入的安全措施。

由于应对细菌战的防御工作难度极大，所以整个国家都要动员起来保护自己。一个计划是建立直接听命于皇军的控制机构，在各地组建防疫部队。地方行政官员受细菌战防御委员会节制，该委员会由军方指挥，建立完整的防御网络。邻居关系协会也可以利用起来。通过各种方式，最大程度收集敌对国家关于细菌战研究工作的情报信息。社会救济部门和农林部门应调查和研究人和动植物间的传染病。警惕国内任何颠覆性的医务组织，必须对这些组织里的医生和药剂师采取预防措施。

一旦受到细菌战攻击，暴发传染病，那么，必须立即采取以下措施：

1. 隔离和治疗病人。

2. 疫区消毒。

3. 防止疫病扩散。

4. 调查原因。

5. 采取一些防御措施（例如逮捕嫌疑犯）。

6. 让公众了解细菌战相关问题。

如果暴发传染病，必须制订计划让病人住院治疗，安排医务人员开展防疫工作。

截至 1935 年 12 月 31 日，日本只有 941 家医院可缓和疫情，病床总数为 22512 张。也必须收集和储存消毒材料和设备。

为了控制疫情，有必要抓捕和消灭啮齿动物。而且，务必不能让民众的恐慌情绪蔓延。为了避免民众出现恐慌，必须严格监督所有的报纸、刊物和广播。

通信线路保护：

必须采取一切方法保护通信线路，免受细菌战攻击。防御措施前文已经说过，除此之外，在通信线路上工作的士兵必须保持高昂的士气，必须采取严密的安保措施，必须建立防疫站。

战地防疫措施：

战场上，防疫给水部表面上从事防疫工作和为军队提供纯净水，但实际上他们最重要的作用是采取防御措施，应对细菌战攻击。

六　以往细菌战活动事件

国际法禁止使用细菌战，从未有任何确凿的证据能够证明哪场战争中使用了细菌战。但是，一些已经公开的事件似乎与细菌战有关联。

A. 1916 年发生在罗马尼亚的事件。

第一次世界大战爆发后不久，德国大使馆里发现了一个装有炭疽的玻璃容器。

B. 1917 年 3 月 26 日，一个德国士兵携带装有马鼻疽的容器在西部边境被法军抓获。该士兵供认，他受命在法国战马中投放马鼻疽。

C. 1918 年，瑞士揭露了德国企图用霍乱对付英国人和美国人。

D. 根据 1934 年德国公布的一些文件，他们的人员在巴黎和伦敦的地铁上散播细菌，但结果并不成功。

E. 我们已经俘获了一些俄国间谍，携带有炭疽、霍乱和痢疾。

七 结论

许多国家已经意识到了细菌战潜在的危害和用途，但这远非一个简单的问题。要制造传染病大规模暴发，必须考虑各种各样的复杂影响因素。我们相信，每个国家都在进行大量的实验工作。

细菌战一定是一种令人意想不到的攻击手段，这点至关重要。在防御过程中提前清楚细菌战攻击的危险几乎不可能。但文明开化的国家能够通过它们训练出来的科学人才和设备，将传染病的影响控制到最小。然而，如果没有防备，细菌战攻击将会造成巨大的损失。

增田知贞《细菌战》之英文原文影印

编译者按：以下是增田知贞《细菌战》英文稿影印件。引自日本学者近藤昭二《731部队·细菌战资料集成》（CD-ROM版），日本柏书房2003年出版，CD盘号：6—34—1。

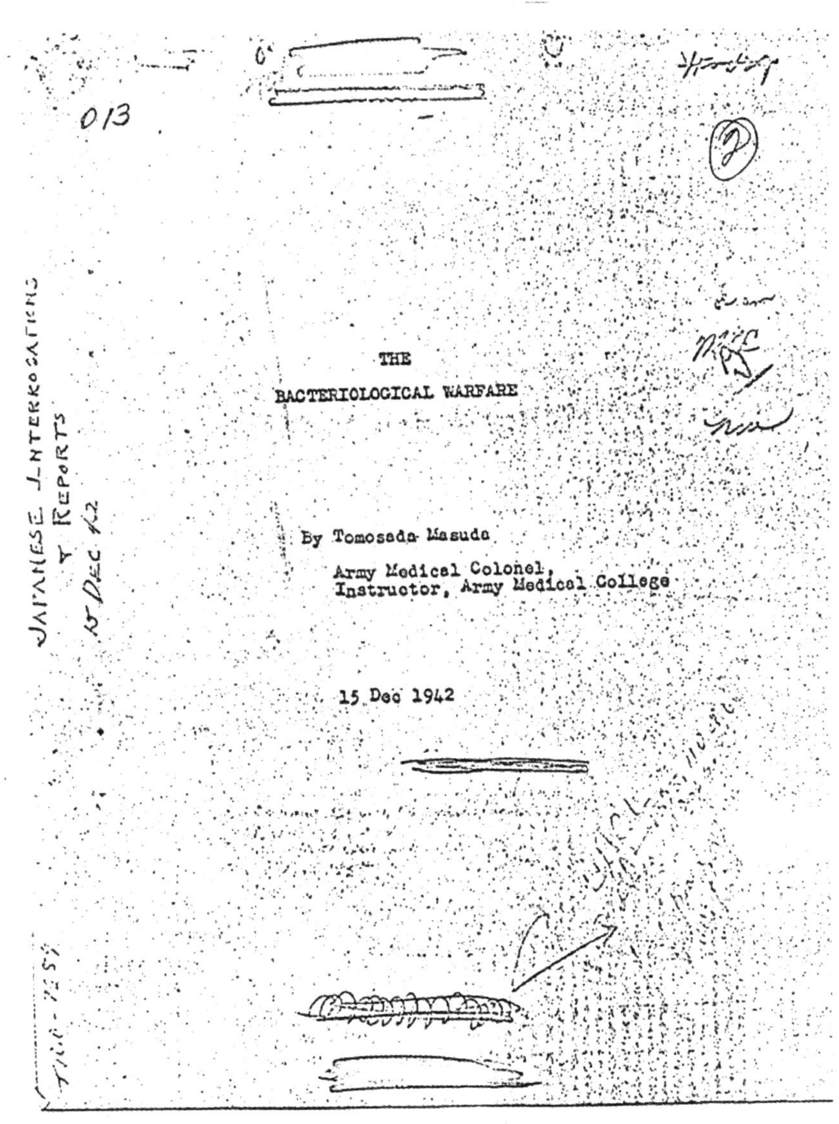

THE

BACTERIOLOGICAL WARFARE

By Tomosada Masuda

Army Medical Colonel,
Instructor, Army Medical College

15 Dec 1942

188

TABLE OF CONTENTS

(1)

I Introduction

It is difficult to ascertain that EW was practiced in the past, but there have been some incidents in the past which indicate that the EW was believed to have been used. The possibilities of resorting to the EW in the future is great, and its effects dangerous.

It is a known fact that epidemics are very prevalent under the battlefield conditions. The idea of EW was emanated from the possibilities of introducing artificially created epidemics among the enemy troops.

Of course, it is erroneous to assume that mere dissemination of the artificially produced bacteria among the enemy troops will be sufficinnt to attain the desired results in the EW. The complexity of the problem requires highly advanced scientific knowledge.

This publication was edited with the idea of giving a general knowledge and was not intended to present a complete picture of the EW problems.

II Definition of EW

The acts of employing pathogenes to destroy the living matters of the enemy and thereby attaining the more favorable position on our part are called the EW. The pathogenes include all types of bacteria as well as protozoan, rickettsia, virus, etc.

(2)

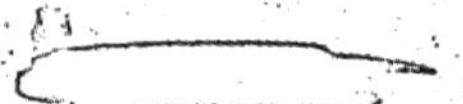

The BW can be used not only against the enemy personnel but all living matters within the enemy territory including the people, livestock, domestic animals, grains, and vegetables. It can be also employed against the neutral countries which manifest signs of becoming the allies of the enemy country.

III Special Traits of BW

A. Contagion

All living matters have different levels of resistance against various pathogenes, and this phenomenon is called the special traits.

The degree of resistance can be increased naturally or artificially. Immunization is an artificial method of increasing the resistance against smallpox, typhoid, cholera, etc., and the degree of resistance varies accordingly to the environmental factors involved such as, fatigue, starvation, fear, illness, humidity, etc.

The bacteria to be used as BW weapons must be virulent and easily disseminated.

B. Reliableness of the Results

Since various factors, such as type of bacteria used, characteristics, humidity, meteorological condition, physical conditions of enemy personnel, mores, areas, season,

(3)

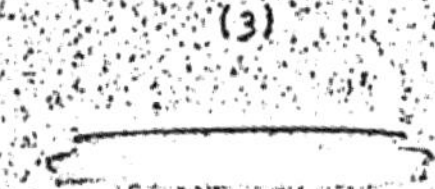

must be considered in contagion, no assumption could be made that dissemination of one type of bacteria will always result in identical effect. The reliableness of the results is directly proportional to the amount of research pursued in that field.

C. Ability of Pathogenes to Multiply and Sustain

The effective pathogenes will spread immediately after they are disseminated properly, and effective prophylactic measures cannot be carried out easily.

D. Effects on Morale

Regardless of the results, to disseminate bacteria among the civilized people will affect their morale considerably. If the results prove effective, the subsequent damage will be considerable especially should the BW is successfully pursued within the enemy country or in the real zone of the enemy troops.

E. Economic Loss

The outbreaks of epidemics at various places will necessitate the country to expend much of its man-power and materials in bringing the epidemics under control and will greatly hinder the nation in carrying out its war.

F. Difficulty of Detection

Bacteria has a great potential power even when used in small quantities, and therefore it can be transported easily without being detected. The cause of the illness can not be found easily and for some it is very difficult to detect at all.

G. Natural Resources

For mass production of bacteria, agar-agar is essential, and it is produced in large quantities in our country. Other materials necessary are peptones, extracts of beef and fish, etc.

H. Complexity of Employment

The BW weapons cannot be stored easily and special precautionary measures must be taken to guard against the retroactivity of the bacteria towards the friendly troops.

I. Relationship with Food and Water

Since the BW weapons can be used effectively in food and water, a more knowledge regarding relationship of bacteria with food and water must be known in future war.

(5)

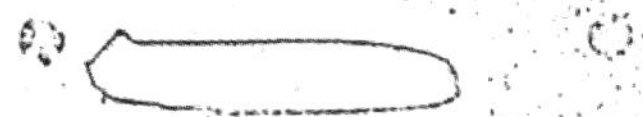

IV Types of BW Weapons

To be used as BW weapons, the bacteria must have the quality to be produced artificially, and though the fatality rate may not be high, if it will hinder the enemy's war efforts, it can be employed. According to the foreign publications, the following are mentioned as possible BW weapons:

By Romiou (Maj Gen, French Army Med Doctor - 1934)

Plague, typhus, cholera, amobic dysentery, typhoid; as auxilarly weapons - diphtheria, epidemic cerebro-spinal meningitis, malaria, yellow fever.

By Fox (Maj, US Med Corps - 1933)

1st Group - typhoid, para-typhoid, dysentery, cholera, typhus, plague; 2nd Group - gas gangrene, tetanus, anthrax; 3rd Group - botulinum toxin.

By Uilgirio Foretti (Capt, Italian Army Med Corps - 1932)

Plague, cholera, typhus, hydrophobia.

By Ladioie (Maj, Yugoslavian Army Med Corps)

Typhoid, dysentery, cholera.

By Lutzig (Germany - 1931)

Glanders, anthrax, hydrophobic, cholera, dysentery, typhoid, plague, lopra, psshitcocse.

Other scientists have added tularemia, meriordosis, undulant fever to the list.

(6)

It is not known in what actual experiments these diseases were mentioned, but they cannot be construed as merely being imaginary ones. By surmising what others have stated, we can say that the following bacteria can be used against men and horses in BW:

Bacteria: plague, cholera, typhoid, dysentery, glanders, anthrax, undulant fever, tularemia, tuburculosis, tetanus, gas gangrene, botulinum toxin, diphtheria, staphlococcus, streptococcus, epidemic cerebrospinal meningitis.

Protozoa: Weil's disease, recurrent fever, veneral, frambasia, malaria, kala-azar.

Rickettsia: typhus, eruptive typhus, tsutsugamushi, Rocky Mtn Spotted Fever.

Virus: Dengue fever, yellow fever, small-pox, hoofs and mouth disease, rabies, epidemic meningitis, epidemic anemia.

V. The Usage of the BW Weapons

A. Offense

Since the weapons and the targets to be used for in the BW are too complex to give a complete detail picture, the subject matter will be divided into two parts: a. sabotage b. strategy.

1. Sabotage

Since detecting the bacteria and differentiating between natural and artificial epidemics are difficult, it is not necessary to have an open warfare in order to perform sabotage, and the following targets can be selected:

a. Concentrated military areas
b. Important military and political personnel
c. Cities most probably used for concentrating their troops.
d. Cities, towns, villages located along the line of communication.
e. The capital and other vital cities.
f. Military plants.
g. Ships and transportation system.
h. Schools, theaters, and other assembly places.
i. Water sources.
j. Important places along the rivers and sea coasts.
k. Military animals.
l. Food supplies (grains, potatoes, domestic animals, etc.)

2. Offensive Tactics

a. Direct dissemination of virulent bacteria.
(1) To be used in large quantities.
(2) Avoid factors which will neutralize the effectiveness.

(3) Vectors and rodents can be employed in spreading diseases

(4) Disseminate by saboteurs

(a) Assasination of important personnel can be accomplished by employing women spies.

c. Indirect Dissemination

(1) Contaminate the transportation system and processed foodstuffs in the home front.

B. Essential points to be considered in Offensive Tactics.

It is vital to possess all knowledge pertaining to bacteria and their effects, and employ them under most suitable enviornment.

1. Contamination of Water Supply

In offensive tactics the source of water supply can be contaminated as well as the water system by introducing bacteria directly into the pipes. The latter method is considered more practical. Cholera, typhoid, and dysentery can be used.

2. Contamination of Foodstuffs

The foodstuffs can be contaminated during the canning process and numerous opportunities exist during the time of transporting these goods. Cholera, typhoid, dysentery, botulinum toxin can be used.

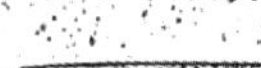

3. Rivers and Beaches

Probably the effect of bacteria spread on rivers and beaches is not too great but can be used on those rivers and beaches which are frequently used for bathing, swimming, boating, fish hatchery, washing, etc. Cholera, typhoid can be used.

4. Public Places and Railroads(especially subways)

To contaminate trains, ships, and buildings where the public congregate - such places are theaters, markets, railroad stations. Tuberculosis and anthrax can be used.

5. Domestic and Military Animals

Very effective against the domestic animals especially cattle, horses, sheep, chickens, etc., since they are raised within confined areas. Fowl plague, glenders, anthrax, tularemia can be used.

C. Precautionary Measures to be followed in Offensive Employment.

1. Concealment of plans

It must be carried out suddenly and thoroughly.

2. Preparation

In selecting the targets the plans must be in detail and thoroughly reconnoitered. The personnel

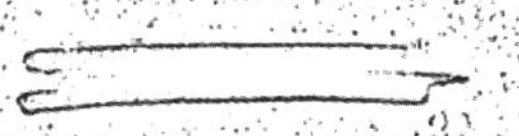

must be well trained and versed with their missions so they can easily penetrate to the target areas. The organization itself should be such that even if one of the agents should be captured, he will unable to reveal the total plans.

D. Strategical Employment

No plans for carrying out BW should be revealed.

1. Offensive targets

Mainly against the military animals.

2. Offensive Acts

The offensive acts must be carried out quickly utilizing planes to disseminate bacteria, and in order to do this, it is necessary to have an airfield rather close to the target area and must have plants to produce necessary weapons. Security measures must be enforced. Plague and cholera are to be used.

3. Significance of Offensive Employment

a. Through contamination, artificial barriers are formed.

b. Nullifies the enemy strong points temporarily.

c. Hinders the enemy's tactical plans by introducing epidemics during their tactical period in their concentrated areas and at the vital points along their routes of movement.

(11)

d. Diminish their political and military activities by causing epidemics to break out in their capital city and military plants.

e. Carry out BW offense against the enemy troops in the immediate front.

The direct employment of BW will diminish the enemy's fighting strength, but it can also act retroactively. In order to defend this danger, the prophylactic measures to be taken against the bacteria to be used must be well understood, and the personnel must be well trained to perform the necessary prophylactic measures.

The offensive tactics can be carried out in forms of bacterial rain or dropping bombs or firing shells filled with bacteria or throughtspées.

One hundred percent immunization methods have not, as yet, been discovered, but inspite of this, the offensive aspects must be considered since to annihilate, first of all, the enemy in the battle-field is considered the most essential tactic in winning the war.

If the attacking forces hav large quantities of serum which is effective immunization agent for the bacteria to be used against the enemy, it can protect the friendly troops and inflict heavy casualties among the enemy troops.

In attacking the military horses with glanders, anthrax, and tularemia, the friendly troops must make thier movements without resorting to use of horses. By destroying the military horses of the enemy, its fighting strength will be greatly reduced.

It can be also used against the enemy not in direct contact with the friendly troops, especially against their navy by contaminating their foodstuffs with typhoid bacteria just prior to their ships leaving the port. The first symptom of the disease will appear in two or three weeks when the ships are in the middle of the Pacific Ocean and thus greatly hindering their movements.

On the other hand the surface of the sea can be contaminated by large quantities of bacteria, and thereby, the bacteria can be introduced within the ship indirectly. It is a known fact that cholera can live over a week in salt water if the climate and the current are favorable.

Defense

It is vitally important that research in anti-epidemic measures be carried on against the bacteria which might be employed by the enemy troops.

A. Methods of Defense within Japan Proper:

-Out-breaks in epidemics are the ultimate results of the

To fortify against this danger, all possible angles must be studied to carry out complete anti-epidemic measures against possible epidemics.

In preparing defense measures against BW, the following points must be kept in one's mind:

1. Some epidemics may not be found in natural condition.
2. Outbreaks of epidemics may vary from the usual symptoms.
3. Epidemics may breakout in unusual season.
4. Epidemics may be spread differently from usual channels.

The following points must be remembered in planning defense against the BW:

1. Plans for BW defense must be formulated.
2. Materials necessary for BW defense must be assembled.
3. Anti-epidemic water purifying units must be utilized.
4. Must organize a committee of the government and the people.
5. Gather all information pertaining to BW.
6. Disseminate information pertaining to BW to MP's, police officials, all medical doctors, anti-epidemic officials, custom officials, and to those who are leaders of group.
7. Security measures against BW saboteurs entering [illegible]

Since the defensive measures which can be taken against BW is extremely difficult, the entire nation must mobilize to protect itself. One plan will be to establish a central body directly under the Imperial GS and organize anti-epidemic units in various localities. The district officials will be placed under the control of the BW Defense Committee which is directed by the military and organize a complete net-work. Tonari-Gumi(Neighborhood Associations) can also be utilized. Through various methods a maximum intelligence information pertaining to the BW work of the unfriendly nation will be gathered. The Welfare Dept, and the Agriculture-Forestry Dept will carry out investigation and research work on epidemics among people, animals, and plants and guard against any subversive medical organizations within our own country and must take a precautionary measures against physicians, pharmacists, etc., within those organizations.

If there should be an out-break of epidemics as a a result of BW attack, the following measures must be taken immediately:

1. Segregation of patients and treatment.
2. Disinfection of the contaminated areas and objects
3. Prevention of spreading of diseases
4. Investigation of the cause.

5. Defensive measures to be taken(such as apprehending the criminals)

6. To acquaint the general public with the BW problem.

A plan must be made to hospitalize the patients and assign the medical personnel to engage in anti-epidemic work should an outbreak of epidemics occurs. As of 31 Dec 35, there were only 941 hospitals handling the epidemic cases, and the total number of beds was 22,512. It is also necessary that material and equipment needed to carry out disinfection must be gathered and stored.

Controlling and exterminating rodents are necessary in order to bring the epidemic under control, and by all means a state of panic must not prevail. In order to avoid panic, all newspapers, periodicals, and radio broadcasts must be placed under strict supervision.

B. Protection of Line of Communication

The line of communication must be, by all means, protected from the BW attacks. The defence measures have been already stated, but aside from that, the morale of the soldiers engaged in the L of C work must be kept high, a thorough security measures must be maintained, and anti-epidemic stations must be established.

C. Defensive measures in the Battlefield

In battlefields there are anti-epidemic water purifying units and superficially they are to perform anti-epidemic work and supply purified water to the troops, but the most important function of these units is to carry out defensive measures in case of BW attacks.

Ⅵ Incidents of BW activities in the past

Since BW is prohibited by the international law, there never has been any conclusive evidence that it was employed in any battles, but there have been some publicized incidents which appear to be related with the BW work.

A. Incident in Rumania in 1916.

A glass container filled with anthrax was discovered in the German Embassy immediately subsequent to the outbreak of the World War I.

B. One German soldier possessing a container filled with glanders was captured by the French in the Western Front in 26 March 1917. The soldier revealed that he was ordered to spread glanders among the French military horses.

C. A plot in which the Germans were contemplating to use cholera against the British and Americans was uncovered in Switzerland in 1918.

D. According to some of the German documents [illegible] in 1934, it was discovered that their agents spread bac-

...ric in the subways of Paris and London, but the results were not successful.

5. We have captured some Russian spies possessing an-[illegible], cholera, and dysentery.

VII Conclusion

Various countries have been aware of the potential danger of the BW and its usefulness, but it is far from being a simple problem. To cause a great outbreak of epidemics, various complicated influencing factors must be considered, and it is believed that each nation is engaged in extensive research work.

It is vitally essential that the BW must be a surprise attack. In defense it is almost impossible to eliminate in advance the danger of BW attacks, but more civilized nations can, through their trained scientific personnel and equipment, keep the epidemics to the minimum, but if unprepared for the BW attacks, the subsequent suffering will be great.

INCREDIBLE

(13)

前日本关东军防疫处少佐榊亮平所著《细菌战争》的节译

译自（日本）《星期日每日新闻》第1682期，
一九五二年一月廿七日出版

编译者按：本文引自1952年国际科学委员会所著《调查在朝鲜和中国的细菌战事实·国际科学委员会报告书及附件》（见图4－1）一书第223—226页。本文被当作日军曾在中国实施细菌战的证据而收集在该书附件中。作者“榊亮平”应是化名。文中1936年10月举行的“深夜会议”，其地点应在平房731部队本部；主持会议的“菱川队长”应指石井四郎。本文的翻译由国际科学委员会完成。

图4－1 《国际科学委员会报告书及附件》照片

一　细菌武器

一九三六年十月某日，在新建起的会议室里，照例举行了“深夜会议”。到会的有六十多名。这次会议是为开始正规研究的首次会议，菱川队长在会上讲话称：“我们的研究室，已筹备完竣了。称为孤岛的本部队已完全地和周围隔离了，研究环境可说是再好没有的。在研究方面，不论所需的器具、机械、药品，以至于自来水、瓦斯、电气等方面，都没有任何不自由。和我跟小畠、西山两君初到此地附近的僻地的当时比来，实有天壤之别。”

细菌及其他微生物之能成为武器，不但一定可能，而且它还能成为强有力的武器，早已有了把握。如何将其变成有效的武器，是今后的任务。为此，必须努力想办法增强细菌的毒力，缩短其潜伏期，使之成为能迅速地消耗敌人战斗力的有效武器。于是为变化细菌之生态，首先希望研究改良培地的添加剂及使细菌通过动物体之方法，反复地试验毒力的增强程度。其次，再将培养基的糊状菌台，变成易于处理的形态，即不致使细菌死亡而变成干粉末。

使用细菌武器的场合估计可分如下各种——前线、后方、威胁兵站基地，用于谋略等。其使用法也应研究：枪炮弹、炸弹、下雨、撒布、喷雾等。为了创制适于上述各种场合的攻击器具，必须完成一个简而易用而又精确的器具。另外，按照细菌的各类，对需中间媒介物——小动物、昆虫、植物等者，必须进行研究该等动植物的饲育、培植方法。

细菌武器，如在资材极端缺乏的贫国——日本说来，是最适宜的武器。若有方丈的研究室和一些试验管，能容易制出杀伤数万人马的武器。

变细菌为武器的研究，和医生的立场虽有矛盾，但也绝不要忘掉为医生的本来任务。其意义：为保护自身抵御眼所看不了的敌人，为保护操作细菌武器的友军将士，并设想敌人也会使用细菌展开相对的细菌作战时，为给友军将士们附以有力的免疫素质，必须研究其他各式各样的防备措施和齐备的预防态势。

在开过这次会议后，研究进展得不但迅速，还有了可观的成绩。

以牛蒡、胡萝卜、公孙树等植物性物质，或卵黄、鱼粉等动物性物质为培地的添加剂而发育出来的细菌，不但将对一般小动物的致死量缩至三分之一以下，还增强了毒力。尤其注射细菌的动物在发生症状前一般需二至四天的潜伏期，但采用了使细菌连续二次通过动物体的方法以后，竟做到了准确地在四十八小时内发生症状的程度。

二　鼠疫杆菌武器

鼠疫杆菌，属下仲少校研究。该菌本身之抵抗力虽不强，但侵入人体而发之猛烈作用，其他尚无此例。且其侵入门户颇多，如由气道侵入即生肺炎鼠疫，如由皮肤侵入则生皮肤鼠疫或腺鼠疫，如由眼侵入则生眼鼠疫。该症经过急剧，早者数小时，迟亦不出数日即夺人命。感染者死亡率百分之百。该菌作为细菌武器最有效果，适合武器化条件，但处理时最需慎重。不能粉末化。有种种使用方法，在前线使用时系使该菌附着在榴霰弹炸弹之弹子上，用于轰炸，或作为液状，喷雾射出。又因该菌流行于鼠类而经跳蚤之媒介侵入人体，故亦注射该菌于家鼠或田鼠，由飞机上将鼠投下，或收集曾使在注射该菌之鼠体上吸血之带菌跳蚤，以特别方法撒布或用降落伞投下。

三　跳蚤之培养

跳蚤不仅为鼠疫之有效病媒，众所周知，且亦传染回归热斑疹伤寒等。因鼠疫杆菌是最有效的细菌武器，故畑野技师担任之跳蚤饲育研究，可称是重要的研究之一。昆虫学者畑野技师绵密地研究了跳蚤之饲料、饲育床、发育温度等，终于成功，可以在最短期间多量增殖。

跳蚤之生存期间在夏季，吸血者四十日以上，未吸血者约两星期。在冬季，据云未吸血者亦可生存一月以上。产卵数，一次产八个至十个，据云一生可产卵八百个左右。

在普通人家，产卵于草垫（榻榻米）之间或地板间隙，夏季经过二日至六日，冬季经过十二日左右成为幼虫，十日至十二日以后化为蛹，再经十二日左右成为成虫，因此由卵变为成虫需要四星期至六星期，但畑野技师由于其详细地研究了温度差，不断地观察和给予丰富的饲料，可以在四星期以内完成最大限度的增殖。

其法为选择一内面未生锈之石油桶，打开上部，其中盛以小米壳及沙各半盛至距桶口六英寸之处为止，盖跳蚤之跳跃距离不达六英寸。桶内放置装在铁丝笼子里的大白鼠（Albino Norway rat）一只，作为饲料，再放入已经使之习惯于除虫菊粉等之强壮跳蚤雌雄两组，另放入雌蚤五个左右，使桶内温度适度，置于阴处，大黑鼠随死随换，在跳蚤相当繁殖之时期捕集之。

四　磁制炸弹

磁制炸弹原料（硅藻土、黏土等）丰富，在窑业工厂易于制造，应用范围亦极广。该炸弹有四公斤与二公斤两种，特征为炸药虽非常少，但弹体可破碎成一公分以下之小块，飞散至较远距离。飞散直径大型者为一百公尺至一百二十公尺，小型者为三十公尺至六十公尺。再此种炸弹可任意使之在落地后或敌方上空爆炸。弹内容积大，大型者可装入菌量四公斤，小型者可装入二公斤。因使用肉汤为混溶细菌之溶媒，细菌在被装入后仍非常活动，进行分裂。故普通在装入后菌量增加。再细菌有些种类生物学地产生瓦斯，该种细菌，在爆炸之际，所生之瓦斯可增加爆炸力。

磁制炸弹之用为破伤风杆菌、炭疽杆菌武器者，用于前线；其用为伤寒杆菌、痢疾杆菌或炭疽杆菌武器者则备用于对后方集团部队人马之攻击；又用于鼠疫杆菌之毒蚤攻击，实验上已确认结果良好。装入跳蚤之同时，装进氧气，而不用菌液，盖预防因飞机上升空气稀薄而跳蚤活动迟钝。

细菌炸弹中，此外尚有榴霰弹炸弹，该炸弹全部金属制成，其中充满直径五公厘之弹子，弹子上涂以创伤传染性之细菌武器（破伤风、气性坏疽、炭疽等杆菌）及鼠疫杆菌武器，以图创伤传染。当然该炸弹系用于前线。爆炸时，因炸药量少，在地面上爆炸，破片与弹子之飞散距离为四十公尺左右。

五 喷雾法及下雨法攻击

喷雾器与下雨器均为轻金属制品，装备在飞机上，飞机上有容积五百公斤之大桶喷雾器，由二十余个喷雾管所构成，加以强力之风压，飞机航行之同时喷射极细微之水滴，留下带状之细菌云。下雨器为连接油库之具有数千小孔之圆筒，间断性地降落水滴之装置。

所有之菌液比重加大，以便增加其落下速度，又为防止减弱其中细菌之活动能力，用肉汤为溶媒。用喷雾器施行之喷雾法攻击，系使用鼠疫杆菌、炭疽杆菌武器、主要用于前线。用以遮断前线与后方之交通路亦有效。

下雨法攻击系以霍乱弧菌、痢疾杆菌、伤寒杆菌等武器，攻击水源地或后方集团部队，堆积场等处为目的。

撒布法攻击系以炭疽杆菌，伤寒杆菌等武器之粉末，撒布前线或后方。据云用于植物细菌武器攻击敌国农作物最为适宜，又可以将带有鼠疫杆菌武器之跳蚤与氧气一同装入大桶中撒布之，此时据实验约三分之一跳蚤死亡，其余落地后仍有普通之跳跃力。

六 投下器（自毁纸制容器）

投下器为一纸制圆筒，可由中央分开，筒腔分二、三隔，筒之上部附一纸或人造丝制成之降落伞，筒之下部附以重锤及药夹，再由发火药至降落伞间联一细导火线。

纸筒内装入感染鼠疫之家鼠十二只及野鼠六只，再将已在该等动物身上吸血之带菌跳蚤用薄纸包好亦装进筒内。

由敌后方阵地，兵站基地或重要都市之上空投下时，纸筒于落地同时即分裂为二，装入之小动物及跳蚤立刻逃避、纸筒下部之火药着火，沿导火线燃烧圆筒与降落伞均被燃烧，不留一点痕迹。

亦可预想备用降落伞，对于被隔离之敌方前线投以食品之细菌武器，此时普通或利用层云或在飞机上装置标识转换器，伪装敌机施行之。

该标识转换器系在飞机航空中，可在操纵席上自由转换彼我标识之装置，为细菌战所必需者，特别是如在敌人国内后方行植物细菌武器之攻击时、可以在对于机型无知之国民头上，白天从容地达到攻击目的。

七 浮游瓶

浮游瓶为一容积五公升左右之长颈瓶，盛以所需之菌液，瓶口附以少量火药及定时装置，仅使瓶口露出水面浮游。使用此器具之目的，系用于攻击河川、海水沿场及船舶基地，在战斗地形条件特殊时使用之。如在河川，彼我之阵地均沿河岸而我之阵地在上游时、确认敌方饮此河水，或用之沐浴，在此情况下，先测量水流速度，对好时针而浮游之，使能在敌方阵地附近火药爆炸，瓶自破而染污其河水。如系海水，则须测量潮流之速度、方向，然后施行。

使用之细菌武器，在河川用痢疾、伤寒、霍乱等菌，在海水用霍乱弧菌最为适当。

榊亮平《细菌战争》之日文原文影印

编译者按：以下榊亮平《细菌战争》原文引自1952年国际科学委员会《调查在朝鲜和中国的细菌战事实·国际科学委员会报告书及附件》第226—227页之间的插页。

一九五二年一月二十七日
日本出版之「サンデー毎日」中所載
之「細菌戰爭」資料

照片（一） 榊亮平著細菌戰爭之首頁

サンデー毎日

恐るべき七つの細菌兵器

"炭疽菌兵器"

"ガス壊疽菌兵器"

"ペスト菌兵器"

照片（二） 原文所载榴散弹爆弹图

サンデー毎日

いかにして攻撃するか

攻撃器具の案出

ラッキー・サンデー当選番号

1月20日号

（賞金壱万円・二十本）

東組通し番号　103690

東組組番号
211.　213.　215.
218.　219.　222.
225.　226.　223.
230.

西組通し番号　106805

西組組番号
212.　216.　217.
219.　222.　223.
224.　227.　228.
228.

残念賞　以上の組番号以外の当選番号は残念賞として金千円を差上げます。

磁製爆弾

噴霧雨下

第三図　磁製爆弾

照片（三）　磁製爆彈圖

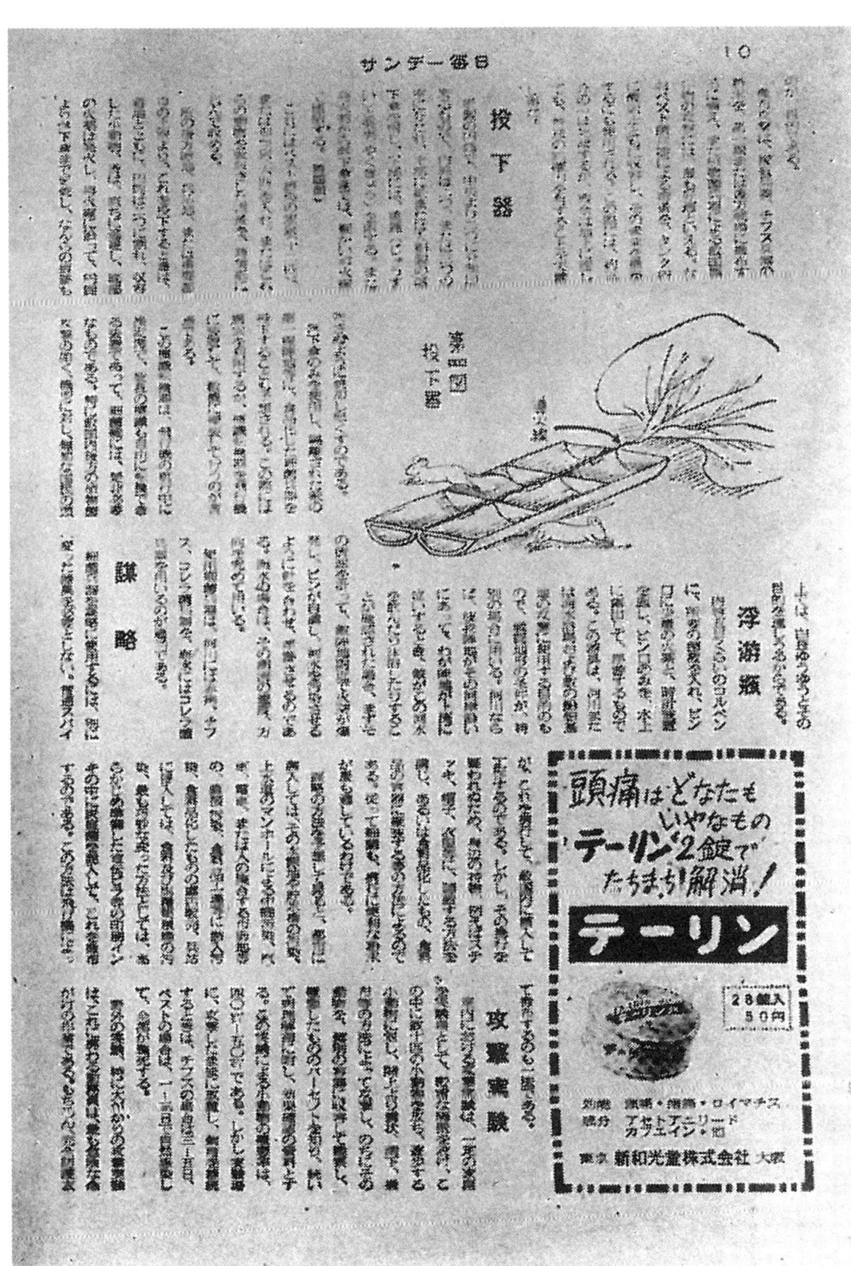

サンデー毎日　10

投下器

第四図　投下器

浮游瓶

謀略

攻撃実験

照片（四）　投 下 器 圖

五

战后（1946—1947 年）美国对日本细菌战情报秘密调查的三份报告

《关于日本细菌战活动的报告》之中文翻译

关于日本细菌战活动的报告

马里兰州弗雷德里克市底特里克营陆军情报处　阿沃·T. 汤普森

1946 年 5 月 31 日

李海军　译

编译者按：这是战后美国化学战部底特里克营细菌战情报调查官阿沃·T. 汤普森（Arvo T. Thompson）中校奉命于 1946 年 1 月 11 日至 3 月 11 日对日本“二战”时期细菌战活动进行调查后写成的调查报告。汤普森讯问了石井四郎、北野政次等 20 多名日军细菌战要员，报告主要依据石井口供写成。故该报告亦称《石井供词》或《汤普森报告》。该报告没有获得 731 部队实施细菌战和人体试验的重要情报，但对于 731 部队创建、组织机构、平房基地、对各种细菌炸弹的研制等，给予了很有价值的揭示。该报告藏于美国马里兰州底特里克基地美国陆军医学情报部。日本学者在该报告被美国政府解密后将其复制，在日本国内出版。本资料引自［日］近藤昭二：《731 部队·资料集成》（CD－ROM 版），2003 年［日］柏书房出版，CD 盘号：2—14—1。本文译者为湖南文理学院外国语学院李海军教授。英文原文影印于本文之后。

前　言

……此报告的调查工作于 1946 年 1 月 11 日至 3 月 11 日期间完成。

目 录

一 概要

日本细菌战活动：

(1) 日本人将细菌战视为军事活动，对其攻防两个方面进行了大量研究。日本海军似乎只对细菌战的防御感兴趣。

(2) 日军研究和开发细菌战主要受石井四郎中将影响和指挥。不过石井坚称，实施这种活动没有任何官方命令，并且它只是军队预防医学研究的一部分。但是，从其进展来看，显然在细菌战的各个方面都进行过大规模的研究和开发，并且得到了最高军事当局的官方认可和支持。

（3）石井说，日本之所以进行细菌战活动，是因为怀疑苏联和中国进行细菌战阴谋破坏活动，因此日本必须开发相应的防御手段。他强调，根本没有打算将细菌战开发成进攻性武器。

（4）位于满洲（即今中国东北）哈尔滨附近的平房基地是细菌战研究开发中心。东京的陆军军医学校也从事此领域的研究开发。细菌战是军事活动，出于安全考虑，一直作为高度机密，因此没有利用民间研究机构的科研人员和设施。

（5）伤寒、副伤寒、霍乱、痢疾、马鼻疽、鼠疫、破伤风、气性坏疽等病原菌，过滤性病毒，立克次氏体都可以考虑用作细菌战武器。野外实验的细菌仅限于非致病性细菌和两种针对人和动物的病原菌：炭疽和马鼻疽。

（6）日本人研究的细菌散播方法有炸弹散播、炮弹散播、飞机喷洒、人工阴谋破坏等。迄今为止，开发有效散播细菌方法的主要精力集中在开发炸弹上。到 1940 年，已经为此研制实验了 9 种空投炸弹。其中，包含污染地面的炸弹、产生传染云的炸弹以及通过伤口感染造成人员伤亡的碎片弹等。

（7）利用经过改造的炮弹作为细菌战武器，仅进行过几次预备实验。他们认为使用这种方法散播细菌不太实用。利用飞机喷洒散播细菌，也进行过几次预备实验，结论是此种方法也不实用。

（8）平房基地制造的炸弹中，波型炸弹和宇治 50 型炸弹效果最好，但都存在重大缺陷。石井认为，如果炮弹专家能够改正这些缺陷，加以改良，它们可以成为效果良好的细菌战武器。

（9）日本人认为，加强预防医学和饮用水净化措施是抵御细菌战最有效的手段。非机动和机动防疫给水部负责在战场上侦查、预防、控制传染病暴发。宪兵起辅助作用，执行情报机关任务，负责监测可能发生的细菌战活动、收集证据、逮捕破坏分子。

（10）在研发攻击型细菌战方面，日本的确取得了进展，但没有把细菌武器用作实战武器。

二　结论

调查官意见如下：

(1) 从不同渠道获得的日军细菌战活动情报没什么分别，这说明，似乎提供情报的人员事先已得到指示，受审时提供多少情报，提供什么样的情报。

(2) 所有的情报可能都是凭记忆提供，因为据说所有的记录都已按照日军的命令销毁。但是，部分情报，尤其是炸弹的略图，极其详细，一切文字证据都已销毁这种说法令人怀疑。

(3) 通过审问可知，他们明显避重就轻想淡化日本细菌战活动的实施范围，尤其是在研究开发攻击型细菌战方面所做的努力。

(4) 由于军队内部缺乏合作，细菌战研究开发受到限制，军部无法动用日本全部的科学力量，没能将细菌武器开发成实战武器。

(5) 即使实战型细菌战武器已经开发完成，由于害怕受到化学武器的报复，日本不可能使用这种武器。就目前所知，日本没有掌握美国细菌战活动的情报。

三　日本细菌战活动报告

1. 引言

最早调查日本细菌战活动的是化学战研究部的墨瑞·桑德斯中校和哈里·扬格斯中尉。它是日本科学情报调查的一部分，由美军太平洋司令部科技顾问部主持，时间是 1945 年 9 月至 10 月，那次调查报告收在 1945 年 11 月 1 日的《细菌战》第 5 卷中。

后来又有一批与细菌战相关的人员接受审问。美国盟军占领当局司令部军事情报处陆军部情报科和化学战研究部的工作人员在日本对他们进行当面调查。被调查的主要人物有石井四郎中将和北野政次中将，他们都是负责日本细菌战研发机构的原指挥官。

本报告主要是审问石井将军获得的情报，没有加入审问北野将军以及其他人所获得的情报，但是，他们提供的情报总体上证实了石井将军提供的情报。不同审问对象提供的情报大同小异。

调查中，没有发现日本研究开发细菌战的任何文字证据。接受当面调查的对象异口同声说，有关文件都是绝密，已按照军部的命令全部销毁。所以，情报可能只是调查对象凭记忆提供。

1946 年 1 月 17 日，在东京审问了石井四郎中将。受他影响，日本开始实施细菌战研发。战争结束后，他不知去向，后来美军反谍处发现他藏匿于老家千叶县。盟军占领当局司令部陆军反谍处向日本政府提出要求，石井被送回到东京的家中。石井患慢性胆囊炎和痢疾，允许他居住在东京的家中，所有审问在他家中进行。

从 1946 年 1 月 22 日至 2 月 25 日，每隔一段时间就审问一次石井四郎，方法有两种：一是通过翻译直接当面审问，二是书面提问。对于细菌战研究开发问题，石井回答十分谨慎、简单，而且经常搪塞抵赖。而对于预防医学研究、饮用水供给和净化问题，他毫无保留。通过当面审问，可以看出他想强调预防医学研究、饮用水供给和净化活动，而淡化自己指挥的关东军防疫给水部从事的细菌战研究。

2. 石井四郎中将个人及其从军经历

问及个人及从军经历时，石井将军提供了以下信息：

1892 年 6 月 25 日出生；

1920 年 12 月毕业于东京帝国大学医学系；

1921 年 1 月 20 日至 4 月 9 日，帝国卫戍师第三步兵旅参加军训任见习军官；

1921 年 4 月 9 日，任第三步兵旅一等中尉军医；

1922 年 8 月 1 日，东京第一陆军医院工作；

1924 年 8 月 20 日，大尉军医；

1924 年 4 月至 1926 年 4 月，东京帝国大学研究生，学习细菌学、血清学、预防医学和病理学；

1926 年 4 月 9 日，东京陆军医院工作；

1928 年 4 月至 1930 年 4 月，到以下国家考察学习：新加坡、锡兰、埃及、希腊、土耳其、意大利、法国、瑞士、德国、澳大利亚、匈牙利、捷克斯洛伐克、比利时、荷兰、丹麦、瑞典、挪威、芬兰、波兰、苏联、爱沙尼亚、拉脱维亚、东普鲁士、美国、加拿大、夏威夷；

1930年8月1日，陆军军医学校教官、少佐军医；

1935年8月1日，中佐军医；

1936年8月1日，关东军防疫给水部长官；

1938年3月1日，大佐军医；

1940年8月1日，关东军防疫给水部长官兼陆军军医学校教官；

1941年3月1日，少将军医；

1942年8月1日，第一陆军医务部部长；

1943年8月1日，陆军军医学校教官；

1945年3月1日，中将军医，关东军防疫给水部长官；

1945年12月1日，进入第一预备役部队。

3. 日本研究开发细菌战的动机

整个审问过程中，石井四郎坚称没有任何官方命令指示日军启动和实施细菌战研究开发项目。他进一步声称，日本对细菌战感兴趣是他本人的责任，主要受他影响，才开始研究攻击型细菌战，以便对敌人可能发动的细菌战做好充分的防卫准备。他辩称，因为防疫给水部的任务是预防、控制传染病和供给纯净水，所以他的部队有责任开发防卫细菌战攻击的措施。

石井说，以下事件促使日本研究细菌战的潜力：中日战争中发生多起水井投毒和污染事件；传言苏军在进行细菌战；报道称满洲的警察抓获了苏联间谍，他们携带装有斑疹伤寒、霍乱、炭疽细菌的玻璃瓶；修筑北安至黑河的铁路时，有人对日本军马运输搞阴谋破坏，2000头马死于炭疽病；读到外国文献上有关细菌战的论文。

石井认为，中国战区的水井投毒污染事件是中国游击队在苏联指使下的犯罪行为。上海地区的6000个日军死于霍乱暴发后，他的部队检查了1000多口水井，发现有3口受到霍乱细菌的严重污染。这些调查都是由称职的细菌学家负责，现场也找回了细菌容器，所以石井坚信这是破坏分子有意而为，而非自然排水进入水井造成的污染。

石井说，日军占领南京的时候，又发现有水井被霍乱细菌污染。标有“良水”记号的水井受到污染，而标有“恶水”记号的水井反而可以饮用。

有关细菌战的外国文献，石井提到了德国科学家的论文和美国陆军少校列恩·A. 福克斯的《细菌战》。他认为这些论文都不切实际，缺乏科学依据。

石井认为，日本从事细菌战活动，主要原因如下：担心苏联在细菌战领域的活动和意图，有必要开发防御这种威胁，以及防卫共产党在中国和伪满洲国战场的细菌战破坏活动。石井一再强调，把细菌战作为攻击性武器并非日本的目的，日本也根本没有考虑使用这种战争方法。

4. 防疫给水部的机构与分配

最早的传染病预防和控制机构是在日俄战争不久之后成立的战地疾病预防部。中日战争爆发后，该机构活动范围扩大，北至满俄边境，南到海南岛。该机构致力于研究寒冷的北方地区流行的传染病和许多东方的热带病。当时日军没有统一的饮用水净化和供给方式，军队没有遵守烧开饮用水的规定，因此水媒疾病频繁发生。

现有日军战地卫生机构不足以预防和控制日军不同战区的传染病，由于担心敌军使用细菌和毒药（已在水井投毒污染事件中遇到过），必须研发反制措施，这进一步强化了重组战地卫生机构的需要。战地疾病预防部由此废除，防疫给水部得以组建。石井说，它的主要职责就是预防水源性疾病。

防疫给水部由海外战区和日本本土的非机动部队和机动部队组成。至 1938 年 7 月，海外战区有 5 支非机动防疫给水部：

a. 关东军防疫给水部（哈尔滨）

b. 华北军防疫给水部（北京）

c. 华中军防疫给水部（南京）

d. 华南军防疫给水部（广东）

e. 南方军防疫给水部（新加坡）

非机动防疫给水部分配给各个军团，由军团司令直接控制，如关东军总司令。

机动防疫给水部由海外战区的战地防疫给水部和师团防疫给水部以及日本本土的师团防疫给水部和军管区防疫给水部组成。与非机动防疫给水部一样，机动防疫给水部也分配给各自的部队，由该部队的指挥官直接控制。至 1938 年 7 月，成立了 18 个师团给水部，在各自战场开展工作。随着日军活动范围扩大，成立了更多的机动防疫给水部。防疫给水部从医务部独离出来，医务部只为各军指挥官提供医务咨询服务。

5. 防疫给水部的职责

防疫给水部分配了以下职责：

a. 非机动防疫给水部——研究防疫给水；生产和供给细菌制品；生产、修理、供给防疫给水所需材料和设备；执行和指导防疫给水措施；防疫给水教学；物理和化学检测；收治传染病患者。

b. 战地防疫给水部——防疫巡逻和水源侦察；执行和指导防疫措施；检查水质和探查毒物；消毒和健康诊断；净化供水；修理卫生净水器；研究防疫给水。

c. 师团防疫给水部——与战地防疫给水部的任务相同，但不负责研究与教学。

如果战地防疫给水部、师团防疫给水部负责的地区发生不能控制的传染病，或者异常疾病或事件，非机动防疫给水部派人携带设备前去处理。

6. 关东军防疫给水部

关东军防疫给水部从1936年成立至战争结束，一直由石井将军指挥，是负责执行日本研发细菌战项目的机构。除了1942年8月至1945年3月期间，北野正次将军替代石井担任长官外，其余时间里该部的细菌战活动都由石井直接指挥，而且石井显然只对日本最高指挥部负责。只有在预防医学和给水方面，他才隶属于关东军总司令。在实施细菌战活动方面，石井明显可以自己做主。石井说，因为细菌战极度机密，没有就此提交正式报告。

问及为什么被解除长官职务时，石井说是为了让他获得升任中将的资格。他升任中将必须跟随一支军队履行战地服务责任。他还说，他认为任命他为第一陆军医务部部长，是因为“上面”不想让他继续进行细菌战研究。无论如何，该研究的主要研发工作在1942年底就已完成。不过，由于石井的影响，至少在某种程度上，研究在北野将军的领导下继续进行。

至于关东军防疫给水部与其他防疫给水部之间的关系，石井坚称，他不是所有日本防疫给水部的指挥官，所以不了解其他部队的防疫给水部。

石井说，军部没有为细菌战活动颁发过任何官方命令，也没有特别为此拨款。于是就把用于研究预防医学和饮用水净化的拨款用于研究细菌战。石井估计，大概挪用了 1%—2% 的资金用于细菌战研究。从另外渠道得知，预防医学研究的年度预算约为600 万日元。但是，这个估计与他后来的供词不符，他在供词里说大约挪用了 20% 的研究经费。

整个审讯过程中，石井极力造成这样一种印象，细菌战的研究规模极小，只是防疫给水研究的一部分。他反复强调，研究攻击型细菌战，唯一目的是确定细菌战的潜能，以便从防疫给水的角度了解有哪些必要的预防手段。

问及这个问题，所有受审人员口径一致，都说天皇对日军细菌战活动一无所知。面对审讯，石井回答说："细菌战不人道，主张使用这种战争方法有辱天皇的美德和慈悲。"他还说，如果天皇知道此事，会下令禁止。

尽管石井强调细菌战研究只是关东军防疫给水部活动的一小部分，也没有任何官方的命令。但是，从其研究规模和进展情况来看，细菌战研究开发显然已大规模全面展开，受到官方认可和最高军事当局的支持。

a. 关东军防疫给水部的组织机构

据石井描述，关东军防疫给水部由总部和 5 个分部构成，全都分布在满洲（即今中国东北）。总部分设 6 个部门，分别是总务部、第一部、第二部、第三部、第四部、物资部。除第三部在哈尔滨外，其余各部都在平房（见附录一），该地位于哈尔滨以南 24 千米处，是主要的研究基地。其余 5 个分部在牡丹江、林口、孙吴、海拉尔、大连。活动高峰时期，关东军防疫给水部共有 2500 人，包括医生、药剂师、卫生员、技术人员、工程师、教官、医务官/兵、财务人员和雇用的平民（见附录二 a：石井提交的关东军防疫给水部组织机构）。

b. 关东军防疫给水部的职责

石井提交的"附录二 b"中列出了关东军防疫给水部总部各部门及各分部的职责。简言之，总部总务部负责全面管理；第一部负责预防医学基础研究；第二部从事流行病学研究和执行防疫措施；第三部负责饮用水净化和供给研究，制造和维修饮用水净化和供给设施，执行饮用水净化和供给措施；第四部负责生产疫苗和血清；物资部除了正常物资供应外，还负责繁殖和供应所有实验用小动物。

各分部负责执行自己区域内的防疫给水措施，大连分部还负责改进疫苗、血清和诊断剂。

7. 平房基地

关东军防疫给水部平房基地，位于满洲（即中国东北）哈尔滨以南 24 千米处，是日军主要的细菌战研究中心。尽管石井辩称，平房基地的主要目的是关东军的战地防疫，但是从该基地在细菌战领域进行的大量研发来看，很明显，大量的精力用于细菌战活动，预防医学项目只是它的一部分，其目的是开发细菌战武器。平房基地建设大约始于 1937 年，那时，细菌战野外实验正在进行，也开发出了第一批细菌战武器。平房基地完成之前，利用哈尔滨的小型实验室（见附录三 a 和附录三 b）进行细菌战初期研究。平房基地完成以后，哈尔滨的实验室主要用于制造和修理饮用水净化设备。石井将军发明了硅藻土管型过滤器，被日军采用为野外标准装备。哈尔滨实验室烧制硅藻土管型过滤器的设备也用于制造宇治（Uji）型细菌炸弹的陶器弹筒。通过石井递交的草图（见附录三 c），可以大致了解平房基地用于预防医学和细菌战研究的设施和规模。北野将军也递交了一张类似的草图（见附录三 d），可能是凭记忆画出。

平房基地自给自足，自己筹集大部分所需食品和实验用动物。许多实验室用于研究和生产细菌制品，用于制造和修理设备。在这个高墙环绕、戒备森严的基地内，有一块隔离的区域专门用于鼠疫研究。有一个飞机场，用于空运人员和设备以及供飞机执行细菌战野外实验任务。还有一所学校用于培训基地工作人员和招募的人员。培训内容有野外卫生规则、预防医学和饮用水净化及供给。培训方式有讲座、演示和实际操作。毫无怀疑，学员接受了一定的细菌战培训，至少是防御性细菌战培训。然而，石井否认了这一点，说细菌战研发还没有到要对工作人员进行培训的程度。还有一所医院用于基地工作人员和家属身体检查和治疗。石井大略介绍了平房基地的研究（见附录三 e）。石井说，细菌战研究并非由平房基地固定的人员进行，有时临时从各个部门调集一些人，负责特定项目和实验，项目完成或告一段落后，这些人就解散回到各自的部门。除了几个关键人物外，负责某一项目的人员不完全了解工作的性质和研究的目的。石井承认，这样做不能促进工作进展，但为了安全起见很有必要。

8. 攻击性细菌战活动

（1）研究的细菌

从细菌战的角度，研究了伤寒、副伤寒、霍乱、痢疾、炭疽、马鼻疽、鼠疫、破伤风、气性坏疽等病原菌以及过滤性病毒和立克次氏体细菌等。石井说，野外实验中使用的细菌仅限于非传染性细菌：枯叶菌、灵杆菌，和动物传染性细菌：炭疽、马鼻疽。石井称马鼻疽野外实验只进行过一次（此次试验的性质不得而知）。由于有传染的危险，而且出现一例感染马鼻疽的死者，就没有继续实验。对马鼻疽的研究工作仅限于开发免疫剂和治疗药膏。石井否认野外进行过鼠疫实验。他说，由于担心鼠疫实验出现的反作用，以及啮齿目动物可能传播鼠疫，所以鼠疫研究只在实验室里进行。

问及他认为哪些细菌最具攻击型，石井说，他只能猜测，特定细菌的效果取决于当地的气候以及采取的卫生措施。

（2）细菌批量生产

为了批量生产疫苗用细菌，石井发明了培养箱，它用来生产细菌战野外实验使用的细菌。用铝合金制作的培养箱有两道门，把托盘放在里面，细菌在固态培养基表面生长。只要从覆盖着罩子的门洞把溶化的培养基注入托盘里，培养基会自动平铺在托盘上，深度一致。用药用棉签把细菌放进托盘。细菌生长后，用小金属棒刮擦培养基收集培养的细菌。批量生产细菌，需要三四十个培养箱。

在附近日军医院的技术人员协助下，石井演示了培养箱的使用方法。将培养箱放倒，从门洞将 7 公升溶解的标准琼脂细菌培养基倒进箱里，然后把培养箱竖起来，箱内每个托盘上自动形成 9 厘米厚的一层培养基。另一个培养箱事先已经注入大肠杆菌，收获了大约 160 克的液态表面培养基。

使用培养箱，生产能力大大超过利用标准实验室设备。石井说，发明培养箱主要是为了满足战场上日军日益增长的各种疫苗需要，绝对没有大量生产和贮藏细菌，也没有细菌可供战略使用。

（3）细菌的散播方法

平房基地研究的细菌战中使用的细菌散播方法包括以下几种：A. 炸弹散播；B. 炮弹散播；C. 飞机喷洒；D. 人工破坏①。迄今为止，研发传染性细菌有效散播的方法时，主要力量集中在开发细菌战炸弹。改装炮弹和飞机喷洒方面的预备实验进行过两三次。

① 编译者注：原文无此 D 项，但后文有此项内容，故此处为译者所加。

A. 炸弹散播

至 1940 年，已经开发出 9 种散播细菌的空投炸弹，并进行过野外试验。炸弹包括造成地面污染的炸弹、产生传染云的炸弹、利用污染的弹片感染伤口造成人员伤亡的碎片弹。最早的炸弹是由化学弹改造而成。后来，细菌战炸弹开发运用了原创设计，包括通过导火索引爆的陶器弹筒炸弹、玻璃弹筒炸弹和用压缩气体喷洒细菌的炸弹。

石井说，所有这些炸弹是自己的部队成员在平房基地的机构和哈尔滨的实验室开发和制造，没有常规军械人员协助。他承认，如果得到炸弹专家的协助，炸弹开发会取得更多进展。后来经过改造用于细菌战的炸弹、炸药、引信都是通过申请由常规供应渠道获得。平房基地研发的所有炸弹，其主要缺陷之一是引信不好。石井说这些引信都是经过改造的老式炮弹的引信。

石井强调，这些炸弹都只是用于实验，生产的数量仅仅能够证明其可以用于实战，能够了解防卫这种武器所需的措施。对照下面石井提供的炸弹生产数量与他的辩解，令人吃惊：

炸弹类型	大致生产数量	生产年份
伊型	300	1937 年
吕型	300	1937 年
波型	500	1938 年
仁型	200	1939 年
老式宇治型	300	1938 年
宇治 50 型	500	1940—1941 年
宇治 100 型	300	1940—1942 年
玻璃型	50	1940 年
宇治型	20	1939 年

石井不确定野外实验中使用了多少炸弹，他说只有少数实验使用了所有型号的炸弹，剩下的炸弹在日军撤出平房前已经销毁。1937 年开发并实验了第一颗细菌战炸弹，由此可以看出，很明显在此之前日军在细菌战领域已经开展了活动。

有其他日军细菌战活动调查报告中说到了“子母”无线炸弹和 7 型炸弹，石井予以否认。石井说，1942 年以后，炸弹的研发工作停顿了下来，因为到 1943 年，开始感觉到物资匮乏。到 1944 年，由于物资不足和人员调往前线，平房基地处于“窒息状态”。

石井认为，平房研发的炸弹中，最有前景的是波型炸弹和宇治50型炸弹。如果武器专家改正现在的缺陷，并进一步改良，他觉得这两种炸弹可以制成效果很好的炸弹。

问及哪里可以找到炸弹的样品。石井说，苏联进入哈尔滨之前，已经销毁了全部剩下的炸弹，毁掉了平房基地，以及一切具有情报价值的东西（注：由于哈尔滨被苏联占领，现在无法进入该地证实石井的供述）。由于无法获得这些原始炸弹的记录、蓝图、照片、样本，我们要求石井凭记忆画出炸弹的草图。报告后复制了石井递交的炸弹草图。见附录四a、b、c、d、e、f、g。

审问时，几次要求石井提供炸弹细节，但是他反驳说，自己作为关东军防疫给水部如此庞大组织的长官，时间大都花在管理上，不可能期望他熟悉细微的技术细节。

但是，石井绘制的炸弹草图以及提供的其他技术情报十分详细，表明他非常熟悉技术资料详情。这会让人怀疑所有细菌战研发记录均已销毁这种说法。很有可能，石井提供的大部分情报是在过去平房基地同事的协助下整理出来的。他们中有几个那时居住在东京或东京附近。对石井的审问时断时续，而且大多数情报他是通过绘图和书面问答的形式提供，所以他有许多机会与过去的同事商量。

a. 伊型炸弹。伊型炸弹是经过改造的毒气炸弹，重20公斤，容量为2公升，可能是最早研制出来的散播细菌液体的炸弹。弹头撞击地面发生爆炸，弹尾破碎，弹体中的细菌液体喷射出来。1937—1938年，对该炸弹进行过（地面）静止爆炸实验和飞机投掷实验。实验时，弹体容积填充到70%，有0.1%的洋红溶液，2%—5%淀粉溶液，或者非传染性细菌。放置一个100米×500米的长方形网架上，每隔20米放置试纸或陪替式培养皿，用以评估细菌散播情况。冬天则利用雪作为背景，评估弹体内填充物有效散播面积。地面静止爆炸时，如果风速每秒5米，散播面积为10—15米×100—150米。从飞机上投下时，炸弹在爆炸前钻进地里，形成漏斗状弹坑，几乎不能有效散播细菌。弹坑深度由投掷高度决定，从1000米高空投掷下来，弹坑深度为0.5—1米；从2000米高空投掷下来，弹坑深度为1—1.5米；从4000米高空投掷下来，弹坑深度为2.5—3米。由于爆炸前容易钻进地里，容量小，爆炸率低，因此认为伊型炸弹不能令人满意，没有继续研究。

b. 吕型炸弹。吕型炸弹的大小与外观与伊型炸弹相似，弹头重新设计，有前隔离舱和后隔离舱。落地时，前隔离舱爆炸，把弹体抛到10—15米的上空，接着后隔离舱爆炸，炸碎弹尾，喷射出弹体中的填充物。实验时填充物和伊型炸弹一样，实验也是在类似的网架上进行。地面静止爆炸实验时，散播面积为20—30米×200—300米。飞机投掷实验结果和伊型炸弹大致一样。爆炸率比伊型炸弹更低，主要还是因为引信不良。因此，出于同伊型炸弹一样的原因，他们认为吕型炸弹不值得改良，不再继续研究。

c. 波型炸弹。波型炸弹是一种碎片弹，重40公斤，利用被炭疽菌污染过的弹片达到破坏效果。这种炸弹有双重弹壳，中间是炸药管，环绕着10毫米厚的破碎性铁壁，铁壁与钢铁弹筒之间是填充室。填充室容积为700立方厘米，装入大约1500个钢球，增大弹片的破坏力。填充室和钢球涂有防腐酚醛漆。弹头和弹尾装有着发引信，弹头隔离舱、弹尾隔离舱和中间炸药管装有3公斤TNT。炸弹落地时爆炸，弹片和炭疽菌沿水平方向高速散播。

1938年至1939年间进行过波型炸弹的野外实验。地面静止爆炸实验时使用染料溶液和细菌作为填充物。在网架内以炸弹爆炸点为中心，同心圆状树立木板，以测定弹片的尺寸、散播范围、穿透力等。实验动物以同样的形式摆放。冬天从冰冻的土地上回收弹片来测定它们的散播情况。弹片飞射距离为400—500米，半径在50米以内时，每平方米约有一个弹片。回收弹片，检查附在上面的细菌的存活能力。还进行过飞机投弹实验，检测炸弹的功能和爆炸率。

另外，把炸弹埋在沙子里，深约5米，研究破碎效果。通过电流引爆炸弹，沙子防止弹片飞出，以推测弹片的尺寸。回收的弹片中，大约10%重量为1—3克，20%重量为3—5克，25%重量为5—10克，40%重量为10—15克，5%重量在15克以上。

波型炸弹有几个缺陷。大家认为它太过复杂，不利于批量生产。弹筒很薄，焊接到弹头与弹尾，在操作和搬运过程中不能抗震。经常发生细菌泄漏事件，对炸弹操作人员造成感染危险。炸弹形状与标准航空炸弹不同，很难挂在飞机上。炸药会炸死40%—65%的细菌。尽管波型炸弹有上述缺陷，但他们认为它很有前景。石井相信，经过炸弹专家改正缺陷，进一步研发，它可以制成高效的炸弹。

d. 仁型炸弹。仁型炸弹的总体设计与波型炸弹一样，重 50 公斤，弹体比波型炸弹大约长 100 毫米，装填容量为 1 升，但使用的炸药只有波型炸弹的一半。因为炸药更少，细菌的存活率更高，但是弹片的穿透力和散播面积不如波型炸弹。他们认为 1939 年的实验结果“相当不错”，认为该种炸弹具有进一步研发的价值。

e. 宇治型炸弹。宇治型炸弹重 30 公斤，利用压缩空气在事先设定的高度上喷射液体。这种炸弹有可拆卸的弹头盖住喷射嘴。它装有弹头着发式引信、弹尾延续式引信、飞机投掷时启动的弹尾自动计时装置。弹尾自动计时器启动后，把中间的炸药管推到前方，将喷射嘴和弹头分离。中间的炸药管往前移动时又释放出压缩空气，通过喷射嘴把炸弹填充物喷射出去。炸弹落地时爆炸。石井说，这种炸弹只制造了 20 枚，除了实验检测炸弹本身的功能，没有进行野外实验。由于填充物泄漏、引信不良、计时装置不准、结构复杂等原因，他们认为该炸弹没有继续研发的价值，不再研发。

f. 老式宇治型炸弹。到了 1938 年，日本细菌战炸弹研发趋势是：设计更简单、容量更大、只需最少的炸药便可产生弹片和确保存活下来的细菌散播。石井并没有具体提出这个目标，不过，通过他批评早期的炸弹和考虑继续研发炸弹，可以看出这个目标。钢铁弹筒炸弹装有大量 TNT 和黑色火药，对填充物造成破坏。后来，集中精力设计和研发陶瓷弹筒炸弹和玻璃弹筒炸弹，这些炸弹使用了导爆索或者导爆索加上少量 TNT 作为引爆物。

陶瓷弹筒宇治型炸弹就是这种研发驱使的产物，其原型石井命名为“老式宇治”型炸弹。该炸弹重 25 公斤，容量约 18 升，陶器弹筒外侧有纵向槽，装有 4 米长的导爆索，用以引爆炸弹。通过弹头上金属螺帽上的开口装入填充物，底部安装有赛璐珞固定板，尾部安装有延缓引信。在设定高度的空中爆炸后，陶瓷弹筒破碎，填充物散播开来。陶瓷弹片几乎没有穿透力，但是在地面上难以发觉。1938 年，该炸弹进行了野外实验，实验的条件与伊型、吕型、波型炸弹一样，填充染料或淀粉溶液和非病原性细菌悬浮液。静止爆炸实验结果表明，风速每秒 5 米的情况下，在 15 米高度的空中爆炸，散播面积为 20—30 米 × 500—600 米。空中投弹实验结果表明，在 200—300 米高度的空中爆炸，散播面积为 20—

30米×600—700米。散播下来的液滴大小各异，有雨点般的小滴，有雨点凝聚成的大滴，还有直径15微米的液滴。

石井说，老式宇治型炸弹缺点很多。陶瓷弹筒操作起来必须小心翼翼，填充物会从金属填充塞与陶瓷弹筒的结合部泄漏出来。炸弹重量与大小不一致，弹道无法确定。考虑到细菌散播，炸弹容量只充填了70%，没有填充的空间会引起炸弹不稳定，陶瓷固定板天热时变形，使弹道更加偏离；而天冷时容易破碎，经常在飞行中掉落下来。引信不良，无法准确确定爆炸的高度。不过，这种炸弹的容量令人满意，由于使用了陶瓷弹筒，没有金属对细菌起破坏作用。但是，还是认为这种炸弹没有继续研发的价值。

g. 玻璃炸弹。玻璃炸弹重35公斤，是玻璃弹筒的老式宇治型炸弹的实验样品。其弹筒外侧不是纵向槽，而是螺旋槽，用以装填引爆用的导爆索。这种炸弹只制造了20枚，它的缺点和老式宇治型炸弹几乎一样，进行过几次实验后，不再研发。

h. 宇治50型炸弹。宇治50型炸弹重25公斤，容量为10升，是宇治型炸弹系列的改良产品。弹头安装有着发引信、延缓引信以及装有500克TNT的炸药管。弹尾装有定时引信，在200—300米高的上空触发4米长的导爆索，引爆炸弹。如果弹尾引信和导爆索失效，炸弹着地时，弹头里的炸药导火装置可以确保炸弹里的填充物散播。

1940年至1941年，这种炸弹生产了大约500枚。1940年至1942年，进行了大量的野外实验。既有静止爆炸实验，也有空投实验。早期实验时，在炸弹里填充染料溶液和非病原性细菌悬浮液，后来填充炭疽菌悬浮液。这种悬浮液每立方厘米含有50—100毫克炭疽菌。根据填充的情况，在野外使用试纸或陪替式培养皿检测细菌散播情况。实验炭疽菌时使用了牛、马、山羊等大型动物。

空投实验时，风速每秒5米的情况下，在200—300米高度的空中爆炸，散播面积为40—60米×600—800米。

同样风速的条件下，炸弹在15米高处静止爆炸，散播面积约为20—30米×500—600米。炭疽实验中，炸弹在15米高处静止爆炸，然后让动物在爆炸下风处受污染的地面上吃草一两个小时，结果，在受污染的地面上吃草的动物中，70%的马和90%的羊感染了炭疽菌，随后死亡。

虽然宇治50型炸弹依然存在老式宇治型炸弹的一些缺点，但他们认为它更加有效。石井认为，经过专家改正缺陷，进一步研发，宇治50型炸弹可以制成有效的细菌战炸弹。

i. 宇治100型炸弹。宇治100型炸弹重59公斤，是宇治50型炸弹的扩大版，容量约为25升。使用了约12米长的导爆索用以引爆炸弹。1940年至1942年间，共制造了300枚，并进行了大量野外实验，实验方式同宇治50型炸弹一样。该炸弹体积太大，操作过程中容易破碎，他们认为它不如宇治50型炸弹那样实用。

B. 炮弹散播

研究过两种炮弹用于散播细菌战细菌，一种是标准毒气弹，命名为“H”炮弹；另一种是碎片弹，命名为“B”炮弹。两种炮弹都在海拉尔附近的沙漠里进行过实验。炮弹里装入染料溶液，或浓度为每立方厘米含200—500毫克灵菌素的悬浮液，从3000米远外发射，目标面积为500平方米，每间隔20米摆放试纸或陪替式培养皿。实验“B”炮弹时，在500平方米的地面上每间隔20米安放木板，以检测命中率。实验主要目的之一是检测炮弹散播的细菌的存活情况。石井说，由于炮弹几乎没有命中目标，无法获得确切的数据，于是认为这种散播方法不实用。

C. 飞机喷洒

石井说，为了检测飞机喷洒的细菌散播效果，在平房基地附近大约进行过10次实验。飞机上装有一个压缩空气罐和一个溶液喷洒罐。压缩空气送进喷洒罐，将喷洒溶液压出，通过机尾附近的导管进入空中。用于实验的液体是染料溶液和非病原性细菌悬浮液，使用的染料溶液是浓度为0.1%的洋红或苯胺红色溶液。实验用的细菌是枯叶菌和灵杆菌。在1000平方米的地面上，每间隔50米摆放白色试纸，以检测飞机上喷下的有色溶液。把装有标准琼脂培养基的陪替式培养皿以同样方式放在地面上以检测细菌。用刻度透镜从试纸上计算液滴的大小和密度，或者使用标准试纸进行比较。将陪替式培养皿放到实验室，细菌繁殖后，估计喷洒产生的细菌浓度。

高度低于500米，喷洒散播结果可以检测出来。喷洒的液滴直径为3毫米至50微米。喷洒高度高于3000米，没有回收到细菌。喷洒装置操作相当难。有时候压缩空气罐破裂，伤及操作人员。石井说，他们认为喷洒散播的实验结果不令人满意，得出结论，这种散播方法效果不好，没有可能操作的价值。

D. 人工破坏

日本方面经常谈到敌方在水井里投毒，同时制定了大量战地用水净化措施。很明显，日方从攻守两方面出发，认真考虑了利用破坏人员散播传染性细菌。石井说，人工破坏可能是运用细菌战最有效的方法。情报报告中提到了训练从事这方面活动的人员，但日方予以否认。

目前，获得的有关人工破坏的唯一具体情报来自石井的前同事内藤良一中校，他曾在东京的陆军军医学校进行细菌战研究。石井声称，陆军军医学校进行的细菌战研究只限于预防医学中的防御研究。但是，内藤说，陆军军医学校进行过的细菌战研究和预防医学研究并没有明确的区分，它也研究过攻击型细菌战。内藤说细菌战研究的一个方面是寻找可以用于破坏食品稳定的毒素。这项研究大都集中在从河豚肝脏提取耐热性“河豚毒”上。他们尝试将这种毒素浓缩至一微克就能毒死一只老鼠。比较毒死一个人所需的剂量，计算出这种毒素可实用于人工破坏活动。这种浓度没有提炼出来，1944年的B－29轰炸中断了后续研究，1945年4月陆军军医学校毁于大火，研究就此结束。

9. 防御性细菌战活动

强化预防医学和饮用水净化措施被认为是对付细菌战最有效的防御手段。非机动和机动防疫给水部广泛分布在各个地方，时刻警惕，负责侦察、预防和控制自然暴发的传染病以及可能是敌人制造的疾病。平房基地以及陆军军医学校，加强了预防医学研究，以及疫苗、血清和其他治疗药品生产，以作为细菌战防御手段。同样，这两个地方对预防医学医务人员进行了细菌战防御方面的教育。

石井说，平房基地进行的攻击型实验表明，细菌战炸弹具有潜在威力，为应对细菌战研发出了如下的防御手段：

a. 趴在地上，利用地势低洼或物体保护自己。

b. 戴上钢盔，穿上防弹衣。

c. 全身穿上强化玻璃纸衣，或涂有柿油的纸衣。

d. 穿上薄胶丝制成的防护衣，戴上常规军用防毒面具。

e. 涂上防护软膏。我们进一步问及防护软膏的情况时，石井问答，有效应对马鼻疽菌的防护软膏由以下成分组成：

氰酸汞 ………………………………………… 0.1

淀粉 ………………………………………… 7.0

西黄耆胶粉 ………………………………………………………… 2.0
药皂 ………………………………………………………………… 1.0
甘油 ………………………………………………………………… 1.0
水 ………………………………………………………………… 100.0

f. 使用机动战地消毒车。

"A" 车用于地面消毒。

"B" 车用于人员和服装消毒。

g. 使用机动战地实验车侦察和诊断。

h. 使用飞机运送防疫部队、设备、补给品和及早运送患者撤离。

i. 提供医用列车和船只。

j. 增产疫苗、血清以及马法尼和青霉素等其他药品。

k. 及早发现和治疗传染病。

l. 全军预防接种。

作为进一步的防御措施，宪兵队与防疫给水部保持联系。宪兵队作为辅助机构，起到情报网的作用，监视可能发生的细菌战事件、收集证据、逮捕破坏分子。宪兵队员没有受过专业训练，由防疫给水部人员教他们初步的细菌学和传染病学知识，包括常见的症状、扩散方式、应急措施等。同时教他们，不要过分重视，但也不能忽视那些看起来不重要的事件。遇到这种情况，必须立即报告给直接上司，上司接到报告后立即报告给最近的防疫给水部，它会采取恰当的措施。

10. 海军对细菌战的兴趣

缴获的日本文件中提到了海军 7 型细菌炸弹，也提到给从事危险任务（包括细菌战研究）的海军官兵支付特殊津贴，这表明海军可能进行了细菌战活动。但是，至今没有发现任何证据。所有受审的陆军和海军官兵都否认有 7 型炸弹。

嶋田繁太郎从 1941 年 10 月至 1944 年 7 月担任海军大臣。我们审问了他有关海军省签发文件中所说的细菌战研究特殊津贴的问题，他否认海军从事过细菌战研究，解释说文件提到的细菌战内容是"负责起草海军规则的人加进去的，他大概想象将来可能发生细菌战"。嶋田说，文件中的细菌战内容大概出自海军军医总监办公室。嶋田认为海战中细菌战不实用，没什么效果。

显而易见，在细菌战研究方面，陆海军没有相互配合。也没有发现海军独自进行细菌战研究的证据。嶋田的话表明，日本海军至少从防御的角度对细菌战感兴趣。在细菌战防御方面，陆军与海军的军医总监之间有所联系。

11. 攻击型细菌战开发没有进展的原因

虽然平房基地进行了大量的攻击型细菌战研究，但是日本没有准备将细菌战作为武器用于实战。石井把攻击型细菌战开发未能取得进展的基本原因归结为以下几条：

a. 日本细菌战研究主要目的在于防御。

b. 细菌战研究没有官方命令，所以没有必需的资金、人员、设备。

c. 缺少优秀的技术人员。细菌战研究造成的伤亡补偿极少，所以这个领域对称职的研究人员缺少吸引力。

d. 缺少优秀的工作人员，因此没有科学咨询委员会可供咨询。

e. 日本缺少基本的物资。

f. 缺少最高司令部的支持。没有认识到科学的重要性。他们（最高司令部的人员）不能客观判断，而且不尊重科学家，因此误解和迷信凌驾于科学事实之上。

g. 不能反谍，日本害怕报复。

12. 细菌战的实用性

石井等人就细菌战的实用性，给出以下结论：

a. 细菌战作为攻击性武器的实用性，尚需论证。

b. 用于细菌战的细菌和成功引发传染病必需的许多重要条件不稳定，能否大规模有效运用细菌战存疑。

c. 细菌战作为一种破坏手段也许可以在小范围起到作用。

d. 开发适当的预防医学措施，可以防御细菌战。

e. 战争中使用其他武器能够获胜，就没有必要使用细菌战；战败时使用细菌战不可能有效。

f. 细菌战不是决定性武器，最多只能是辅助性武器。

附录一 哈尔滨地区略图

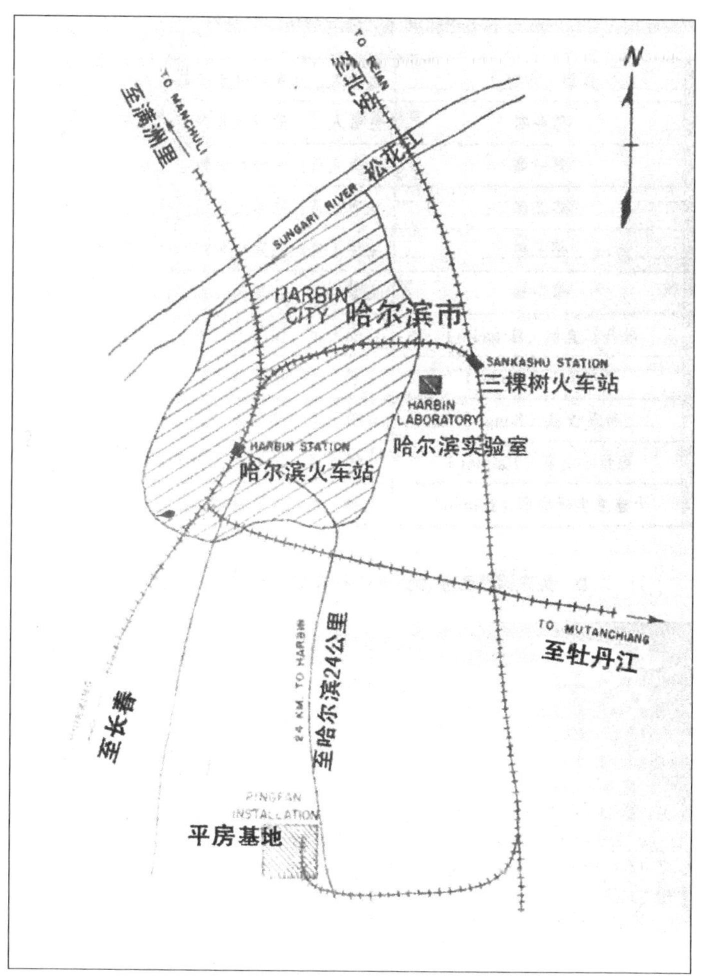

图 5－1 哈尔滨地区略图

马里兰州弗雷德里克底特里克营 E 部队

哈尔滨地区略图 根据陆军中将北野政次提供的草图绘制		CWS
比例尺：无	日期：1946 年 4 月 25 日	绘制人：E. T. S.

附录二

a. 关东军防疫给水部组织机构

总部	长官：中将军医或者少将军医
总务部	负责人：上校军医或中校军医
第一部	负责人：少将军医或上校军医
第二部	负责人：上校军医或中校军医
第三部	负责人：上校军医或中校军医
第四部	负责人：上校药剂师/军医，或中校药剂师/军医
大连分部	负责人：工程师或军医
牡丹江分部	负责人：少校军医或中尉军医
林口分部	负责人：少尉军医或中尉军医
孙吴分部	负责人：少尉军医或中尉军医
海拉尔分部	负责人：少尉或中尉
总部以及各支部的主要人员	
军医	35 名
药物学家	18 名
卫生人员	25 名
技术人员	10 名
财务人员	5 名
工程师	30 名
军事教官	3 名
翻译	1 名
士官	约 100 名
工程师助理	150 名
医务兵和其他雇员	若干
各分部人员	
军医	1 名
药剂师	1 名

卫生人员	1 名
财务人员	1 名
士官	约 10 名
工程师助理	约 10 名
医务兵	约 400 名
雇用的平民	若干

b. 关东军防疫给水部职责要领

总务部

1. 规划和指挥。2. 日常工作。3. 人员。4. 监督管理。5. 交通运输和通信。6. 管理建筑物。7. 医务。

第一部

1. 研究各种传染病的预防和治疗。2. 各种身体和化学检查。3. 研究改良预防接种疫苗和治疗用血清等。4. 传染病预防基础研究。

第二部

1. 研究传染病预防措施的执行。2. 实验传染病预防用材料。3. 执行传染病预防措施。4. 指导传染病预防。5. 快速运输传染病预防材料和人员。

第三部

1. 实验改良给水设备。2. 执行给水措施。3. 指导纯净水供给。4. 生产修理给水设备。5. 消毒。

第四部

1. 生产预防接种疫苗和治疗用血清等。2. 培养基医学实验。

物资部

1. 保管供应传染病预防材料、给水、实验。2. 研究预防药品。3. 生产预防药品。4. 繁殖和供应实验用小动物。

分部

1. 在各自负责的区域内执行和指导防疫给水措施。2. 在各自负责的区域内从事防疫给水研究。3. 稍微修理防疫给水设备。

大连分部

1. 研究改良预防接种疫苗和诊断治疗用血清等。2. 生产和供应上述疫苗和血清等。3. 研究病原性细菌。4. 在各自负责的区域执行防疫措施。

附录三

a. 哈尔滨研究实验室平面图（石井）

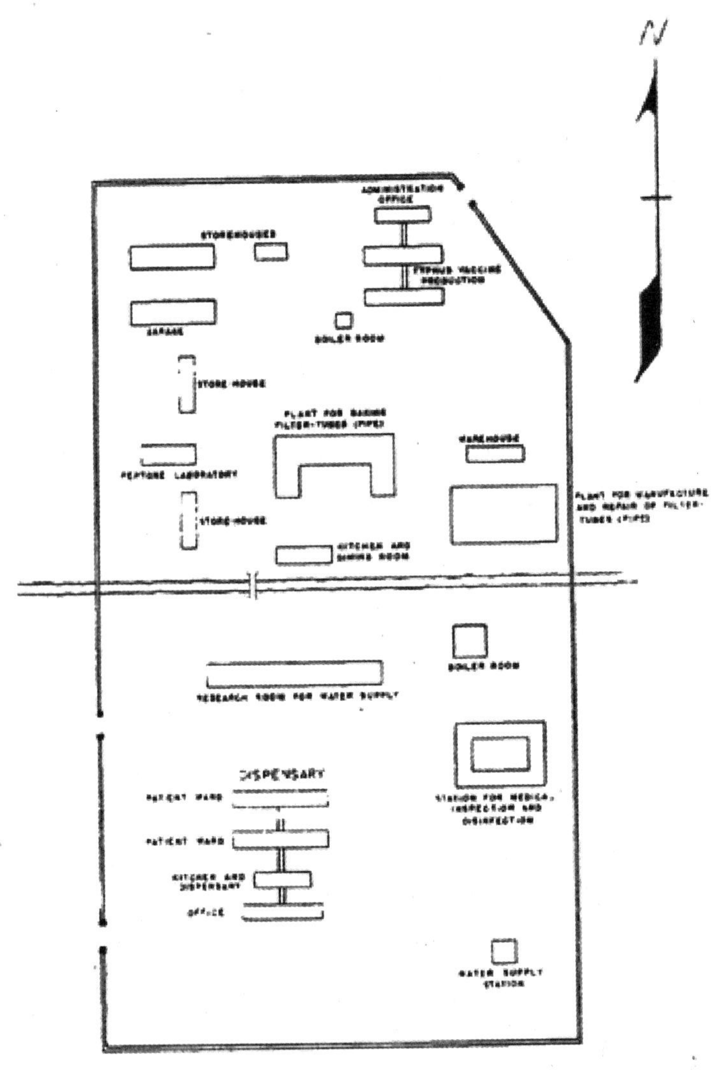

图 5－2　石井平面图

b. 哈尔滨研究实验室平面图（北野）

c. 平房基地平面图（石井）（编译者注：原文资料中缺此图）

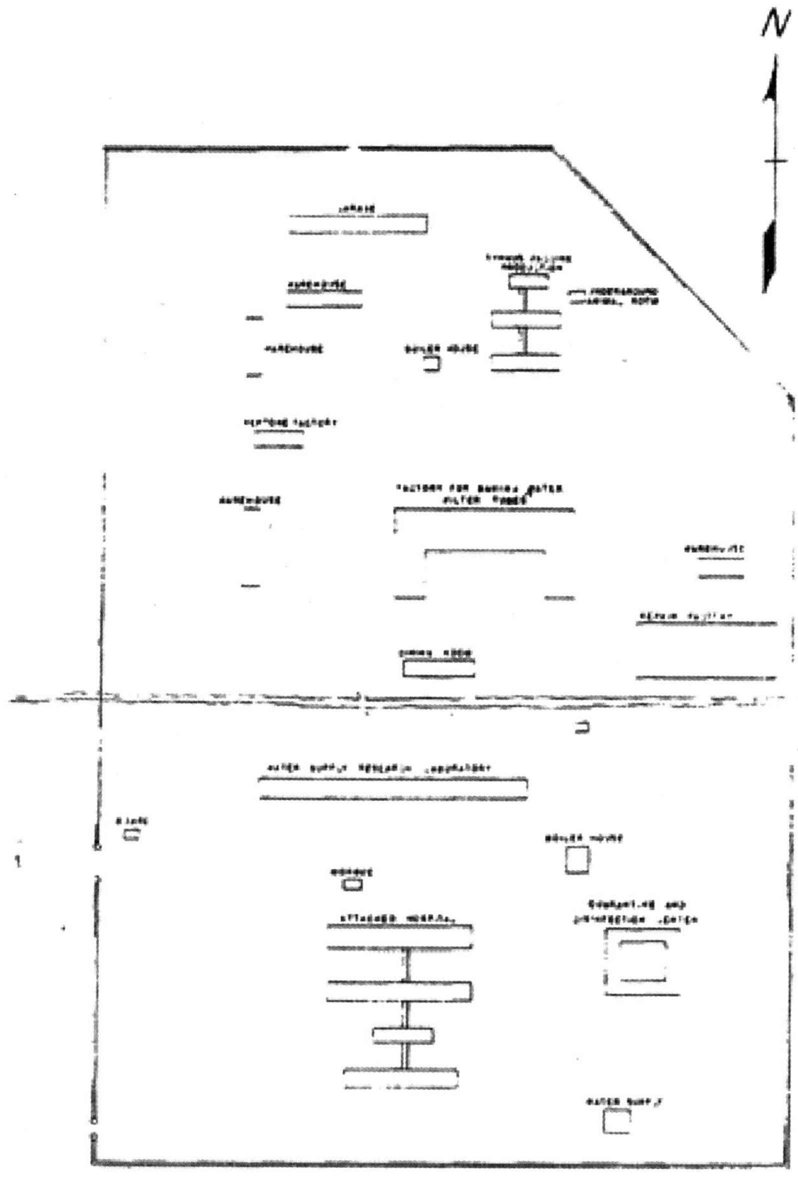

图 5－3 北野平面图

（编译者注：上引 2 图文字模糊，不可翻译）

d. 平房基地平面图（北野）（编译者注：原文资料中缺此图）

e. 平房基地作业概要

研究预防医学

1. 改良疫苗：伤寒、副伤寒、痢疾、霍乱、鼠疫、百日咳、流脑、淋菌疫苗。

2. 研究类毒素：气性坏疽、破伤风、白喉、猩红热、类毒素。

3. 改良治疗用血清：气性坏疽、破伤风、猩红热、丹毒、白喉、痢疾、链球菌、葡萄球菌、肺炎、流脑、鼠疫血清。

4. 改良士兵身体健康状况的措施：在日军营房里研究食品、休息、睡眠和给水。

5. 预防肺结核：（1）食物、休息、睡眠、给水与军事工作所需热量之间的关系。（2）预防接种。（3）隔离和消毒。

6. 研究立克次氏体和病毒疫苗：斑疹伤寒、满洲热、流行性出血热、森林蝉传脑炎、天花疫苗。

7. 研究维生素。

8. 研究脱水：脱水方法，干燥状态下贮藏预防和治疗用血清，诊断剂和血浆。

9. 繁殖实验用小动物：小白鼠、老鼠、土拨鼠、兔子、山羊。

10. 研究环境卫生。

11. 研究基地内成员食物自给自足。

12. 研究炭疽和马鼻疽预防措施。

研究诊断学

1. 研究诊断剂脱水和供应。

2. 研究干燥状态下长期贮藏诊断剂。

3. 诊断用过敏抗原：结核菌素、鼠疫、兔子热、迪克和锡克氏试验抗原。

4. 血清鉴定。

5. 炭疽和马鼻疽诊断方法。

研究治疗学

1. 手术治疗：及早摘除害虫的淋巴腺，消灭炭疽。

2. 内科治疗：快速治疗伤寒和副伤寒病菌携带者。

3. 化学治疗：马法尼、硫黄利凡诺、青霉素。

4. 快速治疗病毒感染病人：流行性出血热、森林蝉传脑炎。

5. 血清治疗：伤寒、鼠疫、炭疽、痢疾。
6. 研究脱水血浆战地输血效果：应用于部队官兵和家属时的效果。
7. 物理治疗。
8. 斑疹伤寒疫苗治疗。
9. 治疗炭疽和马鼻疽。

研究战地消毒

1. 战地消毒方法。
2. 消毒剂。
3. 地面消毒用战地消毒车。
4. 服装和人员消毒用战地消毒车。
5. 研究战地细菌侦查车/检测车。
6. 研究预防和隔离用火车和船只。
7. 研究使用飞机消毒。

研究药品和化学品

1. 合成马法尼和硫黄利凡诺。
2. 生产青霉素。
3. 提取天门冬素，用于骚通氏培养基。
4. 从山葵瑰提取维生素 C。
5. 使用桦油作为杀虫剂。
6. 合成维生素 B_1 和维生素 B_2。
7. 研究蛋白胨。
8. 从蝉蛹中提取肉精。
9. 提取工业用硫酸铵用以浓缩白喉毒素。
10. 准备胃蛋白酶和胰酶。
11. 使用桦油作为汽车燃料。
12. 用褐煤作为汽车燃料。
13. 用满洲的资源生产酒精。
14. 用酒精作为飞机燃料时，去除防冻润滑油中的胶状物。使用 20% 的酒精和 20% 的汽油；或者，80% 的酒精和 20% 的松根油可以避免胶状物。
15. 研究氯试纸。

研究服装和食品的替代品

1. 利用满洲的野蚕生产服装。

2. 从满洲的资源里找到替代食物。
3. 冷藏蔬菜。
4. 用可食用的青草替代蔬菜。
5. 用可食用的青草替代小动物饲料。

研究战地纯净水供给

1. 卫生过滤装置的防冻设备。
2. 减少卫生过滤装置的重量和体积。
3. 过滤装置中铁和铝的替代品。
4. 批量生产硅藻土过滤装置。
5. 战地用水消毒测定方法。
6. 测定水中毒素。
7. 软化硬质水。
8. 去除过滤管中的铁质。
9. 改良过滤装置清洗方法。
10. 利用狗运输小型过滤装置。
11. 空投水袋供给纯净水。
12. 增加硅藻土过滤管容量的方法。

研究交通运输

1. 空运预防医学人员和物资。
2. 用飞机帮助传染病人撤离。
3. 研究防冻保健。

研究用于应对炸弹和飞机喷洒的预防医学

1. 应对基地制造的试验用炸弹的防卫措施。
2. 研究喷洒散播和防卫措施。

生产（疫苗、血清等）

1. 疫苗。脱水疫苗；鼠疫疫苗；伤寒疫苗和副伤寒疫苗；气性坏疽疫苗；破伤风疫苗；霍乱疫苗；痢疾疫苗；猩红热疫苗；百日咳疫苗；白喉疫苗；爆发性斑疹伤寒疫苗；利用鸡蛋制作的疫苗；利用白鼠肺制作的疫苗；利用松鼠肺制作的疫苗。

2. 治疗用血清。气性坏疽血清；破伤风血清；白喉血清；痢疾血清；链球菌血清；葡萄球菌血清；丹毒治疗用血清；肺炎治疗用血清；流脑治疗用血清；鼠疫治疗用血清。

3. 诊断用抗原。伤寒；副伤寒；暴发性斑疹伤寒；结核病（菌素）。

4. 诊断用血清。伤寒诊断用血清；副伤寒诊断用血清；各种痢疾诊断用血清；各种霍乱诊断用血清；流脑诊断用血清；肺炎诊断用血清；沙门氏菌血清。

5. 过滤装置材料。过滤装置（B）；过滤装置（C）；过滤装置（D）；过滤装置零件；过滤管。

6. 药品。蛋白胨；肉精；抗组织胺；乌法尼；青霉素；桦油。

7. 维修过滤装置。

8. 临时生产炸弹。伊型炸弹；吕型炸弹；波型炸弹；仁型炸弹；宇治型炸弹；老式宇治型炸弹；宇治 50 型炸弹；宇治 100 型炸弹；玻璃炸弹。

附录四

a. 伊型炸弹详图

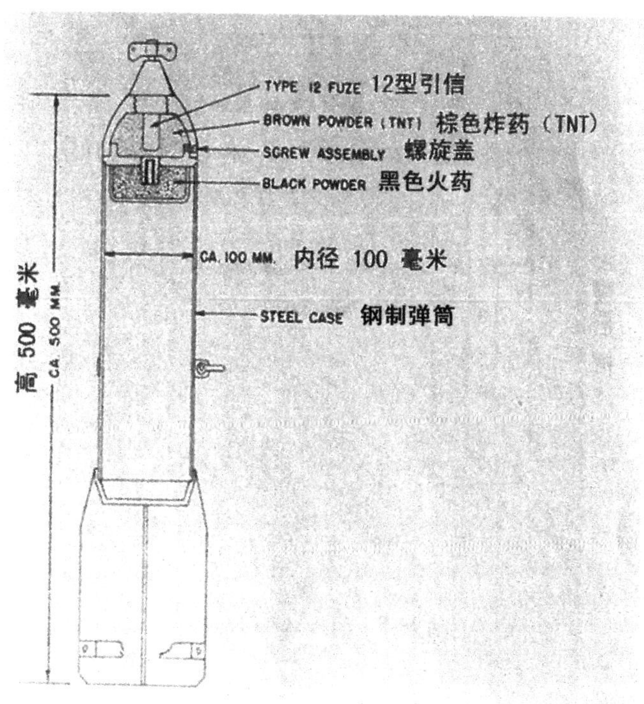

图 5－4　伊型炸弹

产量：1937年约生产300枚

重量：20千克

有效负载量：2升

引信：12年型“托卡SHUPATSU”

炸药：约30克黑色炸药和50克棕色炸药（TNT）

马里兰州弗雷德里克底特里克营E部队

伊型炸弹　实验用细菌液体炸弹　根据石井四郎提供的草图绘制		CWS
比例尺：无	日期：1946年4月25日	绘制人：E. T. S.

b. 吕型炸弹详图

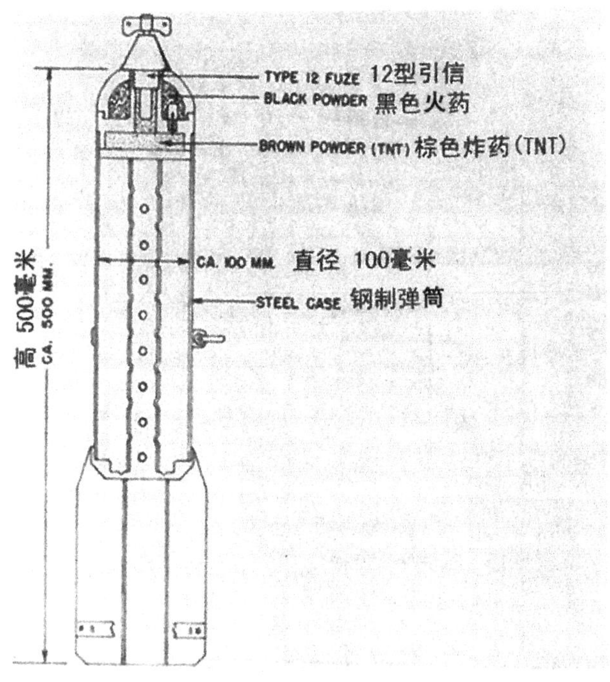

图5-5　吕型炸弹

产量：1937年约生产300枚

重量：20千克

有效负载量：2 升
引信：12 年型“托卡 SHUPATSU”
炸药：约 30 克黑色炸药和 40 克棕色炸药（TNT）

马里兰州弗雷德里克底特里克营 E 部队

吕型炸弹　实验用细菌液体炸弹　根据石井四郎提供的草图绘制		CWS
比例尺：无	日期：1946 年 4 月 30 日	绘制人：E. T. S.

c. 波型炸弹详图

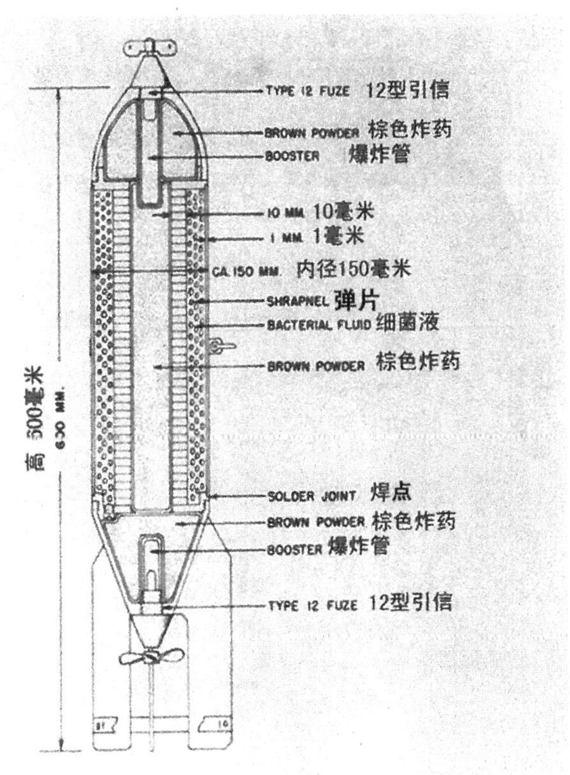

图 5－6　波型炸弹

产量：1938 年约生产 500 枚

重量：40 千克

有效负载量：700 毫升

引信：12 年型“托卡 SHUPATSU”

炸药：约 3 千克棕色炸药（TNT）

马里兰州弗雷德里克底特里克营 E 部队

波型炸弹　实验用细菌液体炸弹　根据石井四郎提供的草图绘制		CWS
比例尺：无	日期：1946 年 5 月 1 日	绘制人：E. T. S.

d. 宇治炸弹详图

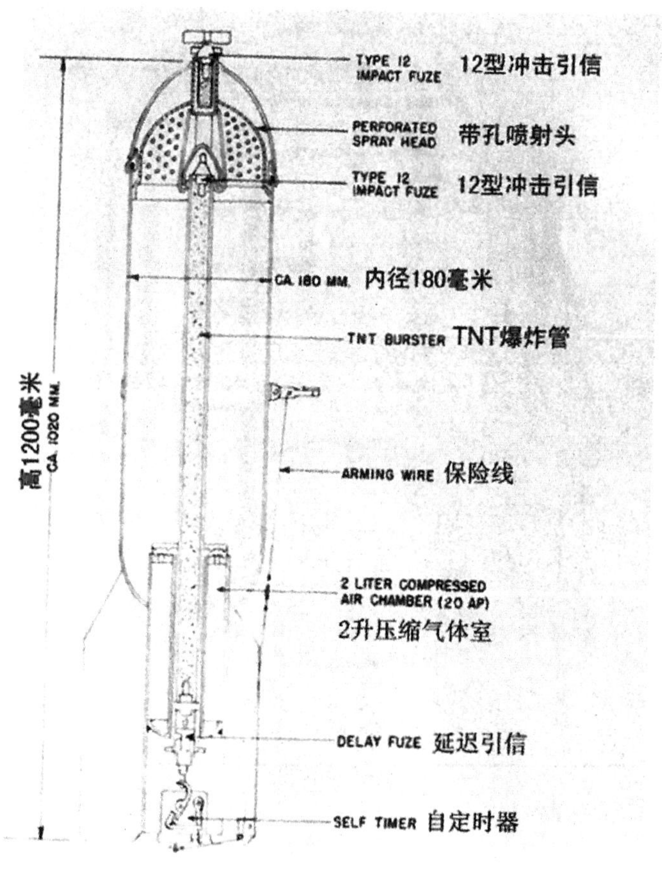

图 5－7　宇治炸弹

产量：1939 年约生产 20 枚
重量：30 千克
有效负载量：25 升
引信：12 年型“托卡 SHUPATSU”和三秒延迟引信
炸药：400 克棕色炸药（TNT）

马里兰州弗雷德里克底特里克营 E 部队

宇治炸弹　实验用喷洒型炸弹　根据石井四郎提供的草图绘制		CWS
比例尺：无	日期：1946 年 4 月 29 日	绘制人：E. T. S.

e. 老式宇治炸弹详图

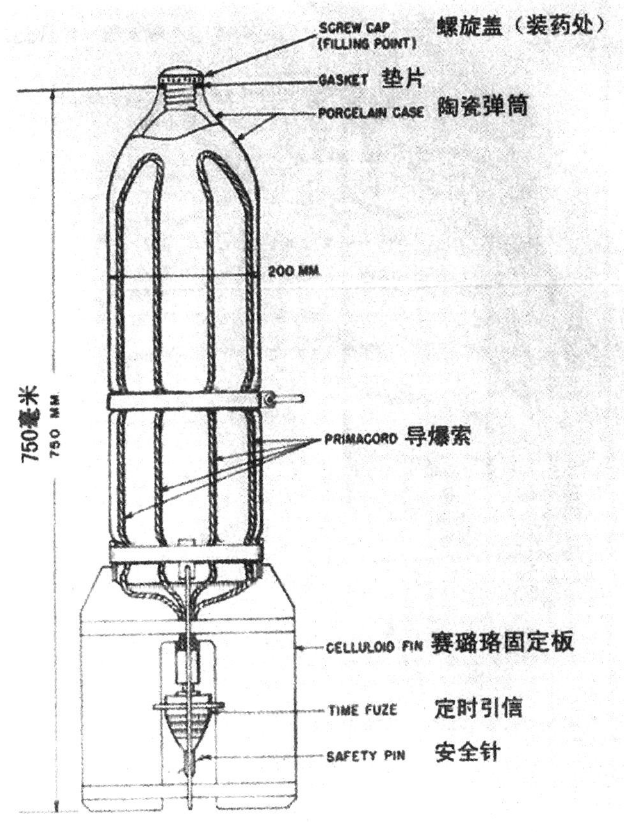

图 5－8　老式宇治炸弹

产量：1938 年约生产 300 枚

重量：25 千克

有效负载量：18 升

引信：定时引信（系炮弹用复杂引用信改良型）

炸药：约 4 米导爆索

马里兰州弗雷德里克底特里克营 E 部队

老式宇治炸弹　实验用细菌液体陶瓷弹筒炸弹 根据石井四郎提供的草图绘制		CWS
比例尺：无	日期：1946 年 4 月 26 日	绘制人：E. T. S.

f. 玻璃炸弹详图

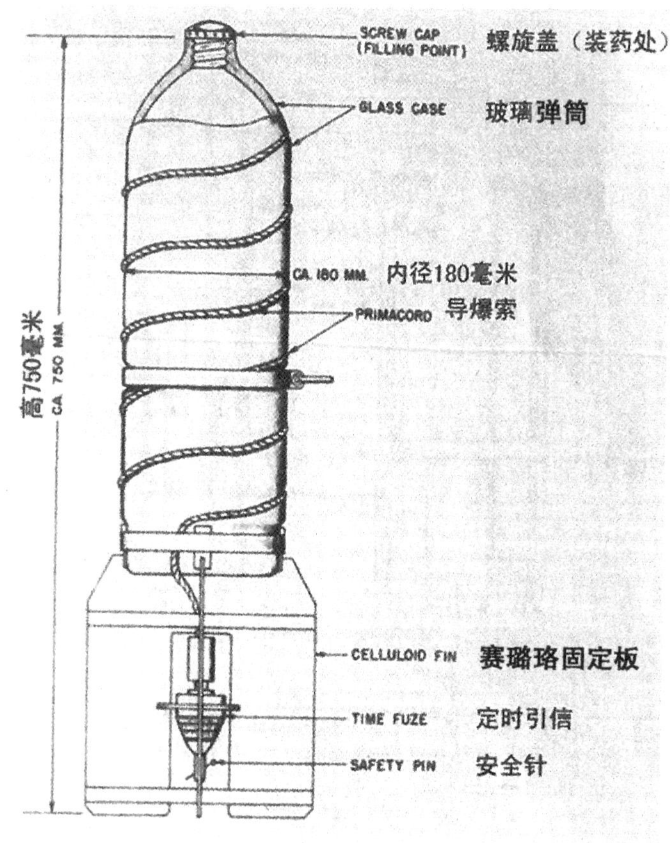

图 5－9　玻璃炸弹

产量：1940 年约生产 50 枚

重量：35 千克

有效负荷：约 18 升

引信：定时引信（系炮弹用 5 年型复杂引信改良型）

炸药：约 3.5 米导爆索

马里兰州弗雷德里克底特里克营 E 部队

玻璃炸弹　实验用细菌液体玻璃弹筒炸弹	根据石井四郎提供的草图绘制	CWS
比例尺：无	日期：1946 年 4 月 29 日	绘制人：E. T. S.

g. 宇治 50 型炸弹详图

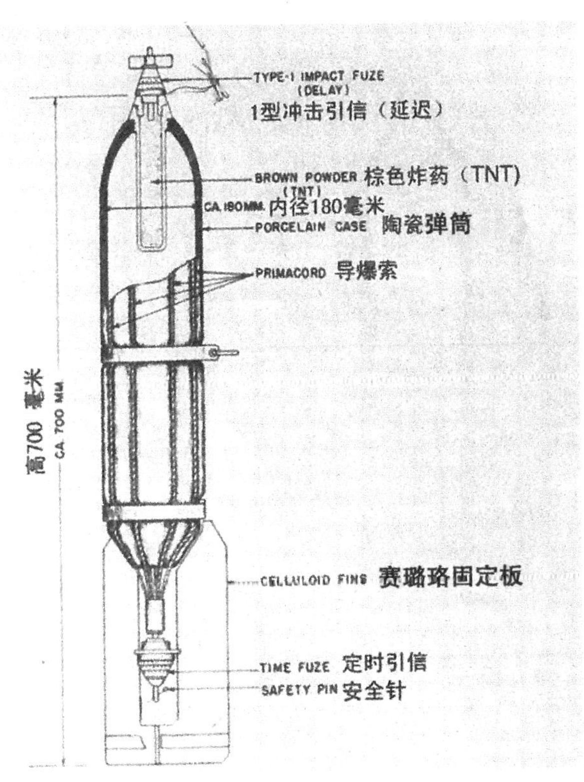

图 5-10　宇治 50 型炸弹

产量：1940—1942年间约生产500枚

重量：25千克

有效负荷：约10升

引信：I型冲击引信（有延时功能）、尾部引信（系炮弹用5年型复杂引信改良型）

炸药：约4米导爆索和500克TNT炸药

马里兰州弗雷德里克底特里克营E部队

宇治50型炸弹　改进型实验用细菌液体陶瓷弹筒炸弹 根据石井四郎提供的草图绘制		CWS
比例尺：无	日期：1946年4月26日	绘制人：E. T. S.

《关于日本细菌战活动的报告》之英文原文影印

编译者按：本资料引自［日］近藤昭二：《731 部队·资料集成》（CD－ROM 版），2003 年［日］柏书房出版，CD 盘号：2—14—1。

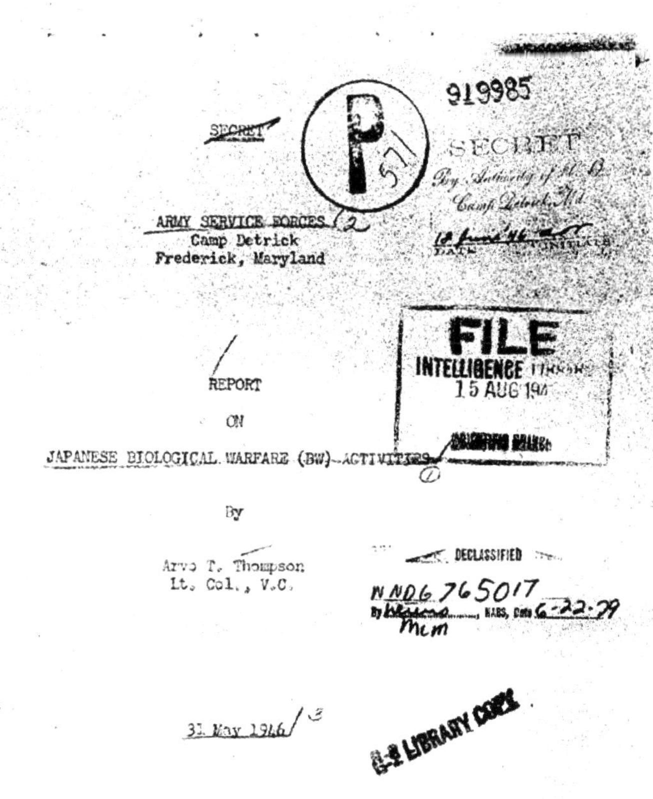

919985

SECRET

ARMY SERVICE FORCES
Camp Detrick
Frederick, Maryland

FILE
INTELLIGENCE
15 AUG 194

REPORT
ON
JAPANESE BIOLOGICAL WARFARE (BW) ACTIVITIES

By

Arvo T. Thompson
Lt. Col., V.C.

DECLASSIFIED
NND 765017
NARS, Date 6-22-79

31 May 1946

G-2 LIBRARY COPY

Copy 3 of 15 Copies

SECRET

SECRET

P R E F A C E

The investigation reported herein was made over the period from 11 January 1946 to 11 March 1946 in accordance with paragraph 1, Movement Orders, Shipment CO-Tokyo-AU, letter AGPO-A-O, 201 Thompson, Arvo T., (21 December 1946), The Adjutant General's Office, Washington 25, D. C., dated 26 December 1945.

SECRET

SECRET

TABLE OF CONTENTS

SECRET

SUMMARY

JAPANESE BIOLOGICAL WARFARE (BW) ACTIVITIES

1. Extensive investigations in both the offensive and defensive phases of BW were conducted by the Japanese as a military activity. Japanese Naval interest in BW appears to have been limited to the defensive aspects.

2. BW research and development by the Japanese Army was influenced and directed mainly by Lt. Gen. Shiro Ishii. While Ishii maintained that no official directive existed for the prosecution of this activity and that it was conducted as a phase of military preventive medicine, it is evident from the progress that was made that BW research and development in all its phases was conducted on a large scale, and was officially sanctioned and supported by the highest military authority.

3. Alleged acts of BW sabotage by the Russians and Chinese with the necessity for development of defensive measures against such incidents were the reasons advanced by Ishii for Japanese committment to BW activity. Development of BW as an offensive weapon was never contemplated, he emphasized.

4. The Pingfan installation, located near Harbin, Manchuria, was the principal BW research and development center. Work in this field was also carried on in the Army Medical College in Tokyo. BW being a military activity and highly classified for security reasons, civilian scientists and facilities of civilian research institutes were not utilized for this activity.

5. The causative agents of typhoid and paratyphoid fevers, cholera, dysentery, anthrax, glanders, plague, tetanus and gas gangrene as well as filterable viruses and rickettsiae were considered as possible BW agents. Organisms for field trials were limited to nonpathogenic agents and to two agents pathogenic for both men and animals, B. anthracis (anthrax) and M. malleomyces (glanders).

6. Methods of dissemination of BW agents investigated by the Japanese included bombs, artillery shells, spray from aircraft, and sabotage. By far, the principal effort to develop an effective means of dissemination of infectious agents was devoted to bomb development. Nine aircraft bombs had been developed and tested for this purpose by 1940. They included bombs designed for ground contamination, production of infectious clouds, and fragmentation munitions for production of casualties by wound infection.

i.

SECRET

7. Only a few preliminary experiments were conducted employing modified artillery shells as a BW munition. Dissemination by this means was considered impractical. The same conclusion was reached concerning aircraft sprays after a few preliminary experiments.

8. The Ha bomb and the Type 50 Uji bomb were considered to be the most effective of the munitions developed at Pingfan. While both bombs had several major defects, Ishii believed that, by correction of these defects and further improvement of these bombs by ordnance experts, they could be made into efficient BW munitions.

9. Intensification of measures in preventive medicine and water purification were considered by the Japanese as the most effective defense against BW. Fixed and mobile epidemic prevention and water purification units were responsible for the detection, prevention, and control of outbreaks of infectious diseases in the field. The Military Police (Kempei), in an auxiliary capacity, served as an intelligence organization for the surveillance of possible BW incidents, the collection of evidence, and the apprehension of saboteurs.

10. While definite progress had been made in offensive BW development, at no time was Japan in a position to employ BW as a practical weapon.

CONCLUSIONS

It is the opinion of the investigating officer that:

1. The information regarding Japanese BW activities obtained from presumably independent sources was consistent to the point where it seems that the informants had been instructed as to the amount and nature of information that was to be divulged under interrogation.

2. All information was presumably furnished from memory since all records are said to have been destroyed in accordance with directives of the Japanese Army. Yet, some of the information, especially sketches of the bombs, was in such detail as to question the contention that all documentary evidence had been destroyed.

3. It was evident throughout the interrogations that it was the desire of the Japanese to minimize the extent of their activities in BW, especially the effort devoted to offensive research and development.

4. Failure to fully utilize Japanese scientific capability by restriction of BW research and development to the military with lack of cooperation between the military services precluded progress toward development of BW into a practical weapon.

SECRET

~~SECRET~~

5. Had a practical BW weapon been achieved, it is unlikely that Japan would have resorted to its use because of fear retaliation by means of chemical warfare. Insofar as could be learned, Japan had no information of American activity in BW.

REPORT ON JAPANESE BIOLOGICAL WARFARE ACTIVITIES

1. INTRODUCTION.

The initial investigation of Japanese Biological Warfare (BW) activities was made by Lt. Col. Murray Sanders and Lt. Harry Youngs of the Chemical Warfare Service as a part of the scientific and intelligence survey of Japan conducted by the Scientific and Technical Advisory Section, United States Army Forces, Pacific, during September and October 1945. Report of this investigation is contained in Volume 5, BIOLOGICAL WARFARE, 1 November 1945.

Subsequently, additional personnel associated with this activity became available for interrogation and were interviewed in Japan by personnel from WDIT Section, G-2, GHQ, AFPAC, and from the Chemical Warfare Service. The principal persons interviewed were Lt. Gen. Shiro Ishii and Lt. Gen. Masaji Kitano, former directors of the organization responsible for Japanese biological warfare research and development.

This report pertains mainly to the interrogation of Gen. Ishii and to the information obtained from him. Interrogation of Gen. Kitano and other persons did not add to this information but confirmed, in general, that obtained from Gen. Ishii. Only minor discrepancies were found in the information obtained from persons interviewed individually.

No documentary evidence of Japanese research and development in this field was found during the course of the investigation. All persons interviewed were consistent in their statements that such records had been destroyed, because of their top secret classification, in accordance with existing Army directives. The information obtained was, therefore, presumably from the memory of those interviewed.

Lt. Gen. Shiro Ishii, under whose influence biological warfare research was initiated and prosecuted in Japan, became available for interrogation in Tokyo on 17 January 1946. His whereabouts since the cessation of hostilities had been unknown until CIC sources located him in seclusion at his country home in Chiba prefecture. Upon request from the Counter Intelligence Corps, GHQ, AFPAC, to the Japanese Government, Ishii was returned to his residence in Tokyo. Ishii, suffering from chronic cholecystitis and dysentery, was permitted to remain at his Tokyo residence where all interviews were conducted.

Interrogation of Ishii was conducted at intervals over the period from 22 January to 25 February 1946 by direct interviews through interpreters and by means of questionnaires. On the subject of BW research and development, Ishii's replies to questions were guarded, concise and often evasive. On the subject of preventive medical research, water supply and purification, Ishii spoke freely. It was apparent throughout the interviews that he desired

to emphasize the activities pertaining to preventive medicine, water purification and supply, and to minimize the BW aspects of the organization he directed: The Kwantung Army Boeki Kyusui Bu*.

2. PERSONAL AND MILITARY HISTORY OF LT. GEN. SHIRO ISHII.

In response to a request for his personal history and military experience, Gen. Ishii gave the following information:

Born: 25 June 1892.

December 1920: Graduated from the Medical Department of Kyoto Imperial University.

20 January 1921 - 9 April 1921: Military training as a probational Officer, 3rd Infantry Regiment, Imperial Guard Division.

9 April 1921: Surgeon—1st Lieutenant attached to 3rd Imperial Guard Infantry.

1 August 1922: Attached to Tokyo 1st Army Hospital.

20 August 1924: Surgeon—Captain.

April 1924 - April 1926: Post graduate studies in bacteriology, serology, preventive medicine and pathology at Kyoto Imperial University.

1 April 1926: Attached to Kyoto Army Hospital.

April 1928 - April 1930: Went abroad for a tour of inspection and study visiting Singapore, Ceylon, Egypt, Greece, Turkey, Italy, France, Switzerland, Germany, Australia, Hungary, Czechoslovakia, Belgium, Holland, Denmark, Sweden, Norway, Finland, Poland, Soviet Russia, Estonia, Latvia, East Prussia, The United States, Canada and Hawaii.

1 August 1930: Surgeon—Major Instructor at the Army Medical College.

1 August 1935: Surgeon—Lieutenant Colonel.

1 August 1936: Chief of Kwantung Army Boeki Kyusui Bu.

1 March 1938: Surgeon—Colonel.

* The literal translation of Boeki Kyusui Bu is, "Anti-epidemic Water Supply and Purification Department."

SECRET

1 August 1940:	Chief of Kwantung Army Boeki Kyusui Bu and instructor at the Army Medical College.
1 March 1941:	Surgeon—Major General.
1 August 1942:	Chief of 1st Army Medical Department.
1 August 1943:	Instructor at the Army Medical College.
1 March 1945:	Surgeon—Lieutenant General, Chief of Kwantung Army Boeki Kyusui Bu.
1 December 1945:	Entered the First Reserves.

3. STIMULUS FOR JAPANESE BW RESEARCH AND DEVELOPMENT.

Throughout the interrogations Ishii maintained that no official directive existed for initiation and conduct of the Japanese BW research and development program. Ishii further declared that he himself was responsible for Japanese interest in BW and that it was largely under his influence that investigation of the offensive phases of BW was conducted in order to prepare an adequate defense against possible enemy BW attack. Since the mission of the Boeki Kyusui Bu was the prevention and control of epidemic diseases and the supply of pure water, he reasoned that development of measures for defense against BW attack was a logical responsibility of his department.

According to Ishii, incidents leading to Japanese investigation of BW potentialities were: numerous instances of poisoning and contamination of wells during the Sino-Japanese conflict; rumors of Russian activity in the field of BW; reports by Manchurian police of the capture of Soviet spies with ampules containing typhus, cholera and anthrax organisms; sabotage of the Japanese Army horse-drawn transport during the building of the Heian-Kokko railway with the loss of 2,000 horses from anthrax; and articles on BW appearing in foreign literature.

Ishii believed that the contamination of wells in the China theater was perpetrated by Chinese guerillas under Russian influence. Personnel from his organization examined over 1,000 wells following an outbreak of cholera resulting in 6,000 deaths among Japanese soldiers in the Shanghai area. Of the wells examined, three were found to be grossly polluted with cholera organisms. Since the investigation was made by competent bacteriologists and the actual bacterial containers were recovered on the scene, Ishii was convinced that this was a deliberate act by saboteurs and not contamination resulting from natural drainage into the wells.

When the Japanese captured the Nanking area, Ishii claimed additional instances were found of contamination of wells with cholera organisms.

SECRET

Wells marked in Chinese characters "Good Water" were found contaminated whereas wells marked "Bad Water" were found potable.

In reference to foreign literature on BW, Ishii mentioned German articles and the article on "Bacterial Warfare" by Major Leon A. Fox, M.C., U.S. Army. Ishii considered these articles to be fantastic and not based on scientific facts.

Apprehension of Russian activities and intent in the field of BW and the necessity for development of defensive measures against this threat, as well as against the numerous Communist inspired acts of BW sabotage in the Chinese and Manchurian theaters of operation, were the principal reasons advanced by Ishii for Japanese committment to BW activity. He repeatedly emphasized that it was not the Japanese objective to develop BW as an offensive weapon; nor had they ever contemplated initiation of this method of warfare.

4. ORGANIZATION AND ALLOCATION OF THE BOEKI KYUSUI BU.

The initial agency for the prevention and control of infectious diseases in the Japanese Army was, according to Ishii, the Department of Field Prevention of Diseases, established shortly after the Russo-Japanese War. The outbreak of the Sino-Japanese War increased the field of activity of this agency until it embraced an area from the Russo-Manchurian border to the north and Hainan Island to the south. It was concerned with infectious diseases prevalent in the cold northern regions as well as with numerous tropical maladies of the Orient. No uniform method of water purification or supply existed in the Army. Soldiers would not follow instructions regarding the boiling of drinking water; consequently epidemics of water-borne diseases were of frequent occurrence.

The existing field sanitary agency was considered inadequate for the prevention and control of the infectious diseases being encountered in the different operational areas of the Japanese Army. Apprehension of enemy employment of bacteria and poison (as had been encountered in the poisoning and contamination of wells) with the necessity for development of counter measures, further stressed the need for reorganization of the field sanitary agencies.

The Department of Field Prevention of Disease was inactivated and the Boeki Kyusui Bu was organized. According to Ishii, the main objective of this department was the "prevention of diseases coming through water channel."

The Boeki Kyusui Bu was comprised of fixed and mobile units located throughout the overseas theaters of operation as well as in Japan proper,

SECRET

By July 1938, five Fixed Boeki Kyusui Bu (BKB) installations were established in the overseas theater as follows:

a. Kwantung Army BKB (Harbin)

b. North China Army BKB (Peking)

c. Central China Army BKB (Nanking)

d. Southern China Army BKB (Canton)

e. Southern Army BKB (Singapore)

The fixed BKB installations were assigned to Army groups and were under the direct control of the Army group commander; i.e., Commanding General of the Kwantung Armies.

The mobile BKB consisted of Field BKB and Divisional BKB in the overseas theaters and Divisional BKB and Army District BKB in Japan proper. Like the fixed installations of the Water Supply and Purification Department, the mobile units were assigned to and under direct control of their respective organization commanders. By July, 1938, eighteen (18) Divisional BKB had been organized and were in operation with their respective divisions in the field. Additional mobile units were established as the sphere of activity of the Japanese Army increased. Units of the Water Supply and Purification Department were independent of the Medical Department, the latter department serving only in an advisory capacity to the respective military commanders on medical matters.

5. DUTIES OF THE BOEKI KYUSUI BU.

The following duties and responsibilities were assigned to the units of the Water Supply and Purification Department:

a. Fixed BKB: Research in prevention of epidemic diseases and water supply; production and supply of biological products; production, repair and supply of materials and equipment for epidemic prevention and water supply; execution and guidance on measures for epidemic prevention and water supply; education in epidemic prevention and water supply; physical and chemical examinations; and hospitalization and treatment of patients suffering from infectious diseases.

b. Field BKB: Patrolling for prevention of epidemics and reconnaissance of sources of water; execution and guidance on epidemic prevention measures; examination of water and detection of poison; disinfection and medical examination; purification and supply of water; repair of sanitary water filters; research on epidemic prevention and supply of purified water.

c. Divisional BKB: Divisional units had the same responsibilities as had the field units aside from research and education.

SECRET

Whenever outbreaks of communicable diseases could not be controlled, or when unusual diseases or incidents were encountered by the field and divisional units in areas for which they were responsible, personnel and equipment from the fixed installations were dispatched to deal with the situation.

6. THE KWANTUNG ARMY BOEKI KYUSUI BU.

The Kwantung Army Water Supply and Purification Department, directed by Gen. Ishii from the time of its activation in 1936 until the close of the war, was the agency responsible for prosecution of the Japanese BW research and development program. Except for an interval from August 1942 to March 1945 when Gen Masaji Kitano relieved Ishii as Chief of the Department, the BW activities of this organization were controlled directly by Ishii who was responsible, apparently, only to the Japanese High Command. On matters pertaining solely to preventive medicine and water supply and purification, he was the subordinate to the Kwantung Army commander. On the conduct of BW activities, Ishii evidently had a free hand. Ishii said that the subject of BW was considered so highly secret that formal reports were not submitted.

In response to a question concerning the reasons for his relief as Chief of the Kwantung organization, Ishii stated that it was for the purpose of qualifying him for promotion to Lieutenant General which required field service duty with an Army. He further remarked that, in his opinion, his assignment as Surgeon-General of the 1st Army was made because "higher-ups" did not want him to continue BW research. In any event, the major developments of this research had been completed by the end of 1942, and, due to Ishii's influence, the research continued, to some degree at least, under Gen. Kitano.

Regarding the relationship of the Kwantung Army Boeki Kyusui Bu with the other water supply and purification departments and units, Ishii was emphatic in his statements that he was not the commander of the over-all Boeki Kyusui Bu organization of the Japanese Army and, therefore, he had no knowledge of the activity of the departments of the other armies.

Ishii maintained that no official directive had been given by the War Ministry and that no specific appropriations had been granted for BW work. Funds appropriated for research on preventive medicine and water purification were used for BW research. Ishii estimated this diversion of funds for BW research to be about 1 to 2 percent of the appropriation. (Note: From another source it was learned that the yearly budget for preventive medicine research was approximately 6 million Yen). His estimate, however, is not in conformity with a later admission in which Ishii stated that about 20 percent of the research was devoted to BW.

Throughout the interrogation Ishii endeavored to leave the impression that BW research was conducted only on a very small scale and as a part of the research in preventive medicine and water purification. He repeatedly emphasized that offensive aspects of BW were investigated for

SECRET

SECRET

the sole purpose of determing BW potentialities in order to learn what defensive measures were necessary from the standpoint of epidemic prevention and water purification.

All persons questioned on the subject were consistent in their replies that the Emperor was uninformed of the Japanese BW activity. Ishii's response to the query was that "BW is inhumane and advocating such a method of warfare would defile the virtue and benevolence of the Emperor." Ishii further stated that had the Emperor been informed of this activity he would have prohibited the work.

Regardless of Ishii's contention that BW research was only a minor phase of the activities of the Kwantung Army Water Supply and Purification Department and that it was conducted without official directive, from the scope of the research and the progress that was made, it is evident that BW research and development in all its phases was conducted on a large scale, was officially sanctioned, and was supported by the highest military authority.

a. Organization of the Kwantung Army Boeki Kyusui Bu.

As outlined by Gen. Ishii, the Kwantung Army Water Supply and Purification Department consisted of a headquarters and five branch departments all located in Manchuria. The headquarters was further divided into six sections or departments designated as the General Affairs Department, First Department, Second Department, Third Department, Fourth Department and the Materials Department. With the exception of the Third Department, which was located in Harbin, the headquarters departments were located at Pingfan (Heibo*), the main research installation about 24 kilometers south of Harbin. (See Supplement 1). The branch departments were located at Botanko, Rinko, Songo, Hairaru and Dairen.

At the height of its activities, personnel of the Kwantung Army Water Supply and Purification Department numbered over 2,500 individuals. Personnel included medical officers, pharmacists, hygienic officers, technical officers, engineers, instructors, medical non-commissioned officers and soldiers, fiscal personnel and civilian employees. (See Supplement 2a. for Table of Organization as submitted by Lt. Gen. Kitano).

b. Duties of the Kwantung Army Boeki Kyusui Bu.

An outline of the duties of the several headquarters sections or departments and branch departments of the Kwantung organization as submitted by Gen. Ishii is given in Supplement 2b. In brief, the General Affairs Department of headquarters was responsible for the over-all administration. The First Department was concerned with fundamental research in preventive medicine. The Second Department was concerned with epidemiological

SECRET

* In Chinese the installation is called "Pingfan," the Japanese name is "Heibo."

SECRET

research and was responsible for execution of measures for prevention of epidemics. The Third Department was responsible for research on matters pertaining to water supply and purification, manufacture and maintenance of water supply equipment and execution of measures for water supply and purification. The Fourth Department was responsible for vaccine and serum production. In addition to the usual supply functions, the Materials Department was responsible for the propagation and supply of all small experimental animals.

The various Branch Departments were responsible for the execution of measures for prevention of epidemics and the supply of purified water in their respective areas. The Dairin Branch was also concerned with research pertaining to improvement of vaccines, serums and diagnostic agents.

7. THE PINGFAN (HEIBO) INSTALLATION.

The Pingfan installation of the Kwantung Boeki Kyusui Bu, located about 24 kilometers south of Harbin, Manchuria, was the principal Japanese BW research center. While Gen. Ishii contended that the primary purpose of the installation was field preventive medicine as it applied to the Kwantung Armies, it is evident, from the extensive investigations and developments that were made in the field of BW, that considerable effort was devoted to this latter activity as a part of the preventive medicine program and for the purpose of development of a BW weapon. Construction of the installation was begun about in 1937, for by that time BW field trials were underway and the first BW munitions had been developed. A small research laboratory in Harbin (See Supplements 3a and 3b for plan) was utilized for the initial investigations prior to completion of the Pingfan Installation. Upon completion of Pingfan, the Harbin laboratory was used mainly for the manufacture and repair of water purification equipment. Gen. Ishii had developed a diatomite tube-type water filter which was adopted by the Japanese Army as standard equipment for field use, and facilities at the Harbin laboratory for baking the diatomite filters were also used for manufacture of the porcelain cases of the Uji-type BW bombs.

An idea of the extent of the facilities at Pingfan for preventive medicine and BW research may be obtained from the sketch of the installation submitted by Ishii (Supplement 3c). (A similar sketch, Supplement 3d, supposedly drawn from memory, was obtained from Gen. Kitano). The installation was self-sufficient to the extent of raising most of its food requirements and experimental animals. Extensive laboratories were provided for research, production of biological products, and for manufacture and repair of equipment. Within the closely guarded walled installation, a separate area was provided for plague research. An attached air base provided air transport for personnel and equipment and aircraft for BW field trials. The installation contained a school for instruction of officers and enlisted personnel in field sanitation regulations, preventive medicine, water purification and supply. Instruction was by lectures, demonstrations and practical exercises.

SECRET

SECRET

Undoubtedly, a certain amount of indoctrination in BW, at least from the defensive standpoint, must have been given the students. This, however, was denied by Ishii who said that BW development had not reached the stage where instruction of personnel in this field was warranted. A hospital for the examination and treatment of Pingfan personnel and their dependents was also provided. An outline of the research conducted at Pingfan was furnished by Ishii (Supplement 3e).

BW investigation was not conducted by a fixed group of personnel at Pingfan, Ishii said. Personnel from the various departments were temporarily assigned to a particular project or experiment, and once the project, or a particular phase of it, was completed the assigned personnel were disbanded and returned to their respective duties. Aside from a few key individuals, personnel assigned to a project were not fully informed of the nature of the work or purpose of the investigation. This procedure, Ishii admitted, did not promote progress of the work, but was necessary for security reasons.

8. OFFENSIVE BW ACTIVITIES.

a. Organisms Studied: The causative agents of typhoid and paratyphoid fevers, cholera, dysentery, anthrax, glanders, plague, tetanus and gas gangrene, as well as filterable viruses and rickettsiae were investigated from a BW standpoint. Organisms used in field trials with munitions, Ishii said, were limited to the noninfectious agents, B. subtilis and B. prodigiosus, and agents infectious for animals, B. anthracis and M. malleomyces (glanders). Only a single field experiment had been carried out with glanders, Ishii maintained. (The nature of this experiment could not be learned). Because of the danger of infection and a glanders casualty, further experiments were abandoned and work on this agent was limited to efforts toward development of an immunizing agent and a curative ointment. Ishii denied that field experiments had been carried out with P. pestis. Fear of retroactivity and possible spread by rodents were reasons given by Ishii for confining plague investigations to the laboratory.

On being requested for his opinion as to the organisms he considered most effective offensively, Ishii said that he could only conjecture and that the effectiveness of a particular agent was dependent on the climate and the sanitary measures in force in the area concerned.

b. Mass Production of Organisms: A culture cabinet invented by Ishii for mass production of organisms for vaccine purposes was the means of production of bacterial agents for BW field trials. The cabinet consisted of a duralumin box with double doors containing a series of trays for surface growth of organisms on solid medium. The trays could be automatically layered with medium to a uniform depth by simply pouring the melted medium through a covered opening in the door. The trays were inoculated by a swab and the growth harvested by scraping with a small metal rake. For mass production, a series of 30 to 40 of the cabinets were employed.

SECRET

With the assistance of technicians from a nearby Japanese military hospital, Ishii gave a demonstration of the use of the culture cabinet. Using seven liters of melted standard agar medium, one cabinet was automatically layered to a depth of 9 millimeters in each tray by laying the cabinet down, pouring the medium through the opening in the door and then raising the cabinet upright. A second cabinet, inoculated with B. coli beforehand, was harvested, yielding about 160 grams of wet surface culture.

Use of this cabinet enabled production greatly exceeding that possible by employment of standard laboratory apparatus. According to Ishii, the cabinet was developed primarily to meet the increasing demands for various vaccines required by the Japanese Armies in the field. At no time were bacterial agents produced and stored in quantity nor available for possible tactical employment.

c. Methods of Dissemination: Methods of dispersion of BW agents investigated at Pingfan included: (1) bombs; (2) artillery shells; (3) dispersion by spray from aircraft. By far the principal effort to develop an effective means of dissemination of infective agents was devoted to BW bombs. A few preliminary experiments were conducted with modified artillery shells and dissemination by spray from aircraft.

(1) Bombs: By 1940, nine (9) aircraft bombs designed for dissemination of bacterial agents had been developed and tested in the field. They included bombs designed for ground contamination, production of infectious clouds, and fragmentation munitions for production of casualties through wound infections caused by contaminated bomb fragments and shrapnel. The earliest munitions were modified chemical warfare bombs. Later bomb developments were of original design and included porcelain and glass case bombs exploded by primacord and a gas expulsion spray bomb.

The bombs, Ishii said, were all developed and manufactured in facilities at the Pingfan installation and the laboratory in Harbin by personnel of his organization without the assistance of regular ordnance personnel. He admitted that more progress in munitions development could have been made had they had the cooperation of bomb specialists. Bombs that were later modified for BW munitions, explosives, and fuzes were obtained by requisition through regular supply channels. One of the main defects of all the bombs developed at Pingfan was the faulty fuzes which, Ishii said, were all modified, obsolete, artillery shell fuzes.

Ishii emphasized that the bombs were experimental models produced in quantities sufficient only to prove their practicability and to determine the measures necessary for defense against like weapons. The following bomb production data furnished by Ishii are surprising in view of his contentions:

Bomb	Approximate Production	Year Made
I	300	1937
Ro	300	1937
Ha	500	1938
Ni	200	1939
Old Type Uji	300	1938
Type 50 Uji	500	1940-1941
Type 100 Uji	300	1940-1942
Ga	50	1940
U	20	1939

Ishii was uncertain as to the number of bombs expended in field trials. He inferred that only a small number of trials were conducted with each bomb and that the remaining bombs were destroyed prior to the Japanese evacuation of Pingfan. From the fact that the first munition was developed and tested in 1937, it is evident that the Japanese activities in the field of BW were well underway prior to this date.

Ishii denied the existence of a "mother and daughter" radio bomb and the Mark 7 bomb mentioned in other reports of Japanese activities. Munitions development did not continue much beyond 1942, for, by 1943, Ishii said, the scarcity of materials began to be felt. By 1944, due to lack of materials and transfer of personnel to the battle fronts, the Pingfan installation had reached a "stifled condition".

The Ha bomb and the Type 50 Uji bomb were considered by Ishii to be the most promising of the munitions developed at Pingfan. By correction of existing defects and further improvement by ordnance experts, he felt that these two bombs could be made into efficient munitions.

When questioned as to where samples of the munitions could be found, Ishii said that all the remaining bombs and the entire Pingfan installation, along with everything of intelligence value, had been destroyed prior to advance of the Russians into the Harbin area. (Note: Entry into the Harbin area for the purpose of verification of Ishii's statements was not possible because of Russian occupation). Since no records, blue prints, photographs or samples of the original bombs could be obtained, Ishii was requested to furnish sketches of the munitions drawn from memory. Reproductions of drawings made from sketches of the bombs submitted by Ishii are attached. (Supplements 4a, 4b, 4c, 4d, 4e, 4f, and 4g).

At several points during the interrogation, when pressed for details, Ishii retorted that, as the director of an organization as extensive as the Kwantung Army Water Supply and Purification Department whose time was occupied largely by administrative matters, he could not be expected to be familiar with minute technical details. The detailed bomb sketches and other technical information obtained from Ishii, however,

indicate an amazing familiarity with detailed technical data. It leads one to question the contention that all records pertaining to BW research and development were destroyed. In all probability, much of the information Ishii presented was compiled with the assistance of his former associates at Pingfan, several of whom were present in Tokyo and vicinity at the time. He had ample opportunity to consult his former associates since the interrogations were intermittent and much of the information was presented by charts and written answers to questionnaires.

(a) I Bomb. The I Bomb, a 20kg modified gas bomb with a capacity of 2 liters, was perhaps the first munition developed for the dissemination of a bacterial liquid payload. Explosion of the bomb head upon impact with the ground blew out the tail with ejection of the liquid fill. The bomb was tested during 1937-1938 by static and drop trials from aircraft. For the trials, the bomb was filled to about 70 per cent capacity with 0.1 per cent fuchsin, 2 to 5 per cent starch solution, or noninfectious agents. A rectangular grid 100 x 500 meters, with either test papers or Petri dishes, depending upon the fill, placed at 20 meter intervals, was used for assessment of dispersion. In winter, a background of snow was used as a means of evaluating the effective area of dispersion of the bomb contents. With a wind velocity of 5 meters per second, an area of dispersion 10-15 x 100-150 meters resulted in case of static explosion. When dropped from aircraft, the bomb buried itself before exploding, resulting in a deep funnel-shaped crater with little effective dispersion of the contents. Depth of the crater depended on the height of release. Dropped from an altitude of 1,000 meters, a crater 0.5-1 meter in depth resulted; from 2,000 meters a crater 1-1.5 meters in depth resulted; a 4,000 meter drop caused a crater 2.5-3 meters in depth. Because of the tendency to bury itself before detonation, its small capacity and large percentage of duds, the I Bomb was considered unsatisfactory and was discarded.

(b) Ro Bomb. The Ro bomb, in size and appearance, was similar to the I bomb. The head was of novel design containing front and rear compartments. Upon contact with the ground, the front compartment exploded throwing the bomb proper 10 to 15 meters into the air. The rear compartment then exploded blowing out the tail and ejecting the contents. The bomb fill for the trials was the same as in case of the I bomb, and it was tested on a similar grid. In static trials an area of dispersion 20-30 x 200-300 meters resulted. Results in drop trials were about the same as with the I bomb. The percentage of duds was greater than in case of the I bomb, largely due to the same defective fuzes. For the same reasons as in case of the I bomb, the Ro bomb was not considered worthy of further improvement and was discarded.

(c) Ha Bomb. The 40kg Ha bomb was a fragmentation bomb designed for destructive effect by projection of bomb fragments and shrapnel contaminated with anthrax spores. The bomb was double walled, having a central burster tube surrounded by an iron fragmentation wall 10 millimeters

in thickness, and a payload chamber between the wall and the steel bomb case. The payload chamber was of 700 cubic centimeters capacity and contained about 1,500 steel pellets to augment the destructive effects of the bomb fragments. The payload chamber and the steel pellets were coated with a bakelite varnish to prevent corrosion. Armed with nose and tail impact fuzes and containing 3 kilograms of TNT in the nose and tail compartments and central burster tube, the bomb exploded upon impact scattering bomb fragments, shrapnel and anthrax spores at high velocity in a horizontal direction.

Field trials of the Ha bomb were made during 1938 and 1939. Dye solutions and organisms were used as fill for the static tests. Size, distribution and penetrating power of the bomb fragments and shrapnel were determined by using a grid consisting of upright board targets arranged in concentric circles from the point of bomb burst. Test animals were distributed in like pattern. In winter, fragmentation distribution was determined by recovery of particles from the frozen, icy ground. Fragments and shrapnel were projected for distances of 400 to 500 meters with a density of about one fragment or shrapnel per square meter within a radius of 50 meters. Bomb fragments and shrapnel were recovered and examined for viability of attached organisms. Drop trials were made from aircraft for the purpose of determing bomb function and percentage of duds.

Additional fragmentation studies were made by burying the bomb in sand to a depth of 5 meters. The bomb was then exploded electrically and the sand screened to estimate the size of the resulting fragments. Approximately 10 per cent of the recovered fragments weighed from 1 to 3 grams, 20 per cent from 3 to 5 grams, 25 per cent from 5 to 10 grams, 40 per cent from 10 to 15 grams, and 5 per cent were over 15 grams.

The Ha bomb had several defects. It was considered too complex for mass production. The thin bomb case was soldered to the head and tail sections and would not withstand the shock of handling and transportation. Leakage of the bacterial contents often occurred, with danger of infection to the bomb handlers. Suspension of the bomb in aircraft was difficult because the shape of the bomb varied from that of standard aircraft bombs. The heavy explosive charge destroyed from 40 to 65 per cent of the organisms. Regardless of its defects the Ha bomb was considered promising. Ishii believed that, with correction of the defects and further development by bomb experts, the Ha bomb could be made into an efficient munition.

(d) Ni Bomb. The 50kg Ni bomb was of the same general design as the Ha bomb. The bomb body was about 100 millimeters longer, and it had a payload capacity of 1 liter. The explosive charge, however, was only 50 per cent of that used in the Ha bomb. Due to the smaller explosive charge, bacterial survival was greater, but the penetrating force of the bomb fragments and area of dispersion was not as great. Results from tests of the

SECRET

bomb in 1939 were considered to be "rather good," and the bomb was deemed worthy of further development.

(e) U Bomb. The 30kg U bomb was designed to spray liquids by means of compressed air at a predetermined altitude. The bomb had a detachable nose covering a spray head. It was equipped with impact nose fuzes, a delay tail fuze and a self-timing tail mechanism which operated upon release from the airplane. Action of the self-timer allowed the central burster tube to move forward separating the detachable nose from the spray head. The forward motion of the central burster tube also caused release of the compressed air with spraying of the bomb contents through the spray head. Upon reaching the ground, the bomb itself exploded. Only 20 rounds of this bomb were manufactured, Ishii said, and no field experiments were conducted aside from tests to determine bomb function. Because of leakage of the contents, defective fuzes, inaccurate timing mechanism, and because of its complicated structure the U bomb was not considered worth further development and was discarded.

(f) Old Type Uji Bomb. By 1938, the trend in Japanese B.W. munitions development was towards bombs of simpler design, greater capacity, and requiring a minimum of explosive for fragmentation and dispersion of the viable bacterial contents. This objective was not specifically expressed by Ishii but it is concluded from his criticisms of the earlier munitions and from a consideration of succeeding bomb development. From steel case bombs employing a heavy charge of TNT and black powder, with resultant destructive effect on the payload, later effort was devoted to design and development of ceramic and glass case bombs using primacord or primacord and a minimum of TNT as the explosive charge.

The porcelain case Uji bomb was the result of this trend in bomb development. The original model, designated by Ishii as the "Old Type Uji" bomb, weighed 25 kilograms and had a capacity of approximately 10 liters. The exterior of the porcelain case contained longitudinal grooves to accommodate the explosive of 4 meters of primacord. The bomb was filled through an opening in the nose stoppered by a metal screw cap. A celluloid fin assembly was strapped to the base of the bomb. Equipped with a time fuze in the tail, the bomb was designed to explode in the air at a set altitude with fragmentation of the porcelain case and dispersion of the contents. The porcelain fragments had little penetrating force, but were difficult to detect on the ground. The bomb was tested in 1938 on a field layout much the same as for the I, Ro, and Ha bombs using dye or starch solutions and suspensions of nonpathogenic organisms. In static tests, exploded at a height of 15 meters, an area of dispersion 20-30 by 500-600 meters resulted with a wind velocity of 5 meters per second. In drop tests, areas of dispersion 20-30 by 500-700 meters resulted when the bomb was exploded at altitudes of 200 to 300 meters. Particle size of the disseminated liquid contents ranged from "droplets the size of rain drops, and larger drops due to aggregation, to particles 50 microns in diameter."

Defects of the Old Type Uji bomb were numerous, Ishii said. The porcelain case would not stand rough handling. Leakage of the contents occurred at the union of the metal filling plug and the porcelain case. Weight and dimensions of the bomb were not uniform, contributing to poor trajectory. The bomb was filled to 70 per cent capacity to allow for expansion of contents and the void space caused tumbling of the bomb. The porcelain fins warped during warm weather adding to poor trajectory, became brittle in cold weather, and often became detached in flight. The fuze was faulty and height of burst could not be controlled with any degree of accuracy. Capacity of the bomb was considered satisfactory and the detrimental effect of metal on the bacterial contents was eliminated by use of the porcelain case. The bomb, however, was not considered worthy of further development.

(g) Ga Bomb. The 35 kg Ga bomb was an experimental glass case model of the Old Type Uji bomb. Spiral instead of longitudinal grooves contained the explosive of primacord. Only 20 rounds of this model were manufactured. It had much the same defects as the Old Type Uji bomb and after a few preliminary trials was discarded.

(h) Type 50 Uji Bomb. The 25kg, 10 liters, Type 50 Uji bomb was an improved model of the Uji series of bombs. The nose contained an impact, delay fuse and a bursting tube with 500 grams of TNT. A time fuze in the tail set off the 4 meters of primacord exploding the bomb at a height of 200 to 300 meters. In case the tail fuze and the primacord failed to function, explosion of the bomb with dispersion of the contents was insured upon impact by the explosive train in the nose.

Approximately 500 rounds of this model were manufactured in 1940 and 1941, and extensive field trials were conducted during the period 1940 to 1942. The bomb was tested by static explosion and drop tests from aircraft. For the initial tests the bomb was filled with dye solution and suspensions of nonpathogenic organisms. Later trials were conducted using a suspension of anthrax spores as the payload. The suspension had a concentration of 50 to 100 milligrams of spores per cubic centimeter of liquid. A field layout of test papers or Petri dishes, depending upon the fill, was used for assessment of dispersion. In case of the anthrax trials, large animals including oxen, horses, goats and sheep were used as test animals.

In the drop tests with a wind velocity of 5 meters per second and explosion of the bomb at an altitude of 200 to 300 meters, areas of dispersion 40-60 by 600-800 meters were attained.

Static explosion of the bomb at a height of 15 meters with the same wind velocity gave an area of dispersion approximately 20-30 by 500-[illegible] meters. For the anthrax trials, the bomb was statically exploded at a height of 15 meters. Animals were then allowed to graze for one or two hours downwind of the explosion over the contaminated ground. Infection, followed by death from anthrax, resulted in almost 70 per cent of the horses and 90 per cent of the sheep allowed to graze over the contaminated ground.

While the Type 50 Uji bomb still had some of the defects of the old model, it was considered more efficient. With correction of these defects and further development in the hands of experts, Ishii felt that the Type 50 Uji bomb could be made into an effective BW munition.

(1) Type 100 Uji Bomb. The 50kg Type 100 Uji bomb was a larger model of the Type 50. This bomb had a payload capacity of approximately 25 liters. As explosive, approximately 12 meters of primacord was used. 300 rounds were manufactured and extensive trials were conducted in much the same manner as with the Type 50 during the period 1940 to 1942. Because of its size and possibility of breakage in handling, this model was not considered as practical as the Type 50.

(2) Artillery Shells. Two types of artillery shells were investigated as a means of dissemination of BW agents. A standard gas shell, designated as the "H" shell, and a shrapnel shell, the "B" shell, were tested in the desert near Hairal. The shells were charged with dye solutions or a suspension of B. prodigiosus in bouillon of a concentration of 200 to 500 milligrams per cubic centimeter. The shells were fired from a distance of 3,000 meters at a target 500 meters square consisting of white test papers or Petri dishes arranged at 20 meter intervals. For tests of the "B" shell, board targets arranged at intervals of 20 meters over an area 500 meters square were used to determine hits. One of the main objectives of the trials was to determine survival of bacteria when dispersed by shell. Since few direct hits on the targets were obtained, Ishii said, no conclusive data resulted and dissemination by this means was considered impractical.

(3) Spray from Aircraft. Ishii stated that about 10 trials had been made in the vicinity of Pingfan for the purpose of evaluating the efficiency of dispersion of agents by spraying from aircraft. The airplane used was equipped with a compressed air tank and a separate tank for the spray liquid. Compressed air released into the spray tank forced the spray liquid out into the air through a duct near the tail of the airplane. Solutions of dyes and suspensions of nonpathogenic organisms were used as test liquids. The dyes employed were 0.1 per cent solutions of fuchsin or anilin red. B. subtilis and B. prodigiosus were used as test organisms. For detection of the colored solutions sprayed from the airplane, a grid of white test papers placed at 50 meter intervals over an area 1,000 meters square was used. Petri dishes with standard agar medium were arranged in like manner for the detection of organisms. Particle size and density were calculated from the test papers by means of a scaled lense or standard test

SECRET

papers were used for comparison. The concentration of organisms resulting from the spray was estimated by examination of the Petri dishes after incubation in the laboratory.

Release of the spray from altitudes under 500 meters gave detectable results. The diameter of the particles resulting from the spray ranged from 3 millimeters to 50 microns. No organisms were recovered when the spray was released from altitudes over 3,000 meters. Considerable difficulty was experienced with operation of the spray mechanism. On one occasion the compressed air tank burst, injuring the operator. According to Ishii, results from the spray trials were considered unsatisfactory and this method of dissemination was concluded to be inefficient and of no possible operational value.

(4) Sabotage. It is apparent from the frequent references by the Japanese to contamination of wells by the enemy, and from the extensive measures that were instituted for purification of water in the field, that dissemination of infectious agents by saboteurs was seriously considered from both the offensive and defensive standpoint. Ishii inferred that sabotage was perhaps the most effective means of employment of BW. Training of personnel in this activity, as has been mentioned in intelligence reports, was denied.

The only specific information obtained on sabotage activity was learned from Lt. Col. Ryoichi Naito, a former associate of Ishii, who had been concerned with the BW research conducted at the Army Medical College in Tokyo. Ishii maintained that BW investigations at this institution had been limited to defensive investigations in preventive medicine. However, Naito stated that while there was no distinct demarcation between the BW and preventive medical research conducted at the Army Medical College, investigations that had offensive BW implications were carried on. One phase of BW research, Naito stated, was the search for a stable poison that could be used for the sabotage of foodstuffs. Most of this work was concentrated on the thermostabile "fugu toxin" obtained from the livers of "blow-fish". Attempts were made to concentrate this toxin to a lethal dosage of 1 gamma for mice. In a comparable dosage for man, it was calculated that the toxin could be employed practically in sabotage activity. This degree of concentration was not obtained, and further efforts were interrupted by the B-29 raids of November 1944 and ceased altogether with destruction, by fire, of the Army Medical College in April, 1945.

9. DEFENSIVE BW ACTIVITIES.

Augmentation and intensification of measures for preventive medicine and water purification were deemed to be the most effective defense against BW. The widely distributed fixed and mobile units of the Boeki

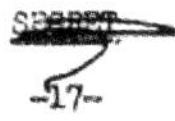

Kyusui Bu were alerted and responsible for the detection, prevention and control of natural outbreaks of infectious diseases as well as diseases of possible enemy introduction. Research in preventive medicine and the production of vaccines, serums and other therapeutic agents at the Pingfan installation and at the Army Medical College were intensified as a means of BW defense. Instruction of medical personnel in preventive medicine pertaining to the defensive aspects of BW was likewise an activity at both institutions.

As a defense against the potentialities of BW munitions revealed by the offensive experimentation at Pingfan, Ishii said that the following measures were developed:

a. Protection by lying down and taking advantage of low ground or objects.

b. Iron helmets and bullet-proof jackets.

c. Reinforced cellophane wrappers and paper wrappers varnished with persimmon juice as a covering for the entire body.

d. Protective clothing of thin, rubberized silk and regular Army gas masks.

e. Protective ointment. Requested for further information on protective ointments, Ishii replied that an ointment effective against the glanders organism had been developed having the following formula:

Mercuric oxycyanate	0.1
Starch	7.0
Tragacanth powder	2.0
Medicated soap	1.0
Glycerine	1.0
Water	100.0

f. Mobile field disinfection cars:

(1) Car "A" for ground disinfection.

(2) Car "B" for disinfection of personnel and clothing.

g. Mobile field laboratory cars for detection and diagnosis.

h. Airplanes for transportation of epidemiological units, equipment and supplies, and for early evacuation of patients.

i. Provision of hospital trains and ships.

SECRET

j. Increased production of vaccines, serums, and other therapeutic agents including maryanil and penicillin.

k. Early diagnosis and treatment of infectious diseases.

l. Enforcement of preventive innoculation throughout the Army.

As a further defensive measure, liaison was maintained between the Military Police (Kempei) and the Boeki Kyusui Bu. In an auxiliary capacity, the military police served as an intelligence network for the surveillance of possible BW incidents, collection of evidence, and the apprehension of saboteurs. Since the personnel of this organization had no professional training, they were given basic instruction in elementary bacteriology and epidemiology by personnel from the Boeki Kyusui Bu. Instruction included the symptomatology of the more common diseases, manner of their spread, and emergency control measures. They were taught not to place undue emphasis; yet not to overlook seemingly unimportant incidents. Prompt reports were to be submitted to their immediate commanders who in turn would report to the headquarters of the nearest Boeki Kyusui Bu where appropriate action would be taken.

10. NAVAL INTEREST IN BW.

References in captured Japanese documents to a naval Mark 7 bacterial bomb and to special pay for naval personnel engaged in hazardous duty including BW research implied possible naval activity in BW. No evidence supporting this indication was found. The existance of a naval Mark 7 bomb was denied by all Army and Navy personnel who were interviewed.

Adm. Shigetaro Shimada, Minister of the Navy from October 1941 to July 1944, was questioned regarding the document issued by his office listing special pay for BW duty. He denied naval activity in BW and explained the BW reference in the document as having been inserted "by personnel responsible for drafting Navy regulations who possibly imagined BW with an eye to the future." The reference may have originated, Shimada said, in the Office of the Surgeon General of the Navy. Shimada considered BW as impracticable and an ineffective weapon in naval warfare.

It is evident that no cooperation existed between the Army and Navy on BW research. Furthermore, no evidence was found that independent research in this field was conducted by the Navy. Shimada's statements indicate that the Japanese Navy at least had an interest in BW from the defensive standpoint, and that liaison in this phase of BW may have existed between the Surgeons General of the Army and Navy.

SECRET

11. REASONS FOR LACK OF PROGRESS IN OFFENSIVE BW DEVELOPMENT.

Regardless of the intensive offensive BW investigations conducted at the Pingfan installation, at no time was Japan prepared to employ BW as a practical weapon. Reasons given by Ishii for lack of progress in offensive BW development were, in substance, the following:

a. The primary motive for Japanese BW research was defensive.

b. No official directive existed for BW research, consequently, the necessary funds, personnel and equipment were not available.

c. Lack of competent technical personnel. Only meager compensation was available for casualties from BW research. This field was, therefore, not attractive to qualified investigators.

d. Scientific advisory committees were not available for consultation because of the lack of competent personnel.

e. Lack of essential materials in Japan.

f. Lack of support by the High Command. The importance of science was not recognized. They (personnel in high command) were not capable of impartial judgment and did not respect scientists, therefore, misapprehension and superstition prevailed over scientific facts.

g. Anti-espionage was impossible and Japan feared retaliation.

12. PRACTICABILITY OF BW.

Conclusions as to the practicability of BW expressed by Ishii and others were:

a. The practicability of BW as an offensive weapon remains to be demonstrated.

b. Because of the instability of BW agents and the many essential conditions necessary for the successful initiation of an epidemic, the effective employment of BW on a large scale is doubtful.

c. BW might be effective on a small scale as a means of sabotage.

d. Defense against BW is possible by development of appropriate measures in preventive medicine.

SECRET

SECRET

e. Use of BW would not be necessary in a war being won by other weapons and effective use of it could not be made in defeat.

f. BW is not a decisive weapon, at the most, it could be but an auxiliary weapon.

SECRET

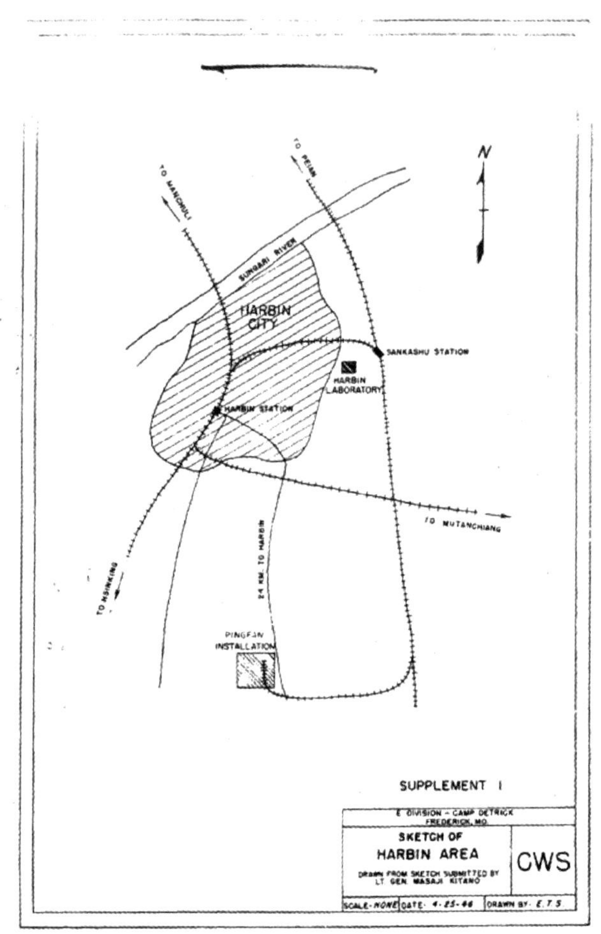
N
TO MANCHULI
TO PEIAN
SUNGARI RIVER
HARBIN CITY
SANKASHU STATION
HARBIN LABORATORY
HARBIN STATION
TO MUTANCHIANG
TO HSINKING
24 KM. TO HARBIN
PINGFAN INSTALLATION
SUPPLEMENT I
E DIVISION – CAMP DETRICK
FREDERICK, MD.
SKETCH OF
HARBIN AREA
DRAWN FROM SKETCH SUBMITTED BY
LT. GEN. MASAJI KITANO
CWS
SCALE - NONE
DATE - 4-25-46
DRAWN BY - E.T.S.

SECRET

Supplement 2a

TABLE OF ORGANIZATION OF KWANTUNG ARMY BOEKI KYUSUI BU

Central Office (Headquarters)............Director - Lt. or Major General (Medical)

General Affairs Section............Chief - Full or Lt. Colonel (Medical)

1st Section......................Chief - Major General or Colonel (Medical)

2nd Section......................Chief - Full or Lt. Colonal (Medical)

3rd Section......................Chief - Full or Lt. Colonel (Medical)

4th Section......................Chief - Full or Lt. Colonel (Pharmacologist or Medical)

Dairen Detached Office.............Chief - Engineer or Surgeon

Branch Offices:

Botanko Branch...................Chief - Major or Lt. Colonel (Medical)

Rinko Branch.....................Chief - Major or Lt. Colonel (Medical)

Songo Branch.....................Chief - Major or Lt. Colonel (Medical)

Khairalu Branch..................Chief - Major or Lt. Colonel

The personnel of the Headquarters and each branch office is as follows:

Personnel of the Headquarters:

Army Surgeon.....................	35
Pharmacologist...................	18
Hygienic officers............about	25
Technical officers...........about	10
Fiscal officers..................	5
Engineers....................about	30
Army Instructors.................	3
Interpreters.....................	1
N.C.O........................about	100
Assistant-engineer...............	150
Medical soldiers and other employees	Some

SECRET

Supplement 2a

Personnel of the branch offices:

Army Surgeon......................		1
Pharmacologist....................		1
Hygienic officer..................		1
Fiscal officers...................		1
N.C.O.....................	about	10
Assistant-engineer...........	about	10
Medical soldiers..................		400
Civilian employees................		Some

SECRET

Supplement 2b

OUTLINE OF DUTIES OF KWANTUNG ARMY BOEKI KYUSUI BU

I. General Affairs Department.

A. Planning and Control.

B. Business Affairs.

C. Personnel.

D. Intendance.

E. Transportation and Communication.

F. Supervision of Buildings.

G. Medical Affairs.

II. First Department.

A. Investigation and research with regard to the prevention and treating of various infectious diseases.

B. Physical and chemical tests of all kinds.

C. Research relating to the improvement of preventative innoculation liquids, serums for medical treatment, etc.

D. Fundamental research relative to prevention of epidemics.

III. Second Department.

A. Research relative to the execution of measures for the prevention of epidemics.

B. Experiments on materials for the prevention of epidemics.

C. Execution of measures for the prevention of epidemics.

D. Guidance for the prevention of epidemics.

E. Rapid transportation of materials and personnel connected with the prevention of epidemics.

SECRET

Supplement 2b

IV. Third Department.

A. Experiments relating to the improvement of water supply equipment.

B. Execution of measures for water supply.

C. Guidance for the supply of purified water.

D. Manufacture and repair of equipment for water supply.

E. Disinfection.

V. Fourth Department.

A. The manufacture of preventative innoculation liquids, serums for medical treatment, etc.

B. Culture medical experiments.

VI. Materials Department.

A. Custody and supply of materials for the prevention of epidemics, water supply and experiments.

B. Research on preventative medicines.

C. Manufacture of preventative medicines.

D. Propagation and supply of small animals for experimental use.

VII. Branch Departments.

A. Execution and guidance in measures for the prevention of epidemics and water supply in the areas of their responsibility.

B. Investigations relating to the prevention of epidemics and the supply of purified water in the areas of their responsibility.

C. Minor repairs in epidemic prevention and water supply equipment.

VIII. Dairen Branch.

A. Research relating to the improvement of preventive innoculation solutions, serums for diagnosis and treatment, etc.

-2-

Supplement 2b

B. Manufacture and supply of the above mentioned solutions, serums, etc.

C. Research in pathogenic bacteria.

D. Execution of measures for the prevention of epidemics in the areas of their responsibility.

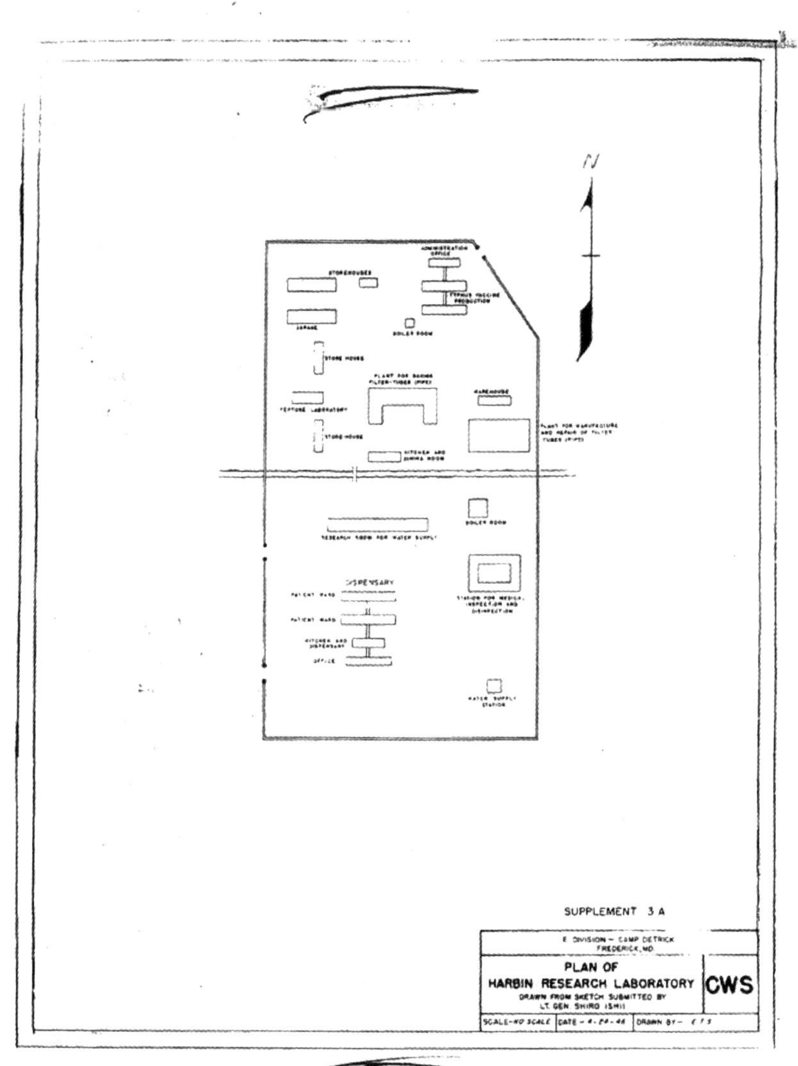
N
SUPPLEMENT 3 A
E DIVISION — CAMP DETRICK
FREDERICK, MD.
PLAN OF
HARBIN RESEARCH LABORATORY
DRAWN FROM SKETCH SUBMITTED BY
LT. GEN. SHIRO ISHII
CWS
SCALE-NO SCALE

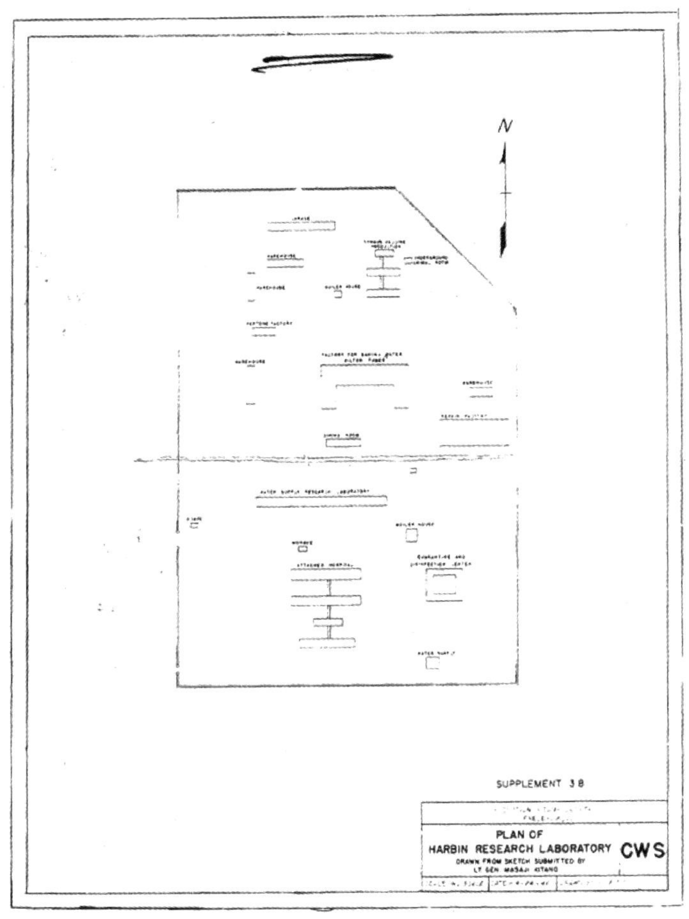
N
SUPPLEMENT 38
PLAN OF
HARBIN RESEARCH LABORATORY
CWS
DRAWN FROM SKETCH SUBMITTED BY
LT GEN MASAJI KITANO

SECRET

Supplement 3e

OUTLINE OF WORK CONDUCTED BY THE PINGFAN INSTITUTE

I. RESEARCH IN PREVENTIVE MEDICINE:

1. Improvement of Vaccines: Typhoid and paratyphoid, dysentery, cholera, plague, whooping cough, epidemic cerebrospinal meningitis and gonococcus vaccines.

2. Research in Anatoxins: Gas gangrene, tetanus, diptheria and scarlet fever anatoxins.

3. Improvement of Curative Sera: Gas gangrene, tetanus, scarlet fever, erysipelas, diptheria, dysentery, streptococcus, staphlococcus, pneumonia, epidemic cerebrospinal meningitis and plague sera.

4. Measures for Promotion of the Health of Soldiers: Research pertaining to food, rest, sleep and supply of water in Japanese barracks.

5. Prevention of Tuberculosis:

a. Relationship between food, rest, sleep, supply of water and calories needed for military work.

b. Preventive inoculation.

c. Quarantine and disinfection.

6. Research in Rickettsial and Virus Vaccines: Typhus (R.prowazeki), Manchurian fever (R.manchuriae), epidemic hemorrhagic fever, forest tick encephalitis, rabies and small pox vaccines.

7. Vitamin Research.

8. Desiccation Research: Methods for desiccation and storage in the dried state of preventive and curative sera, diagnostic agents and blood plasma.

9. Propagation of Small Animals for Research: Mice, rats, marmots, rabbits and goats.

10. Research in Environmental Hygiene.

11. Research in Self-Supply of Foodstuffs for Members of the Institute.

12. Research in Preventive Methods of Anthrax and Glanders.

Supplement Se

II. RESEARCH IN DIAGNOSTICS:

1. Research in the Drying and Supply of Diagnostic Agents.
2. Research in Long Period Storage of Diagnostic Sera in the Dried State.
3. Diagnostic Allergic Antigens: Tuberculin, plague, tularemia, Dick and Schick test antigens.
4. Serological Identification.
5. Methods for Diagnosis of Anthrax and Glanders.

III. RESEARCH IN THERAPEUTICS:

1. Surgical Treatment: Early extirpation of the lymphatic glands in pest and anthrax.
2. Internal Treatment: Radical cure of typhoid and paratyphoid carriers.
3. Chemical Treatment: Marfanil, sulforivanol, penicillin.
4. Radical Cure of Patients with Virus Infections: Epidemic hemorrhagic fever, forest tick encephalitis.
5. Serum Therapy: Typhoid, pest, anthrax, dysentery.
6. Research in Effectiveness of Dried Blood Plasma for Field Transfusion: Effectiveness as applied to members of the unit and their families.
7. Physical Treatment: Projection of X-Ray on the spleen for serum sickness.
8. Vaccine Therapy of Typhus.
9. Treatment of Anthrax and Glanders.

IV. RESEARCH IN FIELD DISINFECTION:

1. Methods for field disinfection.
2. Disinfection agents.

SECRET

SECRET

Supplement 3a

3. Field disinfection cars for ground disinfection.

4. Field disinfection cars for clothing and personnel.

5. Research in field germ-detection cars.

6. Research in prevention and quarantine railway trains and ships.

7. Research in the use of airplanes for disinfection.

V. RESEARCH IN DRUGS AND CHEMICALS:

1. Synthesis of marfanil and sulforivanol.

2. Penicillin production.

3. Extraction of asparagin for Sauton's medium.

4. Extraction of vitamin C from "Yama-hamanasu."

5. Use of birch oil extract for insecticide.

6. Synthesis of vitamin B_1 and B_2.

7. Peptone research.

8. Preparation of meat essence from wild silkworm pupae.

9. Refining of industrial ammonium sulphate for concentration of diptheria toxin.

10. Preparation of pepsin and pancreatin.

11. Fuel for automobiles from birch oil.

12. Substitute fuel from lignite for automobiles.

13. Manufacture of alcohol from resources in Manchuria.

14. Elimination of gum-like matter from cold-proof lubricating oil (a mixture of bean-oil and castor-oil) when alcohol is used as aircraft oil. Preventable by using 80% alcohol and 20% gasoline, or, 80% alcohol and 20% pine root oil.

15. Research in chlorine test paper.

SECRET

Supplement 3e

VI. RESEARCH IN SUBSTITUTES FOR CLOTHES AND FOOD:

1. Use of Manchurian wild silkworm for clothing substitute.
2. Food substitutes from Manchurian resources.
3. Cold storage of vegetables.
4. Edible grass as substitutes for vegetables.
5. Edible grass as substitutes for vegetable feeds of small animals.

VII. RESEARCH IN FIELD SUPPLY OF PURIFIED WATER:

1. Cold-proof equipment for sanitary filtering apparatus.
2. Decreasing weight and volume of sanitary filtering apparatus.
3. Substitutes for aluminum and iron in filtering apparatus.
4. Mass production of diatomite filtering apparatus.
5. Methods for determination of disinfection of water in the field.
6. Detection of poison in water.
7. Softening of hard water.
8. Elimination of iron in water filtering tubes.
9. Improvement of methods for washing water filtering equipment.
10. Transporting of small-sized filtering apparatus by dogs.
11. Supply of purified water in bags dropped from aircraft.
12. Methods for increasing capacity of diatomite filtering tubes.

VIII. RESEARCH IN TRANSPORTATION:

1. Air transport of personnel and materials for preventive medicine.
2. Evacuation of patients with infectious diseases by airplane.
3. Research in cold-proof hygiene.

SECRET

Supplement 3e

IX. RESEARCH IN PREVENTIVE MEDICINE APPLICABLE TO DEFENSE AGAINST BOMBS AND SPRAY FROM AIRCRAFT:

1. Defensive measures against experimental bombs manufactured by the institute.

2. Research in dissemination by spray and measures for defense.

X. MANUFACTURE:

1. Vaccines:

a. Dried vaccine.

b. Plague vaccine.

c. Typhoid and paratyphoid vaccine.

d. Gas gangrene vaccine.

e. Tetanus vaccine.

f. Cholera vaccine.

g. Dysentery vaccine.

h. Scarlet fever vaccine.

i. Whooping cough vaccine.

j. Diptheria vaccine.

k. Eruptive typhus vaccine.

(1) Vaccine prepared from eggs.

(2) Vaccine prepared from white rat lungs.

(3) Vaccine prepared from wild squirrel lungs.

2. Curative Sera:

a. Gas gangrene serum.

b. Tetanus serum.

SECRET

Supplement 3a

c. Diptheria serum.

d. Dysentery serum.

e. Streptococcus serum.

f. Staphlococcus serum.

g. Erysipelas curative serum.

h. Pneumonia curative serum.

i. Epidemic cerebrospinal meningitis curative serum.

j. Plague curative serum.

3. <u>Diagnostic Antigens:</u>

a. Typhoid.

b. Paratyphoid.

c. Eruptive typhus.

d. Tuberculin.

4. <u>Diagnostic Sera:</u>

a. Diagnostic serum for typhoid fever.

b. Diagnostic serum for paratyphoid.

c. Diagnostic serum for all types of dysentery.

d. Diagnostic serum for all types of cholera.

e. Diagnostic serum for epidemic cerebrospinal meningitis.

f. Diagnostic serum for pneumonia.

g. Salmonella factor serum.

5. <u>Materials for Filtering Apparatus:</u>

a. Filtering apparatus (B).

b. Filtering apparatus (C).

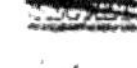

SECRET

Supplement 3e

c. Filtering apparatus (D).

d. Filtering apparatus parts.

e. Water filtering tubes.

6. Drugs:

a. Peptone.

b. Meat essence.

c. Magotin.

d. Marfanil.

e. Penicillin.

f. Birch oil.

7. Repair of Water Filtering Apparatus:

8. Tentative Manufacture of Bombs:

a. I Bomb.

b. Ro Bomb.

c. Ha Bomb.

d. Ni Bomb.

e. U Bomb.

f. Uji Bomb (Old Type).

g. Uji Bomb (Type 50).

h. Uji Bomb (Type 100).

i. Ga Bomb.

SECRET

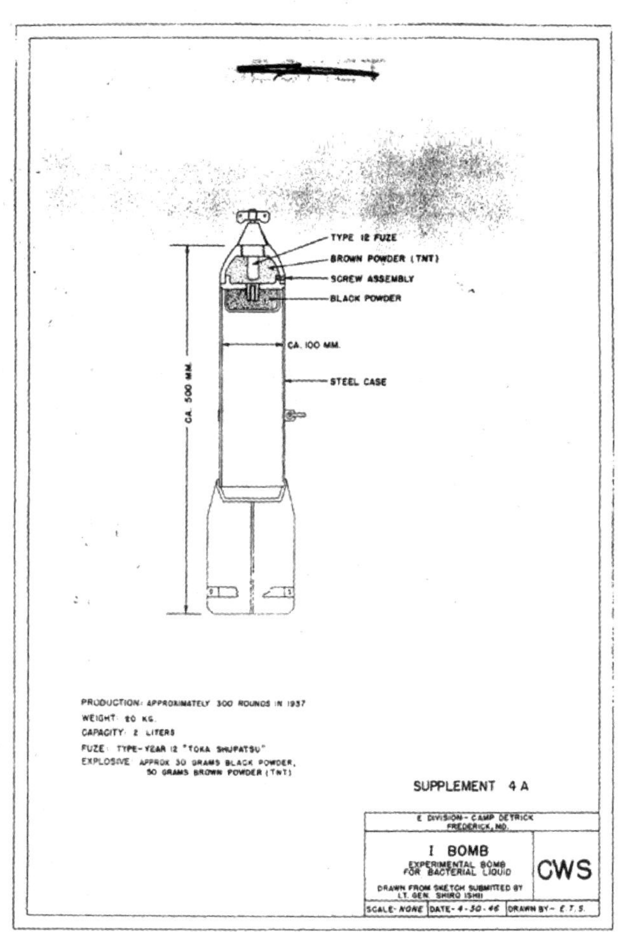
TYPE 12 FUZE
BROWN POWDER (TNT)
SCREW ASSEMBLY
BLACK POWDER
CA. 100 MM.
STEEL CASE
CA. 500 MM.
PRODUCTION: APPROXIMATELY 300 ROUNDS IN 1937
WEIGHT: 20 KG.
CAPACITY: 2 LITERS
FUZE: TYPE-YEAR 12 "TOKA SHUPATSU"
EXPLOSIVE: APPROX 30 GRAMS BLACK POWDER,
50 GRAMS BROWN POWDER (TNT)
SUPPLEMENT 4 A
E DIVISION - CAMP DETRICK
FREDERICK, MD.
I BOMB
EXPERIMENTAL BOMB
FOR BACTERIAL LIQUID
DRAWN FROM SKETCH SUBMITTED BY
LT. GEN. SHIRO ISHII
CWS
SCALE- NONE
DATE- 4-30-46
DRAWN BY- E.T.S.

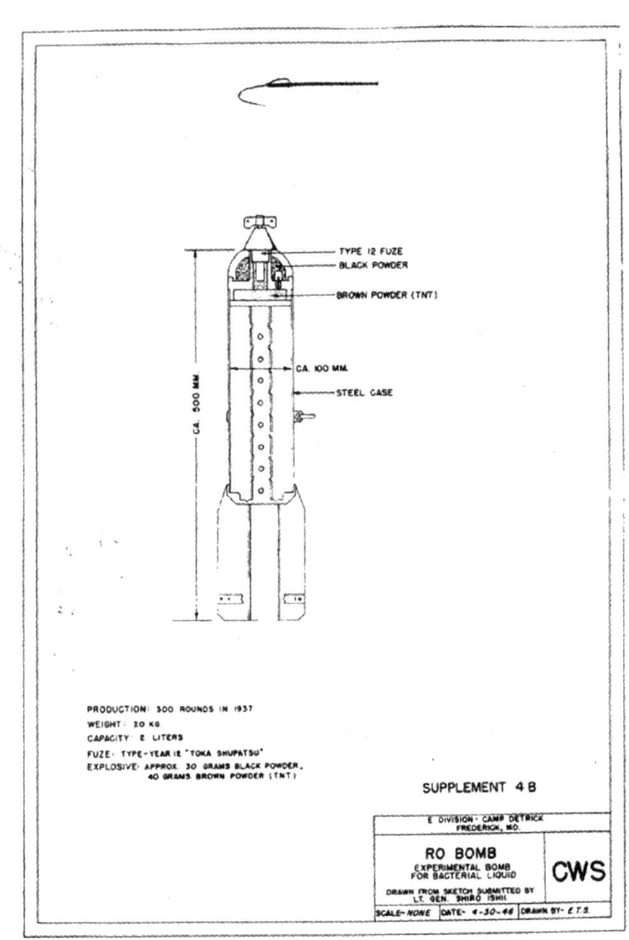
TYPE 12 FUZE
BLACK POWDER
BROWN POWDER (TNT)
CA. 100 MM.
STEEL CASE
CA. 500 MM.
PRODUCTION: 300 ROUNDS IN 1937
WEIGHT: 20 KG.
CAPACITY: 2 LITERS
FUZE: TYPE-YEAR 12 "TOKA SHUPATSU"
EXPLOSIVE: APPROX. 30 GRAMS BLACK POWDER,
40 GRAMS BROWN POWDER (TNT)
SUPPLEMENT 4 B
E DIVISION · CAMP DETRICK
FREDERICK, MD.
RO BOMB
EXPERIMENTAL BOMB
FOR BACTERIAL LIQUID
DRAWN FROM SKETCH SUBMITTED BY
LT. GEN. SHIRO ISHII
CWS
SCALE- NONE
DATE- 4-30-46
DRAWN BY- E.T.S.

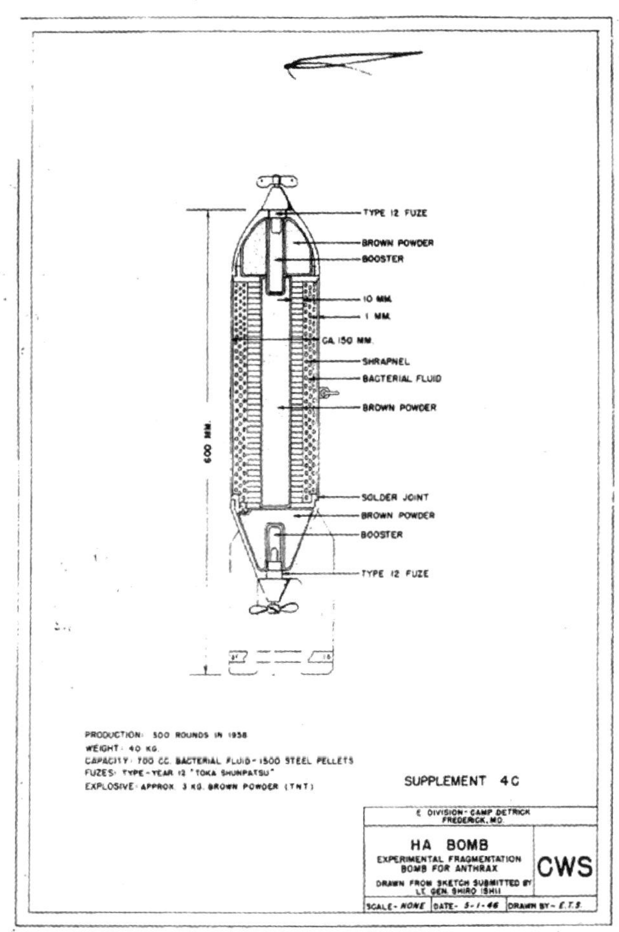
TYPE 12 FUZE
BROWN POWDER
BOOSTER
10 MM.
1 MM.
CA. 150 MM.
SHRAPNEL
BACTERIAL FLUID
BROWN POWDER
600 MM.
SOLDER JOINT
BROWN POWDER
BOOSTER
TYPE 12 FUZE
PRODUCTION: 500 ROUNDS IN 1938
WEIGHT: 40 KG.
CAPACITY: 700 CC. BACTERIAL FLUID - 1500 STEEL PELLETS
FUZES: TYPE - YEAR 12 "TOKA SHUNPATSU"
EXPLOSIVE: APPROX. 3 KG. BROWN POWDER (TNT)
SUPPLEMENT 4C
E DIVISION - CAMP DETRICK
FREDERICK, MD.
HA BOMB
EXPERIMENTAL FRAGMENTATION
BOMB FOR ANTHRAX
DRAWN FROM SKETCH SUBMITTED BY
LT. GEN. SHIRO ISHII
CWS
SCALE - NONE
DATE - 5-1-46
DRAWN BY - E.T.S.

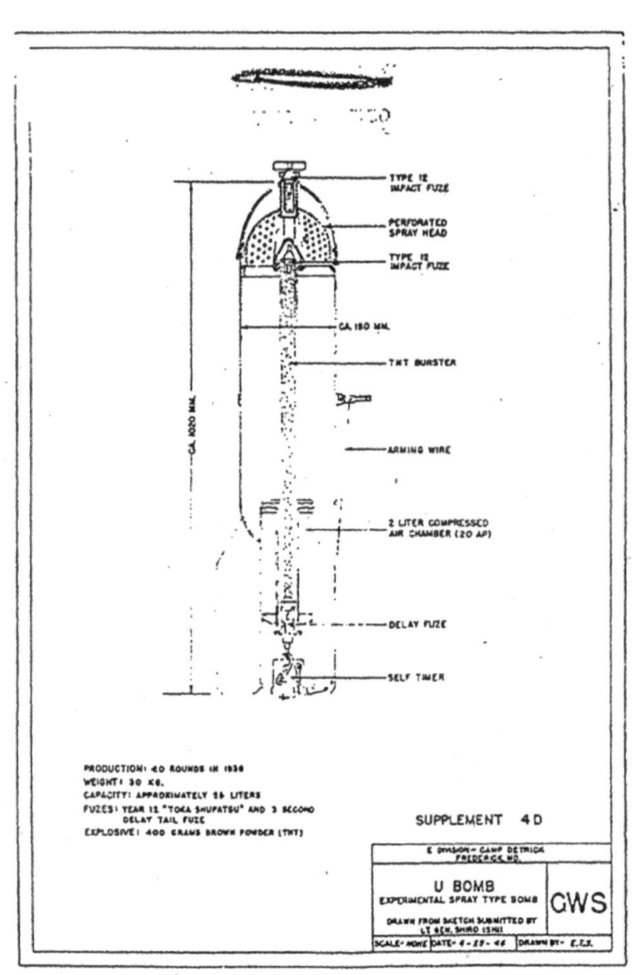
TYPE 12
IMPACT FUZE
PERFORATED
SPRAY HEAD
TYPE 12
IMPACT FUZE
CA. 180 MM.
TNT BURSTER
CA. 1020 MM.
ARMING WIRE
2 LITER COMPRESSED
AIR CHAMBER (20 AP)
DELAY FUZE
SELF TIMER
PRODUCTION: 40 ROUNDS IN 1938
WEIGHT: 30 KG.
CAPACITY: APPROXIMATELY 25 LITERS
FUZES: YEAR 12 "TOKA SHUPATSU" AND 3 SECOND
DELAY TAIL FUZE
EXPLOSIVE: 400 GRAMS BROWN POWDER (TNT)
SUPPLEMENT 4D
E DIVISION – CAMP DETRICK
FREDERICK MD.
U BOMB
EXPERIMENTAL SPRAY TYPE BOMB
DRAWN FROM SKETCH SUBMITTED BY
LT GEN. SHIRO ISHII
CWS
SCALE- NONE
DATE- 4-29-46
DRAWN BY- E.T.S.

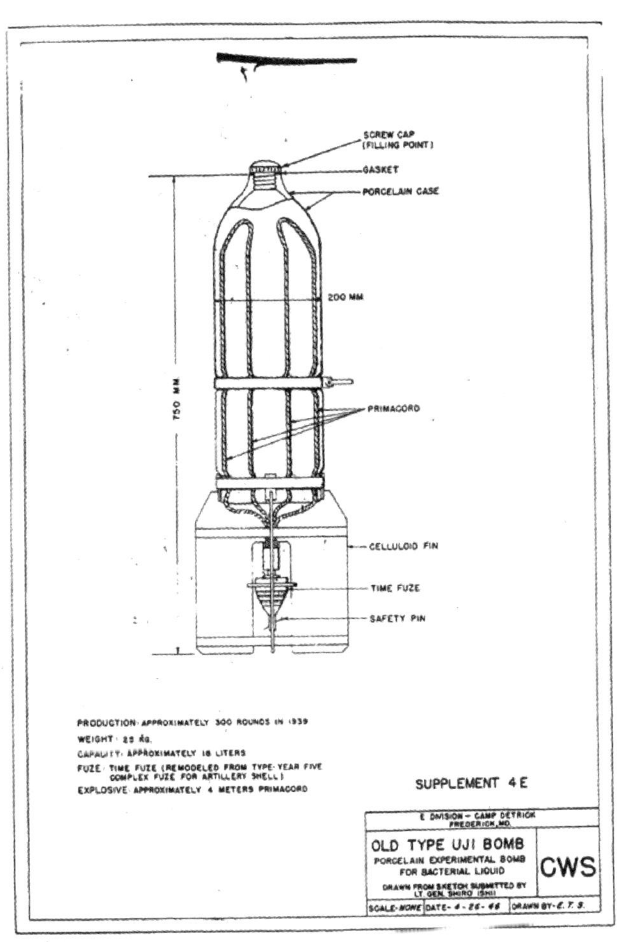
SCREW CAP (FILLING POINT)
GASKET
PORCELAIN CASE
200 MM
750 MM
PRIMACORD
CELLULOID FIN
TIME FUZE
SAFETY PIN
PRODUCTION: APPROXIMATELY 300 ROUNDS IN 1939
WEIGHT: 25 KG.
CAPACITY: APPROXIMATELY 18 LITERS
FUZE: TIME FUZE (REMODELED FROM TYPE-YEAR FIVE COMPLEX FUZE FOR ARTILLERY SHELL)
EXPLOSIVE: APPROXIMATELY 4 METERS PRIMACORD
SUPPLEMENT 4 E
E DIVISION – CAMP DETRICK FREDERICK, MD.
OLD TYPE UJI BOMB
PORCELAIN EXPERIMENTAL BOMB FOR BACTERIAL LIQUID
DRAWN FROM SKETCH SUBMITTED BY LT. GEN. SHIRO ISHII
CWS
SCALE-NONE
DATE- 4-26-46
DRAWN BY- E. T. S.

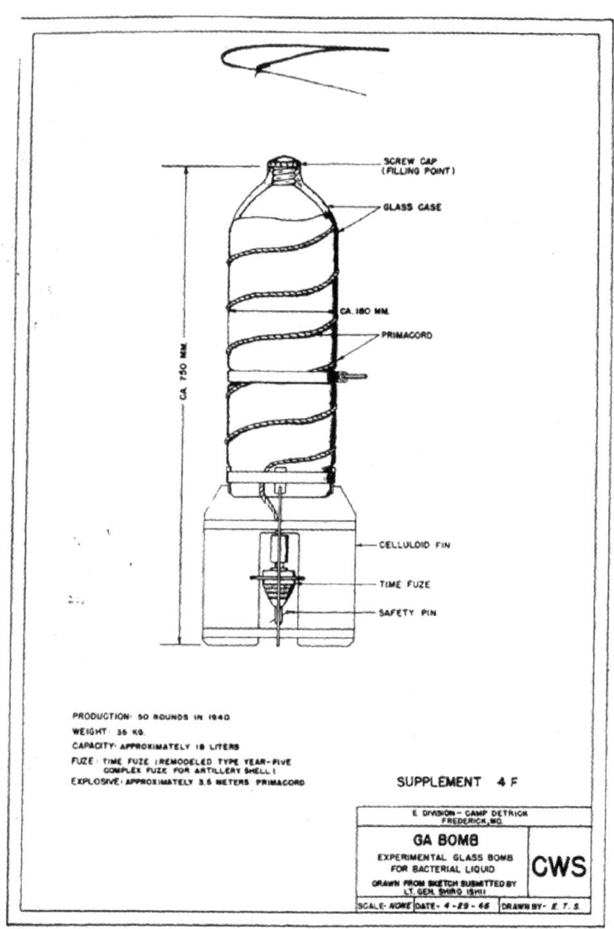
SCREW CAP
(FILLING POINT)
GLASS CASE
CA. 180 MM.
PRIMACORD
CA. 750 MM.
CELLULOID FIN
TIME FUZE
SAFETY PIN
PRODUCTION: 50 ROUNDS IN 1940
WEIGHT: 35 KG.
CAPACITY: APPROXIMATELY 18 LITERS
FUZE: TIME FUZE (REMODELED TYPE YEAR-FIVE COMPLEX FUZE FOR ARTILLERY SHELL)
EXPLOSIVE: APPROXIMATELY 3.5 METERS PRIMACORD
SUPPLEMENT 4 F
E DIVISION - CAMP DETRICK
FREDERICK, MD.
GA BOMB
EXPERIMENTAL GLASS BOMB
FOR BACTERIAL LIQUID
DRAWN FROM SKETCH SUBMITTED BY
LT. GEN. SHIRO ISHII
CWS
SCALE- NONE
DATE- 4-29-46
DRAWN BY- E. T. S.

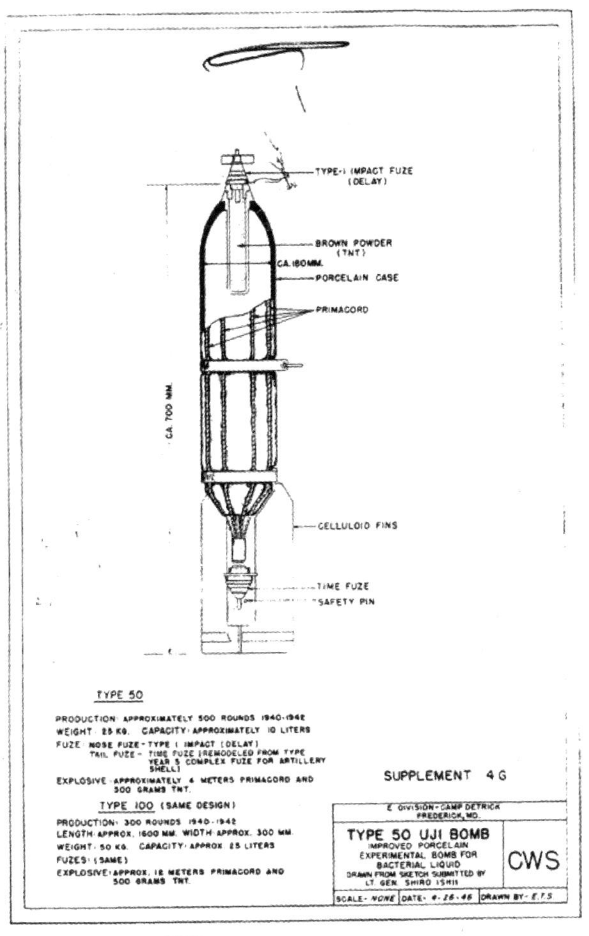
TYPE-1 IMPACT FUZE (DELAY)
BROWN POWDER (TNT)
CA. 180 MM.
PORCELAIN CASE
PRIMACORD
CA. 700 MM.
CELLULOID FINS
TIME FUZE
SAFETY PIN
TYPE 50
PRODUCTION: APPROXIMATELY 500 ROUNDS 1940-1942
WEIGHT: 25 KG. CAPACITY: APPROXIMATELY 10 LITERS
FUZE: NOSE FUZE - TYPE 1 IMPACT (DELAY)
TAIL FUZE - TIME FUZE (REMODELED FROM TYPE YEAR 5 COMPLEX FUZE FOR ARTILLERY SHELL)
EXPLOSIVE: APPROXIMATELY 4 METERS PRIMACORD AND 300 GRAMS TNT.
TYPE 100 (SAME DESIGN)
PRODUCTION: 300 ROUNDS 1940-1942
LENGTH: APPROX. 1600 MM. WIDTH: APPROX. 300 MM.
WEIGHT: 50 KG. CAPACITY: APPROX. 25 LITERS
FUZES: (SAME)
EXPLOSIVE: APPROX. 12 METERS PRIMACORD AND 500 GRAMS TNT.
SUPPLEMENT 4 G
E DIVISION - CAMP DETRICK FREDERICK, MD.
TYPE 50 UJI BOMB
IMPROVED PORCELAIN EXPERIMENTAL BOMB FOR BACTERIAL LIQUID
DRAWN FROM SKETCH SUBMITTED BY LT. GEN. SHIRO ISHII
CWS
SCALE - NONE
DATE - 4-26-46
DRAWN BY - E.T.S.

《日本细菌战活动最新资料概要》之中文翻译

日本细菌战活动最新资料概要

马里兰州弗雷德里克市底特里克营总部　诺伯特·费尔

1947 年 6 月 20 日

李海军　译

编译者按：1946 年上半年美国细菌战情报调查官汤普森完成了《关于日本细菌战活动的报告》，在这个报告里，美国没能获得日本细菌战攻击武器和人体实验等方面的关键情报。1947 年上半年，美国利用日本细菌战人员恐惧被引渡给苏联的心理，并向日本细菌战人员保证不将他们送交东京法庭，免除他们的细菌战罪责，这样获得了“日本细菌战活动最新资料”。本文作者美国底特里克营细菌战专家诺伯特·费尔（Norbter H. Fell）博士奉命于 1947 年 4 月至 6 月在东京讯问了石井四郎、增田知贞、金子顺一、若松有次郎等二十多名日本细菌战“关键人物”，接受他们交出的部分细菌战情报资料后写成。文中陈述了获得的日本细菌战新资料的基本情况，包括日本对人类和农作物及牲畜实施细菌战的基本实情，和为此而做的人体实验等内容。本文亦称《费尔报告》。本文英文原文影印附于文后。本文英文原文来自［日］近藤昭二所编《731 部队·资料集成》（CD－ROM 版），2003 年［日］柏书房出版，CD 盘号 3－25－1。本文译者为湖南文理学院外国语学院李海军教授。

主题：日本细菌战活动最新资料概要

送：化学战部队长官

经：底特里克营技术主管

底特里克营指挥官

自：底特里克营 PPE 部主管

一

1947 年 2 月，远东军司令部情报部发来消息，称有可能获得日本细菌战活动的最新资料。之所以有此消息，主要是因为日本细菌战机构（防疫给水部）许多前成员给远东司令部总司令寄了许多匿名信，信中描述了在满洲（今东北地区）平房基地（主要的细菌战研发基地）开展的各种人体实验。情报部认为这个消息很可靠，有必要要求底特里克营派遣一名代表到远东战场评估收集到的消息。

二

1947 年 4 月 4 日接到命令，本报告签字人（指诺伯特·费尔）前往日本东京，同远东司令部情报部一起执行临时任务。4 月 13 日到达东京后，仔细查看了收集到的档案，认同情报部代表的意见，认为该消息很可靠，有必要进一步审讯前日本细菌战机构的领导成员。由于机缘好，加上一位很有影响的日本政坛人士相助（他好像十分想要全力配合美国），最后才使得一些同细菌战有关的关键医务人员答应说出全部真相。结果如下：

a. 参与细菌战项目的关键人物中，19 人聚在一起（有几位担任重要职务的人已经去世），差不多花了一个月的时间用英文准备了一份 60 页的针对人类的细菌战活动报告。该报告大部分内容是凭记忆写出，不过，他们也可以找到一些对他们有所帮助的文件。下文将概述报告中的许多细节。

b. 我们发现他们在农作物破坏领域开展了大量的实验。参与实验的人员规模不大，有一名植物学家，一名植物生理学家，以及一小群助手。不过，他们一直积极开展研究达 9 年之久。该植物学家答应全力配合我们，最后用英文递交了一份 19 页的农作物疾病研究报告。他们没有研究（植物）生长调节激素；不过，大量研究了植物病原体。底特里克营开展的大部分研究，日本人都做过。此外，他们还关注了（底特里克营里没有的）其他研究。他们研究了真菌、细菌、线虫，特别研究了它们对所有谷物和蔬菜（尤其是生长在满洲和西伯利亚的谷物和蔬菜）的实际影响。

这种研究的一个例子是，在实验室，温室和田间研究了各种病原体对200多种小麦的影响。没有过多研究植物病原体的散播；但大量研究了地理和气候因素。研究了同传染有关的各种因素、大规模生产病原体、田间培育收集（小麦）黑穗病孢子、使用病原体的预叶损失，以及预防措施。

底特里克营还未分析该报告，不过，初步查看该报告后，诺曼博士认为，报告中有许多引人关注的有价值的信息。

c. 我们收到了一份报告，引起了我们的注意。该报告是有关粒径测定的一些理论和数学方面的讨论，以及通过炸弹和飞机喷洒散播的细菌战细菌液滴分布情况。

d. （日军）开展了12次针对中国平民和士兵的野外试验。（受审的人）递交了一份实验结果总结和相关村镇的地图。下文将简要描述这份总结以及实验中采用的策略。

e. 某个参与了“自由气球项目”（free balloon project）的人寄来了一份不长的报告。该报告承认（日本）花费大量精力研究、利用气球散播细菌战细菌，但结论是，气球散播细菌效果不令人满意。不过，如果需要，其他全程参与该项目的人员可以提供气球的全部详情。

f. 有一份印刷的原始文件，里面是某位细菌战领导官员为间谍和破坏人员讲课的系列讲义。底特里克营有该文件的翻译概要。

g. 我们发现，有一个完全独立于平房基地的机构在兽医学细菌战领域开展了大量研究。目前，该机构中的10名成员正在准备一份报告。8月某个时候可以拿到这份报告。

h. 细菌战项目的统帅石井将军正在写一篇细菌战主题的文章。该文内容包括：他对于战略和战术运用细菌战武器的想法；应该如何在不同的地理环境中使用细菌战武器（尤其是在严寒环境中）；他对于细菌战“ABEDO”理论的完整描述。该文将全方位概述石井将军20年里在细菌战领域的经验，7月15日左右可拿到这份报告。

i. 有人透露，曾从200多例因细菌战细菌而患病的患者身上，取材制成了约8000个病理切片。这些切片被藏在庙里，或埋在日本南部的山里。从事或指导这项工作的一位病理学家，目前正在找回这些材料，为切片拍摄显微照片，准备一份完整的英文报告，描述病理切片，实验室指南和病史。8 月末可以拿到这份报告。

j. 我们收到了总数约 600 页的印刷的文章，内容涵盖自然或人为鼠疫的全部领域。我们手头还有一本约有 100 页的印刷的简报，报告了细菌战或化学战的某些方面的内容。两份材料都是日文，没有被翻译（成英文）。

三

据说，实验室和野外实验中使用的人体受试对象是因为各种犯罪而被判处死刑的满洲苦力。日本方面明确表明，从未使用美国和苏联战俘做实验（除了为了测定抗体查验了某些美国战俘的血液）。没有证据表明日本方面的声明不实。使用人体受试对象的方式和使用其他实验动物的方式一模一样，即在他们身上确定各种细菌的最小传染和致命剂量，为他们接种各种疫苗，然后在他们身上进行活菌实验，在炸弹或飞机喷洒细菌的野外实验中，将他们用作受试对象。大量的鼠疫实验中，差不多也专门使用这些受试对象。所有实验中，使用的受试对象人数不够，不能获得统计学意义上有效结论，所以人体实验结果有点不太完整。不过对于那些重点实验的疾病如炭疽，数年间可能使用了数百个人体受试对象。

四

这份针对人类的细菌战活动报告长达 60 页，其诸多详情概要如下：

炭疽

a. 感染和致死剂量

皮下注射时，受试人员和马匹的最小半数感染剂量为 10 毫克；口服时，受试人员的最少半数感染剂量为 50 毫克（日方工作人员很少使用平板菌落计数法，而是通过盐水悬浮液中提取的潮湿微生物的毫克数来表示浓度，盐水悬浮液中的微生物取自生长在固体培养基上的培养菌。但是，他们给了一个炭疽换算因数，即：1 毫克炭疽 = 108 毫克潮湿微生物)。对其他一般的实验动物而言，半数感染剂量也约为 10 毫克。不过，似乎很有可能日方口服用的菌株毒性远远高于我们使用的菌株毒性，但我们极少通过口服方式做实验。皮下注射感染的人群死亡率为 66%；口服感染的人群死亡率为 90%；伤口感染和吸入感染的人群死亡率为 100%。有项发现引起了我们的关注，接种了减毒孢子疫苗的马匹，抗皮下注射感染能力极强，但抗口服感染能力极弱。

b. 直接感染

（报告中）有悬浮液制作，潜伏期以及病例临床过程的资料。还有十分详细的验尸结果。

c. 免疫实验

（报告中）详细说明了疫苗制作方法。我们发现，口服 4 倍于最小感染剂量的炭疽菌株，热灭活疫苗（对受试对象）起不了保护作用，而孢子减毒疫苗却能保护受试对象完好无损。

d. 炸弹实验

（报告中）有野外实验的全部细节和图表。大部分情况下，受试人绑在木桩上，戴上头盔，穿上防弹衣。引爆各种炸弹，或在静止状态下引爆，或飞机空投后通过引信引爆。实验中，既没有测定爆炸尘雾的浓度，也没有测定颗粒的大小，气象资料也很不详细。日本人不满意炭疽野外实验。但是，有次实验使用了 15 名受试人，其中 6 人被炸伤后死亡，4 人被弹片感染（其中 3 人死亡）。另一次实验中使用了威力更大的宇治型炸弹，10 名受试人中，6 人确诊患上了菌血症；4 人疑似通过呼吸感染了炭疽菌，随后死亡。不过，9 枚炸弹一起爆炸时，此 4 人距离最近的一枚炸弹只有 25 米。

e. 污染草场

通常的实验方法是，在离地面 5 米高的地方，在草场上将 5 枚炸弹沿一字排好，静止状态下引爆炸弹，然后在离爆炸点不同距离的地方，安排各类家禽排成一条直线吃草。实验发现，爆炸后 1 小时内，在离爆炸点 25 米内吃草的动物，有 60%—100% 感染了炭疽。污染的青草其传染性至少可以保持 4 天。实验一个月后，还可以在青草上发现 33% 的炭疽孢子。这种实验后，观察家禽的过程中发现，如果将正常家禽和受到感染的家禽关在相同的牲口棚里，通常有25%的正常家禽发生二次感染。

f. 喷洒实验

一次代表性实验中，安排4名受试人待在一间10立方米的玻璃房子里，用一个普通的消毒喷头喷入300立方厘米浓度为1毫米/立方厘米的悬浮液。没有测量液滴大小，不过，4人中有2人出现皮肤损伤，最终全身出现炭疽。

g. 稳定性

（报告中）有大量关于炭疽孢子稳定性的资料。日本人同我们一样，发现加入浓度为0.5%的苯酚是保证炭疽孢子稳定性的最佳方法之一。他们的资料表明：在浓度为0.5%的苯酚、蛋白粉、土壤、巧克力、面包和面粉（face powder）中，炭疽孢子悬浮液的稳定性可达10年以上；而在牙粉、黄油、奶酪、牛奶和乳霜中，其稳定性至少可达3年。

h. 意外感染和实验室感染

一次污染草地实验后，3名劳工未穿防护服进入了实验区域。3人都出现皮肤损伤，不过使用血清治疗后痊愈。然而，同这3人住在一起的另外2名劳工感染了炭疽，其中1人死亡。尽管有面罩保护，3名实验室工作人员，疑似通过呼吸感染了炭疽。

鼠疫

a. 感染和致死剂量

实验发现，皮下注射时，最小半数感染剂量为10^{-6}毫克；口服时，最小半数感染剂量为0.1毫克。在浓度为5毫克/立方米的空气中呼吸10秒，感染率为80%。

b. 直接感染

正常潜伏期为3—5天；出现发热后，（受试者）3—7天内死亡。大部分人为引发的鼠疫会产生致命后果。（受试者）死亡前3天，普通的腺型鼠疫会发展为肺型鼠疫，因而传染性很强。

c. 免疫实验

使用3份无毒菌株作为疫苗，可对皮下注射1000倍于最小感染剂量的（受试者）产生50%的保护作用。从有毒菌株中提取的丙酮对（受试者）的保护作用小很多。

d. 下面总结了3—4次效果最好的实验（这些实验中，用平板菌落计数法测量受试对象周围的鼠疫杆菌浓度）

地面细菌浓度（毫克/平方米）	感染人数（约计）	感染类型
大于20	5/6?	眼鼠疫/扁桃体鼠疫
大于8	7/10	
大于1	3/20	全身鼠疫
小于1	1/30	

从全部炸弹实验中得出的结论是：鼠疫杆菌稳定性不高，不能作为理想的细菌战武器。不过，使用跳蚤传播鼠疫实用得多。

e. 喷洒实验

实验结果表明，无论是将受试人关在房子里，还是将其暴露在通过飞机低空喷洒下来的鼠疫杆菌中，这种方法都特别有效。各种实验中，30%—50%的受试人会感染鼠疫，死亡率至少达到60%。

f. 稳定性

将鼠疫杆菌放在悬浮液中，或干燥脱水，都不能保持稳定。

g. 受感染的跳蚤

大量实验了繁殖跳蚤和通过老鼠感染跳蚤的方法。发明了一些方法，可以繁殖许多千克跳蚤（1克=3000只跳蚤），然后感染跳蚤。报告中详细描述了这项繁殖和感染跳蚤的工作。此项研究工作十分出色。研究发现，条件最佳时，受感染的跳蚤可以存活大约30天，在此期间，跳蚤一直有传染性。研究还发现，受试人被跳蚤咬一口，通常会感染鼠疫；如果受试人在每平方米有200只跳蚤的房间里来回走动，10人中有6人会感染鼠疫，其中4人死亡。

用带有导爆索的“宇治型”陶瓷弹筒炸弹做实验。把跳蚤和沙子混在一起，然后装入炸弹。在一间面积为10平方米，内有10名受试人的房间里引爆炸弹，大约80%的跳蚤能存活下来。10人中有8人被跳蚤叮咬，感染了鼠疫，其中6人死亡。

伤寒，甲型副伤寒，乙型副伤寒，（细菌性）痢疾

除非确定最小感染剂量和实验各类疫苗，否则很少对这些疾病进行人体实验。

a. 伤寒

口服时，最小半数感染剂量为 4 毫克，出现了轻度典型病例，不会死亡。为 13 名受试人注射最好的疫苗，然后实验 150 毫克刚分离出来的伤寒细菌，只有 8 人没有感染伤寒（在对照组中，13 人中有 12 人感染了伤寒）。

实验了伤寒杆菌在土壤中的稳定性，发现伤寒杆菌在土壤中能存活 27 天，数量不会明显减少。27 天后，数量慢慢减少。实验开始后 17 天，一位劳工采集土壤样本，感染了伤寒热。

伤寒杆菌成功装入明胶（胶囊）后，对氯的抵抗能力是正常伤寒杆菌的几倍。

b. 甲型副伤寒，乙型副伤寒

口服时，受试人最小半数感染剂量为 1 毫克。没有用受试人进行免疫实验。

c. 痢疾

口服志贺菌时，最小半数感染量为 10 毫克；口服两份弗莱克斯纳菌株，最小半数感染量为 10 毫克至 200 毫克不等。使用所有这些菌株的热灭活疫苗，结果几乎全是阴性。疫苗产生的效果，更多可能是因为受试人自然获得了免疫力。

霍乱

a. 感染剂量

口服时，最小半数感染剂量为 10^{-4} 毫克湿菌，或 10^{-8} 立方厘米刚分离出来的细菌和粪便的混合物。大约一半因此产生的病例 5 天内死亡。

b. 免疫实验

使用热灭活疫苗和甲醛灭活疫苗，结果呈阴性。不过，3 名受试人小组使用了通过 6500 千赫的超声波照射 30 分钟生产的疫苗后，可完全免受霍乱感染，使用的霍乱菌大约是最小感染量的 10000 倍

c. 喷洒实验

一次飞机低空喷洒霍乱菌实验中，24 名受试人中有 8 人受到感染，不过，无人死亡。

d. 稳定性

霍乱菌悬浮液很不稳定。即便运用了亲水处理法，也未能成功将其脱水干燥。

马鼻疽

日本人对这种细菌没有过多研究，因为他们肯定对它心存畏惧。他们出现了 7 例实验室感染马鼻疽，其中 2 人死亡，2 人截肢后治愈，3 人接受有效的血清治疗后治愈。

a. 感染量

人体皮下注射时，最小半数感染量为 0.2 毫克，死亡率为 20%。报告中有非常详细的马鼻疽临床过程以及尸检结果方面的资料。

b. 免疫实验

热灭活疫苗不能保护豚鼠免受马鼻疽感染。没有进行人体实验。

c. 炸弹实验

只用 10 名受试人和 10 匹马进行过一次实验。其中，3 匹马和 1 名受试人感染了马鼻疽。不过，报告中没有爆炸尘雾浓度和地面细菌密度方面的资料。

d. 喷洒实验

喷洒实验在室内进行，效果十分明显。一次实验中，将一克干化的细菌放在一间小玻璃房子里，然后用风扇吹动。连接玻璃房子的一条橡皮管插入了 3 名受试人的鼻子里。3 人吸入大约 0.1 毫克细菌后感染了马鼻疽。

流行性出血热（孙吴热）

这是 1938—1939 年在满洲（今中国东北）出现的一种所谓的“新”疾病（那时候该疾病可能在满洲某些地方流行）。细菌战研究组织对该疾病进行了大量研究，分离出了一种通过螨虫传播的病毒。报告中有该疾病流行病学、临床过程、病理学和病原体方面十分详尽的资料。

结论
（位于 60 页报告的结尾）

细菌战项目早期，除上述疾病外还研究了其他各种疾病，包括肺结核、破伤风、气性坏疽、兔子热、流感和波状热。研究发现，通过静脉注射感染肺结核杆菌后，可迅速发展为粟粒型肺结核，但不容易通过呼吸传染。总之，研究结论是：他们研究过的细菌战病原体中，只有两种有效果，即炭疽（他们认为此病原体主要用来攻击牲畜）和感染过鼠疫的跳蚤。即使是这两种病原体，日本人也不满意，因为他们认为很容易对它们免疫。

五

细菌战野外实验中通常的策略是，指挥一支或几支部队从铁路上相距 1.6 千米的两点进攻中国军队。赶走中国军队后，日本人拆掉这段 1.6 千米长的铁轨，通过喷洒或其他方式散播想要使用的细菌战病原体，然后组织“战略撤退”。24 小时内，中国军队会匆匆赶回这个区域。几天后，鼠疫和霍乱会在中国军队中蔓延。上述情报中，日本人设法把间谍留在疫区，汇报结果。不过他们承认，这样做经常不会成功，结果也不清楚。但是，在报告的 12 次实验中，除 3 次以外，据说所有实验结果令人乐观。2 次实验中，用飞机从大约 200 米高的空中往下散播感染过鼠疫的跳蚤，鼠疫在特定设置的区域内蔓延。以上实验中，有一次出现了 96 例鼠疫感染，90% 的感染者死亡。另外 3 次实验中，沿铁路人工散播感染鼠疫的跳蚤，每次都造成了鼠疫小范围内流行，但没有具体的数字。2 次霍乱实验和 2 次伤寒实验中，人工向铁路附近的地面和水源散播细菌，所有实验结果令人乐观。

六

本报告签字人认为，日本人已经尽自己所能记住的详情，告诉了我们真相。但是，分析各种不同的报告后，我们能够问一些可以得到回答的具体问题。很明显，在大规模生产细菌、气象学研究以及实战炸弹研发方面，我们远远走在日本人前面。（石井将军坚持使用固体培养基大规模生产细菌，因为他认为液体培养基不能保持细菌的毒性。缺乏翔实的气象学数据，炸弹研发进展不大，这可能是因为军方各部门之间，军方和科学家之间，以及科学家自身之间长期不睦。平房基地没有从空军和军需部得到实质性帮忙。）不过，日本人的人体试验资料，一旦我们将它们同我们自己及盟友的动物实验资料联系在一起，会十分珍贵。

病理学研究以及其他人类疾病方面的资料，在我们尝试研制真正有效的炭疽、鼠疫和马鼻疽疫苗时会提供实质性帮助。既然日本人完全承认了自己的细菌战研究，我们似乎可能获取他们在化学战、杀伤性射线和海军研究方面开展的实际工作的情报资料。

《日本细菌战活动最新资料概要》之英文原文影印

编译者按：本资料引自［日］近藤昭二：《731部队·资料集成》（CD－ROM版），2003年［日］柏书房出版，CD盘号：3－25－1。

HHF/ars/3
20 June 1947

SUBJECT: Brief Summary of New Information About Japanese B.W. Activities

TO : Chief, Chemical Corps

THROUGH: Technical Director, Camp Detrick
Commanding Officer, Camp Detrick

FROM : Chief, PP-E Division, Camp Detrick

1. During February 1947 information was received from G-2, Far East Command, that new data might be available concerning Japanese B.W. activities. This information was based largely on numerous anonymous letters sent to the C-in-C, F.E.C., from various former members of the Japanese B.W. organization (Beoki Kyusui Bu), describing various experiments carried out on human beings at the main B.W. installation, Pingfan in Manchuria. G-2 considered this information reliable enough to justify a request that a representative from Camp Detrick be sent to the theatre in order to evaluate the information that had been collected.

2. The undersigned proceeded to Tokyo, Japan, under orders dated 4 April 1947 for temporary duty with G.H.Q., G-2, F.E.C. Upon arrival on 15 April he reviewed the file that had been collected and agreed with representatives of G-2 that the information deemed reliable enough to justify further interrogations of leading members of the former Japanese B.W. organization. Through a fortunate series of circumstances and with the help of an influential Japanese politician, (who seems extremely desirous of cooperating completely with the U.S), it was finally possible to get the key Japanese medical man who had been connected with B.W. to agree to reveal the entire story. The results obtained are as follows:

a. 19 of the key figures in the B.W. program (several men who had important positions have died) assembled and spent almost a month preparing a 60 report in English on B.W. activities directed against man. The report was prepared largely from memory, but there were some documents still available that were of assistance to the group. A summary of the many details in this report will be given below.

b. It was found that extensive organization had been carried out in the field of crop destruction. The group engaged in this work was small, consisting of one botanist and one plant physiologist with a small group of assistants; however, research had been carried out

SUBJECT: Brief Summary of New Information About Japanese B.W. Activities

actively for nine years. The botanist agreed to cooperate fully and eventually submitted a 10-page report in English covering research on crop diseases. No studies were made on growth regulating hormones, but plant pathogens were investigated extensively. Most of those studied at Camp Detrick had been investigated by the Japanese and in addition many others received attention. Fungi, bacteria, and nematodes were studied, particularly for their effects on practically all grains and vegetables, especially those grown in Manchuria and Siberia.

As an example of the type of work performed, the effects of various pathogens on more than 200 varieties of wheat were studied in the laboratory, in greenhouses and in field plots. Not much work was done in dissemination of plant pathogens but a great deal of study was devoted to geographical and climatic factors. Research was carried out on the various factors relating to infection, the production of agents on a large scale, collection of smut spores after field cultivation, estimated losses that might be expected from the use of pathogens, and defensive measures.

This report has not been analyzed at Camp Detrick as yet, however, after a preliminary inspection, Dr. Herman believes that it contains much interesting and worthwhile information.

c. An interesting report was received on the theoretical and mathematical considerations involved in particle-size determination, and as droplet distribution of B.W. materials dispersed by bombs or aircraft sprays.

d. Twelve field trials were conducted against Chinese civilians and soldiers. A summary of the results and a map of the villages and towns involved were submitted. A brief description of this summary and the tactics employed will be given below.

e. A short report was received from one individual who had been associated with the free balloon project. In this report it was admitted that considerable attention and been given to using the balloons for dissemination of B.W. agents, but it was explained that they were unsatisfactory for this purpose. However, full details about the balloons may be obtained, if desired, from other individuals connected with the project throughout its existence.

f. An original printed document representing a series of lectures given to spies and saboteurs by one of the leading B.W. officials is available. A translated summary of this document is on hand at Camp Detrick.

SUBJECT: Brief Summary of New Information About Japanese B.W. Activities

g. It was found that an organization completely separate from Pingfan had carried on a considerable amount of research in the veterinary B.W. field. At the present time 10 members of this group are engaged in preparing a report that will be available sometime in August.

h. General Ishii, the dominant figure in the B.W. program, is writing a treatise on the whole subject. This work will include his ideas about the strategical and tactical use of B.W. weapons, how these weapons should be used in various geographical areas, (particularly in cold climates), and a full description of his "AERBO" theory about biological warfare. This treatise will represent a broad outline of General Ishii's 20-years' experience in the B.W. field and will be available about 15 July.

i. It was disclosed that there were available approximately 8,000 slides representing pathological sections derived from more than 200 human cases of disease caused by various B.W. agents. These had been concealed in temples and buried in the mountains of southern Japan. The pathologist who performed or directed all of this work is engaged at the present time in recovering this material, photomicrographing the slides, and preparing a complete report in English, with descriptions of the slides, laboratory protocols, and case histories. This report will be available about the end of August.

j. A collection of printed articles totaling about 600-pages covering the entire field of natural and artificial plague has been received; there is also on hand a printed bulletin of approximately 100 pages dealing with some phase of B.W. or C.W. warfare. These documents are both in Japanese and have not been translated.

3. The human subjects used at the laboratory and field experiments were said to be Manchurian coolies who had been condemned to death for various crimes. It was stated positively that no American or Russian prisoners of war had been used at any time (except that the blood of some American POW's had been obtained for antibody content), and there is no evidence to indicate that this statement is untrue. The human subjects were used in exactly the same manner as other experimental animals, i.e., the minimum infectious and lethal dosage of various organisms was determined on them, they were immunized with various vaccines and then challenged with living organisms, and they were used as subjects during field trials of bacteria disseminated by bombs and sprays. These subjects also were used almost exclusively in the extensive work that was carried out with plague. The results obtained with human beings were somewhat

SUBJECT: Brief Summary of New Information About Japanese B.W. Activities

fragmentary because a sufficiently large number of subjects to permit statistically valid conclusions was not used in any of the experiments; however, in the case of the diseases which had the most emphasis, such as anthrax, it is probable that several hundred subjects were employed during a period of several years.

4. A brief summary of the many details given in the 60-page report on B.W. activities directed against man is as follows:*

ANTHRAX

a. Infectious or lethal dose

The MID sub 50 (minimum infectious dose for 50% of the animals employed) was determined to be 10 milligrams subcutaneously for both man and horse, and orally it was 50 milligrams for man (the Japanese workers seldom did plate counts, but expressed all concentrations in terms of milligrams of moist organisms derived from saline suspensions obtained from cultures grown on solid medium, however, they did give a conversion factor for anthrax, i.e., 1 mgm = 10 [8] organisms). The MID50 for other usual laboratory animals was about the same as that we have found. It seems possible, however, that the strain used by the Japanese was considerably more virulent orally than our strain, although we did little work on the oral route. The mortality rate in infected humans was 66% when infection occurred subcutaneously, 90% orally, and 100% through open wounds and by inhalation. An interesting finding was that horses immunized with an attenuated spore vaccine were highly resistant to subcutaneous infection, but only slightly resistant to infection by the oral route.

b. Direct infections

Data are given for the preparation of suspensions used, the incubation period and the clinical course of the disease. The post-mortem findings are also covered in considerable detail.

c. Immunization experiments

The method of preparation of vaccines employed are given in detail. It was found that a heat-killed vaccine gave no protection, while an attenuated spore vaccine gave complete protection

* Unless otherwise expressed all of the data given herein refer to experiments on humans.

SUBJECT: Brief Summary of New Information About Japanese B.W. Activities

against 4 mld orally; however, the living spore vaccine in humans was followed by such violent reactions that it was concluded it could not be employed except in emergencies.

d. Bomb trials

Full details and diagrams of the field trials are given. In most cases the human subjects were tied to stakes and protected with helmets and body armor. The bombs of various types were exploded either statically, or with time fuses after being dropped from aircraft. No determinations were made of cloud concentration, nor of particle size, and the meteorological data are rather crude. The Japanese were not satisfied with the field trials with anthrax. However, in one trial with 15 subjects, 8 were killed as a result of wounds from the bombs, and 4 were infected by bomb fragments (3 of these 4 subjects died). In another trial with a more efficient bomb ("UJI"), 6 of 10 subjects developed a definite bacteremia, and 4 of these were considered to have been infected by the respiratory route; all four of these latter subjects died. However, these four subjects were only 25 meters from the nearest of the 9 bombs that were exploded in a volley.

e. Pollution of pastures

The usual experiment was to explode five bombs statically five meters from the ground in a straight line across a field, and then have various animals graze along lines at different distances from the bomb burst. It was found that all types of animals grazing within 25 meters of the explosion sites and within an hour after the explosion, contracted the disease, and 60 - 100% of those grazing 80 meters away became infected. The contaminated grass was infective for a least 4 days, and after one month about 33 per cent of the spores was still found on the grass. During the observation of animals after trials of this type, it was found that usually 25 per cent of normal animals kept in the same barns with the infected animals developed secondary infections.

f. Spraying experiments

In a typical experiment four human subjects were placed in a glass room 10 m [3] in size, and 300 cc. of a 1 mgm/cc suspension were introduced using an ordinary disinfectant sprayer. No particle size determinations were made, but two of the four subjects developed skin lesions which eventually resulted in generalized anthrax.

g. Stability

SUBJECT: Brief Summary of New Information About Japanese B.W. Activities

Extensive data are given on the stability of anthrax spores. The Japanese found, as we did, that adding 0.5 per cent phenol was one of the best methods of insuring stability. Their data show that spore suspensions are stable for more than 10 years in 0.5 per cent phenol, dried egg white, soil, chocolate, bread, and face powder, and for at least 5 years in tooth powder, butter, cheese, milk and cream.

h. Accidental and laboratory infections

After one field trial for pollution of pasture land, three laborers entered the area without wearing protective clothing. All three developed skin lesions but were cured with serum. However, two other laborers living with these three also contracted the disease and one of these died. Several laboratory workers contracted the disease presumably by the respiratory route even though they were protected with masks.

PLAGUE

a. Infections or lethal dose

The MID50 was found to be 10 [-6] mgm subcutaneously and 0.1 mgm orally. Respiration for 10 seconds of air containing 5 mgm/m [3] was infectious to 80 per cent.

b. Direct infection

The incubation period was normally 3 - 5 days and death occurred within 3 - 7 days after onset of fever. In most cases of artificially induced plague which terminated fatally the usual bubonic form became pneumonic three days before death and was then highly infectious.

c. Immunization experiments

Three avirulent strains were used for vaccines, and gave about 50 per cent protection against a challenge subcutaneously with 1000 MID. An acetone extract of a virulent strain gave considerably less protection.

d. Bomb trials

A summary of 3 or 4 of the best trials is given below (in these trials the concentration of bacilli on the ground around the subjects was measured with plates).

SUBJECT: Brief Summary of New Information About Japanese B.W. Activities

Concentration on the ground mgm/m [2]	Infected (approx.)	Type of Infection
over 20	5/6?	-- Eye-plague, tonsil-plague
over 8	7/10	
over 1	3/20	-- Generalized plague
under 1	1/30	

The conclusions from all the bomb trials was that plague bacilli were not a satisfactory B.W. weapon due to their instability but that it was much more practical to spread plague by means of fleas.

e. Spraying experiments

The results indicated that this method was highly effective, both with subjects held within a room and also exposed to bacilli spread from aircraft at low altitudes. 50 - 100 per cent of the subjects used in various trials became infected and the mortality was at least 60 per cent.

f. Stability

No success was attained in stabilizing plague bacilli either in suspensions or by drying.

g. Infected fleas

A great deal of work was done on methods of breeding fleas and infecting them through rats. Methods were developed for producing many kilograms of normal fleas (one gram = 3,000 fleas), and for infecting them on a production basis. This flea work is described in great detail and represents an excellent study.

It was found that infected fleas survived for about 30 days under the best conditions and were infective for that length of time. It was also found that one flea bite per person usually caused infection. It was also found that if subjects moved freely around a room containing a concentration of 20 fleas per square meter 6 of 10 subjects became infected and of these 4 died.

Bomb trials were carried out using the "UJI" porcelain bomb with

SUBJECT: Brief Summary of New Information About Japanese B.W. Activities

primacord explosive. The fleas were mixed with sand before being filled into the bomb. About 50 per cent of the fleas survived the explosion which was carried out in a 10 meter square chamber with 10 subjects. 8 of the 10 subjects received flea bites and became infected and 6 of the 8 died.

TYPHOID, PARATYPHOID A AND B, AND DYSENTERY (Bacillary)

Very little work was done on these diseases in humans except to determine the MID and to test various types of vaccines.

a. Typhoid

The MID20 orally was 4 mgm and this produced only mild and typical cases with no deaths. The best vaccine protected only 8 of 13 subjects challenged with 100 mgm of freshly isolated organisms (in the control group 12 of 13 became infected).

The stability of typhoid bacilli in soil was tested and it was found that these organisms survived 27 days without a significant decrease and then gradually diminished in number. A laborer collecting soil samples 17 days after the start of this experiment contracted typhoid fever.

Typhoid organisms were coated successfully with gelatin and would then withstand several times the amount of chlorine that would kill the normal bacilli.

b. Paratyphoid A and B

The MID80 orally for man was 1 mgm with both of these organisms. No immunization experiments were performed with human subjects.

c. Dysentery

The MID50 orally for the Shiga organism was 10 mgm, and for 2 Flexner strains it varied from 10 to more than 200 mgm. Results with heat killed vaccines of all these strains were almost completely negative; any effectiveness attributed to the vaccines was probably more the result of the natural acquired immunity of the subjects tested.

CHOLERA

a. Infectious dose

The MID50 orally was 10 [-4] mgm of most organisms and 10 [-8]

SUBJECT: Brief Summary of New Information About Japanese B.W. Activities

cc. of a mixture of freshly isolated organisms and feces. About half of the cases so induced terminated fatally within 5 days.

b. Immunization experiments

The results with heat-killed and formaldehyde-killed vaccines were negative, but a vaccine produced by the ultra-sonic method, using 6300 kc for 50 minutes gave complete protection in a small group of 8 subjects, the challenge dose was approximately 10,000 MID.

c. Spray trials

In one trial in which the organisms were sprayed at low altitude from aircraft, 8 of 24 subjects became infected but there were no deaths.

d. Stability

Suspensions of the organism were very unstable and the Japanese had no success in drying them, even with the lyophil process.

GLANDERS

The Japanese did not do very much work with this organism because they definitely were afraid of it. They had 7 cases of laboratory infections, of which 2 died, 2 were cured by amputation and 3 received effective serum therapy.

a. Infectious dose

The MID50 subcutaneously for man was 0.2 mgm and this produced a mortality of 20%. Fairly good details are given about the clinical course of the disease and postmortem findings.

b. Immunization experiments

Heat killed vaccines had no protective effects with guinea pigs and no experiments were done on man.

c. Bomb trials

Only one trial was conducted using 10 human subjects and 10 horses. Three of the horses and one of the men became infected, but there are no data on cloud concentration or density of the organisms on the ground.

SUBJECT: Brief Summary of New Information About Japanese B.W. Activities

d. Spraying experiments

Those experiments carried out in chambers were highly effective. In one trial one gram of dried bacilli were placed in a small glass box and stirred with a fan, a rubber tube attached to the box was inserted into the noses of 3 human subjects and all 3 became infected after inspiration of an estimated 0.1 mgm.

EPIDEMIC HEMORRHAGIC FEVER ("Songo")

This is a so-called "new" disease which appeared in Manchuria in 1938-1939. (It probably was endemic for certain sections of Manchuria at that time.) The B.W. group conducted extensive research on this disease and isolated a virus that proved to be mite-borne. Full details are given about the epidemiology of the disease, the clinical course, pathology and causative agents.

CONCLUSIONS (given at end of the 60-page report)

Various diseases, other than those described above, were investigated in the earlier stages of the B.W. program. These included tuberculosis, tetanus, gas gangrene, tularemia, influenza and undulant fever. It was found that the intravenous infection of tuberculosis bacilli caused rapid development of general miliary infections but that it was not easy to infect man by the respiratory route. In general it was concluded that the only two effective B.W. agents they had studied were anthrax (and this agent was considered mainly useful against livestock) and the plague-infected flea. The Japanese were not even satisfied with these agents because they thought it would be fairly easy to immunize against them.

5. In the field trials with B.W. the usual tactic was to direct one or more battalions against the Chinese at two points about a mile apart on a railroad. When the Chinese were driven back the Japs would then tear up the mile of track, and spray or spread in some other manner the desired B.W. agent, and then stage a "strategic retreat". The Chinese would come rushing back into the area within 24 hours, and then within a few days plague or cholera would develop among the Chinese troops. In all these cases the Japanese tried to leave spies behind in the contaminated area to report on the results, but they admitted that this frequently was not successful and results were not clear. However, of the 12 trials that were reported all but three were said to have given positive results. In two trials with plague-infected fleas scattered from aircraft at about 200 meters altitude, definite localized epidemics resulted. In one of these 86 cases were known to have been produced of which 90 per cent died.

SUBJECT: Brief Summary of New Information About Japanese B.W. Activities

In three other trials with plague-infected fleas scattered by hand along railroads, small epidemics were produced in every case, but no figures are available. In two trials with cholera and two with typhoid in which the organisms were hand-sprayed on the ground and into water supplies around the railroad area, positive results were obtained in all cases.

6. The undersigned believes that the Japanese have given us a true story with all the details they could remember. However, it is probable that after analyzing the various reports we may be able to ask specific questions that can be answered. It is evident that we were well ahead of the Japanese in production on a large scale, in meteorological research, and in practical munitions. (General Ishii insisted on using solid media for large-scale production because he did not believe virulence could be maintained in liquid media. The lack of good meteorological data and the poor progress in the field of munitions may be attributed to the constant dissension that existed among the various services in the Army, the Army and the scientists,and among the scientists themselves; the Pingfan unit had practically no help from the Air Force or Ordnance). However, the data on human experiments, when we have correlated it with data we and our Allies have on animals, may prove invaluable, and the pathological studies and other information about human diseases may help materially in our attempts at developing really effective vaccines for anthrax, plague and glanders. It also seems possible that now that we have had a complete admission from the Japanese about their B.W. research, we may be able to get useful information about their actual work in the field of C.W., death rays, and Naval research.

Herbert H. Fell
Chief, PP-E Division

《海军关于日本细菌战的报告》之中文翻译

海军关于日本细菌战的报告

美国海军少将、海军情报部主任　托马斯·B. 英格利斯

1947年8月5日

李海军　译

编译者按：这份1947年8月5日美国海军方面关于日本细菌战情报的报告，是在1947年6月20日《费尔报告》之后，运用了费尔在日本获得的细菌战新情报的基础上而写成。这份报告在内容方面与《费尔报告》有许多重合，但增加了详细程度和内容的广度，因此亦颇有价值。该报告由美国海军情报部主任托马斯·B. 英格利斯（Thos B. Inglis）写成，故亦称《英格利斯报告》。本文英文原文来自［日］近藤昭二所编《731部队·资料集成》（CD－ROM版），2003年［日］柏书房出版，CD盘号3－28－1。本文译者为湖南文理学院外国语学院李海军教授。本文英文原文影印于文后。

主题：细菌战海军报告

自：海军情报部主任

送：见分发清单（略）

海军情报部技术情报中心研究了全部已有细菌战相关资料，撰写了该报告。为了使报告尽可能准确，该报告中的资料与科学部细菌战处、情报部以及作战总参谋部的资料一致，并经细菌战委员会的海军成员审核。

各国细菌战概况①

日本细菌战

德国和日本政府都禁止使用细菌战作为攻击性武器。不过这没能阻止细菌战研究。而且，日本细菌战研究发展到使用人类作为研究对象——这是被承认的使用人类作为细菌战研究对象的孤例。此外，关东军对中国人实施了细菌战攻击。攻击策略简述如下：沿铁路线将中国人赶出防守位置后，日本人在该区域散播想要使用的细菌。然后组织“战略撤退”。实施了12次这种细菌战攻击，其中9次结果令人乐观。也就是说，引发了鼠疫、霍乱或者伤寒。某一区域出现了96例鼠疫病例，其中90%的人死亡。

据中国人说，1940年和1941年，日本人在衢县、宁波、常德空投混有感染了鼠疫的跳蚤和谷物。这些地方暴发了淋巴腺鼠疫，此前这些地方从未有过鼠疫。日本细菌战人员的供词以及美国调查人员已证实中国人所说属实。

防疫给水部（细菌战机构）从事炭疽、伤寒、鼠疫、霍乱、“孙吴”热和其他疾病的诱发和预防研究。（他们）大量研究了疫苗，每年生产了2000万剂疫苗。还研究了许多微生物菌株的寿命、爆炸后产生的细菌尘雾、植物病原体、动物疾病等。研发了用来污染地面和感染伤口的炸弹，并进行了野外实验，有些实验针对人类。在满洲死刑犯人身上进行了霍乱、鼠疫和炭疽实验。

尽管为研究项目投入了大量热情，日本细菌战成效甚微。一个原因是弹药设计人员与生物学家之间缺乏紧密合作，因此细菌战武器未能真正奏效。另外，一个决定因素是除炭疽孢子外，不能明显提高细菌战病原菌的存活率。此外，天皇本人反对。

假如日本人能够制造一场或多场大规模传染病，而不仅仅是引发几个孤立的病例，那么他们就可以拥有一种威力强大的武器，在他们（所

---

① 编译者注：本标题为编译者设置。

作战的）卫生条件很差的战场上运用。

将来，如果放松对日本科学研究的警惕和监督，日本可能会继续从事细菌战研究。取消盟军管制后，假若日本想要发动细菌战，或许在 5 年内能够发动有效的细菌战。

意大利细菌战

从 1934 年到 1940 年，意大利人一直从事细菌战研究和野外实验，但是，他们没有能力成功实施细菌战项目。意大利人没有从其他轴心国伙伴拥有的大量细菌战知识中获益。不过意大利研究人员说过，他们觉得自己有能力研发细菌战方法。

如果盟军取消对意大利的管制，那么认为，该国如果集中精力，修正以往的错误，大约可以在 5 年内发动细菌战。

瑞典、瑞士、比利时和荷兰细菌战

尽管不能说这些国家本身有细菌战项目，但是它们都在某种程度上研究了细菌战防御措施。在军方当局的监督下，研究工作在大学和工业实验室里进行。现有的项目仍处于蓝图阶段。大家认为，所有这些国家都不会运用细菌战作为攻击性武器。

中国细菌战

中国至少需要 5 年，或者可能是 10 年的大量研究，才有可能大规模成功运用细菌战。即使到了那时，细菌战项目只有组织得当，并且完全取得当地政府当局的支持，运用细菌战才有可能。大家认为，中国政府目前没有打算开展任何这方面的研究和开发。

目前获知的日本细菌战

导　言

日本对战时使用细菌战很感兴趣，主要是因为石井四郎中将的坚持。1932 年，石井中将（当时是少佐）访问欧洲时，满脑子认为细菌战一定可以实施，否则国际联盟不会禁止。1935 年，抓获了许多苏联间谍。石井中将在争取细菌战项目认可的过程中，充分利用了这件事情。

1935 年，在哈尔滨陆军医院开始研究开发细菌战。到 1937 年，研究工作的进展打动了最高军事当局，日本陆军省对此给予积极支持。但是，该研究项目不但没有获得天皇的许可，而且被他禁止。①

虽然未获天皇的许可，石井中将继续组建了一个庞大的细菌战研究机构，作为关东军饮用水净化部的一个特别分支。该分支取名“防疫给水部”，很有误导性。石井中将负责“防疫给水部”后，只对关东军总司令负责。自始至终，细菌战项目不得不在天皇毫不知情的情况下开展。这是导致细菌战研究组织结构涣散的主要原因，也最终导致该任务不能取得完全成功。

平房基地

平房基地由石井将军修建，位于哈尔滨南部，规模很大，主要自给自足，有大约 50 栋建筑，包括实验室、兵营、仓库和牲口棚等。

1939 年时，石井将军的下属已多达 5000 人，从事细菌战研究项目的不同工作。其中，大约 3000 人在平房工作，其余人分散在中国各地研究给水。

平房基地防疫给水部的活动

表面上，平房基地的活动分配在以下四个部门。

第一部：免疫学研究（伤寒、痢疾、炭疽、丹毒、病毒、立次克氏体）

第二部：流行病学研究

第三部：饮用水供应和净化

第四部：疫苗生产

平房基地细菌战活动秘密进行，有两个目的：确定细菌战病原菌培养方法；确定散播方法。

---

① 编译者注：石井四郎哈尔滨平房的“关东军防疫给水部”（731 部队）是 1936 年“奉天皇裕仁敕令”建立的，1940 年又奉天皇敕令加以“扩建”。参见［苏］《前日本陆军军人因准备和使用细菌武器被控案审判材料》（中文本），莫斯科外国文书籍出版局 1950 年印行，第 107 页，第 109 页。

防御研究

1. 免疫研究

生产的疫苗范围如下：炭疽；马鼻疽；伤寒；甲型副伤寒；乙型副伤寒；霍乱；鼠疫；流行性脑脊膜炎；斑疹伤寒；痢疾；肺结核；天花；兔子热；传染性黄疸；破伤风；气性坏疽；波伏热；“孙吴热”或流行性出血热。每年生产2000万剂疫苗。可见该研究项目工程之大。

制备斑疹伤寒疫苗时，用了5万只母鸡和公鸡生产卵。制备了两种斑疹伤寒疫苗：用鼠肺制备R. M. 疫苗（莫塞尔氏立克次氏体）；用鸡胚制备R. P. 疫苗（普氏立克次氏体）。两种疫苗既有液态形式，又有固态形式。研究认为，预防斑疹伤寒暴发所需的疫苗剂量为：R. M. 疫苗：首次注射1毫升，再次注射2毫升。R. P. 疫苗：首次注射0.5毫升，再次注射1毫升。

用一只老鼠可以制备足够6人使用的R. M. 疫苗。用一只鸡蛋可以制备足够30人使用的R. P. 疫苗。

2. 流行病学研究

此项工作主要研究传染病预防办法，包括：卡车、设备及人员消毒；灭蚊；使用预防药品，等等。

3. 给水

此项工作包括以下内容：a. 传染病预防：包括寻找水源；水质分析；水质净化；卫生条件检查。b. 战地水质净化：这部分工作为军队服务，主要职责包括：为军队给水；发生传染病时提供血清和疫苗；负责检疫工作。c. 非机动水质净化：这部分工作为交通线给水；为军队制备疫苗和血清；研究疫苗、血清及卫生措施；承担传染病预防和卫生培训。

攻击研究

1. 考虑使用的细菌

平房基地认为以下细菌可能具有细菌战价值：伤寒；甲型副伤寒和乙型副伤寒；痢疾；霍乱；鼠疫；炭疽；马鼻疽；厌氧菌（1. 魏氏梭菌；2. vovgii①；3. 溶组织梭菌；4. 破伤风杆菌）。

① 编译者注：经咨询英美友人，此词可能有误。

仅仅对上面一些细菌进行了实验研究。除炭疽杆菌进行 R 型研究外，其他所有细菌都进行了 S 型研究。

2. 培养方法

专门使用石井将军设计的细菌培养箱。该培养箱是一个烘箱，体积为 14 ×9. 85 ×21 英寸，内有 15 个托盘，在托盘里培养细菌。培养箱材质为铝合金，重 24. 25 磅，可容纳 6. 78 夸脱琼脂培养基。每个培养箱每次可生产 40 克伤寒菌，900 个培养箱生产的细菌，才够一发炮弹所需。

使用的培养基制作公式如下：

蛋白胨　　15 克

琼脂　　30 克

氯化钠　　5 克

水　　1000 毫升

消毒后 pH 值为 7. 45。

有时对上述公式稍作修改。培养炭疽菌时，蛋白胨为 7. 5 克，氯化钠为 10 克。生产鼠疫菌时，添加 0. 01 克龙胆紫作为抗污剂。培养马鼻疽时，添加了 0. 01% 的有机铁，温度为 37℃。

定期用铁棒刮取收获培养的细菌。肠道菌培养的时间为 24 小时；鼠疫、炭疽和马鼻疽培养时间为 48 小时；厌氧菌培养需要 7 天。

3. 存活能力研究

用包有石蜡的橡皮塞，密封装有细菌悬浮液的烧瓶，测试细菌战病原菌室温下（18—25℃）的存活能力。然后定期测试悬浮液，获得了以下结果：

细菌	寿命
痢疾	5—7 天
霍乱	3—5 天
鼠疫	5—7 天
马鼻疽	未研究
炭疽孢子	在 0. 5% 的碳酸、干卵清蛋白、土壤、巧克力、面包及面料（face power）中，可存活 10 天以上；在牙粉及乳制品中可至少存活 3 年

上述细菌大多数寿命很短，因此最初决定只对灵杆菌和炭疽孢子进

行野外实验。后来，实验对象扩展到鼠疫、霍乱及其他细菌。

水井和供水野外实验表明，尽管地区不同，差异很大，但肠道菌通常 2—4 天内死亡。考虑到可能影响水井中细菌存活能力的因素，增田知贞大佐得出结论：最近暴发过霍乱、伤寒和痢疾的地方，细菌存活时间比没有暴发过传染病的地方要短。

4. 散播方法

日本人考虑了四种一般的细菌散播方法：炮弹散播；炸弹散播；飞机散播；人工破坏。

a. 炮弹散播

研究了两种炮弹，一种是普通的毒气弹，另一种是 75 毫米口径的高性能炮弹，该炮弹用细菌悬浮液替换一部分炸药。因为两种炮弹都不实用，很快就放弃了。

b. 炸弹散播

攻击性细菌战研究主要精力放在开发一种能够有效散播细菌的炸弹。有两种炸弹获得了重点关注：宇治型炸弹和波型炸弹。

宇治型炸弹是一种多用途炸弹。它有一个陶瓷弹筒，弹筒长 27. 5 英寸，直径 7 英寸，可装载 10. 5 夸脱液体。炸弹装备了赛璐珞固定板，但质量低劣，导致弹道不准。

设计波型炸弹专门用来散播炭疽孢子。波型炸弹钢制弹壳很薄，内装 1500 颗钢球，浸在 500 毫升炭疽乳状液中。

仁型炸弹同波型炸弹类型一样，只是型号更大，可装载 2 升细菌液体。

设计了一种特别的细菌战炸弹，名为“子母弹”，并制造出来了一颗。“子母弹”有一颗“母弹”，装有无线电发送装置，有许多“子弹”，装有细菌。“母弹”先落地，“子弹”接着落地。“母弹”落地爆炸后，无线电信号停止，引爆“子弹”。他们认为“子母弹”很有前景，但造价太高，没有生产。

研发宇治型炸弹和“子母弹”的首要目的是污染地面，其次才是感染伤口。与此相反，研发波型炸弹的首要目的是造成伤口感染炭疽。

使用了动物进行野外实验。2 年间共使用约 100 匹马和 500 只羊。也用灵杆菌开展了实验，研究地面污染情况。

c. 细菌尘雾（飞机散播）

最初使用色彩鲜艳的染料，若丹明和浓度为2%—5%的右旋肉汤做实验。在半径超过1000米的范围内，每隔一定距离放置白纸，通过白纸上的污点来检查散播情况。据称可以分析出50微米以下的颗粒。既实验了炸弹静止爆炸，又实验了空投炸弹。结果表明，大颗粒落在爆炸中心附近，最小的颗粒落在爆炸外围。

利用尘雾直接散播细菌研究次数有限。一次实验中，每秒散播了920升模拟物。研究发现，利用50%的甘油和10%的明胶散播细菌效果令人满意。分别在4000米、2000米、1000米和200米的高度进行了实验。在4000米高度实验，所有颗粒到达地面需要1小时。高度越低，效果越好。

d. 人工破坏

使用人工破坏手段散播细菌战病原菌，规模不是很大。日本人声称，研究使用这种方式传播鼠疫，都是为了防御苏联人和中国人。日本人认为，他们正在使用人工破坏手段（苏联人和中国人认为日本人向他们的水井和泉水里投了毒）。

人体实验资料

日本细菌战最新情报揭露了日本人使用人体作为受试对象，并确定了中国人所说的日本人使用鼠疫、霍乱和伤寒攻击他们的情况属实。大量的科学细节证实了这些资料。下文将呈现这些资料。

我们收到了一份报告，引起了我们的注意。该报告是有关粒径测定的一些理论和数学方面的讨论，以及通过炸弹和飞机喷洒散播的细菌战细菌液滴分布情况。

开展了12次针对中国平民和士兵的野外试验。（受审的人）递交了一份实验结果总结和相关村镇的地图。下文将简要描述这份总结以及实验中采用的策略。

某个参与了“自由气球项目”（free balloon project）的人寄来了一份不长的报告。该报告承认（日本）花费大量精力研究、利用气球散播细菌战病原菌，但结论是，气球散播效果不令人满意。

我们发现，有一个完全独立于平房基地的机构在兽医学细菌战领域开展了大量研究。目前，该机构中的10名成员正在准备一份报告。8月某个时候可以拿到这份报告。

据说，实验室和野外实验中使用的人体受试对象是因为各种犯罪而被判处死刑的满洲苦力。日本方面明确表明，从未使用美国和苏联战俘做实验（除了为了测定抗体查验了某些美国战俘的血液)。没有证据表明日本方面的声明不实。使用人体受试对象的方式和使用其他实验动物的方式一模一样，即在他们身上确定各种细菌的最小传染和致命剂量，为他们接种各种疫苗，然后在他们身上进行活菌实验，在炸弹或飞机喷洒细菌的野外实验中，将他们用作受试对象。大量的鼠疫实验中，差不多也专门使用这些受试对象。所有实验中，使用的受试对象人数不够，不能获得统计学意义上有效结论，所以人体实验结果有点不太完整。不过对于那些重点实验的疾病如炭疽，数年间可能使用了数百个人体受试对象。

这份针对人类的细菌战活动报告长达 60 页，其诸多详情概要如下：

1. 炭疽

a. 感染和致死剂量

皮下注射时，受试人员和马匹的最小半数感染剂量为 10 毫克；口服时，受试人员的最少半数感染剂量为 50 毫克（日方工作人员很少使用平板菌落计数法，而是通过盐水悬浮液中提取的潮湿微生物的毫克数来表示浓度，盐水悬浮液中的微生物取自生长在固体培养基上的培养菌。但是，他们给了一个炭疽换算因数，即 1 毫克炭疽 = 108 毫克潮湿微生物)。对其他一般的实验动物而言，半数感染剂量也约为 10 毫克。不过，似乎很有可能日方口服用的菌株毒性远远高于我们使用的菌株毒性，但我们极少通过口服方式做实验。皮下注射感染的人群死亡率为 66%；口服感染的人群死亡率为 90%；伤口感染和吸入感染的人群死亡率为 100%。有项发现引起了我们的关注，接种了减毒孢子疫苗的马匹，抗皮下注射感染能力极强，但抗口服感染能力极弱。

b. 直接感染

（报告中）有悬浮液制作，潜伏期以及病例临床过程的资料。还有十分详细的验尸结果。

c. 免疫实验

（报告中）详细说明了疫苗制作方法。我们发现，口服 4 倍于最小感染剂量的炭疽菌株，热灭活疫苗（对受试对象）起不了保护作用，而孢子减毒疫苗却能保护受试对象完好无损。

d. 炸弹实验

（报告中）有野外实验的全部细节和图表。大部分情况下，受试人绑在木桩上，戴上头盔，穿上防弹衣。引爆各种炸弹，或在静止状态下引爆，或飞机空投后通过引信引爆。实验中既没有测定爆炸尘雾的浓度，也没有测定颗粒的大小，气象资料也很不详细。日本人不满意炭疽野外实验。但是，有次实验使用了 15 名受试人，其中 6 人被炸伤后死亡，4 人被弹片感染（其中 3 人死亡）。另一次实验中使用了威力更大的宇治型炸弹，10 名受试人中，6 人确诊患上了菌血症；4 人疑似通过呼吸感染了炭疽菌，随后死亡。不过，9 枚炸弹一起爆炸时，此 4 人距离最近的一枚炸弹只有 25 米。

e. 污染草场

通常的实验方法是，在离地面 5 米高的地方，在草场上将 5 枚炸弹沿一字排好，静止状态下引爆炸弹，然后在离爆炸点不同距离的地方，安排各类家禽排成一条直线吃草。实验发现，爆炸后 1 小时内，在离爆炸点 25 米内吃草的动物，有 60%—100% 感染了炭疽。污染的青草其传染性至少可以保持 4 天。实验一个月后，还可以在青草上发现 33% 的炭疽孢子。这种实验后，观察家禽的过程中发现，如果将正常家禽和受到感染的家禽关在相同的牲口棚里，通常有 25% 的正常家禽发生二次感染。

f. 喷洒实验

一次代表性实验中，安排 4 名受试人待在一间 10 立方米的玻璃房子里，用一个普通的消毒喷头喷入 300 立方厘米浓度为 1 毫米/立方厘米的悬浮液。没有测量液滴大小，不过，4 人中有 2 人出现皮肤损伤，最终全身出现炭疽。

g. 稳定性

（报告中）有大量关于炭疽孢子稳定性的资料。日本人同我们一样，发现加入浓度为 0. 5% 的苯酚是保证炭疽孢子稳定性的最佳方法之一。他们的资料表明：在浓度为 0. 5% 的苯酚、蛋白粉、土壤、巧克力、面包和面粉（face powder）中，炭疽孢子悬浮液的稳定性可达 10 年以上；而在牙粉、黄油、奶酪、牛奶和乳霜中，其稳定性至少可达 3 年。

h. 意外感染和实验室感染

一次污染草地实验后，3 名劳工未穿防护服进入了实验区域。3 人都出现皮肤损伤，不过使用血清治疗后痊愈。然而，同这 3 人住在一起的另外2名劳工感染了炭疽，其中1人死亡。尽管有面罩保护，3名实验室工作人员，疑似通过呼吸感染了炭疽。

2. 鼠疫

a. 感染和致死剂量

实验发现，皮下注射时，最小半数感染剂量为10^{-6}毫克；口服时，最小半数感染剂量为0.1毫克。在浓度为5毫克/立方米的空气中呼吸10秒，感染率为80%。

b. 直接感染

正常潜伏期为3—5天；出现发热后，（受试者）3—7天内死亡。大部分人为引发的鼠疫会产生致命后果。（受试者）死亡前3天，普通的腺型鼠疫会发展为肺型鼠疫，因而传染性很强。

c. 免疫实验

使用3份无毒菌株作为疫苗，可对皮下注射1000倍于最小感染剂量的（受试者）产生50%的保护作用。从有毒菌株中提取的丙酮对（受试者）的保护作用小很多。

d. 下面总结了3—4次效果最好的实验（这些实验中，用平板菌落计数法测量受试对象周围的鼠疫杆菌浓度）

<table>
<tr><th>地面细菌浓度（毫克/平方米）</th><th>感染人数（约计）</th><th>感染类型</th></tr>
<tr><td>大于10</td><td>5/5</td><td rowspan="2">眼鼠疫/扁桃体鼠疫</td></tr>
<tr><td>大于5</td><td>7/10</td></tr>
<tr><td>大于13/20</td><td></td><td rowspan="2">全身鼠疫</td></tr>
<tr><td>小于1</td><td>1/30</td></tr>
</table>

从全部炸弹实验中得出的结论是：鼠疫杆菌稳定性不高，不能作为理想的细菌战武器。不过，使用跳蚤传播鼠疫实用得多。

e. 喷洒实验

实验结果表明，无论是将受试人关在房子里，还是将其暴露在通过飞机低空喷洒下来的鼠疫杆菌中，这种方法都特别有效。各种实验中，30%—50%的受试人会感染鼠疫，死亡率至少达到60%。

f. 稳定性

将鼠疫杆菌放在悬浮液中，或干燥脱水，都不能保持稳定。

g. 受感染的跳蚤

大量实验了繁殖跳蚤和通过老鼠感染跳蚤的方法。发明了一些方法，可以繁殖许多千克跳蚤（1 克 =3000 只跳蚤），然后感染跳蚤。报告中详细描述了这项繁殖和感染跳蚤的工作。此项研究工作十分出色。研究发现，条件最佳时，受感染的跳蚤可以存活大约 30 天，在此期间，跳蚤一直有传染性。研究还发现，受试人被跳蚤咬一口，通常会感染鼠疫；如果受试人在每平方米有 200 只跳蚤的房间里来回走动，10 人中有 6 人会感染鼠疫，其中 4 人死亡。

用带有导爆索的“宇治型”陶瓷弹筒炸弹做实验。把跳蚤和沙子混在一起，然后装入炸弹。在一间面积为 10 平方米，内有 10 名受试人的房间里引爆炸弹，大约 80% 的跳蚤能存活下来。10 人中有 8 人被跳蚤叮咬，感染了鼠疫，其中 6 人死亡。

3. 伤寒，甲型副伤寒，乙型副伤寒，（细菌性）痢疾

除非确定最小感染剂量和实验各类疫苗，否则很少对这些疾病进行人体实验。

a. 伤寒

口服时，最小半数感染剂量为 4 毫克，出现了轻度典型病例，不会死亡。为 13 名受试人注射最好的疫苗，然后实验 150 毫克刚分离出来的伤寒细菌，只有 8 人没有感染伤寒（在对照组中，13 人中有 12 人感染了伤寒）。

实验了伤寒杆菌在土壤中的稳定性，发现伤寒杆菌在土壤中能存活 27 天，数量不会明显减少。27 天后，数量慢慢减少。实验开始后 17 天，一位劳工采集土壤样本，感染了伤寒热。

伤寒杆菌成功装入明胶（胶囊）后，对氯的抵抗能力是正常伤寒杆菌的几倍。

b. 甲型副伤寒，乙型副伤寒

口服时，受试人最小半数感染剂量为 1 毫克。没有用受试人进行免疫实验。

c. 痢疾

口服志贺菌时，最小半数感染量为 10 毫克；口服两份弗莱克斯纳菌株，最小半数感染量为 10 毫克至 200 毫克不等。使用所有这些菌株的热灭活疫苗，结果几乎全是阴性。疫苗产生的效果，更多可能是因为受试人自然获得了免疫力。

4. 霍乱

a. 感染剂量

口服时，最小半数感染剂量为10^{-4}毫克湿菌，或10^{-6}①立方厘米刚分离出来的细菌和粪便的混合物。大约一半因此产生的病例5天内死亡。

b. 免疫实验

使用热灭活疫苗和甲醛灭活疫苗，结果呈阴性。不过，3名受试人小组使用了通过6500千赫的超声波照射30分钟生产的疫苗后，可完全免受霍乱感染，使用的霍乱菌大约是最小感染量的10000倍。

c. 喷洒实验

一次飞机低空喷洒霍乱菌实验中，24名受试人中有8人受到感染，不过，无人死亡。

d. 稳定性

霍乱菌悬浮液很不稳定。即便运用了亲水处理法，也未能成功将其脱水干燥。

5. 马鼻疽

日本人对这种细菌没有过多研究，因为他们肯定对它心存畏惧。他们出现了7例实验室感染马鼻疽，其中2人死亡，2人截肢后治愈，3人接受有效的血清治疗后治愈。

a. 感染量

人体皮下注射时，最小半数感染量为0.2毫克，死亡率为20%。报告中有非常详细的马鼻疽临床过程以及尸检结果方面的资料。

b. 免疫实验

热灭活疫苗不能保护豚鼠免受马鼻疽感染。没有进行人体实验。

c. 炸弹实验

只用10名受试人和10匹马进行过一次实验。其中，3匹马和1名受试人感染了马鼻疽。不过，报告中没有爆炸尘雾和地面细菌密度方面的资料。

d. 喷洒实验

喷洒实验在室内进行，效果十分明显。一次实验中，将一克干化的

---

① 编译者注：在《费尔报告》（本书第295页），这一数据为10^{-8}。

细菌放在一间小玻璃房子里，然后用风扇吹动。连接玻璃房子的一条橡皮管插入了3名受试人的鼻子里。3人吸入大约0.1毫克细菌后感染了马鼻疽。

6. 流行性出血热（孙吴热）

这是1938—1939年在满洲（今中国东北）出现的一种所谓的“新”疾病（那时候该疾病可能在满洲某些地方流行）。细菌战研究组织对该疾病进行了大量研究，分离出了一种通过螨虫传播的病毒。报告中有该疾病流行病学，临床过程，病理学和病原体方面十分详尽的资料。

结论

（位于60页报告的结尾）

细菌战项目早期，除上述疾病外还研究了其他各种疾病，包括肺结核、破伤风、气性坏疽、兔子热、流感和波状热。研究发现，通过静脉注射感染肺结核杆菌后，可迅速发展为粟粒型肺结核，但不容易通过呼吸传染。总之，研究结论是：他们研究过的细菌战病原中，只有两种有效果，即炭疽（他们认为此病原体主要用来攻击牲畜）和感染过鼠疫的跳蚤。即使是这两种病原体，日本人也不满意，因为他们认为很容易对它们免疫。

细菌战野外实验中通常的策略是，指挥一支或几支部队从铁路上相距1.6千米的两点进攻中国军队。赶走中国军队后，日本人拆掉这段1.6千米长的铁轨，通过喷洒或其他方式散播想要使用的细菌战病原体，然后组织“战略撤退”。24小时内，中国军队会匆匆赶回这个区域。几天后，鼠疫和霍乱会在中国军队中蔓延。上述情报中，日本人设法把间谍留在疫区，汇报结果。不过他们承认，这样做经常不会成功，结果也不清楚。但是，在报告的12次实验中，除3次以外，据说所有实验结果令人乐观。2次实验中，用飞机从大约200米高的空中往下散播感染过鼠疫的跳蚤，鼠疫在特定设置的区域内蔓延。以上实验中，有一次出现了96例鼠疫感染，90%的感染者死亡。另外3次实验中，沿铁路人工散播感染鼠疫的跳蚤，每次都造成了鼠疫小范围内流行，但没有具体的数字。2次霍乱实验和2次伤寒实验中，人工向铁路附近的地面和水源散播细菌，所有实验结果令人乐观。

日本细菌战项目评估

日本攻击性细菌战项目背后的目的是什么，尚不十分明确。调查细菌战项目后发现，日本人主要的兴趣是用细菌战攻击军队。他们设计波型炸弹用来造成伤口炭疽感染，除此之外别无其他目的。也使用散射弹和细菌尘雾攻击平民和家畜。

尽管日本人不承认使用了人工破坏手段散播细菌，但是他们研究了各种肠道疾病，将它们列为可能使用的细菌战病原菌。他们研发的各种炮弹和炸弹不能散播这些细菌，因而人工破坏活动受到青睐。

可以表明日本人想要使用人工破坏活动的唯一证据是，他们研究了各种细菌在泉水和水井中的存活能力。

假若细菌战项目的意图是通过散播炭疽孢子和其他病原菌，使某一设定的地方或基地不适宜人类居住，那么我们可以定论，研究结果和付出的努力不相称。

石井将军和增田大佐认为，细菌战项目之所以没有成功，原因是，天皇禁止这个项目后，他们不能获得必要的补给和军方其他方面的配合。就研发特殊炸弹而言，原因确实如此。不过，该项目存在一个重大缺陷，石井将军发明的细菌培养方法不适合增田大佐设计的利用炸弹散播细菌的方法。需要900个培养箱生产细菌，才能填充一颗炸弹。考虑到这个事实，必须承认，最多只能选定少数敌人高度集中的地方使用细菌战炸弹，才合情合理。

使用的细菌培养方法很烦琐，并不利于批量生产，肯定无法为大范围散播细菌战病原菌（用炸弹或细菌尘雾散播）提供足够的材料。不过，不用费太大力气就可以生产浓缩细菌产品。因此，这种方法虽然不适合个人单独进行人工破坏活动，但用于集中组织的人工破坏活动，却效果良好。

日本人没能找出方法来增强传染病诱发细菌的存活能力。这可能是为什么没有尽很大努力研究这些疾病的原因。没能研究出增强细菌存活能力的方法，这点影响至关重要，因为传染病可以作为威力强大的武器，用在日本人的战场，那里卫生条件差，抵御传染病的方法不多。

总之，日本细菌战项目失败的原因如下：

（1）没有得到天皇的支持。

（2）科研人员和军械人员之间的协作成效不大。

（3）缺乏准确翔实的气象数据。

（4）程序不能适应实际操作。

我们认为，如果盟军停止对日本的监督，日本可以在 5 年内发起细菌战活动。

（731 部队重要）人员

石井四郎中将——细菌战项目主管，关东军防疫给水部长官。

北野政次中将——1942 年起任平房基地指挥官。

增田知贞大佐——从事细菌战研究多年。

金子顺一少佐——在平房基地工作 3 年半。

北条圆了中佐——陆军军医学校教官，《细菌战》作者。

（日本细菌战研究）基地

哈尔滨平房细菌战研究基地，生产高峰时有 3000 名工作人员。

东京陆军军医学校，从事防御性细菌战研究。

满洲国科学大学，从事细菌战研究。

《海军关于日本细菌战的报告》之英文原文影印

NAVY DEPARTMENT
OFFICE OF THE CHIEF OF NAVAL OPERATIONS
Washington 25, D. C.

Op-32-F24/ms
(SC)P2-2
~~TOP SECRET~~
Serial 0003217P32

5 AUG 1947

From: Chief of Naval Intelligence.
To: Distribution List.

Subject: Naval Aspects of Biological Warfare.

1. This report has been prepared by the Technical Intelligence Center of the Office of Naval Intelligence as the result of a study of all available information on this subject. In order to present as accurate a picture as possible, the information in this report has been correlated with that information available in the Biological Warfare Section of the Scientific Branch, Intelligence Division, War Department General Staff, and reviewed by the naval members of the Biological Warfare Committee.

/s/ THOS. B. INGLIS

THOS. B. INGLIS
Rear Admiral, U. S. Navy
Chief of Naval Intelligence

DISTRIBUTION LIST

Admiral Leahy
SecNav
Op-00
Op-09
Op-001
Op-03
Op-30
Op-34
Op-36
Op-04
Op-05
Op-50
Op-52
Op-57
BuMed (3)
BuShips
BuOrd
BuAer
BuY&D
CIG (4)
G-2 (7)
AID (via 32V)
ONR
CinCPac (2)
CinLant (2)
Op-20-Z
JRDB (Committee X)

JAPAN

In both Germany and Japan, the heads of government forbade the use of B.W. as a weapon of offense; this, however, did not prevent the carrying on of research. In the case of Japan, moreover, research extended to the use of human beings as subjects—the only admitted occurrence of this kind. Further, the KWANTUNG ARMY launched actual B.W. attacks against the Chinese. Briefly, the tactics were as follows: After the Chinese had been driven back from certain defensive positions along a railroad, the Japanese would then spread the desired B.W. material over the area. A "strategic retreat" would follow. Of the 12 attacks of this kind, nine gave positive results; i.e., plague, cholera, or typhoid developed. In one area where 96 cases of plague broke out, 90 percent proved fatal.

According to the Chinese, in 1940 and 1941 the Japs dropped cereal grains mixed with infected fleas over CHUSIEN, NINGPO, and CHANGTEH. Bubonic plague broke out in these areas, where there had never been plague before. Chinese claims have been verified by the admissions of Japanese B.W. personnel and by American investigators.

BOEKI KYUSUI BU (Organization for B.W.) engaged in research on the instigation and prevention of anthrax, typhoid, plague, cholera, "Songo" fever, and other diseases. The work on vaccines was extensive, 20 million dosages being produced annually. The life-span of numerous strains of microorganisms was investigated, as were bacterial clouds, plant pathogens, and animal diseases. Ground-contaminating and wound-infecting bombs were developed and given field trials, in some instances against humans. Experiments with cholera, plague, and anthrax on MANCHURIAN criminals who had been sentenced to death were conducted.

In spite of the enthusiasm with which the research program was invested, Japanese B.W. had but a limited success. One reason is that close cooperation between the munitions designers and the biologists was lacking; hence the weapons were not truly efficient. Another deterring factor was the failure to increase appreciably the viability of B.W. agents except that of anthrax spores; still another, the personal objections of the Emperor.

Had they been able to provoke one or more full-scale epidemics, as contrasted with the isolated outbreaks that were started, the Japanese would have had a powerful weapon for use in their theatre of war where sanitation is at a low level.

As for the future, should vigilant supervision over scientific research be relaxed, Japan could continue its pursuit of B.W. knowledge; and, if so desired, could probably wage effective biological warfare within five years after the removal of Allied control.

ITALY

The Italians were unable to realize a successful B.W. program although they engaged in research and field trials from 1934 to 1940. Italy did not benefit from the extensive knowledge possessed by the other Axis partners in this field. Italian researchers, however, have said that they feel the development of methods of biological warfare are well within their capabilities.

If Allied control of Italy were to be withdrawn, it is thought that this country could, with intensive effort and the correction of past mistakes, be ready to wage biological warfare in about five years.

SWEDEN, SWITZERLAND, BELGIUM, AND THE NETHERLANDS

While these countries cannot be said to have biological warfare programs as such, research in defensive measures is being carried on to some extent by all of them. Work is being carried on in the university and industrial laboratories under the supervision of military authority. Such projects as there are, are still in a blue-print stage. It is not believed that any of these countries intends to use biological warfare as an offensive weapon.

CHINA

At least five, and probably ten years of intensive research would be required by China before any successful, large-scale use of biological warfare would be possible. Even then, this would only be possible if such a program were organized efficiently in the near future and had the complete backing of governmental authorities. It is believed that at the present time the Chinese Government is not contemplating any such research and development.

INDEX OF APPENDICES

APPENDIX XIII

BIOLOGICAL WARFARE IN JAPAN

INTRODUCTION

Interest in the wartime use of bacterial agents became active in Japan largely through the insistence of General Shiro ISHII. In 1932 General ISHII (then a Major) while visiting in Europe became imbued with the idea that biological warfare must possess distinct possibilities, otherwise, it would not have been outlawed by the League of Nations. The apprehension of a number of Russian spies in 1935 carrying bottles filled with bacteria was capitalized upon by General ISHII in obtaining recognition for his proposed project.

Research directed towards the development of biological weapons was started at the HARBIN MILITARY HOSPITAL in 1935. By 1937 the work had reached the stage where it impressed the highest military authorities, the Japanese War Ministry giving it active support. The project, however, not only failed to receive the approval of the Emperor but was actually forbidden by him.

Failing to obtain the approval of the Emperor, General ISHII proceeded to set up an extensive organization for the investigation of biological warfare as a special sub-division of the WATER PURIFICATION DEPARTMENT of the KWANTUNG ARMY. The sub-division was given the misleading name of "ANTI-EPIDEMIC WATER SUPPLY UNIT". Since General ISHII was in charge of this Department for the Army, he was responsible only to the Commanding General. The fact that the biological warfare project had to be carried on from beginning to end without the knowledge of the Emperor was a most important factor contributing to the weakness in the organizational structure and eventually proved fatal to the complete success of the mission.

THE PINGFAN INSTITUTE

The Pingfan Institute set up by General ISHII south of HARBIN was of considerable size and was largely self-supporting. It comprised about 50 buildings ranging from laboratories and barracks to warehouses and animal sheds.

The personnel under General ISHII, engaged in various phases of the work, amounted to as many as 5000 in 1939. Of these probably 3000 were located at Pingfan, the remainder being scattered about CHINA for the purpose of investigating water supplies.

ACTIVITIES OF THE BOEKI KYUSUIBU AT PINGFAN

Ostensibly the activities of the Institute were divided among four sections:

Section I - Immunology Research (typhoid, dysentery, anthrax, erysipelas, viruses, and rickettsia)

Section II - Epidemiological Research

Section III - Water Supply and Purification

Section IV - Vaccine Production

The biological warfare activities of the Institute were carried on in secret. These had the two-fold purpose of determining:

(1) Methods of culture of biological warfare agents.

(2) Methods of dissemination.

DEFENSIVE RESEARCH

(1) Immunization Research

The spectrum of vaccines produced embraced the following:

(a) Anthrax
(b) Glanders
(c) Typhoid
(d) Paratyphoid A
(e) Paratyphoid B
(f) Cholera
(g) Plague
(h) Epidemic cerebro-spinal meningitis
(i) Typhus
(j) Dysentery
(k) Tuberculosis
(l) Smallpox
(m) Tularemia
(n) Infectious jaundice
(o) Tetanus
(p) Gas gangrene
(q) Undulant fever
(r) "Songo" or epidemic hemorrhagic fever

The magnitude of the project is indicated by the fact that 20,000,000 doses were produced annually.

In preparing typhus vaccine, as many as 50,000 hens and roosters were used to produce fertilized eggs. Two types were produced:

(a) R. M. Vaccine (Rickettsia Mooseri) from the lungs of rats.

(b) R. P. Vaccine (Rickettsia Provasecki) from chicken embryo.

Both vaccines were prepared in the liquid and dry forms.

The dose necessary to prevent the outbreak of an epidemic is believed to be:

R. M. - 1 cc. in the first and 2 cc. in the second injection.
R. P. - 0.5 cc. in the first and 1 cc. in the second injection.

Sufficient R. M. vaccine for six persons can be obtained from one rat. R. P. vaccine for 30 persons can be produced from one egg.

Vaccines for plague, typhoid, dysentery, cholera, and glanders were also developed, the details of which are given later in this report.

(2) Epidemiological Research

The work consisted of a study of methods of epidemic prevention. This involved the disinfection of trucks, equipment, and personnel; mosquito extermination; the use of prophylactics, etc.

(3) Water Supplies

The work of this section embraced the following:

(a) Epidemic Prevention - This includes looking for water sources and water analysis; the purification of water; and the examination of sanitary conditions in the area.

(b) Field Water Purification - This section was attached to the Army. Its duties were to supply water to the armed forces, to provide serums and vaccines in case of epidemics, and to have charge of quarantines.

(c) Fixed Water Purification - The section supplied water to lines of communication, prepared Army vaccines and serums, did research on vaccines, serums, and sanitary procedures, and provided training in epidemic prevention and sanitation.

OFFENSIVE RESEARCH

(1) Organisms Considered

The following organisms were considered at PINGFAN as of potential biological warfare value:

(a) B. Typhi
(b) Paratyphoid A and B
(c) B dysenteriae
(d) V Cholera
(e) P pestis
(f) B anthracis
(g) M malleomyces
(h) Anerobes
1. B welchii
2. B vovgii
3. B Hystolyticus
4. B tetani

Experimental research embraced only a few of the above. The S-form for all organisms was used except for anthrax bacillus where the R-form was studied.

(2) Method of Culture

Bacteria cultivators designed by General ISHII appear to have been used exclusively. These consisted of an oven 14 x 9.85 x 21 inches,

TOP SECRET

holding 15 trays in which the bacteria were grown. The cultivator was made of duralumin and weighed 24¾ lbs. It held 6.78 qts. of agar medium. Nine-hundred cultivators were required to produce sufficient bacteria for one shell, each cultivator yielding 40 gms. of B typhi per harvest.

The culture medium used had the following formula:

Peptone	15 gms.
Agar	30
NaCl	5
H_2O (dist)	1000 cc.

The pH was 7.45 after sterilization.

A few modifications of the above formula were used. In the case of anthrax the peptone was 7.5 gms. and the NaCl 10 gms. For plague 0.01 gentian violet was added as an anti-contaminant; for glanders 0.01 percent of organic iron was added. The culture temperature was 37°C.

The harvest consisted of taking scrapings at regular intervals. For the enteric organisms it was 24 hours; for plague, anthrax and glanders, 48 hours; and for the anerobes, one week.

(3) Viability Investigations

The ability of the biological warfare agents to remain alive at room temperature (18 to 25°C) was tested by sealing a bacterial suspension in flasks with rubber stoppers covered with paraffin. The suspension was then tested periodically.

The following results were obtained:

Organism	Life Span
(a) Dysentery	5-7 days
(b) V Cholerae	3-5 days
(c) P Pestis	5-7 days
(d) M malliomyces	Not studied.
(e) Anthrax spores	Stable for more than 10 years in 0.5 percent phenol, dried egg albumin, soil, chocolate, bread, and face powder, and for at least three years in tooth powder and dairy products.

As a result of the shortness of most of the above life spans it was at first decided to confine field tests to the simulant, B prodigiosus and to anthrax spores. Later, tests were expanded to include plague, cholera, and others.

Field tests on wells and water supplies showed that enteric organisms in general die within two to four days although there appeared to be a great variation between areas. A correlation of the possible

~~SECRET~~

factors influencing the viability of bacteria in wells led Colonel MASUDA to conclude that in areas where there had been a recent outbreak of cholera, typhoid, or dysentery the life of the organism was shorter than in areas where no epidemics had been reported.

(4) Methods of Dissemination

Four general methods of bacterial dispersion were considered by the Japanese: (a) artillery shells, (b) bombs, (c) dispersion from planes, (d) saboteurs.

(a) Artillery Shells

Two types of shells were studied, an ordinary gas shell and a 75 mm. HE shell with the bacterial suspension replacing a portion of the bursting charge. Both were soon discarded due to their impracticability.

(b) Bombs

The principal offensive effort was directed towards obtaining an effective dissemination bomb. The two bomb types receiving major attention were the Uji and the HA.

The Uji was an all-purpose bomb. It consisted of a porcelain container 27½" long and 7" in diameter. It held 10½ quarts of fluid. The bomb was provided with celluloid fins; they were of inferior quality and resulted in a faulty trajectory.

The HA bomb was designed specially for use with anthrax spores. It was of the thin wall steel detonation type, containing 1500 cylindrical particles immersed in 500 cc. of anthrax emulsion.

The RO bomb was of the same general type as the HA, only larger. It held a pay load of 2 liters of bacteria fluid.

A special B.W. bomb called the "mother and daughter" was designed and one was built. It consisted of a mother bomb containing a radio sending apparatus and a cluster of daughter bombs containing the pay load. The mother bomb was dropped first, followed by the daughters. The daughter bombs were designed to explode when the mother bomb struck the ground due to the cessation of the radio signal. The bomb was believed to be promising but was expensive to build.

The intent of the Uji and the "mother and daughter" bombs was primarily ground contamination; the infliction of infected wounds was secondary. The HA bomb, on the other hand, was designed primarily for

the purpose of inflicting anthrax-infected wounds.

Field tests were conducted on animals, some 100 horses and 500 sheep being used over a period of two years. Tests were also made using the simulant B prodigiosus for studying ground contamination.

(c) Bacterial Clouds

Preliminary tests were made using the vivid colored dye, rodamine, and a 2-5 percent dextron broth. The scattering was detected by spots on white paper placed at intervals over a radius of 1000 meters. It was claimed that the particle size down to 50 microns could be analyzed. Both static bombs and bombs dropped from airplanes were tested. The results showed the large particles to drop near the center of charge and the smallest particles near the periphery.

Limited studies were made on the direct dispersion of mists and dusts. In one test 920 liters of simulant were dispersed per second. A mixture of 50 percent glycerine and 10 percent gelatine was found satisfactory for dispersion. Tests were carried out at altitudes of 4000, 2000, 1000, and 200 meters. At 4000 meters one hour elapsed before all the particles reached the ground. The lower levels gave better results.

(d) Saboteurs

The spreading of biological warfare agents by saboteurs was not attempted to any appreciable degree. All studies of this means for spreading pestilence were claimed to be for purposes of defense against the Russians and Chinese who, it was contended, were using saboteurs. (The Russians and Chinese maintain that the Japs poisoned their wells and springs.)

INFORMATION ON HUMAN EXPERIMENTS

THE MOST RECENT INFORMATION ON JAP B.W. REVEALS DATA ON THE USE OF HUMANS FOR TEST SUBJECTS, AND CONFIRMS THE CHINESE CLAIMS THAT THE ENEMY EMPLOYED PLAGUE, CHOLERA, AND TYPHOID AGAINST THEM. THE DATA, SUBSTANTIATED BY NUMEROUS SCIENTIFIC DETAILS, ARE PRESENTED IN THE FOLLOWING PARAGRAPHS.

An interesting report has been received on the theoretical and mathematical considerations involved in particle-size determinations, and on droplet distribution of B.W. materials disposed by bombs or aircraft sprays.

Twelve field trials were conducted against Chinese civilians and soldiers. A summary of the results and a map of the villages and towns involved have been submitted. A brief description of this summary and the tactics employed will be given below.

A short report has been received from one individual who had been connected with the free balloon project. In this report it was admitted that considerable attention had been given to using the balloons for dissemination of B.W. agents, but it was concluded that they were unsatisfactory for this purpose.

It was found that an organization completely separate from PINGFAN had carried on a considerable amount of research in the veterinary B.W. field.

The human subjects used at the laboratory and field experiments were said to be Manchurian coolies who had been condemned to death for various crimes. It was stated positively that no American or Russian prisoners of war had been used at any time (except that the blood of some American POW's had been checked for antibody content), and there is no evidence to indicate that this statement is untrue. The human subjects were used in exactly the same manner as other experimental animals, i.e., the minimum infectious and lethal dosage of various organisms was determined on them, they were immunized with various vaccines and then challenged with living organisms; and they were used as subjects during field trials of bacteria disseminated by bombs and sprays. These subjects also were used almost exclusively in the extensive work that was carried out with plague. The results obtained with human beings were somewhat fragmentary because a sufficiently large number of subjects to permit statistically valid conclusions was not used in any of the experiments; however, in the case of the diseases which had the most emphasis such as anthrax, it is probable that several hundred subjects were employed during a period of several years.

A brief summary of the many details given in the 60-page report on

B.W. activities directed against man is as follows. Unless otherwise mentioned all of the data given refer to experiments on humans.

(1) Anthrax

(a) Infectious or Lethal Dose

The MID_{50} (minimum infectious dose for 50 percent of the animals employed) was determined to be 10 milligrams subcutaneously for both man and horse, and orally it was 50 milligrams for man (the Japanese workers seldom did plate counts, but expressed all concentrations in terms of milligrams of moist organisms derived from saline suspensions obtained from cultures grown on solid medium; however, they did give a conversion factor for anthrax, i.e. 1 mgm = 10^8 organisms). The MID_{50} for other usual laboratory animals was about the same as that determined in this country. It seems probable, however, that the strain used by the Japanese was considerably more virulent orally, although little work on the oral route has been done here. The mortality rate in infected humans was 66 percent when infection occurred subcutaneously, 90 percent orally, and 100 percent through open wounds and by inhalation. An interesting finding was that horses immunized with an attenuated spore vaccine were highly resistant to subcutaneous infection, but only slightly resistant to infection by the oral route.

(b) Direct Infection

Data are given for the preparation of suspensions used, the incubation period and the clinical course of the disease. The post-mortem findings are also covered in considerable detail.

(c) Immunization Experiments

The methods of preparation of vaccines employed are given in detail. It was found that a heat-killed vaccine gave no protection, while an attenuated spore vaccine gave complete protection against four MID orally; however, the living spore vaccine in humans was followed by such violent reactions that it was concluded it could not be employed except in emergencies.

(d) Bomb Trials

Full details and diagrams of the field trials are given. In most cases the human subjects were tied to stakes and protected with helmets and body armor. The bombs of various types were exploded either statically, or with time fuzes after being dropped from aircraft. No

TOP SECRET

determinations were made of cloud concentration, nor of particle size, and the meteorological data are rather crude. The Japanese were not satisfied with the field trials with anthrax. However, in one trial with 15 subjects, six were killed as a result of wounds from the bombs, and four were infected by bomb fragments (three of these four subjects died). In another trial with a more efficient bomb ("Uji") six of 10 subjects developed a definite bacteremia, and four of these were considered to have been infected by the respiratory route; all four of these latter subjects died. However, these four subjects were only 25 meters from the nearest of the nine bombs that were exploded in a volley.

(e) Pollution of Pastures

The usual experiment was to explode five bombs statically five meters from the ground in a straight line across a field, and then have various animals graze along lines at different distances from the bomb burst. It was found that all types of animals grazing within 25 meters of the explosion sites and within an hour after the explosion, contracted the disease, and 60 to 100 percent of those grazing 50 meters away became infected. The contaminated grass was infective for at least four days, and after one month about 33 percent of the spores was still found on the grass. During the observation of animals after trials of this type, it was found that usually 25 percent of normal animals kept in the same barns with the infected animals developed secondary infections.

(f) Spraying Experiments

In a typical experiment four human subjects were placed in a glass room 10 m^3 in size, and 300 cc. of a 1 mgm/cc. suspension were introduced using an ordinary disinfectant sprayer. No particle size determinations were made, but two of the four subjects developed skin lesions which eventually resulted in generalized anthrax.

(g) Stability

Extensive data are given on the stability of anthrax spores. The Japanese found that adding 0.5 percent phenol was one of the best methods of insuring stability. Their data show that spore suspensions are stable for more than 10 years in 0.5 percent phenol, dried egg white, soil, chocolate, bread, and face powder, and for at least three years in tooth powder, butter, cheese, milk and cream.

(h) Accidental and Laboratory Infections

After one field trial for pollution of pasture land, three laborers entered the area without wearing protective clothing. All three developed skin lesions but were cured with serum. However, two other laborers living with these three also contracted the disease and one of these died. Several laboratory workers contracted the disease presumably by the respiratory route even though they were protected with masks.

(2) Plague

(a) Infectious or Lethal Dose

The MID_{50} was found to be 10^{-6} mgm subcutaneously and 0.1 mgm orally. Respiration for 10 seconds of air containing five mgm/m^3 was infectious to 80 percent.

(b) Direct Infection

The incubation period was normally three to five days and death occurred within three to seven days after onset of fever. In most cases of artifically induced plague which terminated fatally the usual bubonic form became pneumonic three days before death and was then highly infectious.

(c) Immunization Experiments

Three avirulent strains were used for vaccines and gave about 50 percent protection against a challenge subcutaneously with 1000 MID. An acetone extract of a virulent strain gave considerably less protection.

(d) Bomb Trials

A summary of three or four of the best trials is given below (in these trials the concentration of bacilli on the ground around the subjects was measured with plates).

Concentration on the Ground mgm/m^2	Infected (approx.)	Type of Infection
over 10	5/5)	— Eye-plague, tonsil-plague
over 5	7/10)	
over 1	3/20)	— Generalized plague
under 1	1/30)	

The conclusions from all the bomb trials was that plague bacilli were not a satisfactory B.W. weapon due to their instability but that it was much more practical to spread plague by means of fleas.

(e) Spraying Experiments

The results indicated that this method was highly effective, both with subjects held within a room and also exposed to bacilli spread from aircraft at low altitudes. Thirty to 100 percent of the subjects used in various trials became infected and the mortality was at least 60 percent.

(f) Stability

No success was attained in stabilizing plague bacilli either in suspensions or by drying.

(g) Infected Fleas

A great deal of work was done on methods of breeding fleas and infecting them through rats. Methods were developed for producing many kilograms of normal fleas (one gram = 3,000 fleas), and for infecting them on a production basis. This flea work is described in great detail and represents an excellent study.

It was found that infected fleas survived for about 30 days under the best conditions and were infective for that length of time. It was also found that one flea bite per person usually caused infection. It was also found that if subjects moved freely around a room containing a concentration of 20 fleas per square meter six of 10 subjects became infected and of these four died.

Bomb trials were carried out using the "Uji" porcelain bomb with primacord explosive. The fleas were mixed with sand before being filled into the bomb. About 80 percent of the fleas survived the explosion which was carried out in a 10-meter square chamber with 10 subjects. Eight of the 10 subjects received flea bites and became infected and six of the eight died.

(3) Typhoid, Paratyphoid A and B, and Dysentery (Bacillary)

Very little work was done on these diseases in humans except to determine the MID and to test various types of vaccines.

(a) Typhoid

The MID_{50} orally was four mgm and this produced only mild and typical cases with no deaths. The best vaccine protected only eight of 13 subjects challenged with 150 mgm of freshly isolated organisms (in the control group 12 of 13 became infected).

The stability of typhoid bacilli in soil was tested and it was found that these organisms survived 27 days without a significant decrease and then gradually diminished in number. A laborer collecting soil samples 17 days after the start of this experiment contracted typhoid fever.

Typhoid organisms were coated successfully with gelatin and would then withstand several times the amount of chlorine that would kill the normal bacilli.

(b) Paratyphoid A and B

The MID_{50} orally for man was one mgm with both of these organisms. No immunization experiments were performed with human subjects.

(c) Dysentery

The MID_{50} orally for the Shiga organism was 10 mgm, and for two Flexner strains it varied from 10 to more than 200 mgm. Results with heat-killed vaccines of all these strains were almost completely negative; any effectiveness attributed to the vaccines was probably more the result of the natural acquired immunity of the subjects tested.

(4) Cholera

(a) Infectious Dose

The MID_{50} orally was 10^{-4} mgm of moist organisms and 10^{-6} cc. of a mixture of freshly isolated organisms and feces. About half of the cases so induced terminated fatally within five days.

(b) Immunization Experiments

The results with heat-killed and formaldehyde-killed vaccines were negative, but a vaccine produced by the ultra-sonic method using 6500 kc. for 30 minutes gave complete protection in a small group of three subjects; the challenge dose was approximately 10,000 MID.

(c) Spray Trials

In one trial in which the organisms were sprayed at low altitude from aircraft, eight of 24 subjects became infected but there were no deaths.

(d) Stability

Suspensions of the organism were very unstable and the Japanese had no success in drying them, even with the lyophil process.

(5) Glanders

The Japanese did not do very much work with this organism because they definitely were afraid of it. They had seven cases of laboratory infections, of which two died, two were cured by amputation and three received effective serum therapy.

(a) Infectious Dose

The MID_{50} subcutaneously for man was 0.2 mgm and this produced a mortality of 20 percent. Fairly good details are given about the clinical course of the disease and post-mortem findings.

(b) Immunization Experiments

Heat-killed vaccines had no protective effects with guinea pigs and no experiments were done on man.

(c) Bomb Trials

Only one trial was conducted using 10 human subjects and 10 horses. Three of the horses and one of the men became infected, but there are no data on cloud concentration or density of the organisms on the ground.

(d) Spraying Experiments

These experiments carried out in chambers were highly effective. In one trial one gram of dried bacilli was placed in a small glass box and stirred with a fan; a rubber tube attached to the box was inserted into the noses of three human subjects and all three became infected after inspiration of an estimated 0.1 mgm.

(6) Epidemic Hemorrhagic Fever ("Songo")

This is a so-called "new" disease which appeared in Manchuria in 1938-1939. (It probably was endemic for certain sections of Manchuria at that time.) The B.W. group conducted extensive research on this disease and isolated a virus that proved to be mite-borne. Full details are given about the epidemiology of the disease, the clinical course, pathology, and causative agents.

(7) Conclusions (given at end of the 60-page report)

Various diseases, other than those described above, were investigated in the earlier stages of the B.W. program. These included tuberculosis, tetanus, gas gangrene, tularemia, influenza, and undulant fever. It was found that the intravenous infection of tuberculosis bacilli caused rapid development of general miliary infections but that it was not easy to infect man by the respiratory route. In general it was concluded that the only two effective B.W. agents they had studied were anthrax (and this agent was considered mainly useful against livestock) and the plague-infected flea. The Japanese were not even satisfied with these agents because they thought it would be fairly easy to immunize against them.

- - - - -

In the field trials with B.W. the usual tactic was to direct one or more batallions against the Chinese at two points about a mile apart on a railroad. When the Chinese were driven back the Japs would then tear up the mile of track, and spray or spread in some other manner the desired B.W. agent, and then stage a "strategic retreat". The Chinese would come rushing back into the area within 24 hours, and then within a few days plague or cholera would develop among the Chinese troops. In all these cases the Japanese tried to leave spies behind in the contaminated area to report on the results, but they admitted that this frequently was not successful and results were not clear. However, of the 12 trials that were reported all but three were said to have given positive results. In two trials with plague-infected fleas scattered from aircraft at about 200 meters altitude, definite localized epidemics resulted. In one of these, 96 cases were known to have been produced of which 90 percent died. In three other trials with plague-infected fleas scattered by hand along railroads, small epidemics were produced in every case, but no figures are available. In two trials with cholera and two with typhoid in which the organisms were hand-sprayed on the ground and into water supplies around the railroad area, positive results were obtained in all cases.

<u>EVALUATION OF THE JAPANESE BIOLOGICAL WARFARE PROGRAM</u>

The purpose behind the Japanese offensive biological warfare program is not well defined.

A survey of the work would suggest that the Japanese were primarily interested in directing their attack against armies. The HA bomb, designed to produce wounds infected with anthrax, could have no other purpose. The scatter bombs and bacterial clouds may also have been intended for use against civilian populations and feeding herds.

Although the use of saboteurs was disclaimed, enteric diseases were investigated and were kept on the list of possible biological warfare agents. These diseases do not lend themselves to dissemination by shells and bombs of the types investigated, but would be preferred for saboteur activities. The only evidence suggesting that the Japanese contemplated the use of saboteurs is the study of the viability of various organisms in springs and wells.

Assuming that the intent of the biological warfare program was to render a limited locality or installation uninhabitable by the scattering of anthrax spores and other disease-producing bacteria, or to enhance the fatality of wounds by infection with anthrax, then the conclusion is inescapable that the results to be gained failed to compensate for effort expended.

General ISHII and Colonel MASUDA attributed the failure of the B.W. program to the fact that they were unable to obtain the necessary supplies and cooperation with other branches of the military service since the project was forbidden by the Emperor. This is undoubtedly true as far as the development of special bombs was concerned. There was, however, a more important defect in the program in that the method of culture invented by General ISHII was not adaptable to the method of dissemination by bombs planned by Colonel MASUDA. Considering the fact that 900 cultivators were required to fill one bomb, it must be recognized that at the best the use of B.W. bombs could be justified only at a few selected points where there is a high concentration of enemy personnel.

The method of culture employed is cumbersome and not conducive to mass production. It certainly is not adequate to provide sufficient material for widespread scattering of biological warfare agents by either bombs or clouds. However, it will yield a concentrated product without too much effort. The method, therefore, while not suitable for saboteurs operating individually, could be used to good advantage for a centrally organized and supplied saboteur program.

The Japanese failed in developing means for enhancing the viability of epidemic forming organisms. This is probably the reason for the feeble effort placed on these diseases. This failure is most important since epidemics would have been a very potent weapon in their war theatre, where sanitation is poor and means for fighting epidemics are limited.

To sum up, the Japanese biological warfare program failed because:

(1) It lacked the support of the Emperor.

(2) It lacked practical coordination between scientific and ordnance personnel.

(3) It lacked good meteorological data.

(4) It did not adapt its procedures to the field of operation.

It is believed that, should the surveillance of the Occupation Forces be terminated, Japan could make herself ready for B.W. activity within five years.

PERSONALITIES

Lt. Gen. Shiro ISHII, M.C. - Director of the B.W. program, with title of Chief of Water Purification Department.

Lt. Gen. Masaji KITANO - Commander of Pingfan Institute from 1942.

Col. Tomosada MASUDA - Associated with B.W. for many years.

Maj. Jun-Ichi KANEKO, M.C. - At Pingfan for 3½ years.

Lt. Col. Enryo HOJO, M.C. - Army Medical College; author of "About Bacteriological Warfare".

INSTALLATIONS

PINGFAN B.W. INSTITUTE, HARBIN - 3,000 employees at peak production.

ARMY MEDICAL COLLEGE, TOKYO - Defensive B.W.

MANCHURIA STATE COLLEGE OF SCIENCE - B.W. research.
(Branch in HSINKIN - B.W. research)

后　记

本书是《中国南方侵华日军细菌战研究丛书》之一种，该丛书由以下诸书组成：

《侵华日军广州8604细菌部队研究》

《侵华日军南京1644细菌部队研究》

《侵华日军9420部队及云南细菌战研究》

《侵华日军在中国实施的鼠疫细菌战研究》

《侵华日军在中国实施的霍乱细菌战研究》

《侵华日军1855细菌部队研究》

《侵华日军细菌战重要外文资料译介》

之所以撰著这套丛书，是因为我们（湖南文理学院侵华日军细菌战罪行研究所）2014年获国家社科基金特别委托重大项目“中国南方地区侵华日军细菌战研究（湖南及周边地区）”［14@ZH025］的立项，需要以此作为结项的成果之一。但更重要的是，对于日本军国主义侵华细菌战罪恶历史，过去史学界侧重于东北731部队残酷的细菌武器人体试验揭露，而对于其他细菌部队在中国各地尤其在中国南方实施的细菌战研究不够，这成为我们撰著这套丛书之主要动因。

此本《侵华日军细菌战重要外文资料译介》，其所涉是当前国内侵华日军细菌战史研究领域亟须了解的资料，如《井本日记》《金子顺一论文集》等，可以说国内少有研究者能对它们知之甚全以及知晓何处引用。所以，对它们译介出版，并附以外文原文影印件，这是极有学术意义和价值的。

本书编译过程中，要感谢日本学者一濑敬一郎、奈须重雄、吉见义明、伊香俊哉诸先生和日本东京女子大学聂莉莉教授等的热情帮助和支持。在英文资料的翻译过程中，要感谢美国加州大学圣塔克鲁兹分校历史系教授 Gail Hershatter（中译名贺萧）和湖南大学李伟荣教授等的热情帮助和支持。

最后感谢尊敬的本书编辑付出的辛劳。

编译者

2017 年 6 月 28 日